Jürgen Schefzyk/Wolfgang Zwickel (Hrsg.)



# Judäa und Jerusalem – Leben in römischer Zeit

Jürgen Schefzyk/Wolfgang Zwickel (Hrsg.)

# JUDÄA UND JERUSALEM

## LEBEN IN RÖMISCHER ZEIT

Das Bibelwerk

Bibelhaus ERLEBNIS MUSEUM

KATHOLISCHES
BIBELWERK e.V.
STUTTGART

**Impressum**

| | |
|---|---|
| Herausgeber: | Jürgen Schefzyk, Direktor des Bibelhaus Erlebnismuseums<br>Prof. Dr. Wolfgang Zwickel |
| Verlag: | Katholisches Bibelwerk e.V. |
| Redaktion: | Dipl.-Theol. Wolfgang Baur,<br>Dipl.-Theol. Helga Kaiser |
| Korrektorat: | Michaela Franke |
| Gestaltung: | Olschewski Medien GmbH, Stuttgart |
| Druck: | C. Maurer Druck und Verlag, Geislingen/Steige |




Erscheinungsort: Stuttgart
ISBN: 978-3-940743-60-2

Die römische Zeit des ersten nachchristlichen Jahrhunderts liefert von Caesarea Philippi bis zum Toten Meer eine Vielfalt von archäologischen Funden. Die Antikenverwaltungen Israels, Jordaniens und der Westbank kümmern sich intensiv um die Bewahrung der materiellen Hinterlassenschaft. Der Öffentlichkeit in Deutschland ist bisher nur ein geringer Anteil der Funde zugänglich gemacht worden. Eine repräsentative Zusammenschau der römischen Zeit, und hier besonders der Zeit bis zur Eroberung Jerusalems 70 nC und anschließend Masadas durch Titus, fehlt bisher in der Palette der Ausstellungen. Diese Lücke schließt das Bibelhaus Erlebnismuseum in Frankfurt mit der Ausstellung „Judäa und Jerusalem – Leben in römischer Zeit".

180 Objekte hauptsächlich aus Jerusalem, Judäa und Masada geben einen aufschlussreichen Einblick in das alltägliche Leben derjenigen Zeit, in der Jesus aus Nazaret seine Tätigkeit am See Gennesaret als Wanderprediger aufnahm und die mit dem Aufenthalt in Jerusalem ihren dramatischen Höhepunkt erlebte. Die Objekte stammen zum überwiegenden Teil aus den Beständen der Israelischen Antikenverwaltung und werden ergänzt mit Leihgaben der Staatlichen Münzsammlung München, dem Württembergischen Landesmuseum, dem Archäologischen Museum Frankfurt, der Sammlung des Seminars für Altes Testament und Biblische Archäologie Mainz und privaten Leihgebern.

Bei der wissenschaftlichen Erarbeitung der Ausstellung wurde den Herausgebern bewusst, dass diese Ausstellung erstmals die Möglichkeit eröffnet, mithilfe eines Begleitbandes die Ergebnisse der Forschung zum ersten vorchristlichen und nachchristlichen Jahrhundert dieser Region umfassend in deutscher Sprache zu präsentieren. Viel wurde in den vergangenen Jahrzehnten zu den biblischen Texten publiziert, aber nur wenig über die reale Lebenswelt, dargestellt an den archäologischen Funden der Region. Das Ziel, ein Grundsatzwerk zu dieser Zeit zu erstellen, das sowohl den aktuellen Forschungsstand spiegelt als auch dem Anspruch der Allgemeinverständlichkeit genügt, wurde in kurzer Zeit von einer Gruppe international wissenschaftlich tätiger Autorinnen und Autoren aufgenommen und mitgetragen. So konnte zur Ausstellungseröffnung am 25. Januar 2010 im Bibelhaus Erlebnismuseum ein Band realisiert werden, der die Funktionen eines Ausstellungskatalogs und einer umfassenden Darstellung der Lebenswelt in sich vereint.

Die Artikel orientieren sich dabei nicht nur an den Objekten, sondern auch an dem Konzept der Präsentation. Die Organisation der Ausstellung wird nicht durch die Funktion, die den Objekten innewohnt bestimmt, auch nicht durch Fundzusammenhänge oder das Material der Objekte. Das Bibelhaus Erlebnismuseum nutzt die Erlebnispädagogik als Schlüssel zur Vermittlung. Damit hat sie bei der Vermittlung immer die Menschen im Blick, die mit den Objekten in Verbindung stehen. Ihre Lebenswelt, ihre Zeitgeschichte und ihre religiöse Identität sollen mithilfe der Objekte transparent gemacht, für die heutige Lebenssituation relevant dargestellt und, wenn möglich, mit vielen Sinnen erfahrbar gemacht werden.

Der Untertitel der Ausstellung „Leben in römischer Zeit" zeigt, welchen Charakter die Präsentation besitzt. Die neun Vitrinen, in denen die geschützten Originale präsentiert werden, bilden thematisch die Gesellschaft der damaligen Zeit ab und sind folgenden Personengruppen zugeordnet:

- ▷ Pilger und Reisende
- ▷ Zöllner, Händler und Handwerker
- ▷ Priester und Sadduzäer
- ▷ Herodes, Salome und die hellenisierte Oberschicht
- ▷ Witwen und Tagelöhner
- ▷ Die Pharisäer
- ▷ Die Toten
- ▷ Widerstandskämpfer und Zeloten
- ▷ Die Römer

Zu dem Profil der Objekte gesellt sich das Profil der Menschen, die mit diesen Objekten verbunden waren. Von ihnen wissen wir aus Texten der Bibel und anderen literarischen Quellen ebenso, wie Keramik, Schmuck, Glaswaren und Handwerksgegenstände von denen erzählen, die damit umgegangen waren. So gestaltet sich für die Besucherinnen und Besucher aus vielen Puzzleteilen ein Bild der Lebenswelt und Zeitgeschichte, in der Jesus mit seinem Handeln und Reden seinen Platz hatte. Das Team der Ausstellungsplanung hat darüber hinaus Mitmachelemente entworfen und umgesetzt, die den für ein Erlebnismuseum wichtigen haptischen Effekt bieten, und ergänzt über audiovisuelle Medien den Informationsfluss.

Der Dank der Herausgeber gilt den Autorinnen und Autoren für ihre Bereitschaft und ihr Engagement, die Ausstellung mit Beiträgen für diesen Katalogband zu begleiten. Weiterhin gilt der Dank Dr. Martin Peilstöcker für die Erarbeitung des Katalogteils zu den Leihgaben der Israelischen Antikenverwaltung und Dr. Kay Ehling, Staatliche Münzsammlung München, für den Katalogteil zu den Münchner Leihgaben sowie allen, die durch die Bereitstellung von umfangreichen Bildarchiven dazu beigetragen haben, dass eine ausführliche Bebilderung der Beiträge möglich wurde. Herzlicher Dank auch an Ronja Jacob und Miriam Schefzyk für die Erstellung der grafischen Unterlagen. Wir freuen uns, dass sich das Katholische Bibelwerk entschieden hat, den Band nicht nur als Katalog zur Ausstellung, sondern auch als Sonderband zur Ergänzung der Reihe „Welt und Umwelt der Bibel" herauszugeben. Für die redaktionelle Bearbeitung und Gestaltung danken wir Dipl.-Theol. Wolfgang Baur und Dipl.-Theol. Helga Kaiser.

Der Dank des Direktors des Bibelhaus Erlebnismuseums gilt der Israel Antiquities Authority, Dr. Hava Katz und der Kuratorin Helena Sokolov, die mit großer Geduld und fachlichem Rat die Auswahl der Objekte organisiert haben, sowie den weiteren kooperierenden Museen für ihre Leihgaben.

Die Übernahme der Schirmherrschaft durch seine Exzellenz Yoram Ben-Zeev, Botschafter des Staates Israel in Deutschland, und durch Dr. Volker Jung, Kirchenpräsident der Evangelischen Kirche in Hessen und Nassau, ist für uns eine große Ehre. Für die Erstellung der Konzeption der Ausstellung ist der Projektgruppe aus dem Team des Bibelhauses und den weiteren Mitgliedern Dr. Carsten Claussen, Prof. Dr. Doron Kiesel und Prof. Dr. Wolfgang Zwickel herzlich zu danken.

Frankfurt / Mainz im Oktober 2009

**Jürgen Schefzyk**
Direktor Bibelhaus Erlebnismuseum

**Wolfgang Zwickel**
Prof. für Altes Testament und Biblische Archäologie, Johannes Gutenberg-Universität Mainz

# Zur Ausstellung „Judäa und Jerusalem. Leben in römischer Zeit“

Israel ist ein sehr kleines Land, das auf eine einzigartige, lange und wichtige Geschichte zurückblickt. Das Bibelhaus Erlebnismuseum Frankfurt/Main zeigt nun einen weit zurückliegenden Teil dieser Geschichte in einer faszinierenden Ausstellung.

Es ist mir eine besondere Ehre, die Schirmherrschaft über diese Ausstellung zu übernehmen – kommen doch die gezeigten Ausstellungsstücke in erster Linie aus Israel. Die Israelische Antikenverwaltung hat diese einmaligen Schätze zur Verfügung gestellt und somit ein wenig vom Alltag zu Zeiten der römischen Herrschaft um 70 nC nach Deutschland gebracht.

Ich verstehe diese wunderbare Ausstellung aber auch als Zeichen für den gelebten interreligiösen Dialog. Es erfüllt mich mit Stolz, dass Israel einen historischen Beitrag zu diesem Dialog leisten und in dieser Ausstellung unsere gemeinsamen judeo-christlichen Werte verbunden werden konnten.

Ich wünsche Ihnen aufhellende und interessante Momente während des Ausstellungsbesuchs. Und vielleicht besuchen Sie auch einmal meine Heimat Israel, wo der Hauch der Geschichte bis heute auf Schritt und Tritt zu spüren ist.

Schalom!

**Yoram Ben-Zeev**
Botschafter S. E.

# Kultur, Geschichte und Glaube zum Anschauen

Unser Bibelmuseum leistet mit der Ausstellung „Judäa und Jerusalem. Leben in römischer Zeit“ und dem Katalog einen wichtigen Beitrag zur aktuellen biblischen Archäologie.

Archäologie – das klingt für manche nach verstaubter Vergangenheit. Andere denken an die aufregenden Abenteuer von Indiana Jones als Jäger des verlorenen Schatzes wie etwa der Bundeslade. Die Realität ist weder so staubig noch so spektakulär. Dafür ist sie umso wesentlicher. Die Archäologie hilft uns, die historischen Wurzeln unserer Kultur, unserer Gesellschaft und unseres Glaubens besser zu verstehen. Damit können auch wir uns heute besser verstehen. Da das auch ein großes Anliegen der Kirche ist, habe ich für die Ausstellung und den Katalog gerne und selbstverständlich die Schirmherrschaft übernommen. Ich wünsche beiden ein großes Interesse. Museen und ihre Kataloge sind zum Anschauen da, nicht nur zum Aufbewahren.

Uns besser verstehen vor dem Hintergrund der Vergangenheit – diese grundsätzliche Suchbewegung schlägt sich heute auch in vielen Medien nieder. Nicht nur wissenschaftlich orientierte Fachmagazine, sondern auch auflagenstarke Tageszeitungen und Wochenmagazine beteiligen sich daran und interessieren sich dabei auch für die Ergebnisse der biblischen Archäologie.

Dem kommt der Katalog zur Ausstellung „Judäa und Jerusalem. Leben in römischer Zeit“ mit seinen fundierten, allgemein verständlichen wissenschaftlichen Beiträgen entgegen. Wer nach den Ursprüngen des christlichen Glaubens fragt, findet darin auch manches über die Zeitgenossen von Jesus.

**Dr. Volker Jung**
Kirchenpräsident der Evangelischen Kirche in Hessen und Nassau

# „Zeigt mir die Münze!“

## Schul- und Museumspädagogik im Gespräch über Erlebnis- und Kompetenzorientierung

**Nur vor dem Hintergrund der Umwelt des Neuen Testamentes öffnet sich das in den Evangelien beschriebene Leben, Sterben und Auferstehen Jesu einem vertieften Verständnis. Die Ausstellung „Judäa und Jerusalem – Leben in römischer Zeit“ bietet die Chance, durch das Anschauen von Originalen, das Anfassen der Repliken und die Anwendung von Vorwissen bzw. durch das Erwerben von Kenntnissen in der Ausstellung einen neuen Bezug zu den Geschichten des Christentums und den Wurzeln unserer Kultur aufzubauen.**

**Der Tiberiusdenar (s. Katalog Nr. 503)**

Durch die Förderung des ***Bibelhaus Erlebnismuseums*** mit seiner Präsentation von Originalen der Zeit Jesu setzt die evangelische Kirche einen Akzent im pädagogischen Feld: die Ausstellung ist innerhalb des Erlebniskonzeptes des Bibelhauses auf die besonderen Bedürfnisse moderner Pädagogik ausgerichtet und bietet sich als Lernort für alle Jahrgänge und Schulformen fächerübergreifend an.

Wer das ***Bibelhaus Erlebnismuseum*** in Frankfurt an einem ganz normalen Wochentag besucht, ist erstaunt, wie belebt der ehemalige Kirchenraum ist. Bis zu zwölf Gruppen werden täglich für zwei Stunden durch die Dauerausstellung geführt, meist Schülerinnen und Schüler aller Altersgruppen. Im Erlebnismuseum ist es lebhaft wie auf einem Schulhof – nur: Die Jugendlichen sind gerade dabei, selbstbestimmt und frei zu lernen, inmitten einer Erlebniswelt, die an mehreren Dutzend Stationen mit evidentem „Aufforderungscharakter“ zum Lernen lockt. Seit den Pioniertagen, als die Frankfurter Bibelgesellschaft im Jahr 2003 dieses Erlebnismuseum eingerichtet hat, unterstützt die Evangelische Kirche in Hessen und Nassau das Bibelhaus gerade aufgrund seiner Besucherorientierung – eine Erfolgsgeschichte. Durch die Erweiterung um das Untergeschoss wurde auf einer ebenso großen Fläche die Erlebniswelt durch die Präsentation von wertvollen Originalen ergänzt.

Schon im Vorfeld der aufkommenden Bildungsstandards mit ihrer Kompetenzorientierung und dem Umbau der Lehr- und Bildungspläne hat sich das Erlebniskonzept zu einem Selbstläufer entwickelt. Komplexe Sachverhalte werden durch konkrete Operationalisierung, durch Anfassen und Begreifen erschlossen und in die Lebenswelt der Schülerinnen und Schüler transferiert: von der Nomadenwelt bis zur Druckerpresse und vom Papyrusblatt bis zum Wirbelsturm.

### Konkrete Operationalisierung

Im Rahmen der lebensweltlichen Präsentation von Objekten der Zeitenwende kann auf eine Methode Jesu im Evangelium verwiesen werden: In Jerusalem soll Jesus von seinen Gegnern überführt werden. Ihm wird die heikle Frage nach der Steuerpflicht gestellt – sollen Juden den römischen Besatzern Tribut zollen? Die komplexe Frage wird von Jesus operationalisiert: *„Zeigt mir die Münze!“* Anhand des konkreten Gegenstandes können die Zeitgenossen sehen, urteilen und handeln. Jesus fragt: *„‘Wessen Bild und Aufschrift ist das?’ - Sie sprachen zu ihm: ‘Des Kaisers.’ Da sprach Jesus zu ihnen: ‘So gebt dem Kaiser, was des Kaisers ist, und Gott was Gottes ist’“* (Mk 12,13-17). Der Gegenstand führt über die Anfrage, ob den Römern Steuern zu zahlen ist, hinaus und öffnet den Raum fürs Unbedingte: was wären wir Gott „schuldig“? Welchen Beitrag haben wir im großen Ganzen zu leisten? Darauf eine Antwort zu suchen und zu finden ist eine der Grundkompetenzen, die im Religionsunterricht erworben werden sollen.

Diese Operationalisierung will die Ausstellung „Judäa und Jerusalem – Leben in römischer Zeit“ leisten. Dazu liegt nicht nur die Steuermünze von damals original aus, sie ist auch zum Anfassen und Begreifen vorhanden. Das Staunen über eine 2000-jährige Münze, das Betasten einer Kopie derselben kann – angeleitet – dazu führen, sich über die eigene Aufgabe in der Welt klar zu werden.

### Pädagogisches Handeln bildet die Grundlage des Ausstellungskonzepts

Die Konzeption der Ausstellung orientiert sich an den Erfordernissen der gültigen Lehr- und Unterrichtsinhalte. Die archäologischen Funde werden deshalb im Kontext der Lehrpläne präsentiert. Die Gruppierung der Objekte und deren Inszenierung wird aus der Idee entwickelt, dass in der Ausstellung die Menschen des ersten vorchristlichen und nachchristlichen Jahrhunderts Gestalt gewinnen: Ihre Art, zu leben, ihr alltägliches Handeln, ihre religiösen Vorstellungen und ihre gesellschaftliche Verantwortung. Hierbei werden aktuelle Unterrichtsinhalte aufgegriffen, wie die Einteilung der neutestamentlichen Zeit in Personengruppen: die Essener, Zöllner, Pharisäer, Herodianer, Sadduzäer, Zeloten und Römer. Diese Personengruppen werden mit Originalen aus Israel illustriert. Lehrpläne in evangelischer und katholischer Religionslehre knüpfen oft an diese Gesellschaftsgruppen an, um die aufschlussreiche Ideen- und Lebenswelt der Zeitenwende in Parteiungen klarzumachen und dadurch die Botschaft Jesu zu profilieren (z.B. „Land und Leute zur Zeit Jesu", Lehrplan Ev. Religion für die Orientierungsstufe, Rheinland-Pfalz 1997; oder „Jesus Christus, Gottes letztes Wort", Lehrplan Kath. Religion für Sekundarstufe II, Hessen).

Mit Grundschülern kann anhand einer Mantel-Fibel eine Reise nach Jerusalem begonnen werden. Ein Tempelmodell ist zu sehen, der Geldtisch eines Zöllners ist zu imaginieren, die Spindel einer Witwe kann in Bewegung gesetzt werden, ihr „Scherflein" liegt in der Vitrine. Der Komplex der Gleichnisse ist nicht nur am römischen Denar festzumachen, sondern auch an den Reinheitsgefäßen der Pharisäer. Die Auferstehungshoffnung wird konkret an dem zeitgenössischen Brauch, Gebeine von Verstorbenen in einem je individuellen Steinkasten für den Tag der Auferstehung aufzubewahren. Für die Sekundarstufe II kann an der Inszenierung in Personengruppen angeknüpft werden, mit denen der Konfliktstoff jener Zeit bis hin zum Jüdischen Krieg deutlich wird. Für ältere Schülerinnen und Schüler ist es möglich, den synoptischen Vergleich im Bibelhaus einzuüben. Und es kann beispielsweise die Ganzlektüre des Markusevangeliums, die in den Lehrplänen Evangelische Religion am Übergang zur Sekundarstufe II vorgesehen ist, mit den Originalen anschaulich gemacht werden.

## Entdeckerkompetenz und interreligiöses Lernen

Durch die Kontextualisierung der Bodenfunde aus dem Heiligen Land im Bibelhaus ist die Gelegenheit geschaffen, dass die Unterrichtseinheiten zur Lebenswelt Jesu eine neue Dimension bekommen. Forscher- und Entdeckerkompetenzen lassen sich anwenden oder erwerben durch die Spannung zwischen dem Themenkomplex Archäologie und der Sozial- und Ideengeschichte damals und heute.

Im Fach Ethik wird früh über die Grundlagen von Judentum und Christentum aufgeklärt – dazu bietet sich eine Anknüpfung an Originale aus der Zeit an, in der das Christentum aus dem Judentum entstanden ist, noch dazu aus Judäa und Jerusalem. Insbesondere für interreligiöses Lernen wird durch den konkret fassbaren Objektzusammenhang eine ganz neue Ebene geschaffen – daran kann auch ein Dialog mit Juden bzw. Muslimen angeschlossen werden. Durch die Konfrontation mit Originalen aus längst vergangenen Zeiten können Deutungskompetenzen im Blick auf das eigene Leben im Vergleich mit Text und Kontext der Antike entwickelt werden.

## Die Ausstellung im Kontext der Lehrpläne

„Leben in römischer Zeit" ist ein wiederkehrendes Basisthema in den Lehrplänen in allen Schulformen. Exemplarisch für die Lehrpläne der Länder der Bundesrepublik seien hier Lehrplaneinheiten der Länder Hessen und Rheinland-Pfalz genannt, an die mit der Ausstellung „Judäa und Jerusalem – Leben in römischer Zeit" angeknüpft werden kann.

*Hessen:*

▷ „Den Römern auf der Spur" (Lehrplan Geschichte in Haupt- und Realschule, Jahrgangstufe 6.3)
▷ „Rom" (Geschichte, Gymnasium 7.1)
▷ „Judentum und Christentum" (Ethik, Haupt- und Realschule 5.3)
▷ „Jesus Christus nachfolgen" (Ev. Religion Gymnasium G9-12.1/ G8 11.1)
▷ „Jesus Christus, Gottes letztes Wort" (Kath. Religion Gymnasium G9-12.1/G8 11.1)
▷ „Juden und Christen" (Kath. Religion Hauptschule 9.3/ Realschule 10.3)
▷ „Entstehung des Christentums" (Ev. Religion, Gymnasium 7.2)
▷ „Judentum" (Ev. Religion, Haupt- und Realschule 7.3; Gymnasium 6.4)
▷ „Jesus in seiner Zeit" (Ev. Religion Gymnasium 6.2)
▷ „Jesus von Nazaret" (Kath. Religion Gymnasium 5.3)
▷ „Jesus und die kleinen Leute" (Ev. Religion Rahmenplan Grundschule Jg. 3/4)
▷ „In Jesus offenbart sich Gott" (Kath. Religion, Rahmenplan Grundschule Jg. 3/4,)
▷ „Jesus und seine Jünger" (Ev. Religion. Rahmenplan Grundschule Jg. 1/2,).

*Rheinland-Pfalz*

▷ Zentrale Motive des christlichen Glaubens und exemplarische Gestalten der Christentumsgeschichte beschreiben und über deren Bedeutung Auskunft geben (Grundschule Teilrahmenplan Ev. Religion);
▷ Land und Leute zur Zeit Jesu (Lehrplan Orientierungsstufe Ev. Religion);
▷ Auf der Suche nach Jesus, dem Christus (Lehrplan Sekundarstufe I Ev. Religion);
▷ Die Bedeutung der Bindung des christlichen Glaubens an die historische Person Jesu von Nazaret und die vorangehende Glaubensgeschichte Israels (Lehrplan Sekundarstufe II Ev. Religionslehre).

## Schlüsselkompetenzen

Bildungsstandards beschreiben Kompetenzen als erwünschte Lernergebnisse. Lernergebnisse als Wirkungen schulischer Arbeit sind ein Kriterium für die Qualität schulischer Lernprozesse. Es ist wichtig, den Blick nicht sofort auf fachliche Kompetenzen zu verengen. Schule ist mehr als die Summe der in ihr unterrichteten Fächer. Wenn es einen Sinn machen soll, von der erzieherischen Wirkung schulischer Prozesse zu reden, müssen dafür auch außer- und überfachliche Kompetenzen als Kriterien ausweisbar gemacht werden können. Diese sind z. B. die Fähigkeit zur Selbstmotivation, zur Zusammenarbeit in heterogenen Lerngruppen als Bestandteil sozialen Lernens, zum selbstorganisierten Lernen (= außerfachlich), Lese- und Sprachkompetenz, Problemlösekompetenz usw. (= überfachlich).

Das Verlassen des Schulgebäudes und das Aufsuchen außerschulischer Lernorte sollte eigentlich eine Selbstverständlichkeit sein. Dass heutzutage kein Lehrplan mehr geschrieben wird, der ohne Aufzählen möglicher außerschulischer Lernorte auskommt, ist in dieser Hinsicht leider eher ein Zeichen für den Niedergang der schulischen Lernkultur. Was zu früheren Zeiten selbstverständlich war, ist heute zur Ausnahme geworden, die von den Lehrkräften überdurchschnittliches Engagement und eminentes Organisationsgeschick erfordert. Grund hierfür ist, dass man pädagogisch nicht mehr auf das entdeckende, erforschende Lernen vertraut, zumindest nicht darauf, dass dieses Lernen in der vorgegebenen, stets knapper werdenden Zeit (G 8!), zum Erfolg führt. Die Vorbereitung des Museumsbesuches mit den Schülerinnen und Schülern, die Motivation der Lerngruppe, die Gestaltung des Lernprozesses am anderen Ort, z. B. im Bibelhaus, das Herstellen von Zusammenhängen und die Veranschaulichung von Unterrichtsinhalten bilden selbst ein ideales Übungsfeld für den Erwerb wichtiger Schlüsselkompetenzen.

## Bildungsstandards im Religionsunterricht?

Der Religionsunterricht hat von Haus aus ein eminentes Interesse daran, sich dem angesprochenen Niedergang schulischer Lernkultur entgegenzusetzen. Dies leistet er u. a. dadurch, dass er den Schülerinnen und Schülern Zeit anbietet, ihren eigenen Lernrhythmus zu finden und sie als Subjekte religiösen Lernens ernst nimmt, d. h. er versucht nicht, ihnen bestimmte historische, religiöse und Glaubensvorstellungen aufzudrücken oder auszureden, sondern unterstützt sie dabei, ihre eigenen Vorstellungen zu einer differenzierten Weltsicht weiterzuentwickeln.

Gleichzeitig mit dem Aufkommen der Bildungsstandards und ihrer Kompetenzorientierung entsteht eine Diskussion über deren Angemessenheit für zentrale Anliegen des Religionsunterrichts. „Gibt es nicht gerade im Zusammenhang des Religionsunterrichts eine ganze Reihe von ‚Kompetenzen', die erworben werden, aber nicht ohne Weiteres in das Korsett eingepasst werden können, das der Begriff ‚Bildungsstandard' vorgibt?“, wird in einer kirchlichen Arbeitshilfe zur Kompetenzorientierung im Ev. Religionsunterricht in Rheinland-Pfalz aus dem Jahre 2008 kritisch gefragt.

Man muss hier aber nicht notwendigerweise einen Gegensatz konstruieren. Der Religionsunterricht weist seine Kompetenzorientierung zentral dadurch aus, dass er sich grundsätzlich als dialogisch-kommunikativer Unterricht entwirft, dessen eigentliche Pointe von der Herbeiführung personaler Begegnung lebt. Es geht eben nicht darum, dass irgendein (aus Sicht der Lehrkraft) noch so wichtiger Lernstoff vermittelt wird, sondern darum, die Haltung des Fragens und Staunens zu fördern, und zwar deshalb, weil ohne diese Haltung gar keine umfassende Problemlösekompetenz entwickelt werden kann. Wie sollen Schülerinnen und Schüler eigentlich die viel beschworenen Schlüsselkompetenzen erwerben, wenn sie nicht gelernt haben, sich zu wundern, zu staunen und kritisch nachzufragen? Es ist also genau dieser pädagogische Ansatz des Bibelhauses – „ein Ort zum Staunen und sich Wundern, mit faszinierenden Dingen“ –, der es für die moderne Religionspädagogik zu einem anspruchsvollen und ansprechenden außerschulischen Lernpartner werden lässt.

## Grundkompetenz: „den roten Faden“ finden

Wenn man oben bei der Aufzählung die zugeordneten Lehrplaninhalte miteinander vergleicht, fallen die Unterschiede in den Formulierungen sofort auf: Kompetenzorientierte Lernergebnisse lauten anders als traditionelle Lerninhalte. Herkömmliche Lehrpläne benennen Themen und Inhalte, die im Unterricht behandelt werden sollen; kompetenzorientierte Rahmenpläne formulieren Kenntnisse und Fähigkeiten, die Schülerinnen und Schüler nach vier, zehn oder dreizehn Jahre Teilnahme am schulischen Religionsunterricht erworben haben sollen. Den mit dem Aufkommen der Bildungsstandards eingetretenen Paradigmenwechsel hat man – verkürzt, aber nicht unzutreffend – auf die Formel gebracht: von der input- zur output-Orientierung. Die Forderung ist legitim, dass der Religionsunterricht – wie jedes andere schulische Fach auch – ausweisen können muss, welche Ziele er verfolgt, welche Kompetenzen die Schülerinnen und Schüler erwerben können und wie das Erreichen der Kompetenzen anhand von vergleichbaren Kriterien festgestellt werden kann (eben das meint Standardisierung).

Die Sonderausstellung „Judäa und Jerusalem“ kann dazu einen Beitrag leisten, gerade indem sie die Exponate den aus der Zeit Jesu bekannten gesellschaftlichen Gruppen wie den frommen Pharisäern, den aristokratischen Sadduzäern, den aufständischen Zeloten sowie der römischen Besatzungsmacht und den mit ihr kollaborierenden Zöllnern zuordnet.

Der – gut vorbereitete – Besuch der Ausstellung könnte helfen, ein großes didaktisches Problem zu lösen, nämlich die Frage der differenzierten Veranschaulichung des damaligen Lebensalltags im Vergleich und in Bezug zu heutigen Lebensarten und -gewohnheiten. So erfahren die häufig verschwommenen Vorstellungen der Schülerinnen und Schüler von der geografischen, sozialen und kulturellen Situation der damaligen Zeit durch die Auseinandersetzung mit den Ausstellungsinhalten eine realistische Korrektur.

Hält man *Auskunftsfähigkeit über das Selbstverständnis des Christentums* für eine Grundkompetenz des Religionsunterrichts, so lässt sich plausibel aufzeigen, dass dazu *sowohl* die Kenntnis wichtiger Schlüsselszenen aus der Geschichte Israels, der Lebensgeschichte Jesu sowie (u. a.) der ersten Christinnen und Christen *als auch* die Identifikation der dahinterstehenden theologischen Leitmotive gehört. Beides lässt sich wohl unterscheiden, didaktisch aber nicht voneinander trennen. Wissen für sich genommen ist eben noch keine Kompetenz, seine bloße Anhäufung führt – ohne die Identifikation des „roten Fadens“ – nicht automatisch zum Kompetenzerwerb.

Durch die Anbindung der Exponate an die gesellschaftlichen Gruppen zur Zeit Jesu leistet die Sonderausstellung einen Beitrag zur Identifikation des „roten Fadens“ und damit zum Kompetenzerwerb. Es ist ein zwar beliebtes, aber unzureichendes Unterfangen, aus der jüdisch-christlichen Überlieferung bestimmte universale Werte wie Liebe, Frieden oder Bewahrung der Schöpfung zu extrahieren, die für das Alltagsleben und -handeln kaum Relevanz zu besitzen scheinen und relativ folgenlos bleiben. So kommt es gerade nicht zu einer Verknüpfung mit der eigenen Lebenswelt. Dass – und wie – auch die keineswegs einheitliche, sondern vielfältige und stellenweise widersprüchliche Ideenwelt der Bibel sich aus alltäglichen Kämpfen und gesellschaftlichen Auseinandersetzungen heraus entwickelt hat, dem konkreten Erleben und Erleiden der Menschen in Alltag, Wirtschaft, Politik und Kultur erwachsen ist, so wie wir das heute in unserer Welt auf ähnliche Weise erleben und Menschen zu allen Zeiten in dieser Welt erlebt haben, das wird dabei leicht übersehen. Chancen eines Ausstellungsbesuchs im *Bibelhaus-Erlebnismuseum* sind in dieser Hinsicht: Unklare, formelhafte Vorstellungen werden konkretisiert, auf Erfahrungen des Leidens, aber auch des gelingenden Lebens bezogen und dadurch „geerdet“; schon bekannte Sprüche, Geschichten und Gleichnisse der Bibel erhalten ein „lebensweltliches“ Gesicht. So wird ein vermeintlich längst schon abgebrochener Verstehensprozess wieder in Gang gesetzt. ■

# Verzeichnis der Autorinnen und Autoren

## Die Herausgeber

1.

**1. Pfarrer Jürgen Schefzyk**
Direktor des Bibelhaus Erlebnismuseums in Frankfurt am Main

2.

**2. Prof. Dr. Wolfgang Zwickel**
Professor für Altes Testament und Biblische Archäologie, FB 01: Evangelische Theologie, Johannes Gutenberg-Universität Mainz

## Die Autoren

3.

**3. Dr. Hanswulf Bloedhorn**
Freiberuflicher Archäologe, Tübingen

**4. Carsten Claußen**
Pastor der Evangelisch-Freikirchlichen Gemeinde Frankfurt am Main Am Tiergarten, Lehrbeauftragter für Neues Testament am Theologischen Seminar Elstal (FH)

4.

**5. Prof. Dr. Roland Deines**
Professor in New Testament, Faculty of Arts, Department of Theology and Religious Studies, The University of Nottingham

5.

**6. Pfarrer Veit Dinkelaker**
Theologischer Referent für Religionspädagogik am Bibelhaus Erlebnismuseum in Frankfurt am Main

6.

**7. PD Dr. Kay Ehling**
Konservator für antike Münzen und geschnittene Steine, Staatliche Münzsammlung München

7.

**8. Dr. Sabine Kersken**
Pfarrerin im Schuldienst des Kirchenkreises Iserlohn.

8.

**9. Prof. em. Dr. Heinz-Wolfgang Kuhn**
Evangelisch Theologische Fakultät, Abteilung für Neutestamentliche Theologie, Ludwig-Maximilians-Universität München

9.

**10. Dr. Hans-Peter Kuhnen**
Institut für Archäologie und Naturwissenschaften, Generaldirektion Kulturelle Erbe Rheinland-Pfalz, Koblenz

**11. PD Dr. Achim Lichtenberger**
Wissenschaftlicher Assistent, Institut für Klassische Archäologie und Frühchristliche Archäologie /Archäologisches Museum, Westfälische Wilhelms-Universität Münster

11.

**12. Pfarrer Dr. Christoph Meier**
Studienleiter für Rheinhessen am Religionspädagogischen Amt der Evangelischen Kirche in Hessen und Nassau in Mainz

12.

**13. Prof. Dr. Martin Meiser**
Außerplanmäßiger Professor für Neues Testament an der Universität des Saarlandes, Saarbrücken.

13.

**14. Prof. Dr. Heike Omerzu**
Juniorprofessor für Neues Testament, FB 01: Evangelische Theologie, Johannes Gutenberg-Universität Mainz

14.

**15. Dr. Martin Peilstöcker**
Archäologe der Israel Antiquities Authority und derzeit Archäologe am Bibelhaus Erlebnismuseum Frankfurt am Main

15.

**16. Cay Rademacher, MA, Hamburg**
Geschäftsführender Redakteur der Zeitschrift „Geo-Epoche"

16.

**17. Prof. Arthur Segal**
Department of Archaeology, University of Haifa

**Jürgen Schefzyk**
s. o.

**18. Prof. Dr. Michael Tilly**
Hochschuldozent für Judaistik in Mainz und derzeit Vertreter für die Professur für Neues Testament und Biblische Didaktik in Landau

18.

**19. Prof. Dr. Manuel Vogel**
Professor für Neues Testament, Theologische Fakultät der Friedrich-Schiller-Universität Jena

19.

**20. Prof. Dr. Thomas M. Weber**
Institut für Klassische Archäologie, Zentrum für Libysch-Syrische Studien, Johannes Gutenberg-Universität Mainz

20.

**21. Prof. Dr. Jürgen K. Zangenberg**
Academic Director Leiden Institute for Religious Studies, Professor of New Testament Exegesis and Early Christian Literature at Leiden Faculty of Humanities, Professor of Archaeology at Leiden Faculty of Archaeology, Leiden University

21.

**22. Prof. Dr. Ruben Zimmermann**
Professor für Neues Testament, FB 01: Evangelische Theologie, Johannes Gutenberg-Universität Mainz

22.

**Prof. Dr. Wolfgang Zwickel**
s. o.

# Die Entstehung des Alten und Neuen Testaments

**Biblische Texte sind nicht vom Himmel gefallen. Sie haben ihre Vorgeschichte und ihre Nachgeschichte. Um die Historizität der biblischen Texte beurteilen zu können, benötigt man Klarheit über den Zeitraum und die Umstände ihrer Entstehung.**

## 1. Altes Testament

Die jüngsten Texte der Hebräischen Bibel, der meist etwas missverständlich „Altes Testament" genannten Textsammlung, stammen aus dem 1. Jh. vC, die ältesten sind vielleicht fast 800 Jahre älter. Je jünger die Texte, umso zahlreicher sind sie. Insbesondere bei den ältesten Schriften (vor dem Exil 587 vC) gibt es derzeit in der Forschung heftige Auseinandersetzungen um die Datierung. Auch wenn viele Einzelheiten zurzeit noch immer oder wieder einmal umstritten sind, existiert doch im Wesentlichen ein Grundkonsens über den Zeitraum der Entstehung.

*Die Apokryphen*

Schon die Frage, welche Schriften zum alttestamentlichen Kanon gezählt werden, wird in der kirchlichen Tradition unterschiedlich beantwortet. Eine römisch-katholische Bibel

### Bibel-Babel

**Hebräischer Kanon** (festgelegt nach der Tempelzerstörung 70 nC) + **Apokryphen** (Bezeichnung von Origenes, 2. Jh. nC, z. B. Makk, Tobit, Judit ...) → **Septuaginta** (griech. Übersetzung, um 250 vC–100 nC)

**Hebräischer Kanon** ↓ **Masoretischer Text** (Hebr. Text mit Vokalen, 700–1000 nC) ↓ **Luther** Kernkanon = Hebr. Kanon Apokryphen = „nützlich" ↓ **Evangelischer Kanon** Kernkanon + in manchen Ausgaben Spätschriften/Apokryphen als Anhang

**Septuaginta** ↓ **Vulgata** (latein. Übersetzung, 4. Jh. nC) ↓ **Katholischer Kanon** enthält auch den Deuterokanon = „zweiter Kanon"

**Apokryphen** - - → Luther; - - → Katholischer Kanon

**weitere Apokryphen** (bis ins hohe Mittelalter, z. B. Himmelfahrt des Mose, Judasevangelium, Pseudo-Mt)

**Sechat, die Göttin der Schreibkunst** in Ägypten, weist darauf hin, dass die Verfasserschaft der biblischen Texte nicht allein Männern zugeschrieben werden sollte. Relief aus Luxor, Neues Reich, 19. Dynastie enthält im Bereich des Alten Testaments elf Schriften, die sich in vielen evangelischen Ausgaben allenfalls separat als „*Spätschriften*“ finden. Der Grund hierfür liegt in der Kirchengeschichte. Die *Vulgata*, die über Jahrhunderte für den gottesdienstlichen Gebrauch herangezogene lateinische Bibelübersetzung, ist eine Übersetzung der griechischen *Septuaginta*. Diese im ägyptischen Alexandria angefertigte Bibelübersetzung wurde im frühen 3. Jh. vC begonnen, beschränkte sich zunächst auf den *Pentateuch* (die fünf Bücher Mose). Dieser Sachverhalt kann damit erklärt werden, dass zu dieser Zeit eben nur jene fünf Bücher allgemein als grundlegend („kanonisch“) anerkannt waren. Die samaritanische Gemeinde, die sich während der persischen Zeit (538–332 vC) von der jüdischen Gemeinde abgespalten hat, sieht bis heute nur einen erweiterten Pentateuch als Glaubensgrundlage an. Bis in die Mitte des 2. Jh vC wurden dann zumindest Teile der Geschichts-, der Propheten- und Weisheitsbücher, aber auch des Psalters ins Griechische übersetzt. Weitere Bücher folgten bis ins 1. Jh. nC. Andere Bücher (im reformatorischen Bereich auch „Apokryphen“ genannt) wurden auf Griechisch verfasst und gleichfalls in die Septuaginta eingegliedert. Da Luther für seine Bibelübersetzung auf den hebräischen (bzw. an einigen wenigen Stellen auch aramäischen) Grundtext zurückgriff und sich so am hebräischen Kanon orientierte, bewertete er die griechisch verfassten Schriften nicht als vollwertige Texte des Alten Testaments, sondern ordnete sie einer eigenen Gruppe zu, die jedoch nicht, wie der Name Apokryphen nahe legen könnte, „Geheimschriften“ waren (griech. *apokryphos* = heimlich, verborgen). Vielmehr waren sie stets zugänglich und zumindest in der römisch-katholischen Kirche auch Grundlage gottesdienstlichen Gebrauchs. Martin Luther empfahl sie als *„nützlich und gut zu lesen“*. Diese Schriften des Alten Testaments bieten viele wichtige Informationen zum Verstehen des Neuen Testaments, ja sie sind sogar die notwendige Brücke zwischen Altem und Neuem Testament, da sie genau der Zwischenzeit beider Schriftgruppen entstammen. Die katholischen Bibelausgaben haben diese Bücher als *deuterokanonische* Schriften („zweiter Kanon“) vollständig und gleichwertig in die Reihe der biblischen Texte aufgenommen. In evangelischen Bibelausgaben finden sie sich mittlerweile oft als „Spätschriften“ im Anhang.

## DER KANON DES ALTEN TESTAMENTS

| LUTHER | MASORETISCHER TEXT | SEPTUAGINTA LXX | VULGATA |
|---|---|---|---|
| GESCHICHTSBÜCHER | TORA | LEGES | |
| GENESIS (1.MOSE)<br>EXODUS (2.MOSE)<br>LEVITIKUS (3.MOSE)<br>NUMERI (4.MOSE)<br>DEUTERONOMIUM (5.MOSE) | GENESIS<br>EXODUS<br>LEVITIKUS<br>NUMERI<br>DEUTERONOMIUM | GENESIS<br>EXODUS<br>LEVITIKUS<br>NUMERI<br>DEUTERONOMIUM | GENESIS<br>EXODUS<br>LEVITIKUS<br>NUMERI<br>DEUTERONOMIUM |
| | NEBI'IM | HISTORIAE | |
| JOSUA<br>RICHTER<br>RUT<br>1-2 SAMUEL<br>1-2 KÖNIGE<br>1-2 CHRONIK<br>ESRA<br>NEHEMIA<br>ESTER | JOSUA<br>RICHTER<br>1-2 SAMUEL<br>1-2 KÖNIGE<br>1-2.CHRONIK<br>JESAJA<br>JEREMIA<br>EZECHIEL<br>12 PROPHETEN | JOSUA<br>RICHTER<br>RUT<br>1-2 KÖNIGE<br>3-4 KÖNIGE<br>1-2 CHRONIK<br>ESRA I (=*3.ESRA*)<br>ESRA II (=*ESRA/NEH*)<br>ESTER<br>JUDIT<br>TOBIT<br>1-4.MAKKABÄER | JOSUA<br>RICHTER<br>RUT<br>1-2 SAMUEL<br>1-2 KÖNIGE<br>1-2 CHRONIK<br>ESRA I (=*ESRA*)<br>ESRA II (=*NEHEMIA*)<br>TOBIT<br>JUDIT<br>ESTER |
| LEHRBÜCHER UND PSALMEN | KETUBIM | LIBRI POETICI | |
| IJOB<br>PSALMEN<br>SPRÜCHE SALOMOS<br>PREDIGER SALOMO<br>HOHELIED SALOMOS | PSALMEN<br>IJOB<br>SPRÜCHE<br>5 MEGILLOT:<br>RUT<br>HOHELIED<br>PREDIGER<br>KLAGELIEDER<br>ESTER | PSALMEN/ODEN<br>SPRÜCHE<br>PREDIGER/ECCLESIASTES<br>HOHELIED<br>IJOB<br>WEISHEIT SALOMOS<br>SIRACH/ECCLESIASTICUS<br>PSALMEN SALOMOS | IJOB<br>PSALMEN<br>SPRÜCHE<br>PREDIGER<br>HOHELIED<br>WEISHEIT SALOMOS<br>JESUS SIRACH |
| PROPHETISCHE BÜCHER | | LIBRI PROPHETICI | |
| JESAJA<br>JEREMIA<br>KLAGELIEDER<br>EZECHIEL<br>DANIEL<br>12 PROPHETEN | DANIEL<br>ESRA<br>NEHEMIA<br>1-2 CHRONIK | 12 PROPHETEN<br>JESAJA<br>JEREMIA<br>BARUCH<br>KLAGELIEDER<br>BRIEF JEREMIAS<br>EZECHIEL<br>SUSANNA<br>DANIEL<br>BEL UND DER DRACHE | JESAJA<br>JEREMIA<br>KLAGELIEDER<br>BARUCH<br>EZECHIEL<br>DANIEL<br>12 PROPHETEN<br>1-2 MAKKABÄER |
| | | | ANHANG |
| | | | GEBET MANASSES<br>ESRA III (=*3.ESRA*)<br>ESRA IV (=*4.ESRA*)<br>PSALM 151 |

| Übersicht über die Entstehung der Texte | |
|---|---|
| **vor 800 vC** | Einige *Überlieferungen des Pentateuchs* und der Geschichtsbücher existierten wahrscheinlich bereits, aber noch als einzelne Traditionen und nicht als Geschichtsbücher in ihrer heutigen Form. *Rechtstraditionen* und *Sippenweisheit* wurden mündlich überliefert. |
| **800–700** | Die meist von ihren Schülern aufgeschriebenen Worte der *Propheten* Amos, Hosea, Jesaja und Micha aus der Mitte und der zweiten Hälfte des 8. Jh.s vC sind die ältesten sicher datierbaren Texte des Alten Testaments. Rechtstraditionen werden zum sog. *Bundesbuch* (Exodus/2. Mose 20,22-23,32) schriftlich verbunden. Vermutlich in dieser Zeit werden auch die überlieferten *Geschichtstraditionen* als *Grundstock des Pentateuchs* komponiert. |
| **700–600** | 622 vC: Entstehung der *Grundschrift des Deuteronomiums*/5. Buch Mose (dieses „zweite Gesetz“ wird erwähnt in Dtn/5. Mose 17,17). Ende 7./Anfang 6. Jh. vC: Grundschrift der Prophetenbücher Jeremia, Hesekiel, Zefanja und Habakuk |
| **600–500** | Mitte 6. Jh. vC: Entstehung weiter Teile des sog. *Deuteronomistischen Geschichtswerks* (Bücher Deuteronomium/5. Buch Mose – 2. Könige)<br>Mitte 6. Jh. vC: Sammlung der *Prophetenbücher* aus vorexilischer Zeit, redaktionelle Überarbeitung und Erweiterung dieser Prophetenbücher<br>Um 538 vC: Entstehung der Grundschrift von Deuterojesaja (Jesaja 40-55)<br>Spätes 6. Jh. vC: Entstehung der sog. Priesterschrift, der größten Quellenschrift des Pentateuchs, und Entstehung vieler Gesetzespartien des Alten Testaments<br>Spätes 6. Jh.: Grundschicht der Prophetenbücher Sacharja 1-8 und Haggai |
| **500–400** | Entstehung der Grundschrift des Nehemiabuches (um 445)<br>Entstehung der Grundschrift von Tritojesaja (Jes 56-66) und des Maleachibuches |
| **400–300** | Entstehung der Bücher Jona, Rut, Ijob, Deutero- und Tritosacharja (Sacharja 9-14) sowie vieler Psalmen<br>Unter Esra auch Anordnung einer jährlichen Verlesung des Gesetzes (Nehemia 8), wobei die genaue Gestalt dieses Gesetzes in der Forschung umstritten ist; damit wird das Judentum zu einer Buchreligion, d. h. das Gesetz bekommt einen zentralen Charakter im Glauben<br>Entstehung der Grundschrift des Esrabuches (um 398) und der Grundschrift der Chronikbücher |
| **300–200** | Entstehung der Bücher Hohelied und vieler Psalmen<br>1. Hälfte 3. Jh.: Übersetzung des Pentateuchs ins Griechische (Septuaginta LXX) |
| **200–100** | 1. Hälfte 2. Jh.: Übersetzung weiterer alttestamentlicher Schriften ins Griechische (Septuaginta LXX)<br>Um 165: Abschluss des Danielbuches (jüngstes Buch des Alten Testaments)<br>2. Jh.: Entstehung vieler Psalmen<br>Entstehung einiger Bücher, die zu den alttestamentlichen Apokryphen gezählt werden (z. B. Tobit, Baruch, Jesus Sirach)<br>Ende des 2. Jh.: Entstehung des samaritanischen Pentateuchs als eigene samaritanisch geprägte Ausgabe aufgrund der Abspaltung der Samaritaner von den Judäern; ältestes Papyrusfragment des Alten Testaments (Papyrus Nash: 2./1. Jh. vC, gibt den Dekalog wieder), dazu zahlreiche fragmentarisch erhaltene biblische Textbelege aus Qumran |
| **100–0** | Entstehung vieler Schriften aus Qumran<br>Entstehung der Psalmen Salomos und des 2. Makkabäerbuches |

*... und der HERR sprach zu Abram: Zieh weg aus deinem Land ... (Gen 12,1)*

*... der Löwe brüllt. Wer sollte sich nicht fürchten? Gott, der HERR, redet, wer sollte nicht Prophet werden? (Am 3,8)*

*... Wenn du nicht darauf hältst, dass du alle Worte dieses Gesetzes tust ... (Dtn 28,58)*

*... wohlan, alle, die ihr durstig seid, kommt her zum Wasser! Und die ihr kein Geld habt, kommt her, kauft und esst! (Jes 55,1)*

*... die Stadt aber war weit und groß, aber wenig Volk darinnen ... (Neh 7,4)*

*... wo du hingehst, da will ich auch hingehen; wo du bleibst, da bleibe ich auch. Dein Volk ist mein Volk, und dein Gott ist mein Gott. (Rut 1,16)*

*... Mein Feund ist mein und ich bin sein, der unter den Lilien weidet. (Hld 1,16)*

*... die Furcht des Herrn macht das Herz fröhlich und gibt Freude und Wonne und ein langes Leben. (Sir 1,12)*

*Gott hat uns die Hoffnung gegeben, dass er uns wieder auferweckt. (2 Makk 7,14)*

*Die Kanonisierung der biblischen Bücher*
Der heutige in den evangelischen Kirchen akzeptierte Kanon der alttestamentlichen Schriften entspricht zwar im Umfang dem der Hebräischen Bibel, nicht aber in ihrer Anordnung. Luther folgte der Tradition von Septuaginta und Vulgata, die die einzelnen Bücher inhaltlich in drei Kategorien einteilten:

- Geschichtsbücher,
- Lehrbücher und Psalmen sowie
- Prophetenbücher.

Der jüdisch-hebräische Kanon ist dagegen entsprechend seiner Kanonisierung geordnet. Den Anfang bildet der *Pentateuch*. Es folgen die *Prophetenbücher*, wobei hierunter gleichfalls die Bücher Josua, Richter, 1 und 2 Samuel sowie 1 und 2 Könige gefasst werden, da sich in ihnen auch Prophetengeschichten finden. Diese Bücher müssen irgendwann im 3. oder 2. Jh. vC kanonisiert worden sein und haben damit auch ihre volle Gültigkeit als im Kult zu verwendende Literatur erhalten. Allerdings wurden noch im 1. Jh. diese Texte von den Sadduzäern nicht als voll gültige Textgrundlage akzeptiert. Man sieht daran deutlich, dass die Kanonisierung alttestamentlicher Schriften nicht ein „verordneter" Vorgang war, sondern einzig auf der Akzeptanz in der Bevölkerung beruhte. Schließlich gibt es in der Hebräischen Bibel noch als letzte Gruppe die sogenannten *Schriften*. Hier finden sich auch prophetische Bücher (Daniel) und geschichtliche Schriften (1 und 2 Chronik), die aber so spät verfasst wurden, dass sie nicht mehr Eingang in die Sammlung der Prophetenbücher gefunden haben. Diese letzte Gruppe wurde wohl erst um die Zeitenwende von breiten Kreisen akzeptiert.

*Alttestamentliche Texte waren immer aktuelle Texte*
Die in den jeweils akzeptierten kanonischen Textgruppen zusammengefassten Schriften sind zum Teil wesentlich älter. Um biblische Texte adäquat verstehen zu können, muss man sich stets vergegenwärtigen, dass es sich dabei für die Menschen der Antike nicht um tote, sondern um lebendige Texte handelte. Gotteswort konnte immer wieder neu in neuen Zeiten angewandt und verstanden werden. Es war für die biblischen Autoren kein Problem, alten Texten neue an die Seite zu stellen, wenn damit die überlieferten Texte neu und für die jeweils aktuelle Zeit klarer zum Sprechen gebracht werden konnten. Daher finden wir im Verlauf der gesamten Überlieferungsgeschichte der biblischen Texte immer wieder redaktionelle Überarbeitungen und Aktualisierungen der Texte. Sie sollten immer wieder in die jeweilige Gegenwart hinein sprechen und nicht antiquierte Texte darstellen. Daher kann z. B. ein Prophetenbuch wie das des Amos, dessen Grundstock im 8. Jh. vC entstanden ist, bis ins 3. oder 2. Jh. hinein immer wieder erweitert worden sein.

Einige Fixpunkte der Entwicklung biblischer Schriften können wir heute sehr genau beschreiben. In der Exilszeit (587–538 vC) bzw. kurze Zeit danach wurden große Teile des Pentateuchs verfasst; allerdings gab es auch schon ältere Texte, die hierfür aufgegriffen wurden. In dieser Zeit entstand auch das sogenannte deuteronomistische Geschichtswerk, das – unter Verwendung von altem Archivmaterial aus dem Palast- oder Tempelarchiv – die geschichtliche Darstellung von der Landnahme bis zum Untergang Judas 587 vC beschreibt. Im 4.–2. Jh. vC wurde mit den Chronikbüchern noch einmal versucht, den Geschichtsverlauf unter teilweise anderen Schwerpunktsetzungen darzustellen. Während der Exilszeit wurden auch die bereits existierenden Prophetenbücher zusammengestellt. Gegen Ende des 1. Jh. nC wurden dann der Kanon der alttestamentlichen Texte und der Konsonantenbestand verbindlich festgelegt. Da die Texte immer wieder abgeschrieben wurden, gab es nun eine Vielzahl umlaufender Versionen, was dazu führte, dass auch die Zahl der Abschreibfehler und der Fehlinterpretationen anstieg. Daher war es nötig, den hebräischen Text für die weitere Auslegung genau zu bestimmen.

## 2. Das Neue Testament

*Leben und Reden Jesu werden verschriftlicht*
Ausgangspunkt des „Neuen Testaments" ist das Leben und Reden des Juden Jesus von Nazaret. Obgleich Jesus selbst nichts aufgeschrieben hat, setzte seine Botschaft doch einen Erneuerungsprozess in Gang, der schließlich zu einer Trennung zwischen Christen und Juden führte. Dabei war nicht nur Jesus zeitlebens Jude, auch die Autoren der neutestamentlichen Schriften waren vermutlich ausnahmslos jüdischer Herkunft. Entsprechend galt es auch, die ‚neue Botschaft' mit traditionell jüdischer Denkweise abzusichern und zu begründen. So wird in allen neutestamentlichen Schriften das Alte Testament (meist in der Fassung der Septuaginta) zitiert, um Jesus als Messias und Gottessohn in der Linie der Geschichte Israels zu bezeugen.

Das Neue Testament folgt in seiner literarischen Gestalt in vielem dem Alten Testament. Auch hier handelt es sich um eine Sammlung von Schriften. Diese können vielfach der Traditionsliteratur (im Gegensatz zur Autorenliteratur) mit längeren Überlieferungsprozessen zugeordnet werden, wobei sie anonym überliefert wurden. Allerdings ist der Entstehungszeitraum auf nur 70 Jahre zusammengedrängt. Daneben findet sich aber auch ein im Hellenismus aufgekommenes Verständnis von Verfasserschaft, bei dem z. B. ein Briefautor ausdrücklich seinen Namen und eine konkrete Adressatengruppe nennt. Der Einfluss der griechischen Kultur zeigt sich natürlich noch mehr daran, dass das Neue Testament in griechischer Sprache verfasst wurde und auch explizit griechisch-römische Textsorten (wie z. B. Haustafeln) aufnimmt.

Dass die Literaturproduktion des frühen Christentums vor allem nach der Zerstörung des Jerusalemer Tempels (70 nC) einsetzte, mag zum einen an der damit ausgelösten Krise des Judentums nach Niederschlagung des ersten Jüdischen Aufstands gegen die Römer liegen, zum anderen entspricht es einer allgemeinen Beobachtung in der Geschichtsverarbeitung, dass erst nach ca. 40 Jahren, d. h. nach Aussterben der Augenzeugengeneration, ein schriftlicher Konservierungs- und Reflexionsprozess einsetzt.

*Hauptgattungen neutestamentlicher Schriften*
Man unterscheidet vier Hauptgattungen im Neuen Testament: Die vier Evangelien (Matthäus, Markus, Lukas und Johannes), die Apostelgeschichte des Lukas, die Briefe des Paulus und anderer Autoren sowie die Offenbarung des Johannes, die den Apokalypsen zuzuordnen ist. Die Briefe sind in ihrer Form eng an das antike Briefformular angelehnt, wie es auch sonst in dieser Zeit verwendet wurde. Die Evangelien wie auch die Apostelgeschichte sind eine Mischung aus Geschichtserzählung und Verkündigungsschreiben, indem sie Worte und Wirken Jesu und der Apostel zwar als geschichtliche Ereignisse darbieten, aber doch weniger ein – im modernen Sinn – historisches als vielmehr ein theologisches Interesse verfolgen. Die Offenbarung bedient sich einer typisch jüdischen Textsorte, die in Gestalt von Zukunftsvisionen verschlüsselt gegenwärtige Ereignisse reflektiert.

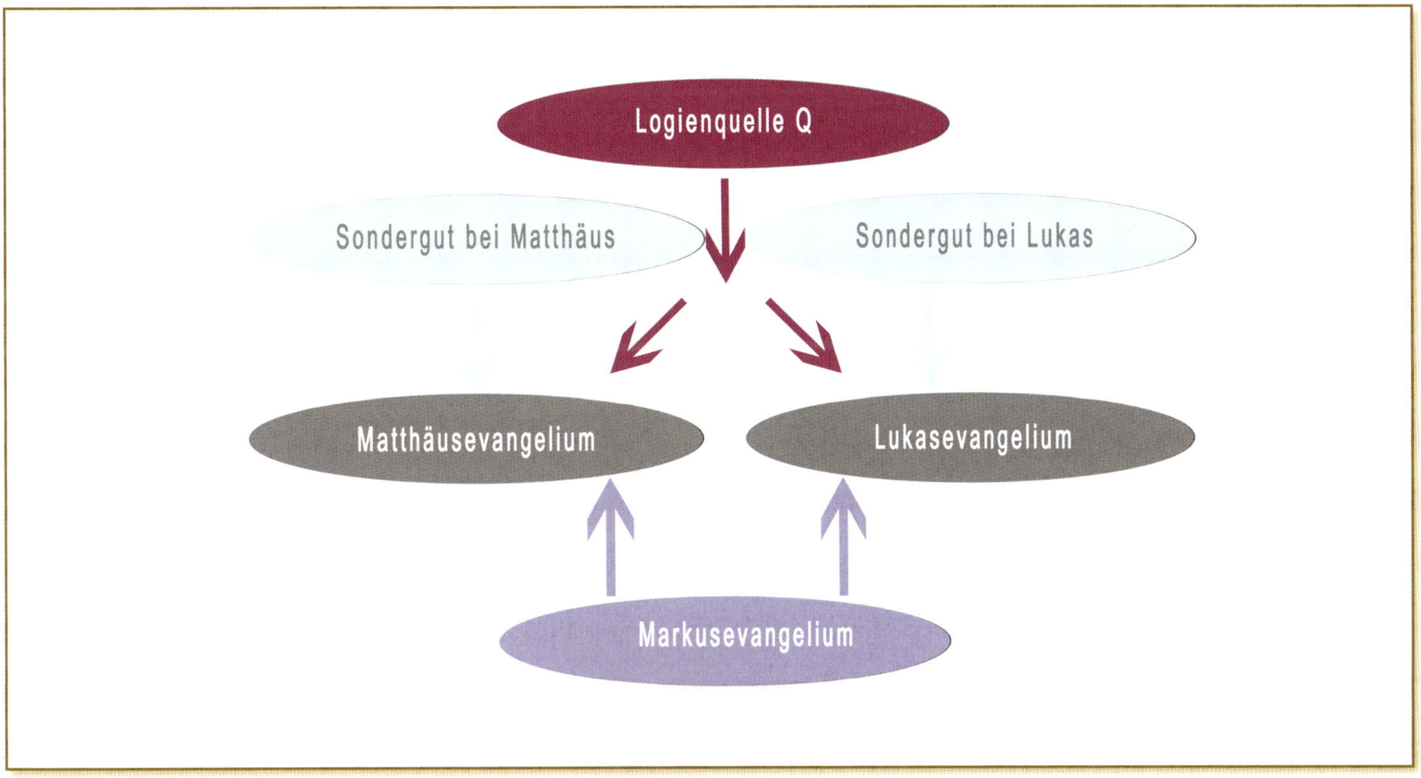
Logienquelle Q
Sondergut bei Matthäus
Sondergut bei Lukas
Matthäusevangelium
Lukasevangelium
Markusevangelium

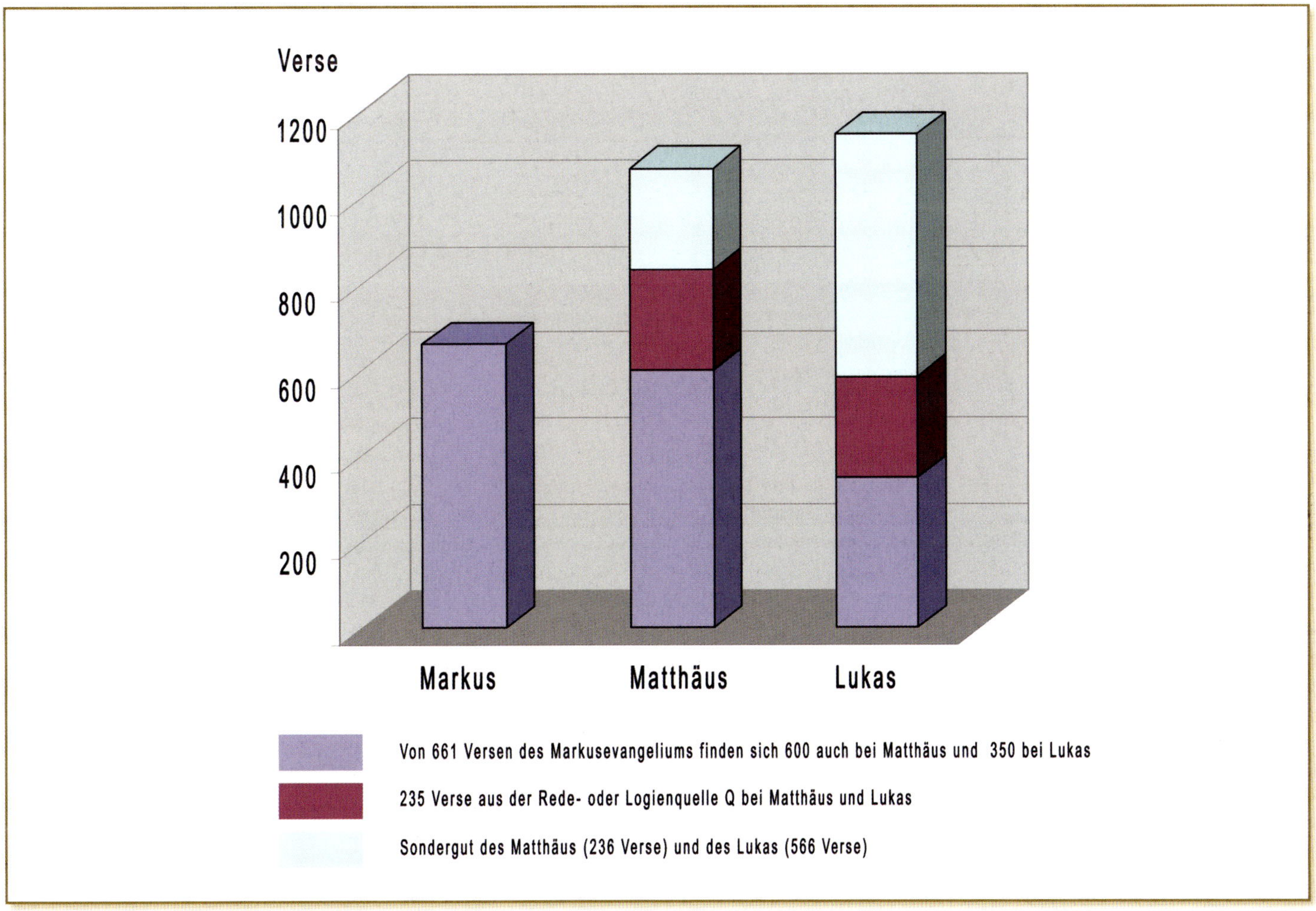
Verse
1200
1000
800
600
400
200
Markus
Matthäus
Lukas
Von 661 Versen des Markusevangeliums finden sich 600 auch bei Matthäus und 350 bei Lukas
235 Verse aus der Rede- oder Logienquelle Q bei Matthäus und Lukas
Sondergut des Matthäus (236 Verse) und des Lukas (566 Verse)

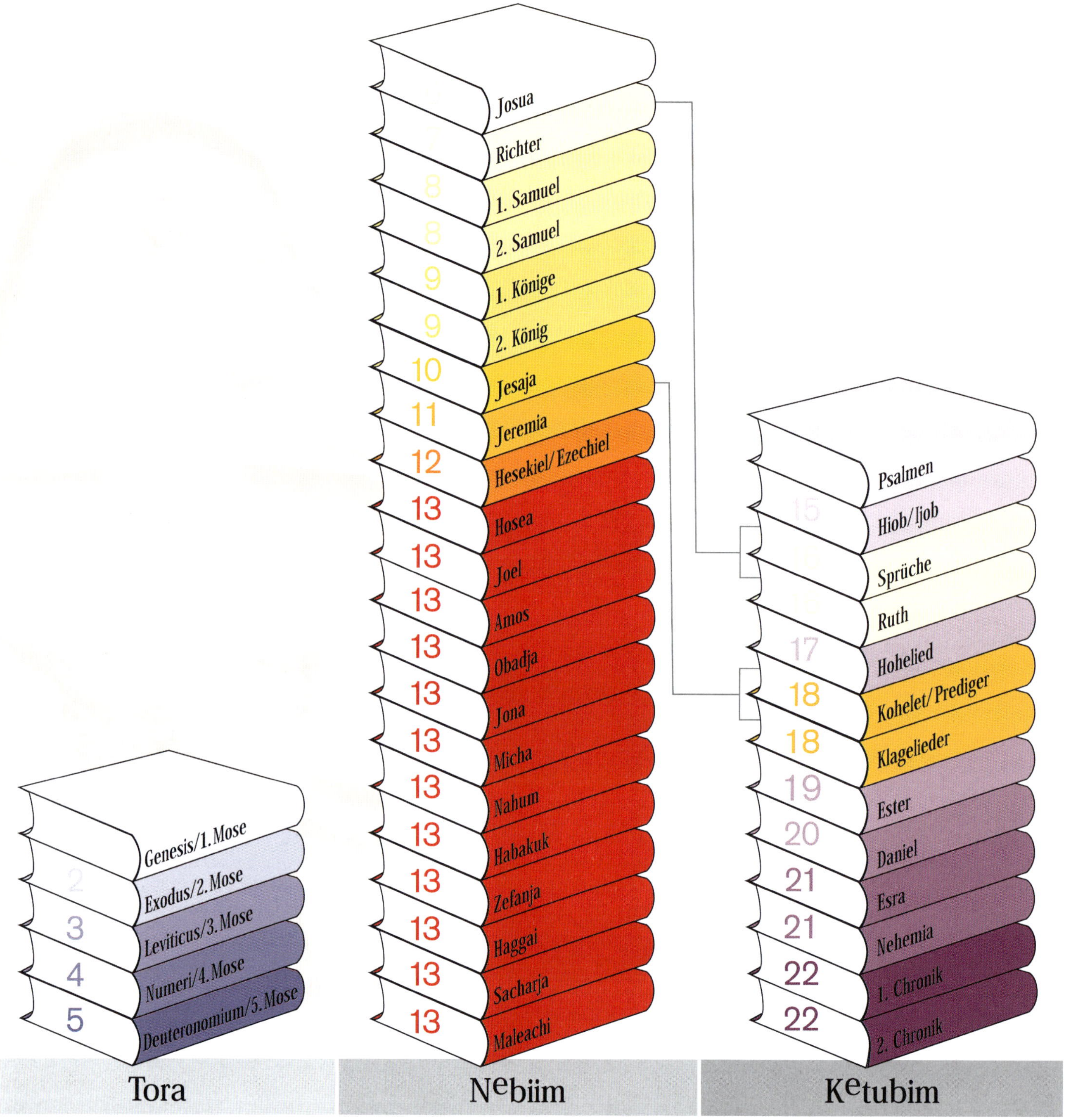


**Die Bibel ist eine Bibliothek,** die in einem fast 1000-jährigen Prozess aus einer noch größeren Zahl von Schriften zusammengestellt wurde. Die Zahlen zeigen, welche Bücher Josephus Flavius zusammenfasst, um auf die zu seiner Zeit übliche Anzahl von 22 zu kommen.

**In den Höhlen von Qumran wurden Kopien fast aller alttestamentlichen Schriften gefunden.**

*Die Erzählüberlieferung*

Schon bald nach Jesu Tod (um 30 nC) setzte die Verarbeitung der für die Jüngergemeinschaft zweifellos schockierenden Ereignisse durch erinnernde Erzählungen ein. Diese Perspektive gibt zugleich eine Grundausrichtung der neutestamentlichen Texte vor: Die Jesusgeschichte wurde vom Ende her erzählt. Die Passionserzählung wurde zu einer Keimzelle der Jesusgeschichte, erst in vergleichsweise späten Traditionen werden die Geburts- und Kindheitsgeschichten ergänzt (Lk 1-2; Mt 1-2). Daneben wurden in den Jüngerkreisen Worte Jesu (Gleichnisse, Streitgespräche) oder Taten Jesu (Heilungen und Dämonenaustreibungen) gesammelt und überliefert.

Die Jesusgeschichte wird im Neuen Testament in Form der Evangelien viermal auf je eigene und auch unterschiedliche Weise überliefert. Auch wenn im 2. Jh. von Tatian der Versuch unternommen wurde, diese Überlieferung in eine Gesamtgeschichte zu integrieren, hat sich am Ende doch die Vielgestaltigkeit durchgesetzt. Dabei wird aber genau ein inneres Moment der Botschaft Jesu aufgenommen: Die Verkündigung will die Menschen in unterschiedlichen Lebenssituationen und Zeiten erreichen. Die Wahrheit der Texte kann deshalb nicht auf ihre historische Entstehung wie z. B. die Intention eines Autors begrenzt werden, sondern muss je und je neu fortgeschrieben und ausgelegt werden. Diese Aktualisierungstendenz hat auch dazu geführt, dass das Evangelium immer wieder neu erzählt (oder in Briefen ausgelegt) werden sollte.

Die im Aufbau und vielen Wortlautparallelen auffällige Übereinstimmung der ersten drei Evangelien (Mt, Mk, Lk), die sogenannten Synoptiker (griech. *synopsomai* = zusammenschauen), wird durch die sogenannte Zwei-Quellen-Theorie am besten verständlich: Danach gab es eine frühe Sammlung von Worten Jesu, die Logienquelle Q, die zwischen 40 und 60 nC entstanden ist. Um das Jahr 70 nC entstand das Markusevangelium, in dem ein unbekannter Autor erstmals Einzelerzählungen über Jesus in ein literarisches Gesamtwerk zusammengefügt und dafür die Überschrift *euangelion*

| Übersicht über die Entstehung der neutestamentlichen Texte | |
|---|---|
| **27-30 nC** | Öffentliches Auftreten Jesu von Nazaret |
| **40-60 nC** | Mündliche Erzählungen z. B. Passionserzählung; Sammlung von Worten Jesu; Entstehung der Logienquelle Q |
| **50-60 nC** | Entstehung der 7 authentischen Paulusbriefe (1Thess, 1Kor; 2Kor; Gal; Phil; Phlm; Röm) |
| **Um 70 nC** | Entstehung des Markusevangeliums |
| **80-90 nC** | Entstehung des Matthäusevangeliums, des lukanischen Doppelwerks (Lukasevangelium mit Apostelgeschichte), der deuteropaulinischen Briefe (Kol, Eph, 2Thess), der Johannesbriefe (1-3Joh) und des Hebräerbriefs |
| **90-100 nC** | Entstehung des Johannesevangeliums; der Pastoralbriefe (1Tim; 2Tim; Tit), des 1Petr sowie der Offenbarung des Johannes |
| **100-120 nC** | Entstehung der späten Briefe (Jakobus, 2Petr, Jud) |

| Stationen zur Kanonisierung der neutestamentlichen Schriften | |
|---|---|
| **Ca. 50-120 nC** | Entstehung der neutestamentlichen Schriften |
| **Ca. 150 nC** | Sammlung der Paulusbriefe und der vier Evangelien, die die Grundlage für die Evangelienharmonie des Tatian (Diatessaron) bilden |
| **200 nC** | Canon Muratori (erste Aufzählung neutestamenticher Schriften; es fehlen: Hebräerbrief, Briefe des Petrus, Jakobus sowie der 3. Johannesbrief; zusätzlich aber Petrus-Apokalypse) |
| **2.-3. Jh. nC** | Aufzählungen und Zitate bei Kirchenvätern (Papias, Irenäus, Polykarp u.a.) |
| **367 nC** | Der Kirchenvater Athanasius nennt im so genannten Osterfestbrief die 27 Schriften, die auch heute als ‚kanonisch' angesehen werden. |
| Umstritten war lange die Zugehörigkeit des Hebräerbriefes, der Offenbarung des Johannes und des Jakobusbriefs. | |

(= frohe Botschaft, Mk 1,1) geprägt hat. Die ebenfalls unbekannten Verfasser des Matthäus- und Lukasevangeliums haben diese beiden Quellen, d. h. Logienquelle und Markusevangelium, gekannt und verarbeitet.

‚Lukas' verfasste zugleich ein Doppelwerk, indem er in seiner heilsgeschichtlichen Intention der Geschichte Jesu im Evangelium die Geschichte der frühen christlichen Gemeinde und der Apostel folgen ließ.

Die Verfasser des Johannesevangeliums (vermutlich ein Kreis) kannten das Markus- und das Lukasevangelium, verarbeiteten die vorliegenden Überlieferungen aber in einer viel eigenständigeren Weise. Die Johannesbriefe, die ihrerseits von mindestens zwei Autoren stammen, dienen dann wieder als Kommentar zum Johannesevangelium.

### *Die Briefe*

Ein Großteil der neutestamentlichen Schriften (21 von 27) sind Briefe. Mit dem um ca. 50 nC entstandenen Schreiben des Paulus an die Gemeinde in Thessaloniki beginnt die Erfolgsgeschichte einer besonderen frühchristlichen Kommunikationsform: des apostolischen Briefes. Ein Brief, der eigentlich in einer bestimmten Situation für eine konkrete Adressatengruppe entstanden war, wurde zu einem verbindlichen Grundsatzschreiben der frühen Christenheit. Maßgeblich hierfür war zweifellos auch die Person des Paulus, der als einziger Autor der neutestamentlichen Schriften in seiner Persönlichkeit durch Selbst- und Fremdzeugnisse (Apg) greifbar wird. Paulus hatte mit den von ihm gegründeten christlichen Gemeinden eine enge Beziehung, verließ sie aber nach einiger Zeit wieder und klärte Anliegen aus der Ferne. Die Autorität des Paulus wurde bald so maßgeblich, dass Verfasser aus seinem Schülerkreis in seinem Namen weitere Briefe verfassten (die sogenannten *deuteropaulinischen* Briefe wie Kol und Eph) und in späterer Zeit sogar eine fiktive Kommunikationssituation geschaffen haben, die aktuelle Fragestellungen mit dem literarischen Kunstgriff von früheren Briefen zu lösen versuchte (Pastoralbriefe). Die unter dem Namen der *Pseudepigrafie* (wörtl. „mit falschen Verfasserangaben") bekannte Berufung auf Apostelautoritäten darf deshalb nicht mit unseren Kategorien von Täuschung oder Betrug bewertet werden, sondern stand in der Absicht, der Wahrheit des Evangeliums möglichst wirksam Gehör zu verschaffen.

Später wurde die apostolische Verfasserschaft dann allerdings neben anderen (z. B. theologischen) Gründen maßgeblich für die Auswahl von Texten für den neutestamentlichen Kanon. So wurden Schriften aus dem 1. Jh. (wie die Clemensbriefe oder die Gemeindeordnung Didache) nicht in den Kanon aufgenommen, sondern zu den Apostolischen Vätern bzw. Apokryphen des Neuen Testaments gerechnet.

**Paulus mit einer Schriftrolle** **Zwei Schriften sind erkennbar: eine griechische (die Sprache des Apostels) und eine slawische (aus der Liturgie der orthodoxen Kirche). Handschrift aus dem 11. Jh., Cod. 149, fol. 103, Nationalbibliothek Athen.**

**Der Papyrus P52** **mit Versen aus dem Johannesevangelium wurde nur etwa 20 Jahre nach der Erstabfassung des Evangeliums abgeschrieben.**

### Lesetipps

- **Wer hat die Bibel geschrieben?** Welt und Umwelt der Bibel Nr. 28 (2/2003), Stuttgart.
- **Auf der Suche nach dem Urtext,** Bibel heute Nr. 145 (1/2001), Stuttgart.
- Juan Peter Miranda
**Kleine Einführung in die Geschichte Israels,** Stuttgart 2002.
- Wolfgang Baur
**Was wir von der Bibel wissen,** Daten, Fakten, Hintergründe, Stuttgart 2001.
- Wolfgang Baur, u. a.
**Stuttgarter kleiner Bibelführer,** Stuttgart 2002.

# Geschichte

Masada

# 200 Jahre bewegende Geschichte – die Zeit von 100 vC bis 100 nC

Tabellarische Übersichten wie die folgende vermitteln oft scheinbar genaue Angaben, die in Einzelfällen aber durchaus umstritten sind. Da unser heutiges chronologisches Zählsystem damals noch nicht existierte, können sich bei Umrechnungen immer Ungenauigkeiten ergeben. Zudem sind viele Angaben in den zeitgenössischen Überlieferungen nicht genau datiert, sondern werden nur allgemein berichtet. Sie müssen dann in einen entsprechenden chronologischen Rahmen eingereiht werden. Kriegszüge lassen sich zwar genau datieren, politische Entwicklungen ergeben sich aber eher schleichend und sind daher nur schwer in eine Zeittabelle zu integrieren. Trotzdem sind gerade diese Entwicklungen von großer Bedeutung, wenn man eine bestimmte Epoche verstehen will. Die Übersicht soll daher einen möglichst detaillierten Überblick über die Entwicklung innerhalb des Zeitraums von 100 vC bis 100 nC vermitteln, ist bei Einzelangaben jedoch immer wieder kritisch zu hinterfragen.

Die Geschichte des Landes lässt sich nicht ohne die entsprechende Geschichte der Nachbarn Judäas und Israels betrachten. Die politischen und historischen Entwicklungen in Rom, Ägypten, Syrien und bei den Nabatäern hatten ihre großen Auswirkungen auch auf Palästina. Oft waren die Herrscher Israels und Judäas sogar unmittelbar in diese historischen Entwicklungen eingebunden. Allerdings berichtet zum Beispiel der jüdische Geschichtsschreiber Flavius Josephus in der Regel Ereignisse der Nabatäer nur dann, wenn sie für seine Darstellung der Geschichte Israels relevant sind.

**Geschichte** überliefert meist nur die Taten der Könige und Feldherren, gemacht wird sie aber vor allem mit den vielen kleinen Menschen der Völker. Dies sollte bei jeder Betrachtung der großen historischen Ereignisse „zwischen den Zeilen“ mitgelesen werden.

| | Rom, Ägypten und Syrien sowie andere wichtige Nachbarn Judäas | Palästina |
|---|---|---|
| -100 | Antiochus VIII. Epiphanes Philometor Kallinikos Grypos (125–96) Seleukidenherrscher.<br>Ptolemäus X. Alexander I. (107–88) Ptolemäerherrscher.<br>Aretas II. (103–96) Herrscher im Nabatäerreich.<br>Um 100 vC: Gaza bittet Aretas II. um Hilfe gegen den Angriff von Alexander Jannäus. | Alexander Jannäus (103–76) herrscht als Hasmonäerfürst.<br>Unter ihm erreichte das Hasmonäerreich seine größte territoriale Ausgestaltung:<br>dem bisherigen Reich (grün) fügt er durch Eroberung Teile des Ostjordanlandes und der Gebiete an der südlichen Küste (Raphia, Anthedon, Gaza)hinzu (violett).<br>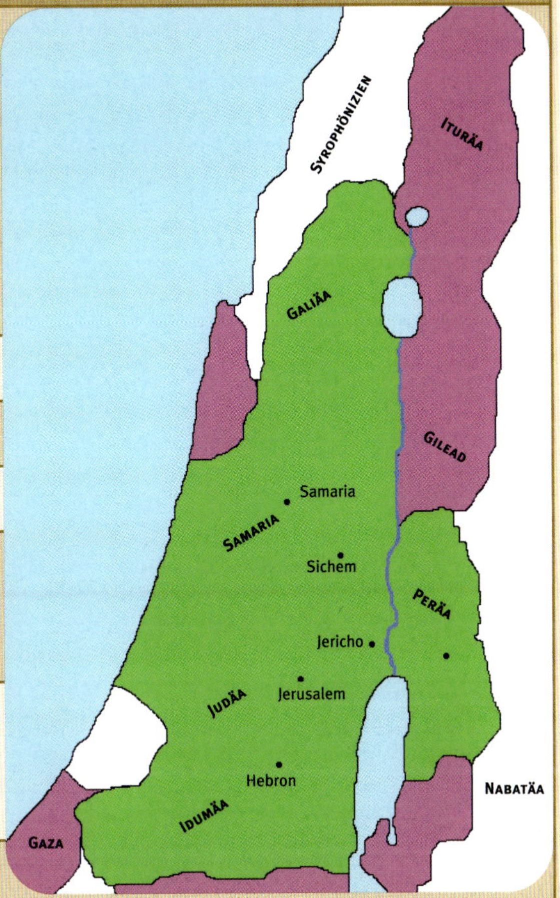 |
| -99 | | |
| -98 | | |
| -97 | | |
| -96 | Seleukus VI. Epiphanes Nicator (96–95) Seleukidenherrscher.<br>Obodas I. (96–87) Herrscher im Nabatäerreich. | |
| -95 | Demetrius III. Eukairos (95–88) Seleukidenherrscher, zusammen mit Antiochus X. Eusebes Philopator (95–83). | |
| -94 | Antiochus XI. Philadelphos (94) und Philippus I. Philadelphos (94–83) Mitherrscher des Seleukidenreichs. | Aufstand der Pharisäer, die die Kompetenz des Alexander Jannäus bezweifeln, wird gewaltsam niedergeschlagen; 6000 Gegner werden hingerichtet. Die Folge ist ein sechs Jahre dauernder Bürgerkrieg mit den Pharisäern. |
| -93 | Der Nabatäerkönig Obodas I. besiegt die Judäer unter Alexander Jannäus. | Autonomiebestrebungen der hellenistischen Städte im Ostjordanland.<br>Nach der Niederlage gegen Obodas I. muss Alexander Jannäus nach Jerusalem fliehen. |
| -92 | |  |
| -91 | | |
| -90 | | **Nabatäische Grabtempel in Petra** |
| -89 | 1. Mithridatischer Krieg (89–85) | |
| -88 | Ptolemäus IX. Philometor Soter II. Lathyros Physkon (116–107/ wiedereingesetzt 88–81) wird wieder Ptolemäerherrscher. | Der Bürgerkrieg zwischen Alexander Jannäus und aufrührerischen Truppen, vor allem der Pharisäer, die zudem von dem Seleukidenherrscher Demetrius III. (95–88) unterstützt werden, führt zur Schlacht bei Sichem. Pharisäer sind erfolgreich, setzen aber dem geschlagenen Alexander Jannäus nicht konsequent nach, so dass er seine Truppen neu sammeln kann und die Pharisäer besiegt. 800 Führer des Aufstandes werden hingerichtet, viele Pharisäer fliehen nach Ägypten. Demetrius III. zieht sich aus Palästina zurück. |

| | | |
|---|---|---|
| **-87** | Antiochus XII. Dionysos Epiphanes Philopator Kallinikos (87–84) wird Seleukidenherrscher.<br>Der Nabatäerkönig Obodas I. besiegt die Seleukiden unter Antiochus XII.<br>Neuer Nabatäerherrscher wird Rabbel I. (87) | <br>**Die sogenannte „Schatzkammer“ am Eingang zur Felsenstadt Petra** |
| **-86** | Der Römer Sulla erobert Athen.<br>Aretas III. (86–62) wird neuer Nabatäerherrscher. | |
| **-85** | Kriegszug des Seleukidenherrschers Antiochus XII. gegen die Nabatäer, der auf seinem Weg im Ostjordanland hasmonäisches Territorium durchzieht. | |
| **-84** | | |
| **-83** | 2. Mithridatischer Krieg (83–82).<br>Der Armenierkönig Tigranes wird im Kontext der seleukidischen Thronwirren von nordsyrischen Städten um Hilfe gerufen und besetzt das Seleukidenreich (83–70). | |
| **-82** | Der Nabatäerherrscher Aretas III. besiegt Alexander Jannäus und erweitert damit sukzessiv (bis 71) das nabatäische Territorium bis nach Damaskus. | |
| **-81** | | |
| **-80** | Ptolemäus XI. Alexander II. (80) wird Ptolemäerherrscher.<br>Ptolemäus XII. Theos Philopator Philadelphos Neos Dionysos Auletes (80–51) wird Ptolemäerherrscher. | <br>**Ptolemäus XII.** |
| **-79** | | |
| **-78** | | |
| **-77** | | |
| **-76** | | Salome Alexandra (76–67) wird Herrscherin im Hasmonäerreich.<br>Unter ihrer Herrschaft wächst der Einfluss der Pharisäer, die Sitz- und Stimmrecht im Synhedrion erhalten und allmählich eine bedeutende und die Regierung tragende Partei werden. |
| **-75** | | |
| **-74** | 3. Mithridatischer Krieg (74–67). | **Münze von Antigonos, „dem Hasmonäer“**<br> |
| **-73** | | |

| | | |
|---|---|---|
| -72 | |  |
| -71 | | |
| -70 | Der römische Feldherr Lucullus besiegt den Armenierkönig Tigranes vernichtend. Syrien wird von Armenien abgetrennt und ein Vasallenstaat Roms mit eigenen seleukidischen Herrschern.<br>Rom: Konsulat von Pompeius und Crassus. | |
| -69 | Antiochus XIII. Asiaticus (69–64) wird Seleukidenherrscher. | |
| -68 | | **Das Theater der römischen Prunkstadt Palmyra in Syrien** |
| -67 | Rom besiegt Mithridates VI. von Pontos. Pompeius ordnet die römische Herrschaft im Osten neu.<br>Pontos, Kilikien und Syrien werden neue römische Provinzen, Juda u. a. werden von Rom abhängige Klientel-Königreiche. Der Herrschaftsbereich Roms reicht nun bis an die Grenze des Partherreichs.<br>Philippus II. (67–65) wird Seleukidenherrscher. | Aristobul II. (67–63) übernimmt die Königs- und Hohepriesterwürde in Auseinandersetzung mit seinem älteren Bruder Hyrkan.<br>Aristobul hatte sich schon während der Regierungszeit seiner Mutter Alexandra Salome mit den Sadduzäern verbündet, Hyrkan stand eher den Pharisäern nahe. Hyrkan setzt sich nach der Niederlage gegen Aristobul in das Nabatäerreich ab.<br><br>**Tigranes II.** |
| -66 | Der armenische König Tigranes unterwirft sich freiwillig Rom. | Der Idumäer Antipater unterstützt Hyrkan und bittet den Nabatäerkönig Aretas, gegen Aristobul vorzugehen. Im Falle eines Sieges werden dem Aretas die ostjordanischen Gebiete des Hasmonäerreiches versprochen. |
| -65 | Herodes der Große flieht als Kind nach Petra. | Aristobul II. wird von Truppen des Hyrkan II. und dem Nabatäerkönig Aretas III. in Jerusalem belagert. Der römische Legat M. Aemilius Scaurus, der für die Sicherstellung der Handelswege nach Ägypten an einem befriedeten Palästina interessiert ist, unterstützt zunächst Aristobul II., der ihm scheinbar mehr Geld geboten hatte, und zwingt dessen Gegner zum Abzug.<br>Der Nabatäerkönig Aretas zieht sich von der Belagerung Jerusalems zurück, um nicht in Konflikt mit den Römern zu geraten.<br>Aristobul verfolgt die abziehenden nabatäischen Truppen und fügt ihnen eine schwere Niederlage zu. |
| -64 | Pompeius erklärt den letzten Seleukidenherrscher Philippus II. für abgesetzt und wandelt Syrien in eine römische Provinz um. | |

| | | |
|---|---|---|
| **-63** | Der Feldzug des Pompeius gegen Petra wird abgebrochen.<br><br>**Pompeius, Rom, Licinier-Grab** | Pompeius erscheint persönlich in Syrien, empfängt Hyrkan II. und Aristobul II., die ihn um Hilfe bitten; er unterstützt Hyrkan II., nimmt Aristobul gefangen und bringt ihn und seinen Sohn Alexander nach Rom.<br>Da die Anhänger des Aristobul sich nicht geschlagen geben wollen, zieht Pompeius mit seinem Heerführer Gabinius nach Jerusalem und nimmt die Stadt mit Unterstützung der Gefolgsleute des Hyrkan kampflos ein, muss aber den Tempelbezirk und die Baris, in die sich die Anhänger des Aristobul zurückgezogen haben, 3 Monate lang belagern. Dabei zerstört er Teile der Mauer des Tempelplatzes. Nach der Eroberung des Tempels betritt Pompeius das Allerheiligste.<br>Hyrkan II. (63–40) wird ins Hohepriesteramt eingeführt und wird Ethnarch, ist aber nicht mehr in Personalunion König und Hohepriester. Damit endet der Hasmonäerstaat de facto, auch wenn in der Folgezeit noch Hasmonäer an der Spitze des Staates stehen.<br>Pompeius ordnet die territorialen Verhältnisse in der Levante neu. Zum Herrschaftsgebiet des Jerusalemer Hohepriesters gehören nur noch Judäa, das Binnenland von Galiläa und das ostjordanische Peräa. Innenpolitisch blieb Judäa jedoch weitgehend autonom. |
| **-62** | Obodas II. (62–59) wird neuer Nabatäerherrscher. | 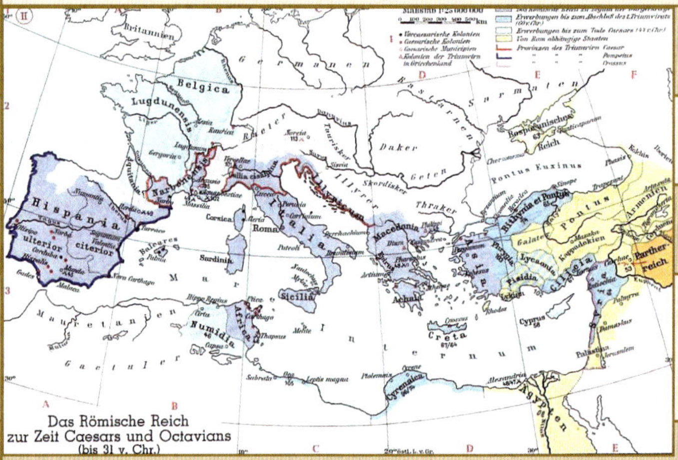<br><br>**Das Römische Reich**<br>***dunkelblau*: um 60 vC**<br>***hellblau*: neue Gebiete bis zum Tod Cäsars (44 vC)**<br>***gelb*: abhängige Gebiete** |
| **-61** | Rom: Triumvirat Pompeius – Cäsar – Crassus. | |
| **-60** | | |
| **-59** | Rom: Konsulat von Pompeius und Crassus.<br>Malichus I. (59–30) wird neuer Nabatäerherrscher. | |
| **-58** | | |
| **-57** | Gabinius (57–55) wird römischer Statthalter und Prokonsul von Syrien.<br><br>**Münze aus der Provinz Syrien, vorne: Aulus Gabinius, Rückseite: thronender Zeus** | Aristobul II. und seine Söhne Antigonus und Alexander versuchen vergeblich, durch einen Aufstand die Macht in Judäa zurückzugewinnen.<br>Gabinius teilt Palästina in fünf Verwaltungsbezirke ein, die ihm direkt unterstellt sind:<br>1. Jerusalem<br>2 Gazara (= Judäa)<br>3. Jericho<br>4. Sepphoris (= Galiläa)<br>5. Amanthus (= Peräa).<br>Dem Hohepriester wird die unmittelbare politische Regierungsgewalt entzogen, nur seine priesterliche Macht bleibt erhalten. |
| **-56** | | Alexander, der Sohn Aristobuls, flieht aus der Gefangenschaft in Rom, sammelt ein Heer und erobert Judäa. In Jerusalem will er die von Pompeius eingerissenen Mauern am Tempelplatz wiedererrichten. Die Truppen des Gabinius und des Antipater vertreiben ihn jedoch aus der Stadt. Er flieht in die Festung Alexandreion (nördlich von Jericho), muss sich dort aber den Truppen des jungen Feldherrn Marcus Antonius ergeben. |
| **-55** | Der römische Stadthalter Gabinius besiegt die Nabatäer. | Gabinius lässt die hasmonäischen Festungen in Judäa zerstören, um weiteren Aufstandsbewegungen vorzubeugen. |
| **-54** | | |
| **-53** | Rom: Tod des Crassus in der Schlacht bei Carrhae gegen die Parther | Aristobul II. und seine Söhne Antigonus und Alexander versuchen nochmals vergeblich, durch einen Aufstand die Macht in Judäa zurückzugewinnen. |
| **-52** | | |

| | | |
|---|---|---|
| **-51** | Kleopatra VII. (51–30) wird Ptolemäerherrscherin. |  **Kleopatra, Altes Museum Berlin** |
| **-50** | | |
| **-49** | Ein Bürgerkrieg in Rom (49–46) schwächt die außenpolitische Macht Roms. | Aristobul wird von Anhängern des Pompeius vergiftet, weil man ihn für einen Anhänger Cäsars hielt. Alexander, der Sohn Aristobuls II., wird von Pompeius hingerichtet. |
| **-48** | Cäsar besiegt Pompeius bei Pharsalus. | |
| **-47** | Alexandrinischer Krieg, Tod des Pompeius. Cäsar garantiert den Juden die freie Gottesdienstausübung im Römischen Reich. Die Nabatäer unterstützen Julius Cäsar mit Streitkräften im römischen Bürgerkrieg. | Hyrkan II. und Antipater unterstützen Julius Cäsar. Cäsar bestätigt das Hohepriesteramt Hyrkans und ernennt ihn zum Ethnarchen, Bundesgenossen und Freund Roms (47–41). Jerusalem wird von Cäsar die Gerichtsbarkeit in eigenen Sachen zugestanden und darf wieder befestigt werden. Antipater wird zum römischen Bürger erklärt und zum Prokurator von Judäa bestellt. Sein ältester Sohn Phasael erhält die Verwaltung von Judäa, sein jüngerer Sohn Herodes die von Galiläa. Jaffa/Joppe wird von Cäsar dem Gebiet Judäas zugeordnet, das damit einen Hafen besitzt. |
| **-46** | | |
| **-45** | Rom: Cäsar siegt bei Munda über die Söhne des Pompeius. | **Gaius Iulius Cäsar, Silberdenar**  |
| **-44** | Ermordung Cäsars. | |
| **-43** | Triumvirat Antonius – Oktavian – Lepidus. Ermordung Ciceros. | Antipater fällt einer Verschwörung zum Opfer. Antigonus, der verbliebene Sohn des Aristobul II., versucht nochmals, Hyrkan II. zu verdrängen, wird aber von Herodes (Sohn von Antipater) besiegt. |
| **-42** | Treffen von Marcus Antonius und Herodes in Bithynien. | Herodes verlobt sich mit Mariamne (eine Hasmonäerin, Tochter des Alexander, der ein Bruder des Antigonus war und damit eine Enkelin von Hyrkan II.). Herodes will damit in die Hasmonäerfamilie einheiraten und seine politische Bedeutung stärken, zumal er selbst nicht Judäer, sondern Idumäer ist. |
| **-41** | Marcus Antonius beherrscht als Triumvir den Osten des Römischen Reiches. | Marcus Antonius ernennt Herodes und Phasael zu Tetrarchen, Hyrkan II. wird in seinen Ämtern von Marcus Antonius bestätigt. |
| **-40** | Der Nabatäerherrscher Malchos I. will Herodes im Kampf gegen die Parther nicht unterstützen und verweist ihn des Landes. | Der Hasmonäer Antigonus (40–37) wird mit Hilfe der Parther, die mittlerweile Syrien besetzt haben, neuer König und Hohepriester in Judäa. Phasael und Hyrkan II. werden von ihm gefangen genommen. Phasael begeht Selbstmord, Hyrkan werden die Ohren abgeschnitten, damit er für das Hohepriesteramt untauglich ist. Antigonos ist in der Ausübung seiner Königsmacht völlig von den Parthern abhängig. Herodes flieht nach Masada, wo er 800 Mann zur Bewachung seiner Familie zurücklässt. Danach begibt er sich zunächst nach Petra, schließlich nach Rom und bittet dort Oktavian um Hilfe. Der Senat von Rom ernennt Herodes zum (zunächst machtlosen) „verbündeten König" von Judäa, da die Römer den Parthern nicht die Oberherrschaft über den Osten überlassen wollen und einen Partner suchen. |
| **-39** | | Herodes kehrt über den Hafen von Ptolemais/Akko wieder nach Palästina zurück. Weitgehend ohne Unterstützung durch die Römer, die in kriegerischen Auseinandersetzungen gegen die Parther gebunden waren, kämpft Herodes in Galiläa gegen die Truppen des Antigonus. Außerdem wendet er sich nach Süden, um seine belagerte Familie in Masada zu befreien. |

| | | |
|---|---|---|
| -38 | Die Römer vertreiben die Parther aus Syrien und Palästina.<br>Herodes unterstützt Antonius bei der Schlacht um Samosata gegen die Parther.<br>Der römische Statthalter Sosius unterstützt Herodes im Kampf um das Königtum in Judäa. | Herodes nimmt (während eines schweren Schneesturmes!) kampflos Sepphoris ein, das von den Truppen des Antigonus verlassen worden war.<br>Bei den Höhlen von Arbela besiegt Herodes galiläische Banditen und erreicht damit die Kontrolle über Galiläa.<br>Da die Zusammenarbeit mit dem römischen Heer problematisch war, geht Herodes nach Samosata, um sich bei Marcus Antonius zu beschweren. Nachdem Samosata eingenommen worden war und damit die Parther besiegt wurden, erhält Herodes jetzt zwei römische Legionen zu seiner Unterstützung.<br>Zwischenzeitlich wurde Josef, der Bruder des Herodes und während der Abwesenheit des Herodes der Befehlshaber seiner Truppen, von den Truppen des Antigonus bei Jericho getötet. Dies führt zu Unruhen im Land, die Herodes gewaltsam niederschlägt, als er zurückkehrt.<br>Wiederaufbau der Festung Alexandreion. Dort lässt Herodes später seine Schwiegermutter Alexandra (28 vC), seine Frau Mariamne (29 vC) und seine Söhne Alexander und Aristobul (7 vC) bestatten. |
| -37 | Kleopatra VII. erhält von ihrem Geliebten Marcus Antonius diverse Gebiete übereignet (u.a. Chalkis, Zölesyrien, Küstenstreifen mit Gaza). Sie bittet Marcus Antonius vergeblich darum, Nabatäa und Judäa zu erhalten. Daraufhin zettelt sie einige Intrigen gegen Herodes an, um an diese Besitzungen zu kommen. | Herodes besiegt mit römischer Unterstützung Antigonus bei Isana, belagert Jerusalem und nimmt es ein. Antigonus verschanzt sich im Tempelbereich und in der Burg Baris. Als Herodes den Tempelbereich erobert, gibt Antigonus auf. Antigonus wird von Marcus Antonius nach Antiochien gebracht und dort geköpft. Herodes heiratet Mariamne, eine Enkelin Hyrkans II. Ihr zu Ehren benennt er einen Turm in Jerusalem (Bild).<br><br>Mariamne |
| -36 | | Hyrkan II. kommt aus parthischer Gefangenschaft zurück, wird aber von Herodes nicht mehr als Hohepriester eingesetzt, sondern ein babylonischer Jude (und damit ein Nicht-Hasmonäer) namens Hananel. |
| -35 | | Aristobul III., der Bruder der Mariamne und damit ein Hasmonäer, wird neuer Hohepriester, aber noch im selben Jahr auf Anordnung des Herodes in Jericho ertränkt. Sein Nachfolger wird der wieder eingesetzte Hananel. In Zukunft stammen die Hohepriester aus saddukidischen Familien. |
| -34 | Kleopatra VII. erhält von Marcus Antonius die Balsam- und Dattelplantagen von Jericho, die ein wichtiger Wirtschaftszweig waren. |  |
| -33 | | **Eine starke Quelle macht die Oase Jericho zu einem Paradies mitten in der Wüste** |
| -32 | Beginn der kriegerischen Auseinandersetzung zwischen Oktavian und Marcus Antonius. | Kleopatra befürchtet, dass Marcus Antonius sich dem Herodes gegenüber verpflichtet fühlt und ihm Gebiete überlässt, wenn die Truppen des Herodes den Marcus Antonius unterstützen. Sie überredet daher ihren Geliebten Marcus Antonius, dass Herodes einen Kriegszug gegen den Nabatäerkönig Malchos führen soll, um ausstehende Pachtschulden für Kleopatra einzutreiben. Herodes kommt diesem Auftrag nach. |
| -31 | Oktavian besiegt Marcus Antonius bei der Seeschlacht von Actium. | Die Nabatäer werden zunächst bei Diospolis von Herodes geschlagen, dann können sie aber bei Kanatha das Heer des Herodes vernichtend besiegen.<br>Nach der Schlacht bei Actium unterstützt Herodes Oktavian und nicht mehr Marcus Antonius. Als Zeichen seiner Ergebenheit legt er ihm seine Krone zu Füßen.<br>Großes Erdbeben, u. a. wird Qumran zerstört. |
| -30 | Alexandria wird von den Römern eingenommen, Ägypten wird Teil des Römischen Reiches. Marcus Antonius und Kleopatra VII. begehen in der Folge Selbstmord.<br>Obodas III. (30–9) wird neuer Nabatäerherrscher. | Herodes gewinnt die Gunst Oktavians und wird als König bestätigt. Er erhält von ihm die Gebiete Kleopatras VII. (Jericho, Samaria, Hippos, Gadara, Küstenregion).<br>Hyrkan II. wird im Alter von 80 Jahren hingerichtet. |

| | | |
|---|---|---|
| -29 | | Herodes lässt seine Frau Mariamne, die noch aus hasmonäischem Geschlecht ist, umbringen, da sie offenbar die hasmonäischen Interessen zu stärken versuchte und gegen Herodes intrigierte. |
| -28 | | Herodes versucht die hasmonäischen Elemente in seiner Familie zu schwächen. Deshalb richtet er seine Schwiegermutter Alexandra, ebenfalls eine Hasmonäerin, hin. Seine Söhne mit Mariamne dürfen aber vorläufig weiterleben. |
| -27 | Oktavian nimmt den Namen Augustus an und wird Kaiser (27 vC–14 nC). |  |
| -26 | Augustus sendet eine römische Armee mit 1000 Nabatäern zum Kampf gegen Arabien zur Stärkung seines Einflusses. | **Der als Gott (mit bloßen Füßen) dargestellte Imperator Augustus** |
| -25 | | Simon ben Boethos (25–24) wird neuer sadduzäischer Hohepriester. |
| -24 | | |
| -23 | | Herodes erhält von Augustus die Trachonitis, Batanäa und Auranitis (Teile des heutigen Südsyriens).<br>Herodes bezieht den neuen Hauptpalast in Jerusalem (heute Zitadelle neben dem Jaffator). |
| -22 | Treffen auf Lesbos von Herodes mit Agrippa, der für den erkrankten Augustus Amtgeschäfte übernommen hat. | |
| -21 | | |
| -20 | Augustus und Herodes treffen sich in Syrien. | Herodes hält sich in Rom auf (2. Aufenthalt). Die Söhne der Mariamne kehren aus Rom zurück. Beginn des Neubaus des Jerusalemer Tempels durch Herodes. Stiftung eines Tempels durch Herodes in Paneas (später Cäsarea Philippi).  |
| -19 | | |
| -18 | | **Reste der herodianischen Tempelmauer in Jerusalem** |
| -17 | | |
| -16 | | |
| -15 |  | Agrippa, der inzwischen die Oberaufsicht über den Osten des Römischen Reiches innehatte, besucht Judäa und trifft Herodes, mit dem er freundschaftlich verbunden ist. Agrippa opfert im Jerusalemer Tempel. |
| -14 | **Augustus (links) und Agrippa (rechts) auf einem Denar** |  |
| -13 | | |
| -12 | | 3. Romaufenthalt des Herodes. |
| -11 | | |
| -10 | | Einweihung des Hafens von Caesarea maritima (Bild). |

| | | | | |
|---|---|---|---|---|
| -9 | Der nabatäische Minister Syllaios geht nach Rom, um sich über Herodes den Großen zu beschweren.<br>Aretas IV. (9 vC–40 nC) wird neuer Nabatäerherrscher.<br>Aretas IV. klagt Syllaios an, Obodas III. vergiftet zu haben. | Herodes verfolgt Räuberbanden in der Trachonitis und fällt deswegen vorübergehend bei Augustus in Ungnade. | | |
| -8 | | | | |
| -7 | Publius Quinctilius Varus wird römischer Stadthalter in Syrien (7/6–4). | Herodes lässt seine beiden Söhne Alexander und Aristobul, die beide aus seiner Heirat mit der Hasmonäerin Mariamne hervorgingen, in Samaria erdrosseln. Damit sollten alle hasmonäischen Traditionen in der Familie des Herodes ausgelöscht werden. | | |
| -6 | Syllaios plant vergeblich Herodes umzubringen. Daraufhin flieht er nach Rom, wo er hingerichtet wird. | Geburt von Jesus von Nazaret (?). | | |
| -5 | | Matthias, Sohn des Theophilos, wird neuer Hohepriester (5–4) | | |
| -4 | Das Testament des Herodes wird in Rom von Augustus bestätigt.<br>Der Nabatäerkönig Aretas IV. hilft dem Quinctilius Varus, den Aufstand der Juden niederzuschlagen. | Herodes lässt Antipater, seinen Sohn aus der Ehe mit Doris von Jerusalem, den er eigentlich als seinen Nachfolger vorgehesen hatte, hinrichten.<br>Tod des Herodes in Jericho, Bestattung im Herodeion.<br>Archelaos und Herodes Antipas gehen nach Rom, um das Testament des Herodes bestätigen zu lassen.<br>Das Reich wird entsprechend seines Testamentes unter den Söhnen des Herodes aufgeteilt. Salome, die Schwester des Herodes, erhält die Küstenstädte Jamnia, Azotus, später auch den Palast des Herodes in Aschkelon sowie Phasaelis im Jordangraben.<br>Während des Aufenthaltes der Herodessöhne in Rom kam es zu Aufständen in Palästina, die vom römischen Statthalter Quinctilius Varus niedergeschlagen werden. | | |
| | | **Judäa, Samaria, Idumäa** | **Gaulanitis, Batanäa, Trachonitis und Ituräa** | **Galiläa, Peräa** |
| | | Archelaus (4 vC – 6 nC) wird Ethnarch. Er unterdrückt die jüdische und samaritanische Bevölkerung stark (vgl. Mt 2,22f). | Philippus (4 vC – 33/34 nC) wird Tetrach. | Herodes Antipas (4 vC – 39 nC) wird Tetrarch. |
| -3 | | | | Sepphoris wird Hauptstadt des Reiches von Herodes Antipas. |
| -2 | | | Cäsarea Philippi wird als neue Hauptstadt des Reiches von Philippus gegründet. | |
| -1 | | | | |
| 1 | | | | |
| 2 | | | | |
| 3 | | | | |
| 4 | L. Volusius Saturninus wird römischer Statthalter in Syrien. | | | |

Nabatäische Inschrift am Grabmal von Obodas III. in Petra. Der Text (29 nC) nennt Obodas „Gott" und verkündet, dass er lebt!

Reste des Pan-Tempels in Banias (Cäsarea Philippi)

| | | | | |
|---|---|---|---|---|
| 5 | | | | <br>Palästina zur Zeit Jesu |
| 6 | P. Sculpicius Quirinius wird Legat in Syrien. | Archelaus, der unglücklich regiert, wird auf Druck seiner Bevölkerung vom römischen Kaiser seines Amtes enthoben. Judäa wird prokuratorische Provinz, verwaltet vom römischen Statthalter/Prokurator mit Sitz in Cäsarea (zunächst Coponius, 6–9). Zur Feststellung der Finanzkraft des Landes musste ein Zensus (Steuerschätzung) durchgeführt werden, der vom syrischen Legaten Quirinius/Kyrenius (Lk 2,2) verantwortet wurde.<br>Judas der Galiläer predigt gegen römische Steuer; dies ist ein wichtiges Ereignis im Kontext der Entstehung der zelotischen Bewegung.<br>Ananos/Hannas wird neuer Hohepriester (6–15; vgl. Lk 3,2; Joh 18,13–24; Apg 4,6). | | |
| 7 | | | | |
| 8 | | | | |
| 9 | | Marcus Ambibulus (9–12) wird neuer Prokurator von Judäa<br>Bild: Münze, die Marcus Ambibulus prägen ließ | |  |
| 10 | | | | |
| 11 | | |  | |
| 12 | | Annius Rufus (12–15) wird neuer Prokurator von Judäa. | | **Stein in einer Mauer von Wien mit einer Widmung für Annius Rufus von der XIII. Legion** |
| 13 | | | | |
| 14 | Tiberius (14–37) wird neuer römischer Kaiser. | | | |
| 15 | | Valerius Gratus 15–26 wird neuer Prokurator von Judäa. Ismael, Sohn des Phiabi, wird neuer Hohepriester (15–16). |  | **Münze des Valerius Gratus, Prokurator von Judäa** |
| 16 | | Eleasar, Sohn des Ananos, wird neuer Hohepriester (16–17). | | |
| 17 | | Simon, Sohn des Kamithos, wird neuer Hohepriester (17–18). | | |

| | | | | |
|---|---|---|---|---|
| 18 | | Josef Kajafas wird neuer Hohepriester (18–36; vgl. Mt 26,3 u.ö.). |  | |
| 19 | | | | |
| 20 | | | | |
| 21 | | **Jesus vor Kajafas, Giotto di Bondone, 1266–1337** | | |
| 22 | | | | |
| 23 | | | | |
| 24 | | | | |
| 25 | | | | |
| 26 |  | Pontius Pilatus (26–36) wird neuer Prokurator in Judäa. Er geht während seiner Amtszeit rücksichtsloser als seine Vorgänger gegen die religiösen Empfindungen der Juden vor, lässt Feldzeichen mit den Bildnissen des Kaisers nach Jerusalem bringen und mit dem Geld des Tempelschatzes eine Wasserleitung errichten. | **Bild links: Die Pilatusinschrift, vgl. S. 70** | |
| 27 | | Beginn der Predigt von Johannes dem Täufer in Judäa und Peräa (vgl. jedoch Lk 3,1f: „15. Regierungsjahr des Tiberius", entspricht dem Jahr 29). |  | Herodes Antipas lässt sich von seiner nabatäischen Frau scheiden und nimmt Herodias zur Frau. Diese war zuvor die Gattin eines seiner Halbbrüder und Enkelin seines Vaters Herodes des Großen; Beginn der öffentlichen Wirksamkeit Jesu von Nazaret. |
| 28 | | **Die Festung Machaerus am Toten Meer** | | |
| 29 | | | | Johannes der Täufer wird in Machaerus hingerichtet. |
| 30 | | Kreuzigung Jesu von Nazaret in Jerusalem. | | |
| 31 | | | | |
| 32 | | | | |
| 33 | | | Philippus stirbt ohne Erben. Seine Tetrarchie wird mit der Provinz Syrien verbunden. | |
| 34 | | | | |

| | | | | |
|---|---|---|---|---|
| **35** | L. Vitellius (35–39) wird Legat von Syrien. | Pontius Pilatus lässt Samaria überfallen und viele töten. Vitellius schickt ihn daraufhin nach Rom, wo er seines Amtes enthoben wird und eines gewaltsamen Todes stirbt. | | Krieg zwischen dem Nabatäerherrscher Aretas IV. und Herodes Antipas (35–36). |
| **36** | Vitellius zieht auf Befehl des Kaisers Tiberius römische Truppen in Akko zusammen, um gegen Aretas IV. zu kämpfen. Wegen des Todes des Tiberius im März 37 wird der Feldzug zunächst nicht durchgeführt. | Marcellus (36–37) wird neuer Prokurator in Judäa. Der Hohepriester Josef Kajafas wird von Vitellius abgesetzt. Jonatan, Sohn des Ananos, wird neuer Hohepriester (36–37). Stefanus wird gesteinigt (Apg 7,54-60). | | Aretas IV. besiegt die Truppen des Antipas vernichtend. Erst das mögliche Eingreifen der Römer unter Vitellius führt dazu, dass das Heer des Herodes Antipas nicht völlig aufgerieben wird. |
| **37** | Caligula (37–41) wird neuer römischer Kaiser. | Marullus (37–44) wird neuer Prokurator in Judäa. Theophilos, Sohn des Ananos, wird neuer Hohepriester (37–41). Geburt des Flavius Josephus. | Herodes Agrippa I. (37–44), ein Enkel von Herodes dem Großen, übernimmt die Tetrarchie des Philippus und Abilene | |
| **38** | Verfolgung der Juden in Alexandria, weil sie sich weigern, ein Bild des Caligula in den Synagogen aufzustellen | | | |
| **39** | Der Philosoph Philo leitet eine alexandrinische Gesandtschaft nach Rom, um die jüdischen religiösen Belange bezüglich der Aufstellung des Kaiserbildes zu vertreten. Petronius wird (39–42) Statthalter in Syrien | Caligula verlangt, dass sein Standbild auch im Jerusalemer Tempel aufgestellt wird und er als Gott verehrt wird. Da Petronius und Agrippa I. dies verzögern, zieht sich die Angelegenheit in die Länge, bis Caligula ermordet ist. | Agrippa I. erhält von Caligula auch Galiläa und Peräa. Herodes Antipas wird verbannt.  **Caligula** | |
| **40** | Malichus II. (40–70) wird neuer Nabatäerherrscher. | | | |
| **41** | Claudius (41–54) wird neuer römischer Kaiser. Agrippa I., der sich zufällig in Rom aufhält, unterstützt die Wahl. Claudius stellt in einem Edikt die Rechte der Juden von Alexandria wieder her und sichert die freie Ausübung des jüdischen Gottesdienstes zu. Herodes, ein Bruder Agrippas I., wird König von Chalkis (41–48). | (Herodes) Agrippa I. erhält von Claudius auch Judäa und Samaria. Damit endet die 1. römische Prokuratur in Judäa und Samaria. Agrippa I. herrscht damit für kurze Zeit noch einmal in etwa über dasselbe Reich wie sein Großvater Herodes d.Gr. **Claudius**  | | |
| **42** | C. Vibius Marsius (42–45) wird Legat in Syrien. | | | |
| **43** | | Jakobus, Bruder des Johannes, wird von (Herodes) Agrippa I. hingerichtet (Apg 12,1f.). | | |

| | | |
|---|---|---|
| 44 |  | Tod Agrippas I. in Cäsarea. Sein gesamtes Herrschaftsgebiet wird einem römischen Prokurator mit Sitz in Cäsarea unterstellt. Erster römischer Prokurator für ganz Palästina wird Cuspius Fadus (44–46). Er will den Einfluss des Hohepriesters unter römische Kontrolle bringen. Claudius bestätigt aber die herodianische Aufsicht über die Hohenpriester. Neuer Hohepriester wird Josef, Sohn des Kami (44–47).<br>**Der Apostel Paulus, Fresko aus Ephesus, 5. Jh.**<br>Herodes von Chalkis, der Sohn von Agrippa I. und nun Herrscher über ein kleines Reich zwischen Libanon- und Antilibanongebirge, bekommt das Aufsichtsrecht über den Tempel und das Recht auf die Ernennung des Hohepriesters. |
| 45 | C. Cassius Longinus (45–50) Legat in Syrien.<br>1. Missionsreise des Paulus durch Kleinasien (45–48). | Es kommt zu Unruhen innerhalb der Bevölkerung Judäas gegen Cuspius Fadus. Er lässt den Räuberhauptmann Tholomäus hinrichten und beendet damit die von Räuberhorden hervorgerufenen Unruhen.<br>Ein messianischer Prophet namens Theudas wird von ihm hingerichtet (Apg 5,36). |
| 46 | | Tiberius Julius Alexander (46–48) wird neuer Prokurator. Er ist Neffe des Philo von Alexandrien und lässt Simon und Jakob, Söhne Juda, des Galiläers, kreuzigen. |
| 47 | | Ananias, Sohn des Nebedäus, wird neuer Hohepriester (47–59; vgl. Apg 23,2; 24,1). |
| 48 | | Ventidius Cumanus (48–52) wird neuer Prokurator in Judäa. |
| 49 | Claudius vertreibt Juden aus Rom.<br>2. Reise des Paulus durch Kleinasien und Griechenland (49–52). | Apostelkonzil in Jerusalem (Apg 15,1-29; Gal 2,1-10). Die christliche Gemeinde in Antiochien unterstützt die Jerusalemer Urgemeinde finanziell. |
| 50 | Marcus Julius Agrippa II. (50–ca. 92/93), Sohn des Agrippa I., erbt das Königtum von Chalkis und damit auch das Aufsichtsrecht über den Jerusalemer Tempel und das Recht zur Ernennung des Hohepriesters.<br>C. Ummicius Quadratus (50–60) wird Legat in Syrien. | |
| 51 | Gallio wird Prokonsul von Achaia. Paulus muss sich vor Gallio rechtfertigen (Apg 18,12–17).<br>Eine Delegation führender Kreise der Samaritaner wird beim syrischen Legaten Quadratus vorstellig, um sich über die Unruhen und Verwüstungen im Lande zu beschweren. Der Fall wird in Rom behandelt. | Während des Paschafestes zeigt ein römischer Soldat den auf dem Tempelplatz versammelten Juden provozierend sein nacktes Gesäß, was zu einer jüdischen Aufstandsbewegung führt, die vom römischen Militär gewaltsam niedergeschlagen wird. Dabei gibt es viele Tote.<br>Einen weiteren Tumult gibt es, als Cumanus in einer Strafaktion die Bewohner der Großregion um Bet-Horon gefangennehmen lässt, weil diese angeblich einen Räuber nicht gefangen genommen haben. Als im Rahmen dieser Strafaktion ein römischer Soldat eine Tora-Rolle zerreißt, ließ Cumanus den Soldaten gefangen nehmen und hinrichten, um die Ruhe im Land wieder herzustellen. Cumanus wird nach der Behandlung seines Falls von Rom aus abberufen. |
| 52 | 3. Missionsreise des Paulus (52–54). | Antonius Felix (52–60) wird Prokurator von Judäa. Er geht brutal gegen aufständische jüdische Gruppen vor.<br> |
| 53 | Agrippa II. erhält von Kaiser Claudius im Tausch gegen Chalkis die Tetrarchie des Philippus im Ostjordanland sowie Gebiete nordwestlich von Damaskus. | |
| 54 | Nero (54–68) wird neuer römischer Kaiser.<br>Paulus hält sich drei Monate in Korinth auf. | **Nero** |

| | | |
|---|---|---|
| 55 |  | |
| 56 | | **Kunstvoll gestaltete Marmorböden in den Bädern von Cäsarea zeugen vom Wohlstand dieser Stadt** |
| 57 | | |
| 58 | | Jüdische und griechische Bevölkerungsteile in Cäsarea kämpfen um Privilegrechte. |
| 59 | | Ismael, Sohn des Phiabi, wird neuer Hohepriester (59–61). |
| 60 | Dormitius Corbulo (60–63) wird Legat von Syrien. | Procius Festus (60–62) wird Prokurator von Judäa.<br>Paulus muss sich vor Festus verantworten und legt Berufung beim Kaiser ein (Apg 25). Reise des Paulus nach Rom. |
| 61 | Aufenthalt des Paulus in Rom (61–63). | Josef Kapi, Sohn des Simon, wird neuer Hohepriester (61–62). |
| 62 | | Lucceius Albinus (62–64) wird Prokurator in Judäa.<br>Ananos, Sohn des Ananos, wird neuer Hohepriester (62).<br>Der Herrenbruder Jakobus wird auf Befehl des Hohepriesters Ananus in Jerusalem – ohne die eigentlich nötige römische Zustimmung – gesteinigt.<br>Die antirömische Stimmung im Land wird immer deutlicher.<br>Jesus, Sohn des Damnaius, wird neuer Hohepriester (62–63). |
| 63 | C. Cestius Gallus (63–66) wird Legat in Syrien.<br>Hinrichtung des Paulus in Rom. | Jesus, Sohn des Gamaliel, wird neuer Hohepriester (63–65). |
| 64 | Von Nero verantworteter Brand Roms und erste größere Christenverfolgung in Rom. | Gessius Florus (64–66) wird Prokurator in Judaä. |
| 65 | | Matthias, Sohn des Theophilos, wird neuer Hohepriester (65–67). |
| 66 | Tiberius Alexander, Präfekt von Ägypten, lässt nach einem Aufstand in Alexandria Tausende Juden hinrichten.<br>Nero überträgt den Feldherren Vespasian und dessen Sohn Titus die Aufgabe, die Aufstände in Judäa niederzuschlagen. | Es entstehen Unruhen zwischen jüdischen und griechischen Bevölkerungsgruppen bezüglich der Rechte der einzelnen Gruppen im Zusammenhang mit der Bebauung eines synagogennahen Geländes.<br>Florus geht nach Jerusalem und will dort den Zugriff auf den Tempelschatz, was zu Unruhen führt. Gestus Florus holt zusätzlich zwei Kohorten nach Jerusalem und fordert die Jerusalemer auf, diese Truppen feierlich zu begrüßen. Gleichzeitig befiehlt er seinen Soldaten, diese Huldigung nicht zu beachten. Damit beginnt der 1. Jüdische Aufstand gegen die Römer, zunächst angeführt von Eleasar, dem Sohn des Hohepriesters. Die Aufständischen erobern den Tempelplatz, Gestus Florus flieht nach Cäsarea. Nur in der Burg Antonia sind noch römische Truppen eingeschlossen. Als die römischen Sodaten abziehen, werden sie hinterrücks ermordet. Die Aufständischen erobern auch Masada und Herodeion.<br>Der syrische Legat Cestus Gallus greift ein und belagert Jerusalem, muss aber unter hohen Verlusten den Rückzug antreten. Die Aufständischen übernehmen das Regiment in Judäa, Galiläa und Idumäa.<br>Die Urgemeinde flieht nach Pella im Ostjordanland. |

| | | |
|---|---|---|
| 67 | Licinus Mucianus (67–69) wird Legat von Syrien. | Jerusalem wird von aufständischen Truppen, vor allem Zeloten und Idumäern, unter der Führung des aus Galiläa stammenden Johannes von Gischala beherrscht. Sie ermorden die Mitglieder führender Jerusalemer Familien, u.a. den Hohepriester Ananus.<br>Da man mit einem Gegenschlag Roms rechnet, organisiert man den Widerstand. Für Galiläa übernimmt Josef ben Mattatias, der sich später Flavius Josephus nennt, ein junger Priester aus Jerusalem, diese Aufgabe.<br>Vespasian, der erfolgreichste römische General, reist nach Palästina und erobert mit 60.000 Soldaten Galiläa zurück. Flavius Josephus wird gefangen genommen und nach Rom gebracht. Er wird nun zum Sympathisanten der Römer.<br>Phannias, Sohn des Samuel, wird neuer Hohepriester (67–70). |
| 68 | Selbstmord Neros.<br>Dreikaiserjahr (Galba, Otho, Vitellus) im Römischen Reich. | Vespasian besetzt die Küstenebene und das Jordantal. Als Nero stirbt, werden die Kriegshandlungen kurzfristig unterbrochen, weil Vespasian nach Rom zurückkehrt. |
| 69 | Vespasian (69–79) wird neuer Kaiser, nachdem er von Tiberius Alexander, dem Präfekten von Ägypten, dazu ausgerufen wurde; der gesamte Orient erkennt ihn als Kaiser an. | Der Rebell Simon Bar-Giora kämpft mit seinen Sikariern („Dolchträger"), einer jüdischen Widerstandstruppe, gegen die Jerusalem beherrschende Gruppe der Zeloten. Johannes von Gischala zieht sich mit den Zeloten in den Tempelbezirk zurück, während die Stadt von den Sikariern kontrolliert wird. Vespasian, der bereits das westliche Judäa erobert hat, überlässt wegen seiner Kaiserkrönung seinem Sohn Titus die Eroberung Jerusalems. |
| 70 | Der Nabatäerherrscher Malichus II. unterstützt die Römer bei der Einnahme von Jerusalem.<br>Rabel II. wird (70–106) letzter König der Nabatäer. | Mit Hilfe von vier Legionen schließt Titus Jerusalem ein, erobert die Stadt, betritt das Allerheiligste und zerstört den Tempel. Die Befestigungsanlagen Jerusalems werden geschliffen. Flavius Josephus dient Titus als Dolmetscher.<br>Die Aufständischen ziehen sich in die Festungsanlagen in der judäischen Wüste zurück.<br>Der jüdische Gelehrte und Pharisäer Jochanan ben Zakkai flieht aus Jerusalem und lässt sich, wahrscheinlich wohlwollend von den Römern unterstützt, in Jabne nieder, wo er ein jüdisches Lehrhaus gründet, das für die Folgezeit sehr bestimmend war. Die Römer dulden dies offenbar, um Vertraute für den Wiederaufbau des Landes nach der Zerstörung des Tempels und der Institution des Amtes des Hohepriesters und des Synhedrions zu gewinnen. |
| 71 | Vespasian und Titus veranstalten einen Triumphzug in Rom mit der Präsentation der erbeuteten Tempelgerätschaften. Dieser Triumphzug wird am Titusbogen in Rom dargestellt. Simon Bar-Giora wird hingerichtet. | Lucilius Bassus (71–72) wird Statthalter in Judäa. Er nimmt Herodeion und Machärus ein. |
| 72 | | |
| 73 | | Flavius Silva (73–74) wird Statthalter in Judäa. Er belagert und erobert Masada, indem er eine Rampe anlegen lässt, über die man in diese geschützte Anlage eindringen kann. Der angebliche kollektive Selbstmord der Verteidiger konnte durch die Ausgrabungen nicht bestätigt werden. Es wurden nur ca. 30 Skelette gefunden. |
| 74 | | Flavius Josephus beginnt seine Arbeit (bis 79) an seinem Werk „Der Jüdische Krieg" (de bello Judaico). |
| 75 | | Judäa wird eine kaiserliche Provinz. Die Legio X Fretensis wird in Jerusalem stationiert. |
| 76 | | |
| 77 | | |
| 78 | | |
| 79 | Titus (79–81) wird neuer römischer Kaiser. | |

Die Felsenfestung Masada am Toten Meer

Der Titusbogen auf dem Forum Romanum zeigt u. a. den Abtransport der heiligen Gegenstände aus dem Jerusalemer Tempel

| | | |
|---|---|---|
| 80 | | |
| 81 | Domitian (81–96) wird neuer römischer Kaiser. | Flavius Silva (81) wird erneut Statthalter in Judäa. |
| 82 | | Das Stadion des Domitian auf dem Palatin in Rom  |
| 83 |  | |
| 84 | Aureus von Domitian | |
| 85 | | |
| 86 | |  |
| 87 | | Christen werden Tieren vorgeworfen. Mosaik, Rom |
| 88 | | |
| 89 | | |
| 90 | | |
| 91 | | |
| 92 | | |
| 93 | In Rom finden Religionsprozesse statt, von denen auch Christen betroffen sind. |  Die Jüdischen Altertümer (Antiquitates Judaicae) von Flavius Josephus erscheinen. |
| 94 | Christenverfolgung in Bithynien. | |
| 95 | Abfassung des 1. Klemensbriefes in Rom, Verfolgung von Christen und Juden in Rom. | |
| 96 | Nerva (96–98) wird neuer römischer Kaiser. | Contra Apionem von Flavius Josephus erscheint.  |
| 97 | | |
| 98 | Trajan (98–117) wird neuer römischer Kaiser | Kaiser Trajan, Skulptur im Prado-Museum, Madrid |
| 99 | | Titus Claudius Atticus (Herodes) (99-103?) wird Statthalter in Judäa. |
| 100 | | |

Michael Tilly

# Die hasmonäische Zeit

**Nach dem Tod Alexanders des Großen (323 vC) wurden Syrien, Phönizien und Palästina zunächst von den in Alexandria ansässigen Ptolemäern beherrscht, dann ab 198 vC von den in Antiochia beheimateten Seleukiden.**

**Der Seleukidenherrscher Antiochus IV. Epiphanes wandelte – teilweise mit der Unterstützung der Jerusalemer Oberschicht – den dortigen Altar in einen Altar des Zeus Olympios um und verbot die Verehrung des Gottes Israels. Dies führte zu einer innerjüdischen Aufstandsbewegung: zum Kampf der Makkabäer, in dessen Verlauf eine neue jüdische Identität entstand.**

**Das Opfer von Modein**
**Der Makkabäer Mattatias ersticht einen Juden, der dem Befehl des Königs gehorchen und auf dem Altar von Modein opfern wollte. Anschließend rief Mattatias zum Widerstand gegen den König auf und floh mit seinen Söhnen in die Berge (1 Makk 2,23-28). Bibelillustration von Gustave Doré 1866**

1.

**Silbermünze von Simon Makkabäus**
**Die Mandelblüte ist das Emblem der aaronitischen Priesterschaft**

## Der Erfolg des makkabäischen Aufstandes

Den Makkabäerbrüdern war es gelungen, eine breite antihellenistische Sammelbewegung zum Sieg zu führen und die gewaltsamen kulturellen und religiösen Modernisierungsbestrebungen innerhalb der Jerusalemer Oberschicht abzuwehren. Der „Tempelreinigung" des Judas Makkabaios (164 vC) folgte die Herrschaft der in Jerusalem residierenden Hasmonäerdynastie. Dieses jüdische Herrscherhaus, benannt nach seinem sagenhaften Ahnen Hasmon, legitimierte seine gesellschaftliche Machtposition nach innen vor allem durch die Selbstdarstellung als den väterlichen Gesetzen verpflichtete religiöse Streitmacht für Tempel und Kult. Es bewirkte so die Umwandlung Jerusalems zum politischen Zentrum eines „unabhängigen" Königreiches sowie die Umwandlung des Tempels in das bedeutendste Symbol der jüdischen Selbstbehauptung. Unter der Herrschaft der Hasmonäer wurde die Stadt für mehr als sieben Jahrzehnte wieder der machtpolitische Mittelpunkt eines mit wenigen Unterbrechungen unabhängigen jüdischen Staates.

Die politische Selbstständigkeit Jerusalems und Judäas wurde begünstigt durch die andauernde Schwäche des Seleukidenreiches, dem es aufgrund fortwährender interner Machtkämpfe nicht gelang, die Provinz dauerhaft zu integrieren und militärisch zu kontrollieren.

## Simon – ein Machtpolitiker

Im Jahre 143 vC ergriff der letzte überlebende Makkabäerbruder Simon die Macht und erlangte vom seleukidischen Herrscher Demetrios II. seine Bestätigung als Hohepriester und Ethnarch sowie einen Amnestieerlass und die volle Steuerfreiheit für Jerusalem. Im Jahre 140 vC ließ sich Simon (mit römischer Billigung) auch von der jüdischen Volksversammlung in Jerusalem als oberster militärischer Befehlshaber, politischer Führer und Träger der vererbbaren Hohepriesterwürde bestätigen.

Das ausgesprochen hasmonäerfreundliche 1. Makkabäerbuch will Simons Machterhebung als Erfüllung der Hoffnungen der altgläubigen Frommen und Rebellen verstanden wissen (vgl. 1 Makk 13,1-9). Tatsächlich war sie die demonstrative Selbstständigkeitserklärung eines hellenistischen Fürsten, der sich zudem weder auf seine davidische (königliche) noch auf zadokidische (priesterliche) Abstammung als Begründung seiner Herrschaft berufen konnte. Gleich zu Beginn seiner Regierung vertrieb Simon die syrische Garnison aus Jerusalem und schaffte den militärisch und wirtschaftlich wichtigen Zugang des Tempelstaates zur Mittelmeerküste. Nach der Einnahme der strategisch bedeutenden Stadt Gezer durch Simons Truppen wurden die Bewohner gezwungen, sich zum Judentum zu bekehren. Der um Expansion bemühte erste Hasmonäerfürst ließ eigene Münzen prägen; in seiner Außenpolitik wurde nun-

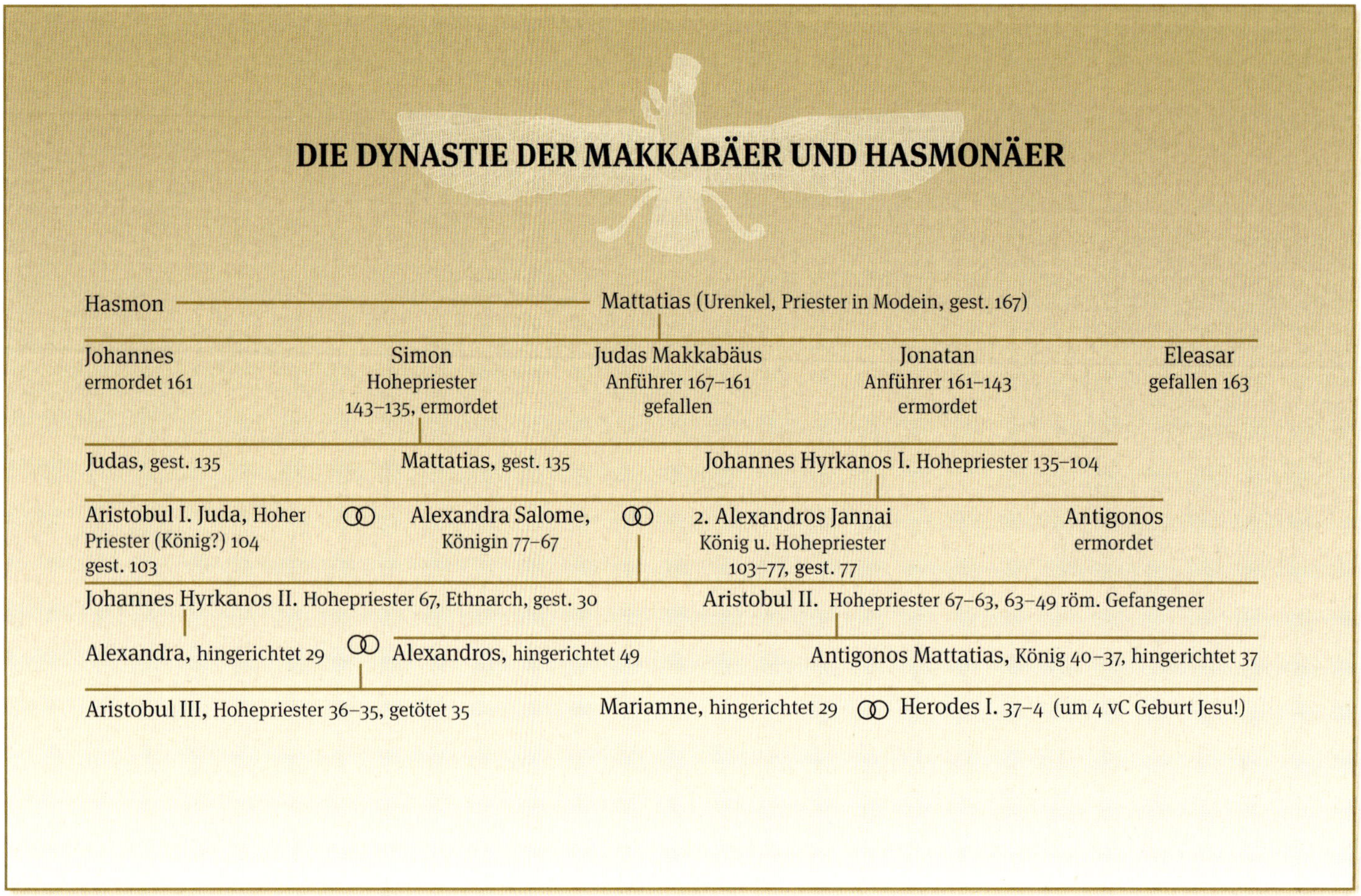


mehr Rom die zentrale Größe. Im Jahre 134 vC fielen Simon und zwei seiner Söhne einem Attentat seines Schwiegersohnes Ptolemaios zum Opfer.

## Erfolge unter Hyrkan I.

Auch Simons überlebender Sohn und Nachfolger Johannes Hyrkan I. strebte die Ausweitung seines Machtbereichs über die Grenzen des jüdischen Kernlandes hinaus an. Zwar ging er gleich im ersten Jahr seiner Herrschaft aus einem militärischen Konflikt mit dem Seleukidenherrscher Antiochos VII. als Unterlegener hervor und musste den Syrern neue Tribute zahlen und Hilfstruppen stellen, doch nutzte er nach dessen Tod im Jahre 129 vC geschickt die politische Schwäche der angrenzenden Reiche der Ptolemäer und Seleukiden aus, um mithilfe eines eilig rekrutierten Söldnerheeres weitere Gebiete im Norden, Süden und Südosten zu erobern. Die bestehenden Bündnisverträge mit Rom erneuerte er. Unter Zwang wurden zahlreiche Bewohner der von ihm annektierten Gebiete, wie z. B. die Idumäer, beschnitten und gezwungen, die Toragebote zu befolgen. Bei der Eroberung des im Norden angrenzenden Samaria wurden die Stadt Sichem und der Garizim, das benachbarte Bergheiligtum der samaritanischen Religionsgemeinschaft, verwüstet.

Johannes Hyrkan I. teilte seinen Herrschaftsbereich in Analogie zu den 24 Priesterklassen in 24 Toparchien ein und überließ das Land den jüdischen Bauern zur Bearbeitung. Innenpolitischen Rückenwind bekam er zunächst durch die pharisäische Bewegung. Gegen deren wachsende Kritik an seiner Amtsführung bekam er bis zu seinem Tod im Jahre 104 vC von Seiten der priesterlichen Aristokratie und ihrer Parteigänger Unterstützung, weil diese Gruppen mit der Erhaltung seiner Machtfülle auch die Stärkung ihrer eigenen gesellschaftlichen Position verbanden.

## Aristobul – der erste hellenistisch geprägte Herrscher in Jerusalem

Der über 30-jährigen Regentschaft seines Vaters folgte die kurze Amtszeit Aristobuls I. (103–102 vC). Als erster Hasmonäerfürst führte er den Königstitel nicht gemäß dem traditionellen jüdischen Königsrecht, sondern im Sinne der zeitgenössischen hellenistischen Herrscherideologie. Die expansionistische Politik und die Zwangsjudaisierungen seiner Vorgänger setzte er unvermindert fort. Als Aristobul starb, hatte sich der Tempelstaat Jerusalem vollends in ein hellenistisches Königtum verwandelt. Dessen außenpolitische Stellung begann indes instabil zu werden. Zum einen maß die selbstbewusste jüdische Aristokratie der Unterstützung durch das römische Reich immer weniger Bedeutung bei, zum anderen betrachtete Rom die strategische Notwendigkeit politischer Beziehungen zu den Hasmonäern zunehmend als gering.

## Wiedererlangung des salomonischen Reichsgebietes unter Alexander Jannäus

Nach dem Tod Aristobuls setzte seine Witwe Salome Alexandra im Jahre 102 vC die Erhebung seines jüngeren Bruders Alexander Jannäus zum Herrscher durch und machte ihn (entgegen der Anweisung der Tora)

**Münze** des Antigonos, 40 vC

auch zu ihrem Ehemann. Alexander Jannäus' Regentschaft war geprägt durch eine weitere Fortführung der aggressiven Eroberungspolitik seiner Vorgänger und durch die brutale Verfolgung seiner innenpolitischen Gegner. Nachdem er die militärischen Auseinandersetzungen mit den Ptolemäern durch geschickte Verhandlungen und einen klugen Bündnisvertrag beilegen konnte, führten seine Feldzüge zu bedeutenden Gebietsgewinnen an der Mittelmeerküste und im Ostjordanland. Die Ausdehnung seines Herrschaftsbereiches entsprach annähernd dem beispielhaften Großreich König Salomos. Als erster Hasmonäer trug Alexander Jannai auf seinen Münzprägungen den Königstitel. Als sich der hellenistische Fürst und die privilegierte Priesterschaft mit den Anhängern toratreuer Gemeinschaften über die prinzipielle Frage nach der Geltung und Auslegung der Tora als Verfassung entzweiten, kam es zu einem mehrjährigen blutigen Bürgerkrieg. Seine Gegner warfen Alexander Jannäus die Untauglichkeit zum Priesteramt vor. Flavius Josephus (Ant XIII,372f) berichtet über die Hinrichtung von mehr als 6000 Menschen als Reaktion auf seine öffentliche Verhöhnung während des Laubhüttenfestes. Über 800 Anhänger der pharisäischen Bewegung wurden mitsamt ihren Angehörigen exekutiert; viele Überlebende flohen aus dem Land. Alexander Jannäus starb 76 vC während eines Feldzuges im Ostjordanland.

Nachdem sie zwei Hasmonäerfürsten überlebt hatte, übernahm Salome Alexandra nun selbst die politische Herrschaft. Ihr ältester Sohn Johannes Hyrkan II. wurde Hoher Priester, da sie das Amt als Frau nicht übernehmen konnte. Es gelang der Hasmonäerfürstin, sich wieder mit der pharisäischen Opposition zu versöhnen und ihr Reich zu befrieden. Salome Alexandra kündigte bereits zu ihren Lebzeiten an, nach ihrem Tod auch die Königswürde an ihren erstgeborenen Sohn vererben zu wollen. Als sein Bruder Aristobul II. hiervon erfuhr, begann er, eine loyale Gefolgschaft von Unzufriedenen aus den Reihen der alten sadduzäischen Führungsschicht um sich zu scharen und bemächtigte sich mit ihrer Hilfe einer Reihe strategisch wichtiger Festungen.

## Die Verbindung von Königtum und Hohem Priesteramt

Der Tod Salome Alexandras im Jahre 67 vC bedeutete für Johannes Hyrkan II., dass nun in seiner Person Königtum und Hohes Priestertum vereinigt waren. Der unmittelbar darauf einsetzende Machtkampf mit seinem Bruder um die Nachfolge ihrer Mutter endete mit dem Sieg Aristobuls II. Der ältere Bruder verzichtete zunächst auf die Königswürde. Ob er auch weiterhin als Hohepriester amtierte, ist nicht sicher.

Johannes Hyrkan II. suchte Verbündete und fand sie in Antipater, dem Sohn des (mit einer Nabatäerin verheirateten) Gouverneurs von Idumäa, und in dem Nabatäerkönig Aretas III. Ihm versprach er die Rückgabe der von Johannes Hyrkan I. und Alexander Jannäus eroberten Gebiete im Ostjordanland. Gemeinsam belagerten sie Aristobul II. in Jerusalem. Dieser sandte ein Hilfegesuch nach Rom. Das Imperium reagierte, und Pompeius, der allen Statthaltern übergeordnete Militärbefehlshaber des Ostens, schickte im Jahre 64 vC den Quästor Aemilius Scaurus nach Jerusalem, um den lästigen Konflikt an der bedrohten Ostgrenze des Römischen Reichs zu beenden. Aemilius Scaurus, der seine weitere Karriere durch einen raschen und sichtbaren Erfolg befördern wollte, unterstützte zunächst Aristobul II.

## Der entscheidende Eingriff Roms

Im Jahre 63 vC begaben sich gleich drei Delegationen nach Damaskus zu Pompeius, der in der ehemaligen Hauptstadt des mittlerweile untergegangenen Seleukidenreiches die Neuordnung der Provinz an der Grenze zum Partherreich organisierte. Der Gesandtschaft Aristobuls II., die seine Anerkennung als König von Judäa durchsetzen sollte (ohne zugleich die römische Suprematie anzuerkennen), standen die Anhänger Johannes Hyrkans II. gegenüber. Sie pochten auf die Rechtmäßigkeit seiner Regentschaft. Unterstützt wurden sie durch die Vertreter antihasmonäischer Kreise, die eine Rückkehr zur traditionellen Verfassung des Tempelstaates mit getrennter königlicher und hohepriesterlicher Führungsmacht forderten. Pompeius, der ohnehin eine Neuordnung der römischen Herrschaft im östlichen Teil des Imperiums beabsichtigte, entschied sich für keinen dieser Vorschläge, sondern bestimmte die Einsetzung Johannes Hyrkans II. ausschließlich zum Hohepriester eines territorial stark verkleinerten Klientelfürstentums Judäa, das er dem syrischen Statthalter unterstellte. Nach dieser drastischen Entscheidung musste der römische Feldherr unmittelbaren Einfluss auf die politische Entwicklung in der strategisch wichtigen Region nehmen. Im Jahre 63 vC zogen seine Legionen über Pella und Jericho nach Jerusalem. Nach dreimonatiger Belagerung wurde die Stadt mit Unterstützung der Soldaten Johannes Hyrkans II. eingenommen.

## Der Weg in die Abhängigkeit von Rom

Pompeius ließ die Anhängerschaft Aristobuls II. hart bestrafen. Ihre Anführer wurden nach Rom gebracht, um während des Triumphzugs des siegreichen Feldherrn im Jahre 61 vC der Menge präsentiert zu werden. Sämtliche militärischen Anlagen und Festungen in Judäa wurden zerstört. Das Territorium der Hasmonäer wurde verkleinert und auf die mehrheitlich von Juden bewohnten Gebiete (Judäa, Galiläa, Samaria) beschränkt. Mit dem Verlust des Küstenstreifens ging der wirtschaftlich wichtige Seehandel verloren. Als sichtbares Zeichen seiner Abhängigkeit von Rom musste Jerusalem fortan regelmäßige Tributzahlungen entrichten.

Im Jahre 57 vC wurde Alexander, der Sohn Aristobuls II., als Geisel nach Rom geschickt. Während der Reise gelang ihm jedoch die Flucht und er sammelte in Judäa eine Gruppe von Aufständischen um sich. Der römische Statthalter Aulus Gabinius schlug diese Erhebung zwar rasch nieder, aber nur ein Jahr später zettelte Aristobul II. selbst, unterstützt von seinem zweiten Sohn Antigonos, einen erneuten Aufstand an. Der Statthalter ließ auch ihn festsetzen und nach Rom schicken, wo er im Jahre 49 vC vergiftet wurde. Gleichzeitig wurde sein Sohn Alexander in Antiochia enthauptet. Sein Rivale Johannes Hyrkan II. wurde indes als Hohepriester von Roms Gnaden bestätigt. Das Land wurde in fünf Verwaltungsdistrikte eingeteilt, um die Zentralgewalt in Jerusalem zu schwächen und um die römischen Interessen, insbesondere die effiziente Eintreibung der Steuern, leichter durchsetzen zu können. Nach dem Tod des Pompeius im Jahre 48 vC gelang es Johannes Hyrkan II., von Julius Cäsar selbst zahlreiche Vergünstigungen (z. B. die erneute Befestigung Jerusalems) und insbesondere seine Bestätigung als Ethnarch zu erlangen.

Antigonos, der verbliebene Sohn Aristobuls II., verbündete sich im Jahre 40 vC mit den Parthern, deren schwer bewaffneten und gepanzerten Reitern der Durchbruch nach Jerusalem gelungen war. Gegen einen Tribut (1000 Talente Silber und 500 Frauen) räumten sie ihrem jüdischen Gefolgsmann die Herrschaft über Jerusalem ein. Johannes Hyrkan II. wurden von den Parthern beide Ohren abgeschnitten, um ihn für immer für das Amt des Hohepriesters untauglich zu machen. Nach der Rückeroberung Jerusalems durch die Römer und die Kämpfer des (vom Senat favorisierten) Herodes, des Sohns des Antipater und späteren römischen Klientelkönigs von Judäa, wurde Antigonos in Antiochia hingerichtet. Die allererste Todesstrafe, die Rom je gegenüber einem besiegten König verhängt hatte, bedeutete zugleich das endgültige Ende der Hasmonäerherrschaft in Jerusalem. ■

## Lesetipps

- **Heiliger Krieg in der Bibel?** Die Kämpfe der Makkabäer. Welt und Umwelt der Bibel Nr. 43 (1/2007), Stuttgart.
- M. Sasse
**Geschichte Israels in der Zeit des Zweiten Tempels**, Historische Ereignisse, Archäologie, Sozialgeschichte, Religions- und Geistesgeschichte (Neukirchen 2004).
- J. Maier
**Grundzüge der Geschichte des Judentums im Altertum** (Darmstadt [2]1989).
- D. Mendels
**The Land of Israel as a Political Concept in Hasmonean Literature** (Tübingen 1987).
- T. Fischer
**Seleukiden und Makkabäer.** (Beiträge zur Seleukidengeschichte und zu den politischen Ereignissen in Judäa während der 1. Hälfte des 2. Jahrhunderts vC (Bochum 1980).

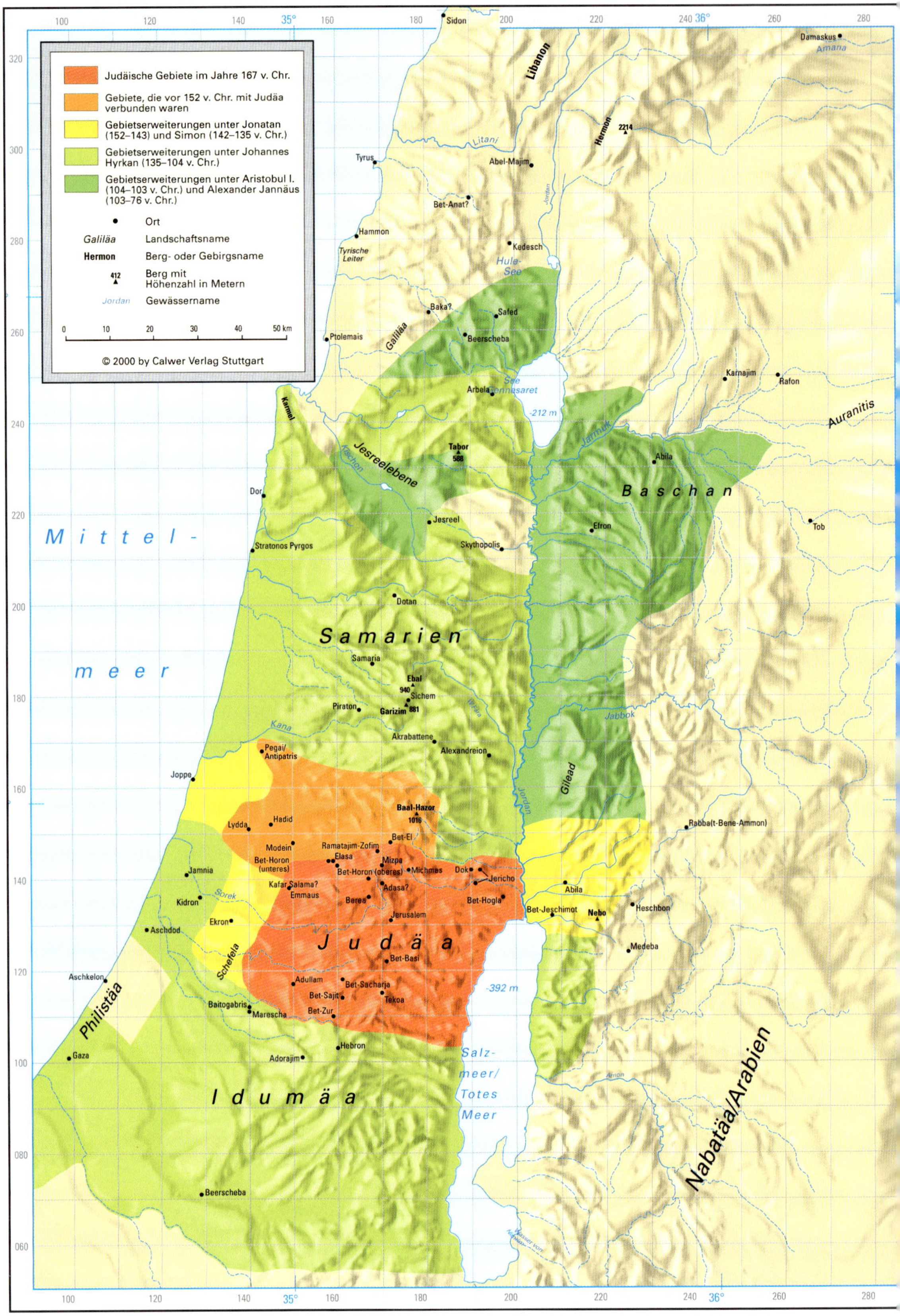

**Palästina** in der Seleukiden- und Makkabäerzeit

| Seleukidenherrscher | Ptolemäerherrscher | Makkabäer/Hasmonäer |
|---|---|---|
| Antiochus III. Megas (223–187) | Ptolemäus IV. Philopator (221–204) | |
| | Ptolemäus V. Epiphanes (204–181/0) | |
| Seleukus IV. Philopator (187–175) | Ptolemäus VI. Philometor (180–145) | |
| Antiochus IV. Epiphanes (175–164) | | Mattatias (167–166)<br>Judas Makkabäus (166–160) |
| Antiochus V. Eupator (164/3–162) | | |
| Demetrius I. Soter (162–150) | | Jonatan Makkabäus (160–142) |
| Alexandros Balas (150–145) | | |
| Demetrius II. Theos Nicator Philadelphos (145–139/8) | Ptolemäus VII. Neos Philopator (145–144)<br>Ptolemäus VIII. Euergetes II. (145–116) | Simon Makkabäus (142–134) |
| Antiochus VI. Epiphanes Dionysos (145–142/1) | | |
| Antiochus VII. Euergetes Sidetes (139/8–129) | | Johannes Hyrkanos I. (134–104) |
| Demetrius II. Theos Nicator Philadelphos (129–126/5) | | |
| Epiphanes Philometor Kallinokos Grypos Seleukus V. (125) | | |
| Antiochus VIII. Epiphanes Philometor Kallinikos Grypos (125–96) | | Aristobul I. (104–103) |
| Antiochus IX. Philopator Kyzikenos (113–95)<br>Seleukus VI. Epiphanes Nicator (96-95) | Ptolemäus IX. Philometor Soter II. Lathyros Physkon (116–107) | Alexander Jannäus (103–76) |
| Demetrius III. Eukairos (95–88)<br>Antiochus X. Eusebes Philopator (95–83)<br>Antiochus XI. Philadelphos (94) | Ptolemäus X. Alexander I. (107–88) | |
| Philippos I. Philadelphos (94–83)<br>Antiochus XII. Dionysos Epiphanes Philopator Kallinikos (87–84) | Ptolemäus IX. Philometor Soter II. Lathyros Physkon (88–81; wieder eingesetzt) | |
| | Ptolemäus XI. Alexander II. (80) | |
| Antiochus XIII. Asiaticus (69–64)<br>Philippus II. (67v–65) | Ptolemäus XII. Theos Philopator Philadelphos Neo Dionysos Auletes (80–51) | Salome Alexandra (76–67)<br>Aristobul II. (67–63)<br>Hyrkanos II. (63–40) |
| | Kleopatra VII. Philopator (51–30) | Mattias Antigonus (40–37) |

**Tabelle** der Herrschernamen

# Griechischer und römischer Einfluss – ein Land wandelt sich

**Seit der Eroberung Syriens durch Alexander den Großen im Jahre 332 vC lebte das Judentum im Orient unter dem Einfluss des Hellenismus. Ein interkultureller Begegnungsprozess zwischen Juden und Griechen war zu diesem Zeitpunkt bereits in vollem Gang. Wirtschaftliche Kontakte mit Griechenland hatten schon Jahrhunderte zuvor bestanden. Mit den Handelswaren waren dabei immer wieder auch Ideen, Mythen, Geschichten und Riten ausgetauscht worden. Die reichen Kulturen Griechenlands, Roms, Ägyptens, Syriens, Persiens und Babyloniens hatten sich gegenseitig befruchtet. Aber erst in der Epoche des Hellenismus drang die griechische Kultur – direkt oder indirekt – in alle Bereiche des Lebens ein. Das Land wandelte sich hinsichtlich seiner Kultur.**

**Hellenistisches Grab** in Marescha

Der griechische Einfluss prägte Sprache und Literatur, Religion und Philosophie, Wissenschaft und Kunst, Politik und Wirtschaft, Recht, Bildung und Erziehung. Erst jetzt wuchs die politische Bedeutung der Monarchien, stieg die Mobilität der Menschen und wuchsen große Wirtschafts- und Währungsräume heran.

## Die griechische Sprache – wichtiger Kulturträger um die Zeitenwende

Obwohl die Randlage Jerusalems einen kontinuierlichen und engen kulturellen Kontakt erschwerte, entwickelte sich in den Jahrhunderten der ägyptischen und syrischen Oberherrschaft über den Tempelstaat Judäa eine blühende hellenistische Kultur im ganzen Land. Die zeitweilige Herrschaft der Makkabäerbrüder und ihrer Nachkommen konnte diese Entwicklung nicht aufhalten. Nach der Eroberung Jerusalems durch Pompeius Magnus im Jahre 63 vC und der politischen Eingliederung des Landes in das Imperium Romanum wurden die Kontakte zwischen Judentum und Hellenismus noch weitaus intensiver. Es gibt zahlreiche Beispiele für eine solche Verflechtung von Judentum und griechischer und römischer Kultur. So wurde nicht nur das Neue Testament, sondern auch ein großer Teil der zeitgenössischen jüdischen Literatur in griechischer Sprache verfasst. Zahlreiche griechische und auch lateinische Lehnwörter drangen in die hebräische und aramäische Sprache ein. Die meisten Juden in der Antike beherrschten Dialekte der *Koiné*, der allgemeinen Verkehrs- und Standardsprache des gesamten östlichen Mittelmeerraums; für viele war sie sogar die Muttersprache. Die beiden berühmtesten antiken jüdischen Schriftsteller, Flavius Josephus und Philo von Alexandria, schrieben ihre Werke in griechischer Sprache und Schrift.

Die griechische Übersetzung der Tora war die Keimzelle der Septuaginta, der griechischen Bibel. Diese Übersetzung war bereits im 3. Jh. vC in Alexandria aus der Notwendigkeit heraus entstanden, die hebräischen heiligen Schriften in die Alltagssprache der in der ägyptischen Metropole lebenden Juden zu übersetzen. Man wollte sie dabei in einem veränderten sozialen, kulturellen und sprachlichen Umfeld deutlich und so verständlich wie möglich machen. Griechische Übersetzungen weiterer hebräischer autoritativer Bücher kursierten bald in unterschiedlichen Versionen und an vielen Orten. Man hat auch in Judäa solche griechischen Bibelhandschriften gefunden, was zeigt, dass sie von hier lebenden Juden (vgl. Apg 6,9; 9,29) benutzt wurden.

## Hellenismus – Bedrohung, Herausforderung oder Bereicherung

Der Hellenismus wurde von den Menschen je nach ihrem individuellen Standpunkt und ihrer persönlichen Lebenssituation als Bedrohung, als Herausforderung oder als Bereicherung empfunden. Der Einfluss der griechischen und römischen Kultur erfasste zunächst die führenden Gesellschaftsschichten. Ebenso machte er sich in Städten wie Jerusa-

**Theater und Odeon** in Amman

lem ungleich stärker bemerkbar als in der unzugänglichen Bergwüste Judäas. Jedoch konnte sich letztendlich niemand auf Dauer der allgemeinen Hellenisierung der Sprache, der Lebensform, aber auch der Religion völlig entziehen. An nicht wenigen Orten Judäas wohnten im 1. Jh. nC Juden und Nichtjuden in unmittelbarer Nachbarschaft. Überall lebten Juden in der Spannung zwischen ihrer Bindung an den einen Gott und die Tora einerseits und ihrer Öffnung gegenüber der nichtjüdischen polytheistischen Umwelt andererseits. In den Städten machten Menschen von den persönlichen Bildungsmöglichkeiten und Aufstiegschancen, die sich ihnen nun boten, regen Gebrauch. Die Begeisterung für das Griechentum brachte manche Juden in Jerusalem sogar auf die Idee, sie seien mit den Spartanern verwandt (vgl. 1 Makk 12,21).

Die Kulturen verflochten sich auf nahezu allen Ebenen. Überall entwickelte sich ein Bewusstsein der eigenen Individualität. Zugleich wurde die tradierte religiöse Vorstellungswelt von immer mehr Menschen infrage gestellt. Das Interesse der Philosophen und

## Philo von Alexandrien

**Philo von Alexandrien** (ca. 20 vC–50 nC) gehört zu den bekanntesten Vertretern des Judentums aus der hellenistischen Zeit. Er hatte Kontakt zur jüdischen Gemeinde, sprach selbst aber kein Hebräisch. Seine Kommentare zur griechischen Übersetzung der Tora sind philosophisch reflektiert. Mose war für ihn der höchste Philosoph überhaupt. Die mosaischen Überlieferungen deutet er allegorisch als Vorbilder für Tugenden. Und die Annahme der von Gott in den Menschen gelegten Tugenden sieht er wie die Stoiker als Weg zur Schau Gottes. Neben zahlreichen theologischen Schriften verfasste er eine Reihe historischer Dokumente, die heute für das Studium des hellenistischen Judentums sehr hilfreich sind. Frühe christliche Schriftsteller (Clemens v. Alexandrien, Eusebius, Origenes) nahmen auf ihn Bezug. Seine Gedanken beflügelten sogar die christliche Theologie, z. B. die Christologie und die Trinitätslehre.
*(W. Baur)*

**Hellenistischer Luxus** auch auf der anderen Seite des Jordan. Hier in Gerasa (Jerash) entstand ab dem 1. Jh. nC eine blühende Stadt mit Tempeln, Bädern, Flanierstraßen und einem großen Theater.

Denker verlagerte sich zunehmend auf Fragen der praktischen Lebensbewältigung. In den hellenistischen Metropolen entwickelte sich eine eigenständige „Stadtkultur". Auch Juden nahmen nun griechische Namen an und kleideten sich wie der Rest der hellenistischen Welt. Aufschriften auf antiken Grabsteinen zeigen, dass auch fromme jüdische Eltern ihren Kindern ohne Bedenken heidnische Namen wie Isidora gaben. „Isidora" ist griechisch und bedeutet: „Geschenk der (ägyptischen) Göttin Isis".

## Die Übernahme fremder Kulturen in Judäa

Der bestimmende Einfluss der griechischen und römischen Kultur machte sich auch in Judäa überall bemerkbar. Die jüdischen Herrscher nahmen zwar zumeist Rücksicht auf das religiöse Empfinden ihrer jüdischen Untertanen, passten sich jedoch in ihrer Amts- und Lebensführung den neuen Gepflogenheiten an. Sie hielten in repräsentativer Weise wie nichtjüdische Fürsten Hof, strebten nach internationaler Anerkennung und lukrativen Handelsbeziehungen, erbauten Repräsentationsbauten und Paläste im griechisch-römischen Stil, Rennbahnen, Zirkusse und Theater. Während von den einen der Besuch solcher Stätten als „unjüdisch" verurteilt wurde, gingen andere Juden, sogar fromme und schriftenkundige „Intellektuelle", ganz unbefangen mit dem hellenistischen Kulturleben um. So war es weder für Josephus noch für Philo anstößig, solche Orte aufzusuchen.

## Herodes' Baupolitik: ein Zeugnis interkulturellen Austausches

Mit dem von Rom unterstützten Aufstieg von Herodes nahm die Intensität der Handelskontakte und der kulturellen Beziehungen Jerusalems zu anderen städtischen Zentren noch einmal beträchtlich zu. Seit 19 vC renovierte Herodes den während der römischen Angriffe beschädigten Jerusalemer Tempel als Symbol des „weltstädtischen" Charakters der Stadt am Rand des Imperium Romanum und als international beachtetes Wahrzeichen seiner Herrschaft. Der im Stil der hellenistisch-römischen Monumentalbauweise erneuerte, erweiterte, erhöhte und mit gewaltigen Umfassungsmauern versehene Tempel wurde zum religiösen Zentrum des Judentums in Palästina und in der gesamten antiken Welt.

**Antikes Forum** in Gerasa, Jordanien

Sogar – traditionell verpönte – Eheschließungen zwischen Juden und Nichtjuden kamen manchmal vor. Einige besonders eifrige und assimilationshungrige Anhänger des neuen Lebensstils meinten, ihre Beschneidung, die sie nun als Zeichen einer „ewiggestrigen" Gesinnung ansahen, durch einen chirurgischen Eingriff wieder rückgängig machen zu müssen (vgl. 1 Makk 1,16). Selbst strenggläubige Schriftgelehrte begannen bei ihrer Bibelauslegung Methoden anzuwenden, die sie von den griechischen und römischen Rhetorikern, Juristen und Homer-Auslegern übernommen hatten, obwohl sie jede Nachahmung des griechischen Denkens als Zerstörung der eigenen religiösen und kulturellen Identität ablehnten. ■

### Lesetipps


- **Flavius Josephus,** Geschichtsschreiber zur Zeit Jesu, Welt und Umwelt der Bibel Nr. 32 (2/2004), Stuttgart.
- St. Alkier/M. Witte
**Die Griechen und das antike Israel.** Interdisziplinäre Studien zur Religions- und Kulturgeschichte des Heiligen Landes (OBO 201; Fribourg/Göttingen 2004).,
- Martin Hengel
**Judentum und Hellenismus** (WUNT 10; Tübingen3 1988).
- W. Thiel
**Untersuchungen zum hellenistischen Siedlungswesen in Palästina und Transjordanien,** Historische und archäologische Untersuchungen zur städtebaulichen Entwicklung ausgewählter Siedlungen unter den Ptolemäern und Seleukiden (München 2007).

**Die Septuaginta** stellt die griechische Übersetzung des Alten Testaments dar, umfasst aber darüber hinaus noch weitere, nur auf Griechisch verfasste Schriften (s. S. 16). Ihre Bedeutung wurde durch die Übersetzung ins Deutsche im Jahr 2009 unterstrichen.

# Herodes der Große (73–4 vC) und seine Dynastie

**Herodes d. Gr.,** Porträtversuch von Peter Conolly, geb. 1935, nach einer Skulptur.

**Herodes, im Jahr 40 vC vom römischen Senat zum König von Judäa ernannt, war der Begründer der letzten jüdischen Herrscherdynastie der Antike. Vom ersten politischen Amt des jungen Herodes an gerechnet – er wurde 47 vC im Alter von 26 Jahren Gouverneur in Galiläa – bis zum Tod seines Urenkels Agrippa II. 100 nC bestimmten die Herodianer fast eineinhalb Jahrhunderte die Geschicke Judäas und Palästinas.**

## Der politische Aufstieg Herodes' des Großen

Herodes, Sohn eines Idumäers jüdischen Glaubens und einer nabatäischen Mutter, verdankte seinen politischen Aufstieg einem Bruderzwist im hasmonäischen Herrscherhaus. Sein Vater Antipater war Parteigänger des Hasmonäers Hyrkan, der mit seinem Bruder Aristobul um die Macht im Staate stritt (vgl. Übersicht S. 34). Während aber Hyrkan die Vorherrschaft Roms in Palästina, die seit Pompeius' Einmarsch in Jerusalem 63 vC Tatsache war, anerkannte und sich mit dem politisch harmlosen Posten des Hohepriesters zufriedengab, versuchte Aristobul, das römi-sche Joch mithilfe der Parther, die Rom von Osten her bedrohten, abzuschütteln. Noch seine Söhne Alexander und Antigonos setzten diesen Kampf fort, zunächst sogar so erfolgreich, dass Antigonos mit parthischer Hilfe als neuer Herrscher in Jerusalem Einzug halten konnte und Herodes, der als treuer Gefolgsmann Roms das politische Erbe seines Vaters angetreten hatte, samt seiner Familie aus der Hauptstadt fliehen musste.

Die parthische Präsenz im syrisch-palästinischen Raum war indes nur ein Zwischenspiel. Die Römer behaupteten ihren Anspruch auf die Region, und ihr Mann auf dem judäischen Thron hieß Herodes. Gefahr drohte ihm zunächst von Kleopatra, die mithilfe des Antonius zu gern in Judäa Fuß gefasst hätte, doch nahm die berühmte ägyptisch-römische Liaison nach der Schlacht bei Actium 31 vC mit dem Freitod des Antonius und der Kleopatra bekanntlich ein tragisches Ende. Herodes gelang es, das Vertrauen Octavians, des nachmaligen Kaisers Augustus, zu gewinnen und den Grund für stabile judäisch-römische Beziehungen zu legen, die bis zu Herodes' Tod im Jahre 4 vC andauerten. Als römischer Klientelkönig setzte er sich wiederholt für die Interessen jüdischer Diaspora-Gemeinden ein. Seinen Landsleuten bescherte er eine Friedenszeit von mehr als drei Jahrzehnten in relativer Unabhängigkeit von Rom.

## Herodes – ein Jude?

Bei seinen Untertanen war er dennoch wenig beliebt. Sein Judentum wurde stets angezweifelt – und dementsprechend auch die Rechtmäßigkeit seiner Königsherrschaft, denn nach biblischem Gebot durfte nur ein Jude König der Juden sein (Dtn 17,15). War bereits Herodes' Großvater Antipas – auch er schon in hasmonäischen Diensten – zum jüdischen Glauben übergetreten? Dann galt die Bestimmung von Dtn 23,7f, dass die Familie eines „edomitischen" (= idumäischen) Kon-

**Die Felsenfestung Masada** am Toten Meer wurde von Herodes ausgebaut.

1) **Der Nordpalast,** wie er sich heute zeigt

2) **Masada,** Modell des Nordpalastes

vertiten in dritter Generation vollgültig „zur Gemeinde Gottes“ gehörte, auch von Herodes. Dass er eine nabatäische Mutter hatte, war seiner Anerkennung als Jude aber gewiss nicht förderlich, wenngleich die Abstammung der Mutter wohl erst in rabbinischer Zeit zum entscheidenden Kriterium wurde. Jedenfalls schilt noch der jüdische Historiker Josephus, dem wir fast alles verdanken, was wir über Herodes wissen, jenen Judäerkönig von Roms Gnaden einen „Halbjuden“, und er behauptet, Herodes habe sich von Nikolaos von Damaskus, seinem Hofchronisten, einen lupenreinen jüdischen Stammbaum fälschen lassen. Es war wohl eine Sache des Ermessens und des guten Willens, ob man Herodes als Juden, gar als legitimen König der Juden, anerkannte oder nicht. Einerseits war er nach innen wie nach außen ein herausragender Politiker, der dem Volk mancherlei Wohlstand bescherte, andererseits ein Gewaltherrscher, zumal im Alter an der Grenze des Wahnsinns.

## Familiäres Unglück

Was die dunkle Seite seiner Herrschaft betrifft, so ist man geneigt, dieselbe zu einem guten Teil auf seine überaus schwierigen Familienverhältnisse zurückzuführen. Herodes hatte zehn Frauen und von den meisten dieser Frauen auch Kinder. Je näher die Frage nach der Thronfolge rückte, desto heftiger wurde die Konkurrenz unter den Müttern, die natürlich den eigenen Spross auf dem Thron sehen wollten. Josephus schildert, wie der Jerusalemer Königshof, je länger desto mehr, zu einem Hort der Intrige wurde. Dem nach außen hin erfolgreichen König entglitt mehr und mehr die Kontrolle über sein eigenes Hauswesen, bis er schließlich an jeder Ecke Verrat witterte und echte wie vermeintliche Verschwörungen unnachsichtig ahndete. Noch auf dem Sterbebett hat Herodes den Hinrichtungsbefehl für Antipater, seinen Erstgeborenen, gegeben.

Zwischen Antipater und zwei Söhnen seiner zweiten Frau, der Hasmonäerin Mariamne, war die gegenseitige Abneigung besonders groß. Die Hochzeit mit Mariamne noch vor der Eroberung Jerusalems und der Vertreibung des Antigonos 37 vC (nach der Verlobung mit der erst Zwölfjährigen fünf Jahre zuvor) war eine Geste der Siegesgewissheit und zugleich ein familienpolitischer Schachzug, der Herodes adeln und die Hasmonäerfamilie besänftigen sollte. Doch in Mariamne, der Enkelin Hyrkans und Tochter Alexanders, die schon als Kind erleben musste, wie ihr Vater dem Machtkampf gegen den idumäischen Emporkömmling zum Opfer fiel, schwelte der Hass gegen die Herodesfamilie weiter, ebenso in ihren Söhnen Alexander und Aristobul, zusätzlich angestachelt von Mariamnes Mutter Alexandra im hasmonäischen und Herodes' Schwester Salome im herodianischen Lager. Die Atmosphäre war bald so vergiftet, dass keiner mehr dem anderen traute, am wenigsten der König, der ein Todesurteil nach dem anderen verhängte. Prominenteste Opfer waren Mariamne und ihre Söhne Alexander und Aristobul.

## Kindermörder?

Wer im eigenen Familienkreis mordet, weil er sein Königtum in Gefahr wähnt, sollte der nicht erst recht dort mit aller Gewalt vorgehen, wo seine Macht von außen bedroht wird? Seinen zweifelhaften Ruhm verdankt Herodes bis in die Moderne hinein seiner Rolle als Kindermörder von Betlehem, die ihm der Evangelist Matthäus zugedacht hat, als er, wie der Autor des Lukasevangeliums auch, der bis dahin bekannten Jesustradition Geschichten über Jesu Kindheit voranstellte. Diese Texte sind literarisch zu verstehen, nicht historisch: Dem im frühen Christentum aufkommenden Wunsch, auch etwas über Jesu Kindheit und Jugend zu erfahren, wird durch legendarisches Material entsprochen. Auch der Kindermord von Betlehem – allein dass Josephus ihn nicht kennt, sollte uns stutzig machen – ist von solcher Art: Die Geschichte von Mose, der, wie die anderen hebräischen Knaben auch, sterben soll, jedoch auf wundersamem Weg gerettet wird und die Israeliten in die Freiheit führt, wird neu erzählt mit Jesus als Hauptfigur. Herodes spielt die Rolle des Verfolgers, und keiner hätte sie besser spielen können als er – nach allem, was wir historisch über ihn wissen. Aber Texte sagen ohnehin nicht die ganze Wahrheit über diesen Herrscher. Auch die Steine reden mit, und sie tun das umso deutlicher und eindrucksvoller, je besser die moderne Archäologie auf ihre Stimme hören lehrt. Wir kommen zu Herodes als einem der großen Bauherren der römischen Antike.

## Baupolitik und Bautätigkeit

Herodes hat seinen Herrschaftsanspruch und seine Romtreue den Städten und Landschaften seines Reiches durch zahlreiche monumentale Bauten bleibend sichtbar eingeprägt. Mit dem Bau zahlreicher Theater, Hippodrome, Stadien, Amphitheater, Bäder und Gymnasien brachte er sein Land auf die Höhe der hellenistisch-römischen Kultur. Seine ehrgeizigen Bauprojekte brauchten den Vergleich mit den Glanzstücken damali-

3) **Das Herodeion**, vom Palast aus gesehen

4) **Herodianische Palastanlage** am Fuße des Herodeions

ger Baukunst nicht zu scheuen. Selbst den Festungen, die er von den Hasmonäern übernahm, verlieh er sein eigenes Gepräge. Eindrucksvollstes Beispiel ist die Felsenfestung Masada am Südwestufer des Toten Meeres, die als letzte Zuflucht der Aufständischen im Jüdischen Krieg zu großer Berühmtheit gelangt ist **(Abb. 1).** Während der Westpalast auf dem Plateau noch weitgehend dem hellenistisch-orientalischen Baustil hasmonäischer Architektur verpflichtet war, hat Herodes sich für den Nordpalast, den er auf dem in drei natürlichen Terrassen abfallenden Nordhang errichten ließ, am römischen Villenstil orientiert **(Abb. 2).** Baustatisch war dies wegen der erforderlichen gewaltigen Stützmauern ein überaus kühnes und aufwändiges Unternehmen. Aus Masada stammt eines der schönsten Mosaiken, das wir aus herodianischen Wohnhäusern kennen. Keines dieser Mosaiken enthält figürliche Darstellungen, ein Hinweis auf die strenge Auslegung des biblischen Bilderverbotes im 1.Jh. vC, die Darstellungen von Tieren oder Menschen auch zu rein dekorativen Zwecken untersagte – ein Hinweis auch darauf, dass Herodes es mit seinem Judentum ernst zu nehmen bemüht war?

### *Paläste*

Eine Gründung des Herodes ohne hasmonäischen Vorgängerbau war das nach ihm selbst benannte, ca. 12 km südlich von Jerusalem auf einem teilweise künstlich aufgeschütteten Berg gelegene *Herodeion*, eine Festung aus einem innen begeh- und bewohnbaren doppelten Mauerring mit einem Außendurchmesser von 60 m, in seinem Inneren ein Peristylhof mit Garten, Wohngebäude und ein römisches Bad **(Abb. 3)**. Am Fuße des Berges ließ Herodes eine Palastanlage errichten, die zu den größten der Antike zählte und Hunderten von Gästen Platz und allen Komfort bot **(Abb. 4).** Weitere Paläste unterhielt Herodes in *Cäsarea am Meer* und in *Jericho*, dazu einen prachtvollen Palast in *Jerusalem*. Die weiträumige Anlage von Jericho ermöglichte dem König die Kontrolle über das wirtschaftlich wichtige Gebiet am Nordende des Toten Meeres mit seiner einträglichen Balsamproduktion.

### *Ein Überseehafen*

Ein bedeutender Wirtschaftsfaktor war aber vor allem die Neugründung *Caesarea maritimas* als moderne Hafenstadt im Jahr 12 vC. (vgl. Abb. S. 171). Die Namensgebung zu Ehren des Cäsar Augustus zeugte ebenso von der Romtreue des Judäerkönigs wie der vom Meer aus schon von Weitem sichtbare Roma-Augustus-Tempel. Der Hafen von Cäsarea, der zu den größten Mittelmeerhäfen der Antike zählte und sogar dem ägyptischen Alexandria Konkurrenz machte, bescherte dem Fernhandel Judäas einen enormen Aufschwung. Dass Herodes diese Stadt bewusst als pagane Stadt konzipiert hatte, hinderte die Juden nicht daran, sich in großer Zahl dort anzusiedeln.

### *Der Tempel*

Ganz unumstritten war im Blick auf Herodes' Rolle als König der Juden sein großartigstes Bauprojekt: der wahrscheinlich 20 vC in Angriff genommene Neubau des Jerusalemer Tempels **(Abb. 6).** Hier verbanden sich Herrschaftslegitimation, Rom-Orientierung und genuin biblisch-jüdische Tempeltheologie zu

5) **Blick in den Winterpalast** in Jericho aus neutestamentlicher Zeit

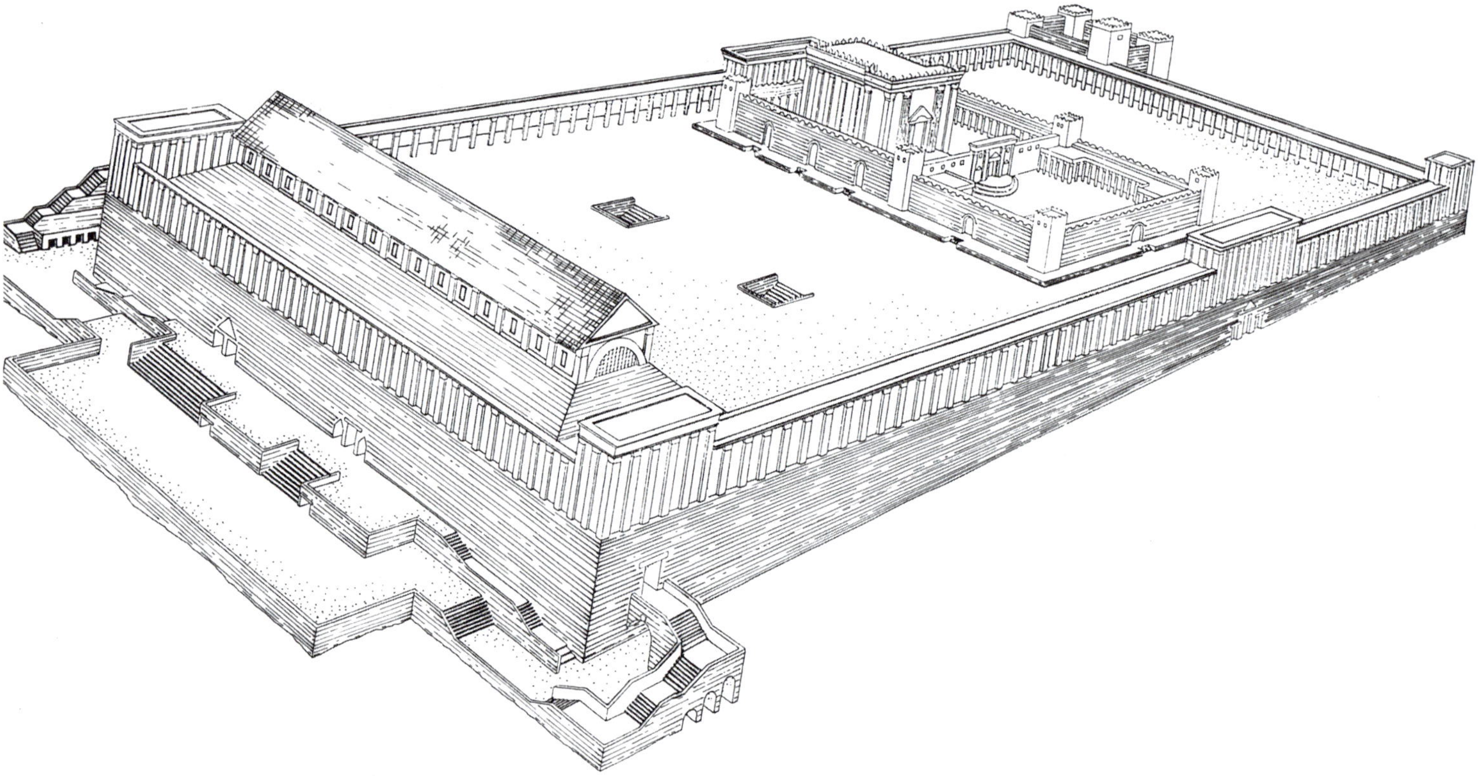

6) **Rekonstruktion** des Jerusalemer Tempels

einer gelungenen Synthese, und wenn der König sonst auch nicht beliebt war, seinem Tempel zollte man dennoch höchstes Lob. Noch im Babylonischen Talmud heißt es: *„Man sagt, wer den Bau [d. h. den Tempel] des Herodes nicht gesehen hat, habe keinen schönen Bau gesehen."*

Josephus gibt als Bauzeit für die Tempelplattform acht Jahre und für das eigentliche Heiligtum eineinhalb Jahre an. Um die Fläche der Tempelplattform auf fast 150.000 qm zu verdoppeln, ließ Herodes an der Nordseite mächtige Gesteinsmassen abtragen, an der abschüssigen Südseite gigantische Stützmauern errichten und den Zwischenraum aufschütten. Von den Steinquadern, die in der Umfassungsmauer des Tempelpodiums verbaut wurden, waren die größten bis zu 12 m lang und 100 t schwer **(Abb. 7)**. Teile dieser Umfassungsmauer bilden heute die berühmte jüdische „Klagemauer". An der Südseite des mit Säulengängen umgebenen Tempelplatzes errichtete Herodes nach dem Vorbild römischer Basiliken eine dreischiffige Halle, die kommunalen und kommerziellen Zwecken diente. Das neue Tempelareal war in mehrere Höfe unterteilt, in deren innerstem das eigentliche Heiligtum stand. Der periphere Vorhof, den auch Nichtjuden betreten durften, wurde bald zum Mittelpunkt des öffentlichen Lebens der Stadt.

## Das königliche Vermögen

Das persönliche Vermögen des Herodes, das ihm eine derart umfangreiche Bautätigkeit ermöglichte, war zweifellos beträchtlich. Es bestand aus ererbten Ländereien in Idumäa, wohl auch aus weiterem Grundbesitz aus dem Vermögen seiner nabatäischen Mutter. Hinzu kam das gesamte hasmonäische Krongut, darunter Ländereien in der fruchtbaren Jesreël-Ebene, die bereits erwähnten Balsam- und Dattelplantagen von Jericho und die Bitumen-Industrie am Toten Meer. Außerdem nannte Herodes schätzungsweise die Hälfte bis zwei Drittel des gesamten Ackerbodens sein Eigen. Die Höhe der Staatseinnahmen während seiner Regierungszeit aus Kopf-, Grund-, Ertrags-, Besitz- und Gewerbesteuern in Geld und Naturalien sowie Ein- und Ausfuhr-, Brücken- und Wegezöllen belief sich jährlich auf gut 1000 Talente Silber (= ca. 27 t). Herodes verfügte zudem über ausländische Einnahmequellen, etwa aus den Kupferminen auf Zypern, deren Verwaltung ihm Augustus 12 vC übertragen hatte. Eine regelrechte Tributpflicht gegenüber Rom bestand wohl nicht, sodass das Geld im Lande blieb und auf dem Umweg der herodianischen Prachtentfaltung der einheimischen Volkswirtschaft zugutekam.

## Zu guter Letzt: Das Grab

Herodes hatte kein schönes Ende. Siebzigjährig starb er, so schildert es Josephus, nach schwerer Krankheit unter Schmerzen. Eine pompöse Trauerfeier am Herodeion, wo er auch bestattet wurde, konnte nicht darüber hinwegtäuschen, dass seine große Familie von Streit und Hass völlig zerrüttet war. In Rom war längst klar, dass keiner der Söhne für den Thron des Herodes infrage kam. So wurde sein Reich, das in den Jahrzehnten seiner Herrschaft durch die Gunst Roms stets gewachsen war, auf drei seiner Söhne aufgeteilt. Zum Zuge kamen zwei Söhne von Herodes' vierter Frau Malthake, nämlich Archelaos, der Judäa erhalten sollte, und Antipas, dem Galiläa und Peräa zugedacht waren. Philippus, Sohn Kleopatras, der fünften Frau des Herodes, sollte über die Trachonitis samt den angrenzenden Regionen herrschen. Augustus bestätigte Herodes' mehrfach geändertes Testament in dieser seiner Letztfassung, jedoch mit der entscheidenden Einschränkung, dass keiner der drei Söhne den Königstitel führen durfte. Archelaos wurde zum Ethnarchen („Herrscher des Volkes") und Antipas und Philippus wurden zu Tetrarchen ernannt (in etwa „Teilherrscher"). Das herodianische Großreich war zerschlagen, zugerichtet für die Eingliederung in das römische Provinzialsystem, die früher oder später anstand, wenn die Chemie zwischen Rom und einem Klientelkönigtum nicht mehr stimmte. So fällt auf Herodes von seinem Ende her ein schlechtes Licht, weil er es nicht vermocht hat, sein Erbe für die nächste Generation zu bewahren. Doch ist die Größe dieses Herrschers in seinen Bauwerken, die auch als Ruinen noch Eindruck machen, bis heute präsent.

Zuletzt hat das Herodeion für eine Sensation gesorgt: Der israelische Archäologe Ehud Netzer hat 2007 nach über drei Jahrzehnten Grabungstätigkeit am Herodeion auf halber Höhe des Hügels Reste eines Gebäudes entdeckt, das mit größter Wahrscheinlichkeit als das Mausoleum des Herodes identifiziert werden konnte **(Abb. 8)**. Eben dort stieß Netzer auf Fragmente eines monumentalen Sarkophags. Er ist nach allen verfügbaren Indizien der Sarg des Herodes.

## Die zweite Generation: Archelaos, Antipas, Philippus

### *Archelaos*

Archealos, von Augustus über Herodes' Testament hinaus noch mit der Herrschaft über Idumäa und Samaria betraut, erwies sich als Fehlbesetzung. Noch vor seiner Amtseinführung ging er gegen Unruhen, die nach dem Tod des Herodes aufflammten, mit äußerster Härte vor und verscherzte es sich damit bei seinen Untertanen von Anfang an. Immerhin zeigte er bei seinen Bauprojekten die Ambitionen seines Vaters: Den während der Unruhen niedergebrannten Winterpalast in Jericho baute er noch prächtiger wieder auf **(Abb. 5)**. Eine von ihm gegründete Stadt, die er nach sich selbst Archelaïs nannte, wird bei Plinius wegen ihrer Palmenhaine erwähnt (NatHist 13,9,44), und die berühmte „Madeba-Karte" (im Fußbodenmosaik einer Kirche in Madaba im heutigen Jordanien) zeigt sie noch im 6. Jh. nC als blühende Stadt.

An zwei Stellen begegnen wir Archelaos im Neuen Testament: Mt 2,22 notiert, Josef habe auf der Heimreise von Ägypten nach Galiläa aus Furcht vor Archelaos judäisches Gebiet gemieden, und in Lk 19,11.14f. setzt der dritte Evangelist in seiner Bearbeitung des Gleichnisses von den anvertrauten Pfunden dem Herodessohn in einer Anspielung an seine Romreise ein ebenfalls wenig vorteilhaftes literarisches Denkmal.

Dies deckt sich mit den verhältnismäßig spärlichen Informationen, die Josephus zu Archelaos bietet: Im zehnten Jahr seiner Regierung wurde eine judäische und samarische Delegation in Rom vorstellig, um den Ethnarchen wegen seiner Grausamkeit bei Augustus anzuzeigen. Der Cäsar ließ ihn nach Rom kommen, machte ihm den Prozess und verbannte ihn nach Vienna in Gallien. Dort verliert sich seine Spur. Sein Herrschaftsgebiet wurde römische Provinz, sein Vermögen konfisziert. Um eine Bemessungsgrundlage für die fortan an Rom zu entrichtenden Steuern zu schaffen, führte der syrische Statthalter Sulpicius Quirinius, zwischen 6 und 7 nC im Amt, in seiner nun um das Territorium des Archelaos erweiterten Provinz eine Volkszählung (*census*) durch. Der Evangelist Lukas, der den Zensus des

7) **Typisches herodianisches Mauergestein** mit sogenanntem Randschlag (leicht zurückgesetzte umlaufende Vertiefung am Rand) mit Spiegel (geglättete Frontseite des Steins)

8) **Vermutliches Grab des Herodes** im Herodeion

Quirinius in Lk 2,1-4 mit den Ereignissen um die Geburt Jesu in Verbindung bringt, datiert ihn irrtümlich (oder absichtlich, jedenfalls fälschlich) an das Ende der Regierungszeit des Herodes.

*Philippus*

Die Tetrarchie des Philippus umfasste die Landschaften Batanäa, Trachonitis, Auranitis, Gaulanitis und die Gegend um Paneas. Philippus, der 37 Jahre lang unbehelligt und unauffällig regierte, ist bei Josephus eine sympathische Kontrastfigur zu Archelaos. Zu Ehren des Augustus (oder seines Nachfolgers Tiberius) ließ er die Stadt Paneas prächtig ausbauen und gab ihr den Namen Cäsarea (Caesarea Philippi, nach Mk 8,27 der Ort des berühmten Petrusbekenntnisses, zu unterscheiden von der Hafenstadt Caesarea maritima). Für die Frage, wie streng das biblische Bilderverbot im 1. Jh. ausgelegt wurde, ist der Umstand von Belang, dass Philippus nach heutigem Kenntnisstand der erste jüdische Herrscher war, der seine Münzen mit dem Bildnis des römischen Kaisers versah **(Abb. 9).** Seine Untertanen, mehrheitlich Nichtjuden syrischer und griechischer Abstammung, wird dies kaum gestört haben. Aber auch die Szene in Mk 12,1317 (Ort des Geschehens: Jerusalem, Tempelvorhof!) lässt nicht erkennen, dass einer der Beteiligten (darunter Jesus) am Kaiserbild auf der Münze Anstoß genommen hätte.

**9) Münze von Philippus mit Bild des römischen Kaisers. Die im Jahr 2 nC in Caesarea Philippi geprägte Münze zeigt auf der Vorderseite den Kopf des Kaisers Augustus.**

*Antipas*

Antipas, Tetrarch (nicht „König“, so fälschlich Mk 6,14; richtig Mt 14,1 ) von Galiläa und Peräa, regierte von 4. vC – 39 nC. Der jüngere Sohn der Malthake legte sich bei seinem Herrschaftsantritt (oder aber 6 nC anstelle des Archelaos nach dessen Absetzung) den Namen Herodes zu. Seine Romtreue dokumentierte er durch die Gründung einer Stadt, der er zu Ehren des Kaisers Tiberius, mit dem ihn eine enge Freundschaft verband, den Namen Tiberias gab. Anders als bei Philippus, waren seine Münzen anikonisch, ein wichtiges Indiz gegen die Tendenz des Josephus, Antipas als zweifelhaften Juden darzustellen **(Abb. 10).** Einer Notiz bei Philo von Alexandrien können wir außerdem mit großer Sicherheit entnehmen, dass Antipas sich bei dem römischen Statthalter Pilatus für die Jerusalemer Juden eingesetzt hat, die sich gegen die Präsenz römischer Feldzeichen in der Stadt zur Wehr setzten.

In den Evangelien spielt Antipas, anders als sein Bruder Archelaos und sein Halbbruder Philippus, als Landesfürst Jesu eine nicht unbedeutende Rolle, die das Bild nun wieder trübt: Auf sein Konto ging die Hinrichtung Johannes des Täufers (Mk 6,14-29), und auch Jesus scheint mit ihm in Konflikt geraten zu sein. Nach Lk 13,31-33 haben die Pharisäer Jesus gewarnt, Antipas trachte ihm nach dem Leben. Dass er sich, so übereinstimmend die ersten drei Evangelien, nach der Hinrichtung des Täufers eine Zeit lang aus Galiläa nach Phönizien und Ituräa, in die Gaulanitis und in die Dekapolis zurückgezogen hat, mag damit zusammenhängen, dass er sich dem Zugriff des Tetrarchen entziehen wollte.

Außenpolitisch verschaffte sich Antipas durch seine Eheschließung mit einer Tochter des Nabatäerkönigs Aretas IV. für viele Jahre Ruhe an der verwundbaren Ostgrenze seines Reiches, verließ dann aber seine nabatäische Frau, um Herodias, die Witwe des Philippus zu ehelichen. Damit handelte er sich in seinen letzten Regierungsjahren einen Krieg mit den Nabatäern ein. Außerdem sank sein Stern in Rom nach dem Tod des Tiberius, weil dessen Nachfolger Caligula an seiner statt seinen Halbbruder Agrippa favorisierte. Antipas wurde in Rom auf Betreiben Agrippas wegen Hochverrats angeklagt, weil er angeblich mit den Parthern ein Bündnis gegen Rom geschmiedet hatte. Da er die Vorwürfe nicht widerlegen konnte, schickte ihn Caligula ins gallische Lugdunum (heute Lyon) in die Verbannung, wo er fünf Jahre später, im Jahr 44 nC starb.

**10) Münze von Antipas. Die im Jahr 30 nC in Tiberias geprägte Münze zeigt auf der Vorderseite einen Palmzweig und die Inschrift „Der Tetrarch Herodes“ und auf der Rückseite einen Kranz mit der Inschrift „Tiberias“.**

## Die Generation der Enkel und Urenkel

*Agrippa I.*

Agrippa I. war ein Sohn Aristobuls, eines Sohnes der Mariamne, also ein Enkel des Herodes. Kurz vor seiner Geburt im Jahr 11 vC war Marcus Agrippa gestorben, in Rom der zweite Mann neben Augustus und für Herodes seinerzeit Garant für gute Beziehungen zum Kai-

## Stammbaum der Herodesdynastie

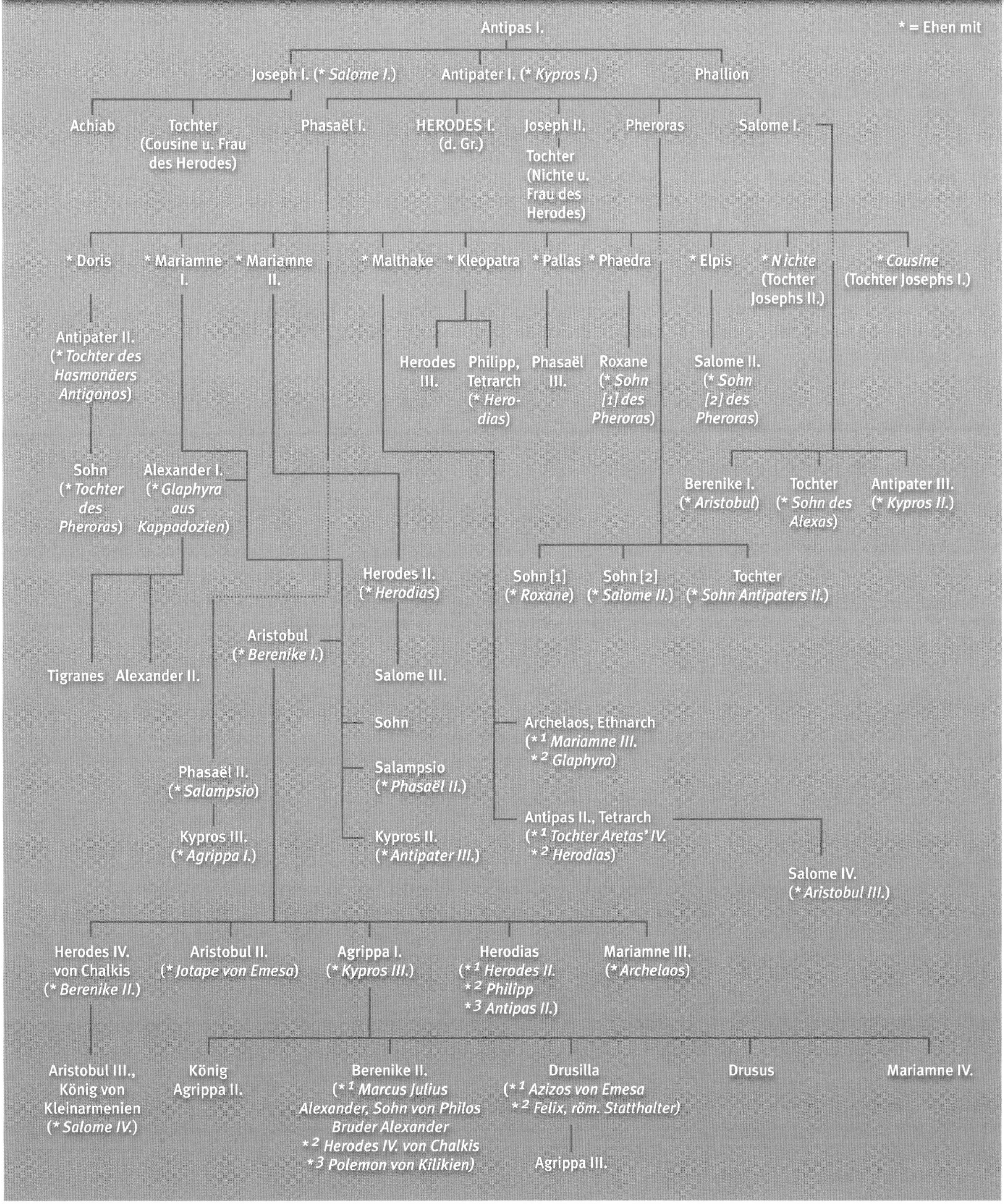

serhaus. Agrippa I. verdankt seinen Namen zweifellos dem Andenken an Kaiser Marcus Agrippa. Als ihm Caligula 37 nC die Königswürde verlieh, hatte er bereits ein aufregendes Leben hinter sich. Wegen seines verschwenderischen Lebensstils war er meist hoffnungslos verschuldet und musste mehr als einmal vor seinen Gläubigern fliehen. Dennoch brachte er es in Rom zu hohen Ehren. Caligula gab ihm die Herrschaftsgebiete des Philippus und des Antipas und noch weitere Territorien dazu. Zweimal setzte er sein gutes Einvernehmen mit dem Kaiser aufs Spiel, als er sich bei ihm für die Juden Alexandrias (38 vC) und Judäas (40 nC) einsetzte. Caligulas Nachfolger Claudius hatte allen Grund, Agrippa seinen Dank zu erweisen, weil er sich beim römischen Senat beharrlich für ihn eingesetzt und ihm den Weg auf den Kaiserthron maßgeblich mitgeebnet hatte. Claudius lohnte ihm seine Dienste dadurch, dass er sein Königtum bestätigte und sein Reich um Judäa und Samaria erweiterte. Damit herrschte Agrippa über das einstige Territorium seines Großvaters.

*Der Evangelist Lukas bedenkt in der Apostelgeschichte die Mitglieder der Herodesfamilie mit ironischen Worten*

Nach der Schilderung des Josephus war Agrippa ein frommer Jude. Nach rabbinischen Quellen (Mischna, Sota 7,8) hatte Agrippa wegen der idumäischen Abstammung seines Großvaters sogar Skrupel, ob er überhaupt rechtmäßig König der Juden sein durfte. Die Juden hätten ihn, so die Mischna, mit den Worten getröstet: „Fürchte dich nicht, Agrippa, du bist unser Bruder, du bist unser Bruder."

Die Apostelgeschichte des Lukas vermittelt dagegen ein kritisches Bild: Nach Apg. 12,1-19 bedrängte Agrippa, der hier Herodes heißt, die christlichen Gemeinden Palästinas bis dahin, dass er den Zebedäussohn Jakobus hinrichten ließ. Auch Petrus ließ er verhaften, doch entkam dieser wie durch ein Wunder. Begreiflicherweise ist Lukas nicht gut auf ihn zu sprechen. Die Herrschaft Agrippas, die den einheimischen Juden noch einmal einen eigenständigen Staat bescherte, währte nicht lange. Agrippa starb unerwartet im Spätsommer 44 nC in Cäsarea. Von seinem Tod gibt es zwei Versionen, eine bei Josephus und eine in der lukanischen Apostelgeschichte. Zwar ist auch die josephische Darstellung nicht ohne Tadel, weil Agrippa Standbilder seiner Töchter anfertigen ließ – hier sind wir wieder beim Thema Bilderverbot – , doch lässt er ihn (im Unterschied zu seinem Großvater) eines würdigen Todes sterben. Agrippa blickt seinem Tod, der ihm durch eine Prophezeiung angekündigt wird, gefasst entgegen und spricht letzte Worte voller Weisheit. Lukas gestaltet die Szene in Apg 12,20-23 anders: Ein Engel schlägt den König aus heiterem Himmel (offenbar soll man an eine Lähmung denken), und Agrippa stirbt so qualvoll wie unappetitlich an Würmerfraß, in der antiken Literatur eine beliebte Todesart für besonders schlimme Bösewichte.

### *Agrippa II.*

Agrippa II. war ein Sohn Agrippas I. und damit ein Urenkel Herodes' d. Gr. Als der Vater starb, war der Sohn erst 16 Jahre alt und damit nach dem Urteil von Claudius' Beratern zu jung für den Königsthron. Immerhin erhielt er 48 nC das kleine Königreich des Herodes von Chalkis (in Nordsyrien), eines Bruders seines Vaters. Herodes' eigener Sohn war offenbar zu jung für die Thronfolge. Erst später wurde er von Nero mit der Herrschaft über Kleinarmenien betraut. Allerdings entzog ihm Claudius 53 nC sein Herrschaftsgebiet wieder und gab ihm stattdessen die einstigen Tetrarchien des Philippus und weitere Gebiete. Nero, seit 54 nC auf dem Kaiserthron, gab ihm noch Teile Peräas und Galiläas dazu. Als Dank für seine unerschütterliche Romtreue im Jüdischen Krieg 66–70 nC erhielt er im Jahr 69 nC von Vespasian noch weitere Gebiete. Schon Claudius hatte Agrippa die Zuständigkeit für den Jerusalemer Tempel übertragen, was das Recht zur Ernennung des Hohepriesters einschloss. Damit hatte Agrippa sicherlich einigen Einfluss auf die Geschicke Judäas, das ansonsten der römischen Provinzverwaltung unterstellt war.

Auch Agrippa II. begegnen wir in der Apostelgeschichte, ebenso seinen Schwestern Berenike und Drusilla. Berenike war die Frau des Herodes von Chalkis. Nach dessen Tod zog sie zu ihrem Bruder und nahm auf seine Regierung fortan einen derart großen Einfluss, dass Josephus wiederholt vom „Königspaar" spricht. Gerüchte einer inzestuösen Beziehung, die auch während einer kurzen Ehe Berenikes mit Polemon von Kilikien nicht verstummen wollten, haben sogar in der römischen Literatur einen Widerhall gefunden: Juvenal erwähnt Berenike an einer Stelle seiner Satiren als Agrippas „inzestuöse Schwester" (6,175f.). In Rom machte sie außerdem durch ihre kurze, aber heftige Affäre mit dem elf Jahre jüngeren Titus, Feldherr im jüdischen Krieg und Kaiser von 79 bis 81 nC, von sich reden (Tacitus, Historien 2,2; Sueton, Titus 7). Nach Apg 25,13–26,32 ist der Apostel Paulus Agrippa und Berenike begegnet, als er in Caesarea maritima in Haft saß. Setzt man voraus, dass die Leser der Apostelgeschichte die Gerüchte über das Geschwisterpaar kannten, erhält die ehrenvolle Anrede Agrippas durch Paulus als eines Kenners der jüdischen Gesetze (die Inzest natürlich streng verboten) einen überaus ironischen Klang.

Wenig Gutes erfahren wir auch über Berenikes jüngere Schwester Drusilla. Für ihre Ehe mit dem römischen Statthalter Felix hatte sie ihren Mann, den König Azizos von Emesa, verlassen. Dies war deshalb so empörend, weil Azizos für seine Ehe mit Drusilla eigens zum Judentum übergetreten war, d. h. sich der Beschneidung unterzogen hatte. Josephus lässt es sich nicht nehmen, den Tod von Felix' und Drusillas Sohn Agrippa beim Ausbruch des Vesuvs 79 nC zu erwähnen – die verdiente göttliche Strafe für eine gesetzeswidrige Verbindung. Lukas äußert die fällige Kritik auf seine Weise: Nach Apg 24,24–26 ist Paulus auch Felix und Drusilla begegnet und hat sich ihnen gegenüber „über Gerechtigkeit und Selbstbeherrschung und das künftige Gericht" geäußert. Felix wird daraufhin nervös und bricht das Gespräch ab. Der informierte Leser weiß warum – und amüsiert sich.

Anders als bei Felix und Drusilla, urteilt Josephus über Agrippa und Berenike sehr zurückhaltend, denn er kannte Agrippa persönlich und erwähnt ihn sogar als einen der ersten Leser seines Geschichtswerkes über den Jüdischen Krieg.

## Die Herodesdynastie zwischen Judentum und hellenistisch-römischer Kultur

Wir haben nun einige wenige Gestalten der weitverzweigten Familie und Nachkommenschaft des Herodes kennen gelernt, soweit sie in der Geschichte des frühen Christentums und im Neuen Testament Spuren hinterlassen haben. In Wahrheit ist dieser Kreis viel größer: Aus den uns bekannten literarischen und nichtliterarischen Quellen hat Nikos Kokkinos, der beste Kenner der Materie, insgesamt 144 Namen aus neun Generationen und vier Jahrhunderten zusammengetragen. Unter diesen ragt Herodes als Begründer der nach ihm benannten Dynastie mit einigem Recht als „der Große“ hervor. Seine 33 Jahre währende Herrschaft erbrachte den Juden in der südlichen Levante eine lange Zeit politischer Stabilität und wirtschaftlicher Prosperität. Mit der Eingliederung Judäas in die Provinz Syrien nach der Absetzung des Archelaos im Jahr 6 nC wird sich so mancher nach den Verhältnissen unter Herodes zurückgesehnt haben.

Der gewaltsame Stil seiner Herrschaft ist ins Verhältnis zu setzen zu dem, was an politischen Morden bis in den eigenen Familienkreis hinein in orientalischen Herrscherhäusern wie auch in Rom üblich war. Selbst Augustus trug einen Brustpanzer unter seinen Gewändern, der Dolche eingedenk, die einst Julius Cäsar tödlich verwundet hatten.

Was Herodes von anderen Herrschern seiner Zeit unterscheidet, ist nicht zuletzt dies, dass wir durch die Geschichtswerke des Josephus über sein Leben außergewöhnlich gut informiert sind. Josephus ist es auch, der – stets offen oder verdeckt wertend – die jüdische Lebensweise seiner Figuren zu ihrer mehr oder weniger großen Akkulturation an die Kultur der hellenistisch-römischen Welt ins Verhältnis setzt. Aber Josephus, einstiger Jerusalemer Priester, dann Gefangener Vespasians im Jüdischen Krieg und schließlich Historiograf am Hof der Flavier, ist selbst das beste Beispiel dafür, wie frei sich Juden auf der Bühne römischer Weltpolitik und -kultur zu bewegen vermochten, ohne ihr Judentum aufzugeben. Die Herodesdynastie ist ein einzigartiger Spiegel der vielfältigen und spannungsreichen Begegnung und gegenseitigen Durchdringung von biblisch-jüdischer Religion und antiker Kultur. ■

## Lesetipps


- L.-M. Günther
**Herodes der Große** (Darmstadt 2005).
- S. Japp
**Die Baupolitik Herodes' des Großen** (Rahden 2000).
- M.H. Jensen
**Herod Antipas in Galilee** (Tübingen 2006.)
- N. Kokkinos
**The Herodian Dynasty. Origins, Role in Society and Eclipse** (Sheffield 1998).
- A. Lichtenberger
**Die Baupolitik Herodes des Großen** (Wiesbaden 1999).
- E. Netzer
**The Architecture of Herod, the Great Builder** (Tübingen 2006).
- E. Netzer
**Die Paläste der Hasmonäer und Herodes' des Großen** (Mainz 1999).
- A. Schalit
**König Herodes. Der Mann und sein Werk** (Berlin 2001).
- D. R. Schwart
**Agrippa I.** (Tübingen 1990).
- M. Vogel
**Herodes. König der Juden Freund der Römer** (Biblische Gestalten Bd. 5; Leipzig 2002).


**Die Festung Machaerus auf der Ostseite des Toten Meeres. Der Höhenunterschied zum Toten Meer beträgt 1100 m. Die ursprüngliche Hasmonäerburg wurde von Herodes dem Großen (wie Massada) ausgebaut und später von Herodes Antipas genutzt. Unter seiner Regierung soll laut Josephus Johannes der Täufer hier hingerichtet worden sein.**

**Palästina zur Zeit des Herodes**

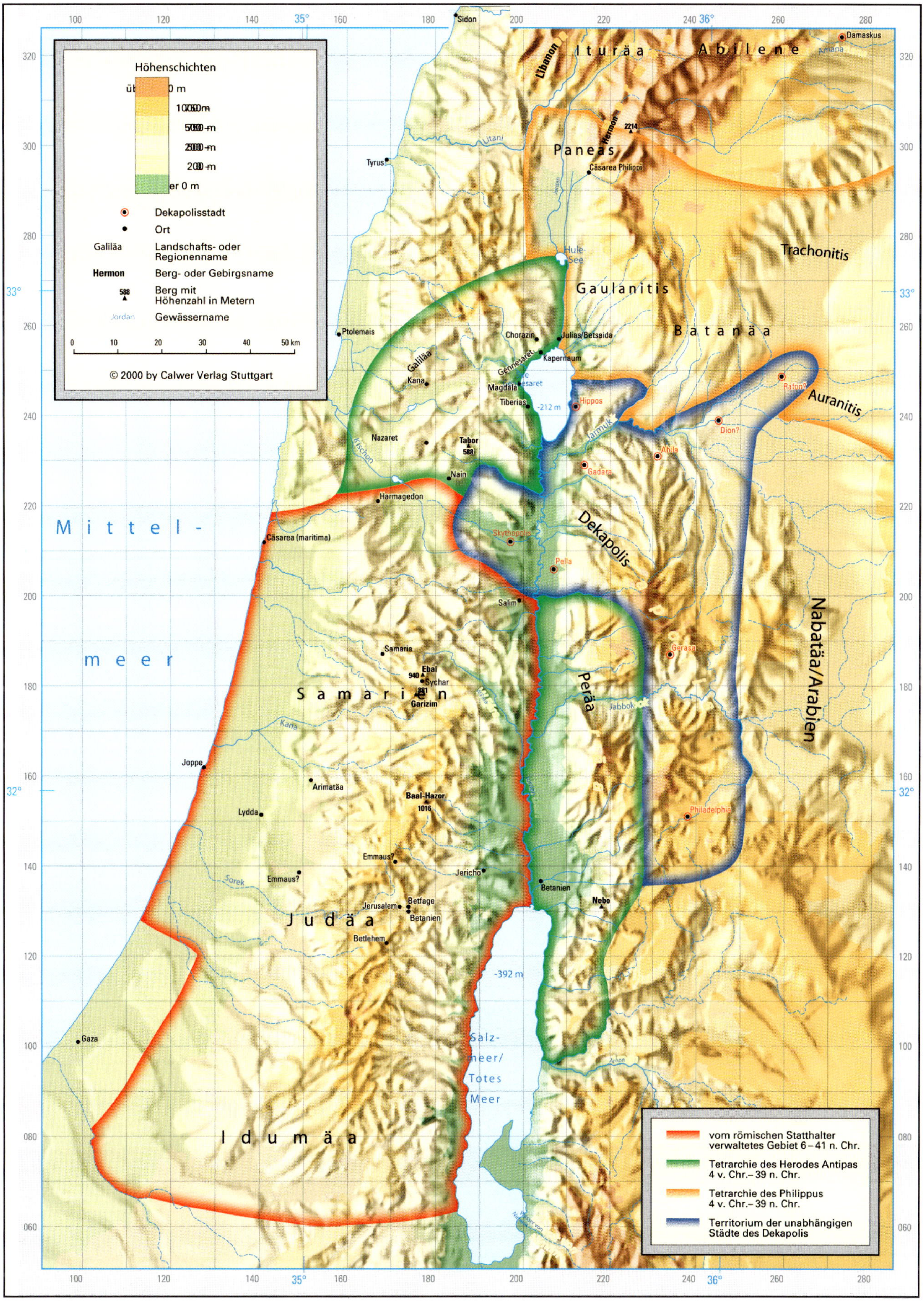


Palästina zur Zeit Jesu

Heike Omerzu

# Judäa unter römischer Kontrolle – Das Wirken der Römer im Heiligen Land

Der römische Statthalter Pontius Pilatus hat es bis ins christliche Glaubensbekenntnis hinein geschafft und blieb so jedermann im Gedächtnis. Er war am Prozess Jesu beteiligt, er verurteilte ihn zum Tode. Wie stark aber war der römische Einfluss auf Palästina? Wie übten die Römer ihre Macht in der von ihnen kontrollierten Provinz aus? Und warum waren die Römer bei Teilen der Bevölkerung so verhasst?

**Römische Soldaten**

## Die Anfänge: Von Pompeius bis Herodes

Der Einfluss Roms auf Palästina geht zurück auf die sukzessive Ausweitung des römischen Herrschaftsbereiches in den östlichen Mittelmeerraum seit dem 2. Jh. vC. Unter dem römischen Feldherrn Sextus Pompeius kam es zu einer administrativen Neuordnung der eroberten Gebiete im Osten, was auch unmittelbare Auswirkungen auf Palästina hatte. Im Zuge der Einrichtung der römischen Provinz Syrien eroberte Pompeius 63 vC Jerusalem, wodurch die Herrschaft der Hasmonäer beendet und ihr Territorium zerschlagen wurde. Allein die Gebiete Judäa, Galiläa, Peräa und Idumäa standen nunmehr zwar innenpolitisch weiterhin unter dem Einfluss des Hohepriesters, waren aber nach außen als tributpflichtiger Klientelstaat der indirekten Herrschaft Roms unterstellt.

In der Folge kam es zu wiederholten Unruhen in Palästina, die jedoch erst dann zu einem Problem für die Römer wurden, als sich im Jahr 40 vC jüdische Truppen mit den Parthern verbündeten, die eine beständige Bedrohung ihres Imperiums im Osten darstellten. Der römische Senat ernannte im Zuge dieses Konflikts den romfreundlichen Idumäer Herodes (= Herodes der Große) zum König von Judäa, dem es schließlich im Jahr 37 vC gelang, mithilfe römischer Streitkräfte und nach erbitterten Kämpfen Jerusalem zu erobern. Nach der Schlacht von Aktium (31 vC) schlug sich Herodes auf die Seite des siegreichen Oktavian, des späteren Kaisers Augustus, der ihn als Vasallenkönig bestätigte. Aufgrund seiner Loyalität zu Rom wurden Herodes in der Folgezeit etliche politisch wie ökonomisch bedeutende Gebiete zugesprochen, was seine Machtposition zunehmend festigte. Auch wenn er außenpolitisch ganz von Rom abhängig war, verfügte der jüdische König im Inneren über einen großen Handlungsspielraum, den er geschickt zu nutzen wusste. Die jüngere Forschung hat zu Recht herausgestellt, dass Herodes seine Macht zwar oft skrupellos und zuweilen blutig ausübte, seine Regierungszeit dem jüdischen Volk insgesamt jedoch eine Phase der Stabilität und des Wohlstandes bescherte, ohne dass die Einbindung in die hellenistisch-römische Kultur die Aufgabe jüdischer Lebensweise erforderte.

**Das römische Aquädukt in Caesarea** versorgte die Hafenstadt mit Wasser

## Die Zeit nach Herodes dem Großen: Judäa wird römische Provinz

Da das Königtum des Herodes diesem nur *ad personam* übertragen worden war, hatte er frühzeitig mit Billigung des Kaisers Augustus seine Nachfolge geregelt und die Aufteilung seines Territoriums unter seine Söhne verfügt. Nach dem Tod Herodes' des Großen im Jahr 4 vC erhielt sein ältester Sohn Archelaus die Gebiete Judäa, Samaria und Idumäa (4 vC–6 nC), durfte jedoch lediglich den Titel *Ethnarch* (also nicht König wie sein Vater) führen. Herodes Antipas wurde *Tetrarch* von Galiläa und Peräa im Ostjordanland (4 vC–39 nC), sein Bruder Philippus erhielt die Gebiete Gaulanitis, Trachonitis und Batanäa im Nordosten des Landes (4 vC–34 nC). Nachdem Augustus Archelaus aufgrund wiederholter Klagen von Juden und Samaritanern im Jahr 6 nC aus dem Amt abgesetzt und nach Gallien verbannt hatte, unterstellte er dessen ehemaliges Territorium der direkten römischen Herrschaft. Die neu eingerichtete Provinz Judäa wurde der imperatorischen (d. h. dem Kaiser unterstellten) Provinz Syrien angegliedert, unterstand also der Oberaufsicht des syrischen Legaten, wurde aber einem eigenen römischen Statthalter zur Administration zugewiesen. In notorisch unruhigen Provinzen und in Grenzregionen war es üblich, dass dieser – wegen des damit verbundenen militärischen Kommandos – aus dem Ritterstand stammte. Die offizielle Bezeichnung des Statthalters von Judäa war in der Zeit von 6–41 nC *Präfekt*, nach 44 nC hingegen *Prokurator*; ein Titel, den zuvor nur kaiserliche *Finanz*beamte trugen. Ein Statthalter in einer Provinz „dritter" Klasse wie Judäa hatte zwar geringere Kompetenzen als ein Legat oder Prokonsul (in imperatorischen bzw. senatorischen Provinzen), besaß aber ebenso wie diese die Macht über Finanz- und Steuerverwaltung, Zivilrechtsprechung, Verteidigung und Aufrechterhaltung der öffentlichen Ordnung und darüber hinaus die militärische Befehls- oder Kommandogewalt der römischen Truppen im Land. Da eine wesentliche Aufgabe darin bestand, Unruhen zu verhindern bzw. zu unterbinden, wurde in Ausnahmefällen und nur *ad personam* die Kapitalgerichtsbarkeit (*ius gladii*) verliehen. Dies ist für Judäa sicher vorauszusetzen. Trotz der direkten römischen Verwaltung lag – der üblichen Praxis Roms in den Provinzen entsprechend – die Lokalverwaltung und die gewöhnliche Rechtspflege weiterhin in den Händen der einheimischen Behörden, d. h. für innerjüdische Angelegenheiten war der Hohe Rat (Synhedrium) zuständig. Der Repräsentant des jüdischen Volkes gegenüber den Römern war der Hohepriester, der also anders als unter Herodes nicht nur kultische Funktionen wahrnahm. Allerdings wurde in den ersten Jahrzehnten der Hohepriester vom Statthalter eingesetzt, der auch das hohepriesterliche Gewand verwahrte. Die von Cäsar gegenüber den Juden gewährten Privilegien wurden beibehalten, so waren Juden z. B. von der Teilnahme am Kaiserkult befreit und konnten

**Lithostrotos – auf dem antiken Pflaster des ehemaligen Prätoriums lassen sich noch die eingeritzten Spiele der römischen Soldaten erkennen**

stattdessen Opfer *für* das Wohlergehen des Kaisers und das römische Volk bringen.

## Statthaltersitz in Cäsarea

Zur Hauptstadt der Provinz Judäa und damit zum Sitz des Statthalters wurde nicht Jerusalem, sondern Cäsarea maritima ernannt (vgl. Tacitus, Hist II,78; Apg 23,23ff; 25). In Jerusalem hielt sich der römische Statthalter gewöhnlich nur zu hohen Feiertagen und an speziellen Gerichtstagen auf und residierte dann im „Prätorium" (vgl. Mk 15,16 par.; Joh 18,28.33; 19,9). Dazu diente ihm vermutlich ein ehemaliger Palast des Herodes (vgl. Jos, Bell 2,41-54.175-177; Philo, LegGai,38), da es römischer Gewohnheit entspricht, die Residenzen früherer lokaler Herrscher zu übernehmen. Die Lokalisierung dieses Prätoriums, das auch Ort von Verhör und Verurteilung Jesu durch Pilatus war, ist unsicher. Es könnte sich um die Zitadelle, den ursprünglichen Hasmonäerpalast oder die Festung Antonia handeln. Wesentliche Gründe für die Wahl von Cäsarea anstelle von Jerusalem als Provinzhauptstadt waren vermutlich die überwiegend nichtjüdische Bevölkerung der Stadt, ihre strategisch günstige Lage und ihre hellenistisch-römische Infrastruktur: Der große geschützte Hafen war der einzige zwischen Joppe und Dor. Er war nicht nur über die sogennnte *Via maris* mit Damaskus verbunden, sondern über Cäsarea führte auch der Verkehr von und nach Jerusalem (vgl. Apg 9,30; 18,22; 21,8). Herodes der Große hatte die phönizische Siedlung Stratonsturm von ca. 22–10/9 vC zu einer prächtigen hellenistischen Hafenstadt mit Augustustempel, Theater, Amphitheater und Hippodrom ausgebaut (vgl. Josephus, Ant XV,331-341; XVI,136ff; Bell I,408-415; Plinius, Nat Hist V,13,69). Zu Ehren des Augustus nannte er die Stadt *Kaisareia* (Bell. I 414) und den Hafen *Sebaston limena* (als Münzinschrift: *portus Augusti*; vgl. auch Ant XVII,136; Bell I,613).

Der reguläre Amtssitz des Statthalters in Caesarea maritima befand sich ebenfalls in einem ehemaligen Palast des Herodes (vgl. Apg 23,35: „Prätorium des Herodes"). Dieser lässt sich relativ sicher westlich des Theaters und südlich des Hafens auf einer weit in das Meer ragenden Felszunge lokalisieren. Die architektonische Anlage des sogenannten „promontory palace" entspricht jedenfalls anderen Residenzen des Herodes, etwa in Jericho oder Masada, die ebenfalls an exponierten Stellen errichtet und ähnlich luxuriös ausgestattet waren. In Cäsarea finden sich z. B. separate Flügel für private und öffentliche Nutzung, zahlreiche Höfe und Empfangsräume, Mosaikböden, ein Schwimmbad und beheizte Bäder. Der Audienzsaal, in dem Agrippa II. und seine Schwester Berenike nach Apg 25,23 den Gefangenen Paulus angehört haben, dürfte sich im öffentlichen Teil des Prätoriums befunden haben.

Cäsarea diente außerdem als militärisches Hauptquartier einer Garnison aus sechs Hilfseinheiten zu je fünfhundert Mann, fünf Infanterietruppen und einer Kavallerietruppe. Diese Truppenstärke war jedoch nicht ausreichend für die gesamte Provinz Judäa, weshalb der Statthalter stets auf die Unterstützung durch den Legaten von Syrien angewiesen war.

## Die römischen Statthalter bis Pontius Pilatus

Das Amt des Legaten hatte zur Zeit der Einrichtung der Provinz Judäa 6 nC ein gewisser *Quirinius* inne, den Augustus damit betraute, durch einen Zensus die Höhe der Kopf- und Grundsteuer zu erheben, die von allen Provinzbewohnern an Rom entrichtet werden musste. Die Steuerschätzung des Quirinius stieß auf heftigen Widerstand in der Bevölkerung Judäas, da die Steuern nicht nur eine große materielle Belastung darstellten, sondern sinnfällige Demonstration der Fremdherrschaft waren. Der jüdische Historiker Flavius Josephus führt sogar die Entstehung einer neuen, vierten Religionspartei um Judas den Galiläer auf diese Schätzung zurück. Die ältere Forschung hat mit dieser Gruppe meist die Zeloten in Verbindung gebracht, doch erwähnt Josephus diese explizit erst im Kontext des Jüdischen Krieges.

Erster Statthalter von Judäa war *Coponius* (6–8 nC), dem für etwa je gleiche Zeiträume *Marcus Ambibulus* (9–12 nC) und *Annius Rufus* (12–15 nC) im Amt folgten, bevor Kaiser Tiberius (vgl. Lk 3,1) die Statthalter länger in ihren Positionen beließ, um eine größere Kontinuität und damit Stabilität in den Provinzen zu gewährleisten. Aus der Amtszeit des *Valerius Gratus* (15–26 nC) sind, ebenso wie aus der seiner Vorgänger, keine nennenswerten Schwierigkeiten oder Unruhen überliefert. Dies ändert sich jedoch mit dem Amtsantritt des *Pontius Pilatus* (26–36 nC; vgl. Lk 3,1), unter dem Jesus von Nazaret verurteilt und hingerichtet wurde (vgl. Mk 15,1-20; Mt 27,2.11-31; Lk 23,1-6.12-25; Joh 18,28-19,16). Während die neutestamentliche und dann vor allem die apokryphe Überlieferung (z. B. Petrusevangelium, Pilatusakten) ein sehr mildes Bild des Pilatus zeichnen, dabei insbesondere die Schuld am Tod Jesu mehr und mehr den Juden zuschreiben, lassen die jüdischen Autoren Philo von Alexandrien und Josephus ein völlig anderes Bild entstehen, das der Realität wohl näher kommt. Bereits bei seinem Amtsantritt verletzte Pilatus die religiösen Gefühle der Juden heftig, als er Symbole der kaiserlichen Macht nach Jerusalem bringen ließ (nach Josephus Feldzeichen mit Kaiserbildnis, nach Philo vergoldete Schilde) und sie erst aufgrund anhaltenden Protestes entfernte. Kurz darauf kam es zu neuen Unruhen, als Pilatus eine Wasserleitung in die Stadt aus dem Tempelschatz finanzierte. Den jüdischen Widerstand gegen diese Aktion ließ er mit großer Brutalität niederschlagen. Im Jahr 36 nC ging er schließlich in Samaria grausam gegen eine Gruppe vor, die sich am Berg Garizim um einen Propheten versammelt hatte, der den Anbruch der Heilszeit und die Befreiung von der Fremdherrschaft angekündigt hatte. Doch die Samaritaner beklagten sich wegen dieses Vorfalls bei dem syrischen Legaten Vitellius, der daraufhin Pilatus des Amtes enthob und nach Rom sandte, wo er dem Kaiser Rechenschaft ablegen sollte. Da Tiberius jedoch bereits tot war, als Pilatus in Rom eintraf, ranken sich um sein weiteres Schicksal viele Spekulationen (z. B. erzwungener Selbstmord oder Verbannung). Vor diesem Hintergrund ergibt sich jedenfalls für den Prozess Jesu, dass Pontius Pilatus seine Hände keineswegs in Unschuld waschen konnte: *„Als aber Pilatus sah, dass er nichts ausrichtete, sondern das Getümmel immer größer wurde, nahm er Wasser und wusch sich die Hände vor dem Volk und sprach: ‚Ich bin unschuldig an seinem Blut; seht ihr zu!'"*(Mt 27,24). Er allein konnte das Todesurteil über Jesus verhängen und vollstrecken, da die Juden nicht über die Kapitalgerichtsbarkeit verfügten: *„Da sprach Pilatus zu ihnen: ‚So nehmt ihr ihn hin und richtet ihn nach eurem Gesetz.' Da sprachen die Juden zu ihm: ‚Wir dürfen niemand töten'"*( Joh 18,31). Bestätigt wird dies auch durch die Form der Hinrichtung: Die Kreuzigung war eine typisch römische Strafe für Aufständische und Verbrecher. Die jüdische Obrigkeit (bes. die Sadduzäer) trägt insofern Mitverantwortung für den Tod Jesu, als sie vermutlich seine Verhaftung forcierte. Es mag auch ein Verhör vor dem Synhedrium gegeben haben, doch für das Todesurteil und die Vollstreckung Jesu ist allein der römische Statthalter Pontius Pilatus verantwortlich.

**Die Burg Antonia von Westen,** Holyland-Modell, Jerusalem

## Die Zeit nach Pontius Pilatus – eine neue politische Blütezeit für die Region

In der Folgezeit kam es weniger zu Konflikten mit den Statthaltern als vielmehr mit dem Kaiser selbst. Im Jahr 37 nC folgte *Gaius Caligula* dem Tiberius als Kaiser und verlieh Herodes Agrippa I. zunächst die Tetrarchie des Philippus, 39 nC auch noch jene des Herodes Antipas, womit erstmals seit Herodes dem Großen wieder ein jüdischer Herrscher über ein ähnlich großes Territorium verfügte. Doch dass Caligula sich bereits zu Lebzeiten als Gott verehren ließ, brachte eine neue Dimension des Kaiserkultes mit sich, die u. a. zu heftigen Unruhen unter den Juden Alexandrias führte, in deren Folge Agrippa I. als Vermittler auftrat. Die Krise schwappte schließlich auch nach Judäa über, als Caligula 39/40 nC als Reaktion auf die Zerstörung eines Kaiseraltars in Jamnia durch Juden dem syrischen Legaten Petronius befahl, ein Standbild des Kaisers im Jerusalemer Tempel aufzustellen. Petronius verschleppte die Ausführung des Befehls, um absehbare schwere Unruhen abzuwenden, woraufhin Caligula ihn anwies, Selbstmord zu begehen. Diese Order wurde jedoch kurz darauf hinfällig, als der Kaiser 41 nC durch Angehörige der Prätorianergarde ermordet wurde.

Sein Nachfolger im Amt wurde *Claudius* (vgl. Apg 11,28; 18,2), der als Dank für dessen Loyalität Herodes Agrippa I. nicht nur die ehemalige Tetrarchie des Archelaos überließ, die zuvor unter direkter römischer Herrschaft gestanden hatte, sondern ihm auch die selbstständige Verwaltung seines gesamten Territoriums sowie den Titel seines Großvaters Herodes dem Großen gewährte: *rex socius et amicus populi Romani.*

Agrippa I. gelang der Spagat, sich nach innen als frommer Anhänger und Förderer des Judentums zu erweisen, nach außen hingegen als weltoffener hellenistischer Herrscher. So setzte er beispielsweise in Judäa die tolerante, aber konservative Religions-

**Tiberius Julius** ließ diese Münze prägen

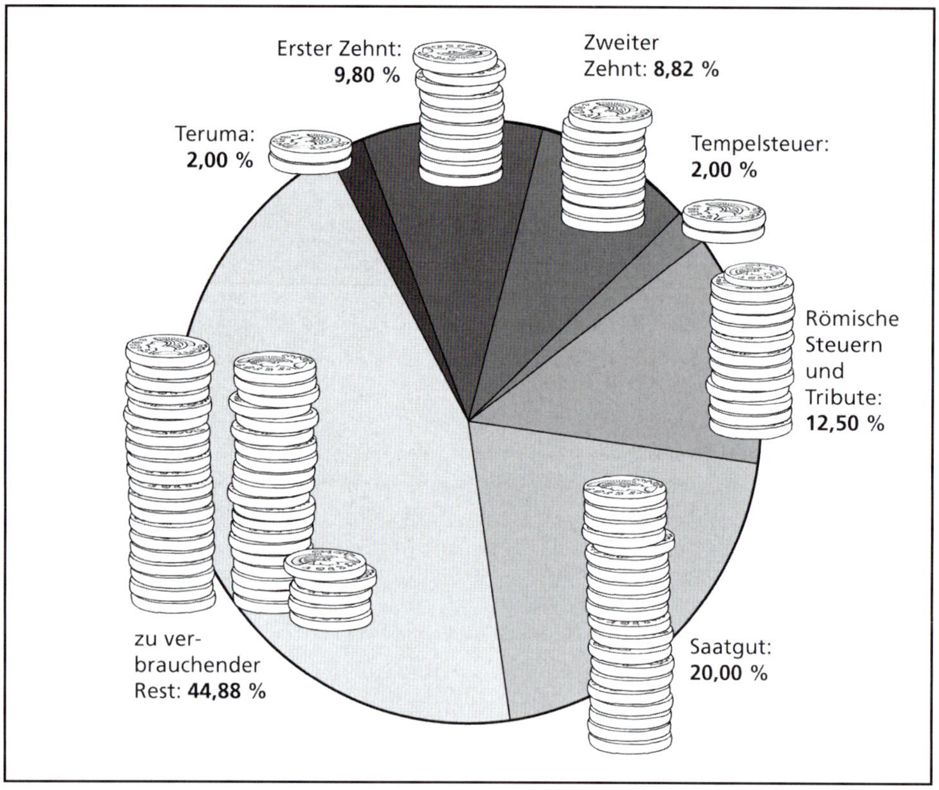


**Steuerabgaben in Palästina** zu römischer Zeit

politik des Claudius um. Dies bedeutete auch, dass er gegen Feinde der etablierten jüdischen Religion einschritt, was die junge christliche Gemeinde schmerzhaft zu spüren bekam. Nach Apg 12,1-17 ließ Agrippa I. den Jakobus Zebedäus hinrichten und den Apostel Petrus inhaftieren. Als Agrippa I. im Jahr 44 nC überraschend eines natürlichen Todes starb, unterstellte Claudius Judäa wieder der direkten römischen Herrschaft, statt den minderjährigen Sohn Agrippa II. zum Nachfolger seines Vaters zu ernennen. Die römische Provinz Judäa umfasste nun durch die Gebietserweiterungen der letzten Jahre fast das gesamte frühere Herodesreich, darunter auch das notorisch rebellische Gebiet Galiläas.

## Die Intoleranz der römischen Prokuratoren führt zum 1. Jüdischen Krieg

Doch durch die neuerliche Fremdherrschaft, die mit wachsender Intoleranz der Prokuratoren gegenüber den religiösen und nationalen Befindlichkeiten der Juden einherging, wurde die Haltung der Bevölkerung gegenüber den Römern immer kritischer. Bereits der erste Prokurator der neuen Provinz, *Cuspius Fadus* (44–46 nC), ging gewaltsam gegen den messianischen Zeichenpropheten Theudas vor und ließ ihn enthaupten (vgl. Josephus, Ant XX,97f; Apg 5,36f; Lukas datiert hier erneut falsch, weil er Theudas mit den Aufständen des Jahres 6 nC verbindet). Fadus' Nachfolger, der Jude *Tiberius Julius Alexander* (46–48 nC, der ein Neffe Philos von Alexandrien war), ragt zwar als militärisch und politisch kompetente Gestalt an der Spitze der Provinzverwaltung heraus, wurde jedoch vom Volk als assimilierter Verräter gering geschätzt, was sich bestätigt fand, als er die beiden Söhne von Judas dem Galiläer kreuzigen ließ (Ant. XX, 101). Unter seinem Nachfolger *Ventidius Cumanus* (48–52 nC) kam es zu zahlreichen Auseinandersetzungen mit den Juden. Während des Passahfestes entblößte ein römischer Soldat im Tempelbereich in einem provokativen Akt seinen Unterleib, was zu schweren Unruhen führte, in deren Verlauf mehrere Tausend Juden starben. Ein weiterer Vorfall ereignete sich in Folge einer Strafaktion eines römischen Soldaten gegen jüdische Aufständische, die einen kaiserlichen Sklaven ermordet hatten. Cumanus konnte die aufgebrachte jüdische Menge nur durch die Hinrichtung des Befehlsführers beschwichtigen. Der Höhepunkt der Konflikte unter Cumanus ereignete sich in Samaria, als dort galiläische Pilger auf dem Weg nach Jerusalem überfallen und ermordet wurden. Dies führte zu Vergeltungsschlägen aufständischer Juden gegen mehrere samaritanische Dörfer. Obwohl der Aufstand schließlich beendet werden konnte, wurde der syrische Legat Quadratus eingeschaltet, der die drohende Gefahr eines Krieges bannen wollte und Cumanus mit Delegationen der Juden und der Samaritaner nach Rom sandte. Das Ergebnis war, dass Cumanus abgesetzt und in die Verbannung geschickte wurde.

Sein Nachfolger in Judäa wurde der freigelassene Sklave *Antonius Felix* (52–60? nC), der seine Karriere wohl einerseits seinem einflussreichen Bruder Pallas, dem Finanzminister des Claudius, andererseits der Fürsprache des Hohepriesters Jonatan verdankte. Seine dritte Ehe mit der Schwester Agrippas II., Drusilla, ebnete ihm den Kontakt zu den Juden. Doch Felix übte seine statthalterliche Gewalt mit Brutalität und Willkür aus, was die antirömische Gesinnung der Juden weiter anheizte, sodass sich die politische Lage in Judäa während seiner Amtszeit beständig verschlechterte. Unter Felix trat zum ersten Mal die Gruppe der sogenannten Sikarier auf, eine Räuberbande, die sich nicht gegen die Römer, sondern gegen die jüdische Oberschicht wandte. Auch die Zeichenpropheten, die Hoffnungen auf eine baldige endzeitliche Heilswende entfachten, erlebten unter Felix eine Blütezeit. Schließlich verursachte ein ägyptischer Jude mit prophetischem Sendungsbewusstsein und großer Anhängerschaft am Ölberg ein blutiges Eingreifen der Römer, was eher zur Eskalation als zu einer Beruhigung der Situation führte.

Der Zeitpunkt der Abberufung des Felix ist strittig. Als frühester Termin gilt 54/55 nC, als spätester 60 nC, da Albinus spätestens seit Sommer 62 nC im Amt war, für die Ereignisse unter seinem Vorgänger Festus jedoch ein Zeitraum von mehr als einem Jahr anzusetzen ist. So oder so fällt in die letzte Phase seiner Amtszeit der Prozess des Apostels Paulus, von dem Apg 21-26 berichtet. Demnach kam es zwar in Cäsarea Maritima zu einer ordentlichen Verhandlung vor Felix (Apg 24,1-23), doch verschleppte dieser das Verfahren, denn: „Er hoffte (...) nebenbei, dass ihm von Paulus Geld gegeben werde (...). Als aber zwei Jahre um waren, kam Porcius Festus als Nachfolger des Felix. Felix aber wollte den Juden eine Gunst erweisen und ließ Paulus gefangen zurück" (Apg 24,26-27). Diese Notiz ist vielleicht nicht historisch korrekt, entspricht aber dem sonstigen Bild von der schlechten Amtsführung des Felix.

Von seinem Nachfolger Porcius Festus (60?-62 nC) wissen wir nur wenig, was mindestens ebenso an dessen besonnener Amtsausübung wie an der Kürze der Amtszeit liegen dürfe. Laut Apg 25,1-12 hat Festus das Verfahren des Paulus auf Initiative der Juden rasch wieder aufgenommen. Vermutlich wegen eines negativen Urteils ergriff Paulus das ultimative Rechtsmittel, das ihm als römischer Bürger zustand, und appellierte an den Kaiser in Rom (Apg 25,10f.).

Nach dem plötzlichen Tod des Festus entstand ein Machtvakuum, das der Hohepriester Ananus II. vermutlich dazu nutzte, den Herrenbruder Jakobus hinrichten zu lassen. Den beiden letzten römischen Statthaltern in Judäa vor Ausbruch des Jüdischen Krieges, Albinus (62–64 nC) und Gessius Florus (64–66 nC), stellt Josephus ein sehr negatives Zeugnis aus. Albinus ließ zwar einen neuen Hohepriester ernennen, doch scheint er korrupt gewesen zu sein, da er gegen Geld etliche gefangene Aufständische freiließ. Allerdings war der jüdische Aufstand ohnehin nicht mehr zu verhindern, wie sich unter Albinus' Nachfolger zeigte. Gessius Florus wird von Josephus nicht nur als rücksichtslos, grausam, hartherzig und habgierig dargestellt, sondern er schreibt ihm sogar die Schuld am Ausbruch des Krieges zu, eine Situation, die auch durch die Vermittlung des Herodes Agrippa II. nicht mehr aufgehalten werden konnte. ■

## Lesetipps


- **Auf den Spuren Jesu,** Welt und Umwelt der Bibel Teil 1: Nr. 42 (4/2006) Von Galiläa nach Judäa, Teil 2: Nr. 47 (2/2007): Jerusalem, Stuttgart.
- C. K. Barrett/C.-J. Thornton (Hrsg.), **Texte zur Umwelt des Neuen Testaments** (UTB 1591; Tübingen $^{2}$1991).
- H. G. Kippenberg/G. A. Wewers (Hrsg.), **Textbuch zur neutestamentlichen Zeitgeschichte** (Grundrisse zum Neuen Testament 8; Göttingen 1979)
- B. Kollmann, **Einführung in die Neutestamentliche Zeitgeschichte** (Darmstadt 2006).
- J. Maier, **Zwischen den Testamenten. Geschichte und Religion in der Zeit des Zweiten Tempels** (Die Neue Echterbibel. Ergänzungsband zum Alten Testament 3; Würzburg 1990).

**Wagenrennen** veranstalteten die Römer in jeder bedeutenden Stadt. Auch in Jerusalem ließ Herodes möglichrweise ein Hippodrom errichten

# Ein Inschriftenfund aus Caesarea bestätigt die Existenz von Pontius Pilatus

Ein aufsehenerregender Fund gelang 1958 den Ausgräbern des römischen Theaters von Caesarea: Auf dem Bruchstück einer Steinplatte, das in Drittverwendung in einen spätrömischen Treppenaufgang eingelassen war, entdeckten sie eine lateinische Inschrift, die den Namen des Pontius Pilatus enthielt.

**Die Inschrift** des Pontius Pilatus aus dem Theater von Caesarea. Rechte Seite oben: die Rekonstruktion des Professors für Alte Geschichte Geza Alföldy (Heidelberg).

Die Inschrift ist folgendermaßen zu lesen:

[Nauti]s Tiberieum
[-Po]ntius Pilatus
[praef]ectus Iudae[a]e
[ref]e[cit]

Sie besagt gemäß der Ergänzung durch den Heidelberger Althistoriker Geza Alföldy, dass *„[für die Seeleute] [Po]ntius Pilatus als [Praef]ect Iudaeas ein Monument zu Ehren des Tiberius [wiederherstellen] ließ“.*

Die Nachricht von der Auffindung der Inschrift wurde weltweit beachtet, da sie von der Person stammte, die maßgeblich an der Passionsgeschichte Christi beteiligt war: Pontius Pilatus. Er war unter Tiberius (14–37 nC) der „Statthalter“, der nach den Evangelien (Lk 3,1 und 23, Mt 27, Mk 15; Joh 18f) Jesus kreuzigen ließ.

## Der historische Pontius Pilatus außerhalb der biblischen Überlieferung

In der Reihe der römischen Verwaltungsbeamten, die vor dem ersten Aufstand Judäa verwalteten, wird Pontius Pilatus von den römischen Geschichtsschreibern Tacitus (Ann XV,44) und Flavius Josephus (Bell II, 9,2-4; Ant XVIII 2,2; 3,1-3, 4,1f; 6,5) sowie von Philo (leg. Gai 299-305) als Statthalter mehrfach erwähnt. Er gehörte dem Ritterstand an und trug nach Joh 9,12 möglicherweise den Ehrentitel *amicus Caesaris* („Freund des Kaisers“). Seine Amtszeit dauerte von 26 nC bis zu seiner Absetzung durch Tiberius 36 nC. Während dieser Zeit war er mehrfach mit Aufständen – nicht nur in Jerusalem, sondern auch in Caesarea, Samaria und in Galiläa – konfrontiert. Josephus (Bell II,175-177) vermerkt, dass er unter Missachtung jüdischen Rechts Geld aus dem Tempelschatz für den Bau einer Wasserleitung in Jerusalem verwendete. Durch eine unsensible Politik gegenüber dem Ethnos der Judäer machte er von sich reden und wurde deshalb auf Intervention des Statthalters von Syrien 36 nC seines Amtes enthoben.

Die Inschrift in Caesarea ließ Pilatus zur Erinnerung an die Rekonstruktion eines Tiberius-Monuments anbringen. Wahrscheinlich handelte es sich um den Wiederaufbau eines der beiden Türme, die die Einfahrt des Seehafens aus der Zeit Herodes' des Großen rahmten.

## Die Verwaltung der römischen Provinz Judäa

Die Inschrift ist aber nicht nur durch ihren Bezug zu den Evangelien wichtig, sondern trägt auch dazu bei, die Verwaltungsgeschichte des frührömischen Judäas klarer zu sehen, das seit 6 nC zum Imperium Romanum gehörte. Da sie Pontius Pilatus mit dem offiziellen Titel des Praefectus bezeichnet, macht sie deutlich, dass das Land damals keine eigenständige Provinz war, wie dies Flavius Josephus ein halbes Jahrhundert später angibt, sondern unter einem militärischen Kommandeur im Rang eines *praefectus* als Teilbezirk (*praefectura*) zur römischen Provinz Syria gehörte. Dieser *praefectus Iudaeae* bekleidete kein selbstständiges Kommando wie der Statthalter der großen Provinz Syrien, sondern unterstand diesem mit räumlich begrenztem Amtsgebiet.

Mit der eindeutigen Bezeichnung des Amtstitels bringt die Inschrift als öffentliches Monument Klarheit in die literarische Überlieferung von Flavius Josephus, Tacitus und den Evangelien, wo die frühen Verwaltungsbeamten Judäas uneinheitlich teils als *epitropos* (= *procurator*, „Landpfleger“), teils als *eparchos* (= *praefectus*) oder als *hegemon* (= *praeses*, „Statthalter“) bezeichnet werden. Jeder dieser Titel ist laut römischem Staatsrecht mit bestimmten Kompetenzen verbunden, was Konsequenzen für den Rechtsstatus des Landes hat: Procurator war in der Anfangsphase römischer Herrschaft über Judäa die Amtsbezeichnung eines hohen kaiserlichen Finanzbeamten und bezeichnete erst ab der zweiten Hälfte des 1. Jh. das Amt des Statthalters einer kaiserlichen Provinz ohne Legionsbesatzung. Der Praefectus war im Gegensatz dazu nicht Statthalter einer eigenen Provinz, sondern verwaltete unter diesem das Teilgebiet einer *praefectura* – hier das Volk der Judäer. Zu seinen Aufgaben gehörte es insbesondere, in seinem Sprengel gegebenenfalls auch mit militärischen Mitteln für Ruhe und Ordnung zu sorgen, weshalb Pontius Pilatus auch den Prozess gegen den des Hochverrats angeklagten Jesus leitete.

## Militärtruppen als Machtinstrument Roms für die Aufrechterhaltung der inneren Ordnung

Bis zum 1. Jüdischen Aufstand 66 nC verfügten die Präfekten Judäas für diese Aufgabe nur über Hilfstruppeneinheiten, die aus der unterworfenen Provinzbevölkerung rekrutiert wurden und das römische Bürgerrecht erst nach der ehrenhaften Entlassung aus mindestens zwanzigjährigem Militärdienst erhielten. Die kampfkräftigeren Legionen, die aus römischen Bürgern gebildet waren, unterstanden dagegen dem Statthalter der Provinz Syria und waren dort stationiert. Hilfstruppengarnisonen sind durch Inschriften und Angaben bei Flavius Josephus bezeugt für Caesarea, Samaria-Sebaste, Jerusalem, Aschkelon, Jericho und Machärus. Ihre Kampfkraft reichte jedoch nicht aus, um den großen jüdischen Aufstand 66 nC niederzuschlagen. Deshalb stationierte Rom nach der Niederwerfung des Aufstandes 70 nC dauerhaft die Legio X Fretensis in der Provinz und richtete dafür ein Legionslager in den Trümmern Jerusalems ein. Ein zweites Legionslager entstand am Vorabend des Bar-Kochba-Aufstandes für die Legio VI Ferrata in Kefar Otnay/Legio (Leǧǧūn) bei Megiddo. In der Spätantike verlegte die Legio X Fretensis ihr Standlager nach Aqaba am Toten Meer. Über den Verbleib der Legio VI Ferrata in der Spätantike ist nichts bekannt. ■

### Lesetipps


- W. Eck

**Rom und Judaea.** Fünf Vorträge zur römischen Herrschaft in Judaea (Tübingen 2007).

- **Pilatus und der Prozess Jesu**

Welt und Umwelt der Bibel 55 (1/2010), Stuttgart.

- M. Bernett

**Der Kaiserkult in Judäa unter den Herodiern und Römern** (Tübingen 2007).

- C. M. Lehmann/K. G. Holum

**The Greek and Latin Inscriptions of Caesarea maritima** (The Joint Expeditions to Caesarea maritima Excavation Reports 5; Boston 2000).

- E. Schürer

**The History of the Jewish People in the Age of Jesus Christ** (175 BC–A.D. 135). Revised and edited by G. Vermes and F. Millar (London $^{2}$1973).

# Gruppie

rungen

Jerusalem

# Religiöse Gruppierungen in neutestamentlicher Zeit

„Es gibt nämlich bei den Juden drei Arten von philosophischen Schulen; die eine bilden die Pharisäer, die andere die Sadduzäer und die dritte, welche nach besonders strengen Regeln lebt, die sogenannten Essener" (Josephus, Bell II,119). So beschreibt der jüdische Historiker Flavius Josephus (37/38 bis ca. 110 nC) die religiösen Gruppierungen seiner Zeit.

**Torarolle.** Besonders die Pharisäer galten als gesetzeskundig. Über die Kanonizität anderer Schriften, etwa der Prophetenbücher, waren die Gruppierungen allerdings uneins.

Aus dem Neuen Testament kennen wir die Pharisäer und Sadduzäer als Gegner Jesu und damit oft in einem Zerrbild. Die Essener werden im Neuen Testament nicht erwähnt. Die Angaben des Josephus bieten einige wichtige Informationen über die Lehren und Meinungen dieser religiösen Gruppen. Doch auch die Darstellung des Josephus ist alles andere als wertfrei, wie die Forschung in den letzten Jahren betont hat. Er will sein jüdisches Volk den Römern, für die er seine Werke vornehmlich schrieb, möglichst verständlich und anschaulich präsentieren. Dabei neigt er zuweilen auch dazu, unhaltbare Übertreibungen und einseitige Darstellungen zu bieten. So erachtet er die religiösen Gruppierungen seiner Zeit als philosophische Schulen mit je einer eigenen Lehre, obwohl man die einzelnen Gruppierungen eher als religiös-politische Parteien mit teilweise starken sozialen Gegensätzen verstehen sollte. Trotzdem sind seine Texte für uns die wichtigsten Quellen für die Rekonstruktion der religiösen Gruppen zur Zeit Jesu, und nur über ihn sind ihre religiösen Meinungen näher fassbar.

## Die Sadduzäer

Ihr Name (griech. *saddoukaios*) leitet sich von dem hebräischen Wort *saddiq*, „gerecht" her. Sie verstehen sich von ihrem Eigennamen her als die Gerechten, die sich dem Wort Gottes entsprechend verhalten. Möglich ist aber auch eine Herleitung vom Priesternamen Zadok, der der erste Jerusalemer Priester unter David war (2 Sam 8,17; 1 Kön 1,8 u. ö.). Die Sadduzäer stammten im Wesentlichen aus der Jerusalemer Oberschicht, vor allem aus dem Priesteradel. Sozial bedeutete dies, dass sie sich stärker an der Oberschicht im Römischen Reich ausrichteten und sich damit hinsichtlich ihrer Kleidung, aber auch hinsichtlich ihrer kulturellen Interessen teilweise von der sonstigen jüdischen Bevölkerung unterschieden. Aus ihren Kreisen wurden von 6–41 nC auch die Hohenpriester bestimmt. Ihr politischer Einfluss, aber auch ihre Anerkennung in der breiten Bevölkerung scheint zumindest nach dem Verständnis von Josephus nicht gerade groß gewesen zu sein: *„Übrigens richten sie nichts Bedeutendes aus, und wenn sie einmal dazu genötigt sind, ein Amt zu bekleiden, so halten sie es mit den Pharisäern, weil das Volk sie sonst nicht dulden würde"* (Ant XVIII,17).

Leider berichtet Josephus über die Theologie der Sadduzäer relativ wenig. Immerhin finden wir einige Informationen bezüglich ihres ethischen Verständnisses: *„Die Sadduzäer … leugnen das Schicksal völlig und behaupten, Gott habe mit dem Tun und Lassen der Menschen gar nichts zu schaffen; vielmehr seien gute wie böse Handlungen gänzlich dem freien Willen anheimgestellt, und nach eigenem Gutdünken trete ein jeder auf die eine oder andere Seite"* (Bell II,164f; ähnlich Ant XIII,173). Der Mensch hat demnach nach ihrem Verständnis einen freien Willen, der gute wie schlechte Taten zulässt. Es gibt keine göttliche Planung für das Geschehen in der Welt, sondern die Menschen sind für ihre Taten selbst verantwortlich und können ihr Glück oder Unglück selbst gestalten.

Im Gegensatz zu den anderen Gruppierungen erachteten sie nur den Pentateuch (die fünf Bücher Mose) als verbindlich; alle übrigen Schriften (z. B. die Propheten), die in der damaligen Zeit schon von weiten Kreisen im Judentum als kanonisch angesehen worden waren, hielten sie nur für Schriften zweiten Ranges (Ant XIII,297). Josephus führt auch

**Miqwe (jüdisches Ritualbad),** die im Jerusalem des 1. Jh. in Gebrauch war und in der Nähe der Westmauer freigelegt wurde.

aus, dass dieses unterschiedliche Verständnis bezüglich der Kanonizität der einzelnen Texte immer wieder zu erheblichen Diskussionen in der Bevölkerung geführt hat. Die Sadduzäer hätten dabei eine Außenseiterstellung innegehabt. Nur die Reichen, die sie als politisch-religiöse Oberschicht auch vertraten, wären ihrer Ansicht gefolgt, während die große Mehrheit der Bevölkerung auch weitere Schriften als kanonisch akzeptierte (Ant XIII,298). Dieses weitergehende Verständnis bestätigen auch die alttestamentlichen Zitate im Neuen Testament und die Schriftfunde von Qumran. In beiden Textquellen spielen beispielsweise die Texte des Jesajabuches, aber auch der Psalmen eine dominante Rolle. Die Beschränkung allein auf den Pentateuch als autoritative Quellengrundlage führte nach Josephus auch dazu, dass die Sadduzäer *„im Gericht härter und liebloser sind als alle anderen Juden“* (Ant XX,199). Da der Pentateuch zu einem wesentlichen Teil Gesetze enthielt, die mündliche Tradition und die übrigen heute zum Alten Testament zählenden Schriften dagegen abgelehnt wurden, ist es durchaus verständlich, dass der strikte Gesetzes- (und Buchstaben-)Glaube auch innerhalb des Judentums zu erheblichen Diskussionen führte.

In einer theologischen Streitfrage wurden die Unterschiede zwischen Sadduzäern und Pharisäern besonders deutlich. Da die Auferstehung der Toten und ein jenseitiges Gericht im Alten Testament nur außerhalb des Pentateuchs erwähnt werden (z. B. Ez 37; Dan 12,2), wurden sie von den Sadduzäern strikt abgelehnt. Paulus machte sich einmal diese Meinungsverschiedenheiten zunutze, als er dem Hohen Rat vorgestellt werden sollte (Apg 23,4-10).

## Die Pharisäer

Neben den Sadduzäern waren die Pharisäer die wichtigste religiöse Glaubensrichtung im Judentum um die Zeitenwende. Ihr Name leitet sich von dem hebräischen Wort *peruschim*, „die Abgesonderten“, gräzisiert *pharasaios*, ab. Ursprünglich wurde dieser Name den Pharisäern von ihren Gegnern zugeschrieben. Sie deuteten ihn jedoch um im Sinne von „Abstinenz von Unreinheit“ bzw. – ein ähnliches aramäisches Wort aufnehmend – als „Interpreten der Tora“. Sie galten unter ihren Zeitgenossen als „besonders fromm und gesetzeskundig“ (Bell I,110; ähnlich Ant XVII,41) – was vielleicht die häufigen Auseinandersetzungen zwischen Jesus und den Pharisäern in der neutestamentlichen Überlieferung erklären kann.

Die Anfänge der Pharisäer reichen vermutlich in die Zeit der makkabäischen Aufstände zurück; möglicherweise sind sie zumindest teilweise mit den *Hasidäern*, „Fromme“, identisch, die in den Makkabäerbüchern erwähnt werden (1 Makk 4,42; 2 Makk 14,3ff). Josephus erwähnt ausdrücklich, dass die Pharisäer die älteste religiöse Gruppe seiner Zeit seien (Bell II,162). Unter Alexandra Salome (76–67 vC) erlangten die Pharisäer zunehmend politischen Einfluss (Bell I,110-111): Den Pharisäern *„war Alexandra als gottesfürchtige Frau überaus zugetan. Sie aber betörten allmählich die Einfalt des Weibes und waren bald die eigentlichen Herrscher, die nach Gefallen verbannten und zurückriefen, lösten und banden, wen sie wollten. Alles in allem genommen hatten sie den Vorteil am Königtum, während Alexandra die Kosten und Beschwerden desselben zur Last fielen“* (Bell I,112). Allerdings verloren die Pharisäer ihren politischen Einfluss unter Herodes dem Großen (40–4 vC) wieder (Ant XVII,41-45). Aus einer politischen Partei wurde nun eine religiöse Glaubensrichtung mit fundamentalistischen Zügen. Da sie weiterhin im Hohen Rat vertreten waren (Apg 5,34), hatten sie aber noch immer politischen Einfluss. Josephus erwähnt ausdrücklich, dass sie sich – im Gegensatz zu den Sadduzäern – stark für das Wohl der Gesamtheit einsetzten (Bell II,166). Nach dem 1. Jüdischen Krieg wirkten die Pharisäer prägend auf die Neuordnung des religiösen Lebens und auf die Ausgestaltung der rabbinischen Schriften ein.

*Josephus erwähnt ausdrücklich, dass sich die Pharisäer stark für das Wohl der Gesamtheit einsetzten*

Im Gegensatz zu den Sadduzäern handelte es sich bei den Pharisäern um eine Laienbewegung. Trotzdem hatten sie nach Josephus großen Einfluss auf die Religiosität und den offiziellen Kult ihrer Zeit: *„Infolge ihrer Lehren besitzen sie beim Volke einen solchen Einfluss, dass sämtliche gottesdienstlichen Verrichtungen, Gebete wie Opfer, nur nach ihrer Anleitung dargebracht werden“* (Ant XVIII,15). Josephus charakterisiert sie folgendermaßen: *„Sie gelten als besonders kundige Erklärer des Gesetzes, machen alles von Gott und dem Schicksal abhängig und lehren, dass Recht- und Unrechttun zwar größtenteils den Menschen freistehe, dass aber bei der Handlung auch eine Mitwirkung des Schicksals stattfinde“* (Bell II,162f).

Die Pharisäer akzeptierten neben der schriftlichen Überlieferung (unserem Alten Testament) auch die mündliche und nicht kanonisch gewordene Tradition (vgl. Mk 7,3.8.13) und unterschieden sich damit nicht nur von den Sadduzäern, sondern auch von Teilen des damaligen Judentums. *„Die Pharisäer haben dem Volke durch mündliche Überlieferung viele Gebote aufbewahrt, die in der Gesetzgebung des Mose nicht aufgenommen worden sind“* (Ant XIII,297). Jesus setzte sich intensiv mit den Pharisäern auseinander und kritisierte dabei deren einseitige Hinwendung zum Gesetz, ohne dessen eigentlichen Sinn zu beachten (z. B. Mk 7,1-23), und deren Selbstgerechtigkeit (Mt 5,20; 12,38-40). Dem entspricht, dass nach Josephus die Pharisäer enthaltsam lebten und keine Annehmlichkeiten kannten (Ant XVIII,12).

Ein wichtiger Unterschied zu den Sadduzäern bestand im Verständnis des Lebens nach dem Tod. Die Pharisäer *„glauben, dass die Seelen unsterblich sind und dass dieselben, je nachdem der Mensch tugendhaft oder lasterhaft gewesen ist, unter der Erde Lohn oder Strafe erhalten, sodass die Lasterhaften in ewiger Kerkerhaft schmachten müssen, während die Tugendhaften die Macht erhalten, ins Leben zurückzukehren“* (Ant XVIII,14).

## Die Essener

Die dritte Gruppe des Judentums zur Zeit Jesu stellten die Essener dar. Obwohl sie zahlenmäßig die kleinste Gruppe waren, beschreibt Josephus sie besonders ausführlich und mit einiger Sympathie (Bell II,119-161). Hinzu treten auch noch die Schriften vom Toten Meer, die mit guten Gründen mit den Essenern in Verbindung gebracht werden können. Die Bedeutung ihres Namens ist bislang noch nicht geklärt.

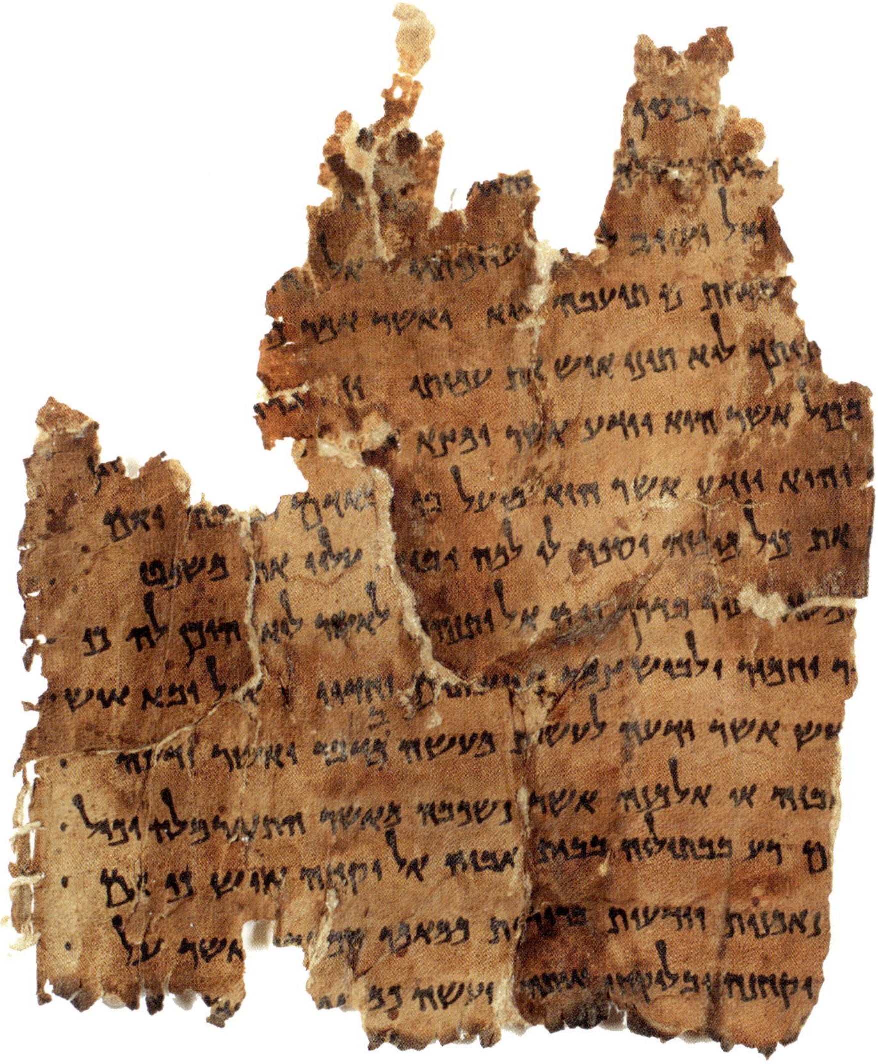

**Fragment der „Damaskusrolle“**, einer der Qumranschriften, die Aufschluss über Existenz und Lebensregeln einer Gruppe vermitteln, die mit den Essenern übereinstimmen könnte.

Die Frühgeschichte der Essener beginnt im 2. Jh. vC, als ein breiter Hellenisierungsschub die Oberschicht des Landes, zu der vor allem auch die Priesterschaft gehörte, ergriff. Im Verlauf dieser Entwicklung erlangte erstmals 172 vC ein einfacher Priester und kein Nachfolger des Zadok das Hohepriesteramt. 169 vC kam es zu einer Krise. Der Tempelschatz des Jerusalemer Tempels wurde zugunsten des Seleukidenherrschers Antiochus IV. Epiphanes geplündert und 168 vC die Darbringung von Opfern, die Beschneidung und die Einhaltung des Sabbats verboten. 167 vC wurde schließlich der JHWH-Kult in Jerusalem durch die Verehrung des Zeus Olympios ersetzt. Gegen diese religiösen Neuerungen erhob sich ein Aufstand konservativ ausgerichteter Kreise, der von den sogenannten Makkabäern geleitet wurde und dem sich weite Kreise der Bevölkerung anschlossen. 164 vC führte der Makkabäeraufstand zu ersten Erfolgen und zur Neuweihung des Jerusalemer Tempels als JHWH-Heiligtum. Als 152 vC der Makkabäer Jonatan, der ebenfalls kein Zadokide war, das Hohepriesteramt für sich beanspruchte, zog sich der eigentliche Hohepriester, der als Zadokide die Makkabäer in ihrem Kampf gegen die Hellenisierung unterstützt hatte, zurück und gründete als „Lehrer der Gerechtigkeit“ (der eigentliche Name ist nicht bekannt) die Essener. Diese verstanden sich als einzige Bewahrer des traditionellen Glaubens, im Gegensatz zu den abtrünnigen Hellenisten und den nun illegitim an die religiöse und politische Macht gelangten Makkabäern.

Die Gruppe der Essener dürfte relativ klein gewesen sein. Josephus erwähnt, dass etwa 4000 Menschen nach ihrer Lehre lebten (Ant XVIII,20). Sie beschäftigten sich mit Ackerbau, waren demnach also weniger in Jerusalem, sondern vermutlich mehr in ländlichen Gegenden vertreten (Ant XVIII,19).

Josephus betont die strenge sexuelle Moral der Essener: *„Die sinnlichen Freuden meiden sie wie die Sünde, und die Tugend erblicken sie in Enthaltsamkeit und Beherrschung der Leidenschaften. Über die Ehe denken sie gering, dagegen nehmen sie fremde Kinder auf, solange dieselben noch im zarten Alter stehen und bildungsfähig sind, halten sie wie ihre Angehörigen und prägen ihnen ihre Sitten ein. Doch wollen sie damit die Ehe und die Erzielung von Nachkommenschaft durch dieselbe nicht gänzlich aufheben, sondern sich nur vor den Ausschweifungen der Frauen sichern, da sie glauben, dass keine von ihnen ihrem Gatten die Treue bewahre“* (Bell II,120f). Allerdings gab es nach Josephus noch eine weitere Gruppe der Essener mit anderen Ansichten hinsichtlich der Einstellung zur Ehe. Diese Gruppe vertrat die Meinung, dass man sich verehelichen müsse, damit die Menschheit nicht aussterbe. *„Sie erproben die Bräute drei Jahre lang, und wenn sie nach dreimaliger Reinigung deren Fähigkeit, Kinder zu gebären, erkannt haben, nehmen sie dieselben zur Ehe. Während der Schwangerschaft enthalten sie sich des Beischlafes zum Beweise, dass sie nicht aus Wollust, sondern um Kinder zu erzielen geheiratet haben“* (Bell II,161). Sexuelle Enthaltsamkeit spielte demnach bei beiden Gruppen, wenn auch in unterschiedlicher Ausgestaltung, eine gewisse Rolle.

Die Essener verachteten nach Josephus auch den Reichtum und pflegten – ähnlich wie die Urgemeinde – eine Güterteilung unter den Gemeindemitgliedern (Bell II,122). Man kann sie nach der Beschreibung des Josephus als luxusfeindlich charakterisieren: Kleider benutzten sie, bis sie zerfetzt waren (Bell II,126), die Salbung der Haut mit Öl vermieden sie (Bell II,123).

In theologischer Hinsicht gingen sie davon aus, *„dass der Körper zwar der Verwesung anheimfalle und vergänglich sei, die Seele dagegen in Ewigkeit fortlebe und dass sie, aus dem feinsten Äther stammend, durch* *einen natürlichen Zauberreiz herabgezogen und in den Körper gleichwie in ein Gefängnis eingeschlossen werde. Sobald die Seele aber von den Banden des Fleisches befreit sei, entschwebe sie, wie aus langer Knechtschaft erlöst, in seliger Wonne zur Höhe*" (Bell II,154f; vgl. Ant XVIII,18). Auch gingen die Essener davon aus, dass das Leben der Menschen ganz vom Geschick, d. h. von der Planung Gottes abhänge. Der Mensch könne sein Leben und seine Geschicke nicht selbst beeinflussen (Ant XIII,172).

Jahrzehntelang war es Allgemeingut, dass die Essener u. a. in Qumran am Toten Meer lebten. Neuere Forschungen lassen jedoch daran Zweifel aufkommen. Aller Wahrscheinlichkeit nach war die Anlage in Qumran ein landwirtschaftliches Gehöft, das sich neben der Keramikherstellung auch der Dattelernte widmete und das für diesen Bereich des Nordwestufers des Toten Meeres eine zentrale Bedeutung als vielleicht bedeutendstes landwirtschaftliches Gehöft hatte. Die Textfunde in der Umgebung von Qumran müssen also nicht, wie stets angenommen wurde, in Verbindung mit der Ortslage von Qumran stehen. Trotzdem kann nicht zwingend ausgeschlossen werden, dass sich in Qumran Essener aufhielten, denn nach der Überlieferung von Josephus beschäftigten sie sich vornehmlich mit Ackerbau (Ant XVIII,19). Vielleicht wäre Qumran so durchaus als essenische landwirtschaftliche Anlage zu verstehen, und es ließe sich so auch erklären, warum essenische Schriften im Umfeld der Anlage versteckt wurden. Dies kann jedoch nur eine Hypothese sein, die sich vielleicht nie verifizieren oder falsifizieren lassen wird.

*In den essenischen Schriften gibt es einige Parallelen zu neutestamentlichen Texten*

In den essenischen Schriften gibt es einige Parallelen zu neutestamentlichen Texten. Diese beweisen jedoch nicht, dass Johannes der Täufer oder Jesus in einer engen Beziehung zu den Essenern gestanden hätten und von diesen religiös geprägt worden seien, sondern zeigen auf, dass die Jesusbewegung und mit ihr das Urchristentum (zu Beginn) als jüdische Erneuerungsbewegung verstanden werden muss, die mit anderen jüdischen Gruppierungen, wie etwa den Essenern, eine ganze Reihe von Grundüberzeugungen teilte.

## Die Zeloten

Die Bezeichnung Zelot ist von dem griech. Wort *zelōo*, „eifern", abgeleitet und meint zunächst eine Ehrenbezeichnung für jene, die sich besonders der Beachtung des Gesetzes widmeten und sich dabei die Idealgestalten Pinhas (Num 25) und Elija (1 Kön 9,19f) mit ihrem Eifer gegen heidnische Einflüsse zum Vorbild nahmen; in der Folgezeit wurde der Begriff aber für eine besonders engagierte militante Gruppe innerhalb des Judentums verwendet, die sich vor allem gegen die Römer wandte.

Die Anfänge der zelotischen Bewegung sind nicht völlig geklärt. Möglicherweise wurde sie von Judas dem Galiläer (Apg 5,27) gegründet, als Judäa 6 nC in eine römische Provinz verwandelt wurde (Ant XVIII,23; XVIII,1-10) und dem römischen Kaiser nun Steuern entrichtet werden mussten – bis dahin regierte der Herodessohn Archelaos in Judäa. Judas stammte aus Gamla (Ant XVIII,4) und war der Sohn des von Herodes 47 vC hingerichteten Rebellenführers Hiskia (Ant XIV,159; XVII,271). Allerdings wird nie ausdrücklich erwähnt, dass die Zeloten wirklich mit diesem Judas in Verbindung standen, auch wenn eine Bemerkung des Josephus dies nahezulegen scheint (Ant XVIII, 23). Hinsichtlich ihrer theologischen Ausrichtung entsprachen die Zeloten den Pharisäern, hingen „aber mit großer Zähigkeit an der Freiheit" und anerkannten „Gott allein als ihren Herrn und König" (Ant XVIII,23). Judas forderte, dass kein Mensch – und damit auch nicht der römische Kaiser – neben Gott verehrt werden dürfe; die Steuerzahlung an die Römer bedeutete für ihn einen Abfall vom biblischen Glauben (Bell II,117f). Im Kampf um den wahren Glauben strebte er sogar die Königsherrschaft an (Ant XVII,271f; Bell II,56); sein Aufstand dürfte schon bald zusammengebrochen sein (Apg 5,27).

Immerhin scheint sicher, dass die Bewegung der Zeloten schon in der ersten Hälfte des 1. Jh. nC in Galiläa Anhänger gefunden hatte. Unter den Jüngern Jesu wird ausdrücklich der Zelot Simon genannt (Lk 6,15; Apg 1,13; vgl. Mk 3,18; Mt 10,4, wo Kananaios das aramäische Äquivalent für Zelot darstellt). Die Zeloten sind einige Jahrzehnte später jenen aufrührerischen Gruppierungen im Judentum zuzurechnen, bei denen sich besonders strenge Gesetzesobservanz und fanatischer Kampf gegen die römischen Besatzer paarten, was schließlich zum Ausbruch des 1. Jüdischen Krieges (66–75 nC) führte. Sie wählten einen eigenen Hohenpriester (Bell IV,147-157) und übernahmen nach der Tötung des amtierenden Hohenpriesters zeitweilig in Jerusalem die Macht (Bell IV,158-325), bevor Jerusalem und der Tempel von den Römern eingenommen wurden.

Die hier aufgeführten Gruppen zeigen, dass das Judentum um die Zeitenwende von mehreren stark religiös, ja sogar fundamentalistisch geprägten Gruppierungen beeinflusst wurde. Politik und Religion bestimmten sich gegenseitig. Selbst extreme und militante Glaubensformen waren damals verbreitet. Frömmigkeit und richtige Glaubenspraxis spielten in der damaligen Zeit eine große Rolle, was u. a. durch die große Zahl von *Miqwen* (Reinheitsbädern) oder rituell reinen Steingefäßen bestätigt wird. Die Menschen der damaligen Zeit waren in besonderer Weise religiös motiviert, die Grundstimmung im Volk sogar religiös aufgeheizt. In diesem Umfeld konnte Jesus mit seinem Verständnis von Recht und Gesetz durchaus Gehör finden – aber auch schnell auf Ablehnung seitens der Andersdenkenden stoßen. ■

## Lesetipps


- R. Deines
**Die Pharisäer: Ihr Verständnis im Spiegel der christlichen und jüdischen Forschung seit Wellhausen und Graetz** (Tübingen 1997).
- M. Hengel
**Die Zeloten: Untersuchungen zur jüdischen Freiheitsbewegung von Herodes I. bis 70 n.Chr.** (Leiden $^{2}$1976).
- St. Mason
**Flavius Josephus on the Pharasees: A Composition-Critical Study** (Leiden 1991).
- H. Stegemann
**Die Essener, Qumran, Johannes der Täufer und Jesus – Ein Sachbuch** (Freiburg i. B. $^{4}$1994).
- G. Stemberger
**Pharisäer, Sadduzäer, Essener** (Stuttgart 1991).

## Eine Meinungsumfrage unter den jüdischen Strömungen des 1. Jh.

Angenommen, man hätte in den Sechziger Jahren des 1. Jahrhunderts in Jerusalem eine Meinungsumfrage durchgeführt, um ein Bild der damals vorherrschenden Überzeugungen im Judentum zu erhalten, hätte das Ergebnis folgendermaßen aussehen können.

| FRAGEN | ANTWORTEN | | | |
|---|---|---|---|---|
| | Sadduzäer | Essener | Pharisäer | Zelot |
| Ist die Tora die Richtschnur für Ihr Leben? | ja | ja | ja | ja |
| Gibt es heilige Schriften außerhalb des Pentateuchs? | nein | ja | ja | ja |
| Kann man heute Gebote formulieren? | nein | ja | ja | ja |
| Sind die „Überlieferungen der Alten" gültig? | nein | ja | ja | ja |
| Betrachten Sie den amtierenden Hohenpriester als legitim? | ja | nein | ja | nein |
| Bringen Sie Opfergaben zum Tempel? | ja | ja | ja | ja |
| Ist der Sabbat für die Menschen da, eher als das Umgekehrte? | ja | nein | ja | ja |
| Muss man das Sabbatjahr einhalten? | ja | unbedingt | ja | ja |
| Halten Sie die Opfer zum Wohle des Reiches und des Kaisers für richtig? | ja | nein | ja | das ist schändlich |
| Zahlen Sie die Steuern, die dem Kaiser zukommen? | ja | ja | ja, leider | nein |
| Muss man den römischen Machthabern gehorchen? | ja | nein | ja, das ist eine verdiente Strafe | nein |
| Halten Sie die Opfergaben, die von Heiden stammen, für annehmbar? | ja | nein | ja | nein |
| Essen Sie mit Heiden, wenn Sie eingeladen werden? | eher ja | nein | kommt darauf an | nein |
| Treten Sie in ein Haus, in dem es Bilderschmuck gibt? | ja | nein | ungern | nicht ohne sie zu entfernen |
| Halten Sie es für richtig, die „Gottesfürchtigen" zum Übertritt zu ermuntern? | nicht sehr | nein | kommt darauf an | nein |
| Hat die Welt ein Ende und ist für diesen Zeitpunkt ein Endgericht zu erwarten? | nein | ja | ja | ja |
| Erwarten Sie das Kommen des Messias? | ja | ja, zwei | ja | ja, er ist nah |
| Hoffen Sie auf eine Auferstehung und ein ewiges Leben? | nein | ja | ja | ja |
| Spricht Gott durch die Engel? | nein | ja | ja | ja |
| Bestimmt die göttliche Vorsehung über alle Dinge? | ja, und es gibt Willensfreiheit | nein, es gibt zwei gegensätzliche Mächte | ja, aber man muss sich auch entscheiden | man muss ihr nachhelfen |
| Kann man sich das ewige Heil durch gute Taten verdienen? | falsche Frage | falsche Frage | ja | durch Teilnahme an der Revolution |
| Kann man Gewinn von den Verdiensten Abrahams und der Erzväter haben? | ja, in diesem Leben | nein | ja | und von denen des Pinhas |

# Der historische Jesus

Auf Jesus von Nazaret geht die größte Weltreligion zurück (2 Mrd. Mitglieder). Allein deshalb ist er von historischem Belang – für uns Heutige. Nicht jedoch für die Mehrheit seiner Zeitgenossen. Als der Jude aus dem Bergdorf Nazaret wohl im Jahr 30 ans Kreuz geschlagen wird, ist er eine Randfigur im Imperium Romanum: Ein Provinzler ohne römisches Bürgerrecht, ein intellektueller Niemand, ein religiöser Sektierer – und ein verurteilter Verbrecher.

**Die heutige Stadt Nazaret war zur Zeitenwende ein armes Bergdorf. Diese ausgebaute Höhle unter der Verkündigungskirche wird als Geburtshaus Jesu verehrt.**

Jesus selbst hat keinen Text hinterlassen. Auch seine Jünger haben, was sie sahen und hörten, bloß weitererzählt. Erst zwischen den Jahren 40 und 50 sind – so schließen Forscher aus biblischen Texten – Sprüche und Gleichnisse niedergeschrieben worden. Doch diese „Logienquelle" ist längst verschollen.

Die ältesten erhaltenen Zeugnisse sind die nach dem Jahr 50 verfassten Briefe des Paulus. Der allerdings kennt Jesus nicht persönlich. Und er liefert, außer einer Beschreibung des Letzten Abendmahls, in keinem der sieben Briefe, die für authentisch gehalten werden, ausführliche biografische Informationen.

Die „Frohe Botschaft" (griechisch *euangelion*) des Markus stützt sich wohl auf mündlich überlieferte Berichte und wird um das Jahr 70 verfasst. Die Texte des Matthäus und Lukas entstehen zwischen 75 und 90, beruhen zum Teil auf Markus, zum Teil auf weiteren Quellen. Um oder kurz nach 100 wird auch das Johannes-Evangelium verfasst, das größere inhaltliche Unterschiede zu den drei ersten, den „synoptischen" Evangelien aufweist. Die vier Evangelisten schreiben Heilsgeschichte, keine Biografie. Jesu Heimat und Familie, sein Lebensweg, seine Bildung sind weniger wichtig – nicht einmal sein Aussehen wird im Neuen Testament beschrieben.

**oben: Das letzte Abendmahl** Ottheinrich-Bibel Cgm 8010, fol. 106v **unten: Die Hochzeit zu Kana**, fol. 115r

Römische und jüdische Zeitgenossen erwähnen Jesus kaum: Die Historiker Sueton (ca. 70 bis ca. 130) und Tacitus (55/56 bis ca. 120) nennen ihn. Der jüdische Autor Flavius Josephus bezeichnet ihn im 93/94 vollendeten Werk „Jüdische Altertümer" als *„Vollbringer ganz unglaublicher Taten und Lehrer aller Menschen"* (Ant XVIII,63-64). Und doch haben Gelehrte in den letzten 200 Jahren aus der Bibel und anderen antiken Texten sowie mithilfe archäologischer Funde das Leben des historischen Jesus rekonstruiert. Herausgekommen ist eine Biografie in Fragmenten: wenige Fakten, einige begründete Hypothesen, viele Vermutungen, noch mehr Rätsel, Leerstellen, blinde Flecken.

## Eine Jugend in Nazaret

Geboren wird er, darauf deuten die Anspielungen auf das Ende der Regierungszeit des Herodes, um das Jahr 4 vC. Diese Jahreszahl ist eine historische Ironie, die auf den Mönch Dionysius Exiguus zurückgeht, der 533 die heute gebräuchliche Jahreszählung vorlegt, sich aber um jene vier Jahre vertut. Betlehem wird von Matthäus und Lukas als Geburtsort genannt. Allerdings ist bei Matthäus Betlehem auch der Wohnort der Familie und die Geburt findet in einem Haus statt, bei Lukas wohnt die Familie in Nazaret und die Geburt findet unterwegs, in einer Höhle, statt. Nach Matthäus erreicht die „Heilige Familie" Nazaret erst über einen Umweg (Ägypten). Dies ist allerdings eine theologische Fiktion, um das Ereignis als Erfüllung einer Ankündigung der Propheten Micha (5,1-3: *„Du Betlehem [...] aus dir wird einer hervorgehen, der über Israel herrschen soll."*) und Hosea (Hos

**Anbetung der Hirten** Ottheinrich-Bibel Cgm 8010, fol. 74r

11,1: „*Aus Ägypten meinen Sohn gerufen*") darzustellen. Nazaret dürfte tatsächlich der Geburtsort gewesen sein.

Ein Dorf in Galiläa: Hütten aus Stein, isoliert mit Stroh, Lehm und Dung; Zisternen; eine Quelle; Kornspeicher und Mühlsteine; Weinstöcke, Getreidefelder, Olivenbäume auf den Hängen ringsum. Etwa 400 Menschen leben dort.

Jesus (aramäisch *Jeschua*, „Gott hilft") ist der erste Sohn von Josef und Maria – und bleibt nicht deren einziges Kind. Vier Brüder (Jakobus, Joses, Judas und Simon) sowie mindestens zwei namentlich nicht bekannte Schwestern nennt das Neue Testament.

*Tekton* so steht es dort, sei Josef gewesen. Dieser griechische Begriff wird mit „Zimmermann" unzureichend übersetzt, „Baumeister" wäre besser – ein Handwerker, der mit Steinen, Stroh und Holz arbeitet und vielleicht neben Gebäuden auch Schöpfräder und Schleusen errichtet.

Als Ältester mag Jesus, wie es Tradition ist, das Gewerbe des Vaters erlernt haben – sicher ist das nicht. So wenig, wie man sonst etwas über Kindheit und Jugend weiß: Die Tora kennt er wohl, lesen und schreiben mag er gelernt haben – Aramäisch und Hebräisch. Griechisch oder Latein, die Universalsprachen des Imperiums, wird er hingegen kaum aufgeschnappt haben.

Weil man fast nichts über jene Jahre in Nazaret (den größten Teil seines Lebens) weiß, bleibt auch ein dramatischer Schritt unerklärlich: Jesus verlässt seine Familie. Der Vater ist zu diesem Zeitpunkt vielleicht schon tot, jedenfalls erwähnen ihn die Evangelien nicht mehr. Dann jedoch hat der älteste Sohn die Pflicht, für Mutter und Geschwister zu sorgen. Der Nazarener verstößt gegen das vierte Gebot. Warum – die Bibel schweigt darüber. Aber dass seine Familie ihn nicht freiwillig gehen lässt, schimmert noch bei Markus durch. Als Jesus später einmal die Gegend bei Kafarnaum besucht, berichtet der Evangelist: „*Und als es die Seinen hörten, machten sie sich auf und wollten ihn festhalten; denn sie sprachen: Er ist von Sinnen*" (Mk 3,21).

Jesus wandert zu Johannes dem Täufer - einem Asketen und Propheten, der am Jordanufer Anhänger sammelt, sie zur Buße auffordert, vor dem Weltengericht warnt. Der Prediger, so Lukas (3, 1), tritt „im fünfzehnten Jahr der Herrschaft des Kaisers Tiberius" auf, wohl zwischen Herbst 28 und Herbst 29. Dann wird er von Herodes Antipas hingerichtet.

Einige Wochen, bestenfalls wenige Monate, bleibt Jesus am Jordan, löst sich schnell wieder von Johannes. Und dann verkündet im Jahr 29 ein neuer Prediger seine Botschaft.

## Ein Prediger in Galiläa

Bergpredigt, Gleichnisse, Wunder – was nun geschieht, gehört zum Kanon des Abendlandes. Doch die Evangelisten bleiben in ihren Beschreibungen vage. Seriös zu rekonstruieren ist Folgendes: Jesus predigt wohl nur etwa ein Jahr lang. Er zieht durch einen Teil Galiläas, ein Dreieck am See Gennesaret, das sich in gut fünf Stunden umwandern lässt. Hier gewinnt er Anhänger.

In den Evangelien tritt Jesus auf, befiehlt jedem Jünger: „Folge mir nach!" – und sie schließen sich ihm an. Dass sich ihm Menschen tatsächlich bedingungslos ergeben, ist wahrscheinlich. Schließlich werden einige von ihnen später in seinem Namen in den Tod gehen, etwa Petrus. Der und dessen Bruder Andreas, die ersten beiden Jünger, sind nach der Johannes-Version zumindest Sympathisanten Johannes des Täufers. Es ist also nicht auszuschließen, dass Jesus seine beiden wichtigsten Gefolgsleute schon dort gewonnen hat.

Zumindest wird das Haus des Fischers Petrus in Kafarnaum am Ufer des Sees Gennesaret zu einem Refugium, in dem Jesus sein zweites Wunder vollbringt (die Heilung der Schwiegermutter des Petrus, Mt 8,14). Dieses Haus wurde schon sehr früh als Wallfahrtsort besucht und so lässt es sich mit einiger Wahrscheinlichkeit archäologisch bestimmen. 1906 fanden die Ausgräber unter

**Taufe Jesu** Ottheinrich-Bibel Cgm 8010, fol. 13r

**Die Berufung der ersten Jünger** Ottheinrich-Bibel Cgm 8010, fol. 78r

einer byzantinischen Kirche antike Reste, die später genauer untersucht wurden. Die Forscher legten die Reste eines Wohngebäudes frei: eine Ansammlung blockförmiger Gebäude aus Lehm, Stroh und Holz, die einen Innenhof umschlossen. Einer der Räume aber war anders als die anderen: Immer wieder war er in der Antike neu verputzt worden – und in den Lehmputz waren Hunderte Graffiti eingeritzt.

Es waren fromme Wünsche christlicher Pilger, die wohl schon seit dem 2. Jh. dieses Haus besucht hatten. Das ist kein Beweis, aber doch ein plausibles Indiz dafür, dass die frühen Christen niemals vergaßen, wo das Haus des Petrus gelegen hatte – und dass spätestens ein Jahrhundert nach seinem Tod Wallfahrten dorthin stattfanden.

Außergewöhnlich ist, dass Jesus viele Frauen folgen. Die Evangelisten heben hervor, dass sie zu den eifrigsten Gefolgsleuten gehören – etwa eine Maria aus dem Fischerort Magdala, einer Stadt auf halbem Weg zwischen Tiberias und Kafarnaum.

Der Prediger gibt sich umstürzlerisch. Mit seiner Missachtung des Reichtums provoziert er die Eliten, die Großgrundbesitzer, die Adeligen, die Priester. Die Rituale des Judentums beurteilt Jesus wenig streng. Sabbatheiligung? *„Der Sabbat ist um des Menschen willen gemacht, und nicht der Mensch um des Sabbats willen"* (Mk 2,27). Bestrafung des Ehebruchs, eines, zumindest bei der Frau, todeswürdigen Verbrechens? *„Wer unter euch ohne Sünde ist, der werfe den ersten Stein auf sie"* (Joh 8,7).

Diese Geringschätzung der Tradition kann als Aufforderung zum Umsturz verstanden werden, als Verrat am religiösen Verständnis der Mehrheit des jüdischen Volkes.

## Aufruhr in Jerusalem

Doch anders als etwa Johannes der Täufer, wird Jesus nicht verfolgt. Das mag daran liegen, dass sich sein Wirken auf das abgelegene Galiläa beschränkt. Oder daran, dass Jesus erfolglos ist: Manches deutet darauf hin, dass er nach etwa einem Jahr an einem toten Punkt angekommen ist. Er zieht durch die Orte am Ufer des Sees Gennesaret und verkündet die frohe Botschaft vom heraufziehenden Reich Gottes. Und dann? Nichts. Der Sabbat wird geheiligt wie eh und je; die Pharisäer legen die Schriften aus; die Sadduzäer paktieren mit dem Statthalter; Herodes Antipas regiert von Kaisers Gnaden; Pilatus hält Hof im Palast.

Irgendwann im Frühjahr 30 beschließt Jesus, zum Passahfest nach Jerusalem zu ziehen. (Die Datierung ergibt sich daraus, dass in jenem Jahr, wie in der Bibel überliefert, das Passahfest auf einen Sabbat fällt.) Vielleicht ist dies die konsequente Entwicklung seines Wirkens, von der Provinz zum Zentrum des Glaubens. Womöglich aber ist dies die Verzweiflungstat eines Mannes, der in seiner Heimat gescheitert ist.

Am 5. April des Jahres 30, drei Tage nach seinem Einzug in Jerusalem, provoziert Jesus im Tempel einen Aufruhr – ausgerechnet kurz vor dem höchsten jüdischen Feiertag.

Der Tempel ist ein Monolith aus hellen Steinen, erbaut auf einem Plateau, das sich aus dem Häusermeer Jerusalems erhebt. Im Vorhof haben Händler und Geldwechsler ihre Stände aufgeschlagen, wahrscheinlich Tische, Buden und Zelte aus Brettern und Stoffbahnen. Die Händler sind für den Tempel fast so wichtig wie die Priester. Denn nur in Jerusalem können vor Gott gültige Opfer vollzogen werden – und bei den Händlern im Hof können Lämmer und andere reine Opfertiere erworben werden.

Die Einzelheiten bleiben unklar – doch offenbar steigt Jesus im Strom der Pilger auf den Tempelplatz und stößt dort Tische der Münzwechsler um. Niemand weiß, wie er dem Durcheinander aus umherirrenden Tieren, fluchenden Händlern und zornigen Pilgern entkommt.

**Die Tempelreinigung** Ottheinrich-Bibel Cgm 8010, fol. 102v

Jesus vor Kajafas **Ottheinrich-Bibel Cgm 8010, fol. 137v**

Diese „Reinigung" des Tempels haben Christen später so verstanden, dass Jesus den Tempel vom profanen Mammon gereinigt habe. Doch die Händler sind keine Vertreter des Kommerzes, sondern Helfer beim religiösen Kult. Indem Jesus sie angreift, greift er das Herz des Tempels an. Das ist ein Akt des Niederreißens, ein Zeichen, dass das Ende dieses Tempels gekommen und das Reich Gottes nahe ist. Eine Tat, die von den Priestern nicht ignoriert werden kann. Jesus wird plötzlich zur Gefahr für die elitären Sadduzäer. Sie stellen den Hohepriester; ihre Autorität und ihr Vermögen gründen sich auf den Tempelkult.

Mit dem Angriff auf die Händler besiegelt Jesus sein Schicksal. Erst mit diesem Akt macht er sich den Hohepriester Kajafas zum Todfeind.

Nach dem Affront wird es wohl Kajafas sein, der Jesus ausschalten will. Dem muss klar sein, dass ihm das Todesurteil droht. Im Obergeschoss eines Jerusalemer Hauses, in dem er mit seinen Jüngern das letzte Mahl einnimmt, schwört er diese auf einen Bund ein. Kurz darauf wird er von einem Trupp der Tempelpolizei verhaftet. Vielleicht ist Verrat im Spiel. Vielleicht hat Judas ihn tatsächlich für 30 Silberlinge verkauft oder aus Enttäuschung verraten. Der Judaskuss als Indiz dafür, dass Jesus selbst jetzt noch bei den Menschen von Jerusalem so unbekannt ist, dass man Helfer braucht, um ihn zu identifizieren?

Die Polizisten bringen den Gefangenen zu Kajafas. Der Hohepriester muss die Affäre schnell beenden – Hinrichtungen nach dem Beginn des Sabbats und des Paschafestes gelten als kultisch unrein. Kajafas lässt eine Anklageschrift vorbereiten. Diesem Ziel allein dient das Verhör, in dem Jesus dazu gebracht wird, sich als Messias zu bekennen oder zumindest nicht zu leugnen, dass er es sei. Der Vorwurf in der Anklageschrift: Aufruhr gegen Rom.

Pilatus spricht, wahrscheinlich am nächsten Morgen, Jesus wohl des Aufruhrs oder des schweren Landfriedensbruches schuldig. Der letzte Satz, den der Angeklagte von ihm vernimmt, ist die Formel: „Du wirst das Kreuz besteigen." Danach führen ihn die Soldaten ab. Sie dürfen seine Kleidung be-

Die Kreuzigung **Ottheinrich-Bibel Cgm 8010, fol. 110r**

halten; sie verspotten den Verurteilten; sie geißeln ihn mit dem *horribile flagellum* – einem Lederriemen, der mit Knochenstücken, Stacheln oder Bleiklumpen bestückt ist und tiefe Wunden reißt. Blutüberströmt und nackt wird Jesus mit zwei weiteren Verurteilten durch die Gassen Jerusalems getrieben. Er trägt den Kreuzbalken. Vor ihm hat ein Soldat den *titulus* aufgepflanzt, jenes Schild, auf dem das Verbrechen des Delinquenten verkündet wird. Darauf sind vier Buchstaben zu lesen: INRI. Sie stehen für den höhnischen Titel *Iesus Nazarenus Rex Iudaeorum*, „Jesus von Nazaret, König der Juden".

Vom Palast geht es bis nach *Golgota*, der „Schädelstätte" – einer Hügelkuppe in einem alten Steinbruch nördlich der Stadt. Hinrichtungen sind Spektakel, an denen das Volk mit wollüstigem Schrecken teilnimmt – es gibt kein Indiz dafür, dass es diesmal anders ist. Anhänger wird Jesus kaum gesehen haben. Wenige Frauen sind bei ihm, stehen zumindest in der Nähe des Kreuzes. Die Jünger aber sind alle geflohen.

Es ist, berichtet Markus, etwa 9 Uhr morgens, als Jesus ans Kreuz genagelt wird. Dies ist die entehrendste Todesstrafe im römischen Recht, gedacht für Verbrecher und Sklaven. Das Kreuz ist ein kreuz- oder t-förmiges Gerüst, an welches das Opfer gebunden oder genagelt wird. Das Qualvollste ist nicht die Befestigung, sondern die ausgestreckte Haltung. Das Opfer muss sich mit den Beinen irgendwie abstützen, denn mit seinen weit ausgestreckten Armen wird es ersticken, sobald der Körper nach unten absackt. Der Todeskampf – jenes verzweifelte Wechselspiel von Erschöpfung und Beinahe-Ersticken – kann manchmal Tage andauern.

Jesus hält sechs Stunden durch. Maria Magdalena und andere Frauen aus der Anhängerschaft sind Augenzeuginnen seines Sterbens. Sie sind es auch, die ihn plötzlich rufen hören: *„Mein Gott, mein Gott, warum hast du mich verlassen?"* Das ist kein Zeichen der Verzweiflung, sondern der Anfang des Psalms 22, eines jüdischen Sterbegebets, das mit Lobpreis und Hoffnung endet. Doch ihm fehlt schon die Kraft, um es noch zu vollenden. *„Aber Jesus schrie laut und verschied"*, so Markus (15,37) lakonisch. Es ist etwa 15 Uhr am 7. April 30.

Meist bleiben Gekreuzigte im Römischen Imperium hängen, den Raben zum Fraß, dem Volk als abschreckendes Beispiel. Selbst die Würde eines eigenen Grabes wird ihnen verwehrt – nur nicht in Judäa. Unbestattete Leichname, glauben die Juden, verletzen die kultische Reinheit des Landes.

Josef von Arimatäa, ein frommer Jude, erbittet bei Pontius Pilatus die Freigabe des Leichnams. Dessen Grab liegt bei Golgota, wahrscheinlich eine in den Felsen gehauene Kammer, die mit einem Stein verschlossen wird. Hier wird Jesus ohne Zeremonie beigesetzt, noch ehe die Posaunen den Sabbat verkünden.

Am Morgen des 9. April dann nähern sich Maria Magdalena und zwei oder drei weitere Frauen dem Grab, denn sie wollen den Toten mit Ölen salben. Das Grab aber ist leer.

Was genau geschehen ist, wer am leeren Grab steht, wer den wiederauferstandenen Jesus erblickt und wann und wo – hier machen die Evangelisten widersprüchliche Angaben. Klar ist bloß, dass Petrus und die anderen fortan unverbrüchlich an den Heiland glauben. Sie werden predigen von Jesu Worten und dem Wunder von Ostern. Und sie werden ausziehen als Missionare durchs Riesenreich, von der entlegenen Provinz hinein ins Herz des Imperiums – und aus einem nahezu Unbekannten eine welthistorische Persönlichkeit machen. ■

## Lesetipps

- **Jesus der Galiläer,** Welt und Umwelt der Bibel Nr. 24 (2/2002), Stuttgart.
- **Sterben und Auferstehen,** Welt und Umwelt der Bibel Nr. 27 (1/2003), Stuttgart.
- J. D. Crossan/J. L. Reed
**Jesus ausgraben. Zwischen den Steinen - hinter den Texten** (Düsseldorf 2003).
- A. Merz/G. Theißen
**Der historische Jesus, Ein Lehrbuch** (Göttingen $^{3}$2001).
- C. Rademacher
**Wer war Jesus? Der Mensch und der Mythos** (Hamburg 2005)
- J. Roloff
**Jesus** (München $^{4}$2007).
- M. Tilly
**So lebten Jesu Zeitgenossen, Alltag und Glaube im antiken Judentum** (Stuttgart $^{2}$2008).

**Das leere Grab** Ottheinrich-Bibel Cgm 8010, fol. 111r

# Die ersten Christen in Palästina

Nach Jesu Tod wirkten seine Anhänger in Jerusalem, doch auch in Galiläa lebten einige Nachfolger Jesu als heimat- und besitzlose Wanderprediger, die auf die Unterstützung der anderen, die zumindest ein wenig hatten, angewiesen waren. Diese verschiedenen Gruppierungen lebten als Juden; manche standen allerdings dem Jerusalemer Tempel distanziert gegenüber.

**Der See Gennesaret**
Es ist zu vermuten, dass nach Jesu Tod Anhänger auch hier wirkten.

**Das sogenannte „Haus des Petrus“** in Kapernaum. Die Ausgrabungen befinden sich heute unter einer neu erbauten Kirche.

Anhänger Jesu sind seit dessen irdischem Lebensende in Jerusalem (Gal 1,17-19) sowie in Judäa (1 Thess 2,14; Gal 1,22) nachweisbar; von Missionsversuchen in Samaria berichtet Apg 8,4-25. Ob es Jesusanhänger auch in Galiläa gegeben hat, ist in der Forschung umstritten. Die sogenannte Logienquelle (eine der Vorlagen für das Matthäus- und das Lukasevangelium; sie wird üblicherweise nach Lukas zitiert) gilt meist als Zeugin dieses Flügels der Urgemeinde – umstritten ist, ob sie in Jerusalem oder in Galiläa entstanden ist. Eine Herkunft aus Galiläa ist jedoch wahrscheinlicher: Die Weherufe über Chorazin, Betsaida und Kafarnaum (Lk 10,13-15) sind kaum verständlich, wenn man nicht im sonstigen Galiläa mit Jesusanhängern rechnen könnte. Auch impliziert das an die Wanderprediger gerichtete Verbot, einen Ranzen mitzunehmen (Lk 10,4), dass man auf der Wanderschaft täglich zu essen bekommen kann, und verweist somit eher in ländliches als in städtisches Milieu. Aus archäologischer Sicht ist zumindest für spätere Zeit auf das sogenannte „Haus des Petrus“ in Kafarnaum zu verweisen **(Abb. oben).** Allerdings ist unklar, auf wann die christlichen Inschriften zu datieren sind.

## Jesusanhänger in Galiläa

Hinsichtlich ihrer Lebensweise können wir im Wesentlichen zwei Gruppen unterscheiden: Ein Teil lebte ohne Familie (Lk 9,59f; 14,26f), Heimat (Lk 9,58) und Besitz, zog als Wanderprediger durch das Land und war auf das Wohlwollen der Adressaten der Verkündigung und auf die Unterstützung durch andere Jesusanhänger angewiesen. Der Rest lebte in Bindung an Familie (deshalb das Scheidungsverbot Lk 16,18) und Haus (vgl. das Gleichnis vom Hausherrn und dem Dieb Lk 12,39) und mit ein wenig Besitz (Lk 6,30; 16,13). Dieser Gruppe kam die Aufgabe zu, die Wanderprediger zu unterstützen. Diese Dualität der Lebensformen ist dann auch im benachbarten Syrien noch zu Beginn des 2. Jh. greifbar, vgl. die sogenannte „Didache“, eine syrische Kirchenordnung (Did 11,3-6). Die Jesusanhänger in Galiläa lebten als Juden und verstanden sich als Juden – allerdings mit dem spezifischen Auftrag, im Namen Jesu ganz Israel von dem baldigen endgültigen Anbruch der Gottesherrschaft zu überzeugen. Bei der Verwirklichung ihrer Ziele hatten sie aber nur teilweise Erfolg. Ihre jüdische Lebensweise bedingte, dass wir uns ihren Alltag weitgehend als jüdischen Alltag vorstellen können.

## Jesusanhänger in Jerusalem

Hinsichtlich der Anhänger Jesu in Jerusalem liegt es scheinbar nahe, auf Apg 1-12 zurückzugreifen. Allerdings muss man diese Texte

**Jerusalem zur Zeit des Zweiten Tempels.** Mosaik zum Jerusalem-Modell im Israelmuseum.

kritisch lesen. So ist etwa Apg 2,42-47 ein Summarium, das der Verfasser der Apostelgeschichte geschaffen hat, um mit Rücksicht auf ein griechisch gebildetes Publikum die Jerusalemer Urgemeinde als Idealgemeinde nach Art der pythagoreischen Gruppen zu schildern. Ähnlich muss man auch bei anderen Texten wie Apg 6,1-7 zunächst die erzählerische Absicht des Schriftstellers beachten, bevor man sie historisch auszuwerten versucht.

Man kann vermuten, dass sich die Anhänger Jesu in Jerusalem – zusätzlich zum Besuch des Tempels – in privaten Häusern trafen (Apg 1,13), wie dies auch von anderen jüdischen Gruppierungen bezeugt ist (nach jMeg 73b soll es in den ersten Jahrhunderten in Jerusalem 480 Synagogen gegeben haben). Vereinzelt werden sie Haus- und Grundbesitz gehabt haben (Apg 12,12; 4,36f). Trotzdem war die Gruppe der Jesusanhänger insgesamt gesehen nicht reich: Die von Paulus für sie gesammelte Kollekte sollte nicht nur die Einheit der Kirche aus Juden und Heiden symbolisieren (Röm 15,26f), sondern durchaus materiell „dem Mangel der Heiligen abhelfen" (2 Kor 9,12). Nicht anders steht es mit den Gemeinden in Judäa: Sie waren angesichts der Hungersnot im Jahre 46/47 auf Unterstützung angewiesen (Apg 11,27-30).

Innerhalb der Jerusalemer Gemeinde bildeten sich zwei verschiedene Gruppen heraus: die aramäisch-sprachigen Gemeindeglieder um die Jünger Jesu und den Herrenbruder Jakobus, der bald nach den Osterereignissen zur Jesusgruppe gefunden hatte (1 Kor 15,7; Gal 1,19), und die griechisch-sprachigen Gemeindeglieder um den sogenannten „Stephanuskreis" (vgl. Apg 6,1-7).

Zumindest für die erstgenannte Gruppe war der Alltag weiterhin durch die charakteristischen Normen der Tora bestimmt:

*Man kann vermuten, dass sich die Anhänger Jesu in Jerusalem zusätzlich zum Besuch des Tempels in privaten Häusern trafen*

Man hielt sich an Speise- und Reinheitsvorschriften (vgl. Gal 2,12), ebenso vermutlich an die Sabbatgesetzgebung. Der Tag nach dem Sabbat (unser Sonntag) als Versammlungstag der Anhänger Jesu ist erst in späteren Schriften des Neuen Testaments und außerhalb Israels greifbar (vgl. Apg 20,7-11; Off 1,10). Der Stephanuskreis trat wohl, anders als es Lukas verlauten lässt, weniger durch diakonische Aktivitäten als vielmehr durch eine eigene Verkündigung hervor. Die Annahme des Umkehrrufes im Namen Jesu impliziert, wie schon bei Jesus selbst, dass die Bindung an den Jerusalemer Tempel nicht mehr als entscheidend dafür angesehen wird, ob man bei dem bevorstehenden endgültigen Durchbruch der Gottesherrschaft auf der Seite Gottes steht oder nicht. Nicht nachweisbar ist jedoch, dass man sich im Stephanuskreis auch hinsichtlich der Vorschriften um Sabbat und Beschneidung sowie der Speise- und Reinheitsgesetze über den Rand des damals Üblichen hinaus bewegt hätte. Vermutlich aufgrund der Relativierung der Rolle des Tempels distanzierten sich andere Juden von Anfang an (vgl. Paulus, Gal 1,13f) von diesem Kreis. Von der in Apg 8,1-3 genannten Verfolgung sind nur die griechischsprachigen Anhänger Jesu betroffen; bald kam es aber auch zu Aktionen gegen aramäischsprachige Judenchristen (vgl. die allgemeine Angabe bei Paulus in 1 Thess 2,14). So wurden der Zebedaide Jakobus (Apg 12,2) hingerichtet, knapp zwanzig Jahre später der Herrenbruder Jakobus (vgl. Josephus, Ant XX,199-203). Dessen Hinrichtung zeigt jedoch, dass die Grenzen zwischen jüdisch lebenden Jesusanhängern und anderen Juden damals noch eher fließend waren; diese Hinrichtung galt vielen gesetzestreuen Juden als Eigenmächtigkeit des Hohenpriesters, der aufgrund dessen sein Amt aufgeben musste.

Allerdings wuchsen auch zwischen den verschiedenen Flügeln der Jesusanhänger die Spannungen hinsichtlich des Umgangs mit Nichtjuden (vgl. Gal 2,11-14). Nicht umsonst fürchtet Paulus, dass die zwischen ihm und den Jerusalemern nach Gal 2,10 vereinbarte Kollekte von den Jerusalemern nicht mehr angenommen wird (vgl. Röm 15,31).

Auch im 2. Jh. werden weiterhin zumindest gelegentlich Anhänger Jesu aus dem Volk Israel gewonnen (vgl. Justin, I Apol. 53,6; Eusebius, Kirchengeschichte II 23,9); der Eindruck völliger Erfolglosigkeit der Israelmission, den vor allem Matthäus und Lukas erwecken, ist historisch nicht verifizierbar.

Die bei Eusebius (Kirchengeschichte III 5,3) erwähnte Flucht der Jerusalemer Gemeinde nach Pella während des 1. Jüdischen Aufstandes ist weder literarisch noch archäologisch mit Sicherheit nachzuweisen; Eusebius selbst berichtet von der Existenz von Judenchristen in Jerusalem bis 135 (Kirchengeschichte IV 5,1-4), als die Juden nach ihrer Niederlage im 2. Jüdischen Krieg die Stadt nicht mehr betreten durften. Nach 135 lebten Heidenchristen in Jerusalem. ■

## Lesetipps

• F. W. Horn

**Die Gütergemeinschaft der Urgemeinde**, EvTh 58 (1998), 370–383.

• W. Kraus

**Zwischen Jerusalem und Antiochia. Die „Hellenisten", Paulus und die Aufnahme der Heiden in das endzeitliche Gottesvolk** (SBS 179; Stuttgart 1999).

• G. Stemberger

**Juden und Christen im Heiligen Land. Palästina unter Konstantin und Theodosius** (München 1987).

• K. Beyer

**Die aramäischen Texte vom Toten Meer samt den Inschriften aus Palästina, dem Testament Levis aus der Kairoer Genisa, der Fastenrolle und den alten talmudischen Zitaten.** Aramaistische Einleitung, Text, Übersetzung, Deutung, Grammatik/Wörterbuch, Deutsch-aramäische Wortliste, Register, Göttingen 1984; Ergänzungsband 1994.

**Jerusalem-Modell** im Israelmuseum, Blick auf die Wohnviertel unterhalb des Tempels.

# Frauen in der Nachfolge Jesu

**Frauen spielten in der Jesusbewegung eine große Rolle: Sie standen unter dem Kreuz, sie waren die ersten Auferstehungszeugen. Maria Magdalena gehörte sicherlich zum engeren Kreis um Jesus. Was aber können wir konkret über die Frauen in der Jesusbewegung aussagen?**

Die Frage nach der Lebenswelt von Frauen in der Antike ist komplex und ein hermeneutisches Problem. Sie hat zu berücksichtigen, dass die antike Gesellschaft patriarchal strukturiert war. Der idealtypische Ort der Frau war dabei das Haus und der Haushalt, während im öffentlichen Raum vornehmlich Männer agierten. Allerdings machten besonders in unteren sozialen Schichten die praktischen Erfordernisse des Alltags oft ein Durchbrechen klassischer Rollenmuster erforderlich. Aber auch in der Oberschicht gab es etliche Beispiele für gesellschaftlich einflussreiche Frauen. Ein weiteres Problem ist, dass unsere Quellen für Frauengeschichte größtenteils literarischer Art sind und –wie damals üblich – von Männern und damit aus androzentrischer Perspektive verfasst wurden. Das hat zur Folge, dass Frauen in der Regel nur dann eigens erwähnt wurden, wenn sie eine Sonderrolle einnahmen, ihr Verhalten von der gesellschaftlichen Norm abwich oder es sich um herausragende Einzelpersonen handelte. Häufig muss ihre Anwesenheit „mitgedacht" oder zwischen den Zeilen erschlossen werden. Schließlich ist zwischen Theorie und Praxis zu unterscheiden: Normative Vorstellungen, die in Texten transportiert werden, entsprechen nicht unbedingt dem „wirklichen" Leben. In vielen Fällen ist sogar das Gegenteil der Fall: Die Existenz konkreter Maßregeln für Frauen kann anzeigen, dass ein gegenteiliges Verhalten üblich war und nun zurückgedrängt werden sollte.

Mit diesem hermeneutischen Vorbehalt kann das Neue Testament als eine wichtige Quelle zur Rekonstruktion weiblicher Lebenswelt im Palästina des 1. Jh. nC dienen.

## Männer- und Frauenwelten im Neuen Testament

Blicken wir auf die Gleichnisse Jesu, wird deutlich, dass hier zwar Frauenarbeit ausdrücklich thematisiert wird, dies jedoch im Rahmen der traditionellen Rollenverteilung geschieht. Der Mann ist zuständig für die Landwirtschaft (Mk 4; 12,1-12; Lk 15,4-7 u. ö.), den Fischfang (Mk 1,16-20 u. ö.), das Handwerk (Mk 6,3; Mt 7,24-27 u. ö.) und den Handel (Mt 13,45f u. ö.). Die Frau wird dem Haushalt zugeordnet mit den dort anfallenden Arbeiten des Kornmahlens (Lk 17,35 par Mt 24,41 u. ö.), des Backens (Mt 13,33 par Lk 13,21 u. ö.) und der Kleiderherstellung (Lk 12,27; Mk 2,21 u. ö.).

Manche Gleichnisse sind sogar als Doppelerzählung gestaltet, in denen jeweils einem Bild aus der männlichen Lebenswelt ein solches aus weiblicher Perspektive gegenübergestellt ist (vgl. etwa das Doppelgleichnis vom Senfkorn und Sauerteig, Lk 13,18f. 20f par; die Gleichnisse vom verlorenen Schaf und der verlorenen Drachme, Lk 15,3-7.8-10). Auch wenn die Gleichnisüberlieferung somit innerhalb traditioneller Rollenmuster verbleibt, ist doch die ausdrückliche Berücksichtigung der Erfahrungswelt von Frauen als bildspendender Bereich bemerkenswert, da sie die Wertschätzung von Frauenarbeit dokumentiert.

## Der reale Alltag in biblischer Zeit

Abgesehen davon sah der *Alltag* in der ländlichen Bevölkerung Palästinas gewiss häufig anders aus, da die Mithilfe der Frau außerhalb des Hauses wohl allein aus wirtschaftlichen Gründen unverzichtbar gewesen sein dürfte. Aus dem gleichen Grunde sollte man der Tatsache, dass in einigen Heilungserzählungen die idealtypische Beschränkung von Frauen auf das Haus durchbrochen wird (so die Erzählungen über die Blutflüssige in Mk 5,25-34 und die Syrophönizierin in Mk 7,24-30 par), keine programmatische Bedeutung beimessen. Frauen waren selbstverständliche Adressatinnen der Botschaft Jesu, der sich gezielt an religiös und sozial Benachteiligte richtete – ohne Rücksicht auf deren Geschlecht! Dazu gehörten eben *auch* Frauen, für die die Gefahr der Verarmung und damit einhergehender sozialer Ausgrenzung besonders groß war. Dessen war sich Jesus gewiss bewusst, wie die besondere Parteinahme für Witwen (vgl. Mk 12,41-44 par) und Prostituierte (vgl. Lk 7,36-50; Mt 21,31) illustriert. Dass Jesus jedoch kein im neuzeitlichen Sinne emanzipatorisches Interesse an Frauenrechten vertrat, zeigt sich auch an seiner Haltung zur Ehe: Die Ablehnung des Ehebruchs (Mt 5,28) sowie der Ehescheidung bzw. der Wiederverheiratung (Mt 5,32; Mk 10,11f) schützt die Frau zwar vor der Willkür ihres Ehemannes und daraus resultierender materieller Not und Ausgrenzung, bedeutet faktisch jedoch eine Stützung dieser patriarchalen Lebensform.

## Die Frauen der Jesusbewegung

Doch Frauen waren nicht nur Adressatinnen der Verkündigung Jesu, sondern auch aktive Mitglieder der Jesusbewegung. Diese war eine von zahlreichen innerjüdischen Erneuerungsbewegungen, die sich in den Jahrzehnten um die Zeitenwende u. a. aus Protest gegen sozio-politische und ökonomische Unterdrückung sowie die Hellenisierung der jüdischen Religion formiert hatten. Zu den Mitgliedern und Anhängern dieser Gruppierungen gehörten vielfach auch Frauen, so beispielsweise zur Qumrangemeinschaft am Toten Meer (vgl. die Gräber von Frauen dort; CD IV 20f; 1 QSa I 4f), zur asketischen Gruppe der Therapeuten (vgl. Philo, De Vit cont) oder zu den antirömischen Widerstandsgruppen im Vorfeld des 1. Jüdischen Krieges (vgl. Josephus, Bell 3,303; 4,505.538).

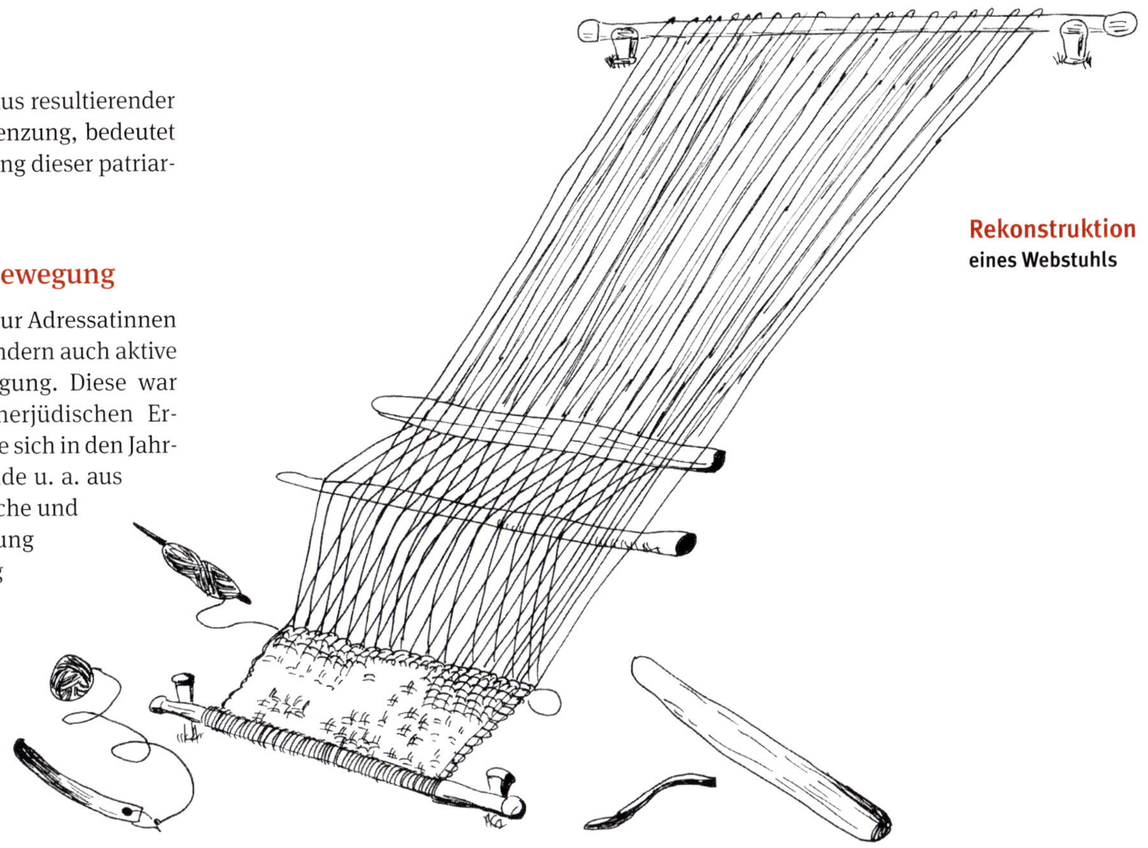

**Rekonstruktion**
**eines Webstuhls**

Die Jünger Jesu lassen sich in nichtsesshafte Wanderprediger und ortsansässige Sympathisanten unterscheiden; zu beiden Gruppen gehörten wohl auch Frauen. Ein Zeugnis für Wandermissionarinnen bieten vor allem die Passionsberichte (Mk 15,40f.47; 16,1-8 par; vgl. auch Lk 8,2f): Laut Mk 15,41 waren die Frauen unter dem Kreuz Jesus *„nachgefolgt, als er in Galiläa war, und hatten ihm gedient (...), und waren mit ihm hinauf nach Jerusalem gegangen“* (Übers. H. O.). In typisch androzentrischer Weise berichtet Markus erst am Ende seiner Erzählung – als Jesus von allen männlichen Jüngern verlassen ist – knapp und retrospektiv, dass Frauen bereits von Anfang an zur Jesusgemeinschaft gehörten. Auch wenn an keiner Stelle in den Evangelien eine Frau als Jüngerin bezeichnet wird (vgl. aber Apg 9,36), umschreibt der Ausdruck „nachfolgen“ in Mk 15,41 doch präzise die Jüngerschaft der Frauen; er findet sich nämlich entsprechend auch für männliche Jünger (vgl. etwa Mk 8,34 par; Mt 8,19-22 par Lk 9,57-62). Ein weiteres, indirektes Indiz für weibliche Jüngerschaft sind die ältesten Nachfolgeworte, die zwar zum Verlassen der Großfamilie, nicht aber der Ehefrau auffordern, wie Mk 10,29f (anders Lk 14,26!): *„Es ist niemand, der Haus oder Brüder oder Schwestern oder Mutter oder Vater oder Kinder oder Äcker verlässt um meinetwillen und um des Evangeliums willen, der nicht hundertfach empfange ...“*. Neben verheirateten schlossen sich aber wohl auch alleinstehende (geschiedene oder verwitwete?) Frauen der Jesusbewegung an, die dann nicht – wie gemeinhin üblich – über männliche Verwandte charakterisiert wurden. Zu ihnen gehörte Maria Magdalena, die eine der wichtigsten Jüngerinnen Jesu, nach Joh 20,18 sogar erste Auferstehungszeugin, war (vgl. außerdem besonders Mk 15,40.47; 16,1; Lk 8,2) und die nach ihrer Herkunft aus der Stadt Magdala am See Gennesaret bezeichnet ist. Dennoch waren aber auch in der ältesten Jesusbewegung die Frauen den männlichen Jüngern offenbar nicht völlig gleichgestellt, da nirgendwo die Berufung einer Frau als Jüngerin überliefert ist und es sich bei den „Zwölfen“, also dem engsten Jüngerkreis Jesu, ausschließlich um Männer handelt (vgl. die Jüngerlisten Mk 3,16-19 par; Apg 1,13).

Dass Frauen auch zu den ortsansässigen Anhängern der Jesusbewegung gehörten, ergibt sich bereits aus ihrer (hauptsächlichen) Verantwortung für den Haushalt. Diese Gruppe ermöglichte durch ihre materielle und soziale Unterstützung erst die Tätigkeit der Wanderprediger und -predigerinnen. Wahrscheinlich gehörten Maria und Marta diesem Kreis an (vgl. Lk 10,38-42; Joh 11,1ff): Ihre Geschichte illustriert zugleich den Konflikt zwischen traditioneller Frauenrolle und Nachfolgeschaft Jesu. ■

## Lesetipps


- T. Ilan
**Jewish Women in Greco-Roman Palestine. An Inquiry into Image and Status** (Texte und Studien zum Antiken Judentum 44; Tübingen 1995).
- L. Schottroff/M.-Th. Wacker (Hg.)
**Kompendium Feministische Bibelauslegung** (Gütersloh ²1999).
- L. Schottroff/S. Schroer/M.-Th. Wacker
**Feministische Exegese. Forschungserträge zur Bibel aus der Perspektive von Frauen** (Darmstadt 1995).
- H. Omerzu
**„Es gibt nicht mehr männlich und weiblich ...“.** Zur Bedeutung von Frauen im frühen Christentum, in: S. Schmitt (Hg.), Frauen und Kirche, Mainzer Vorträge 7 (Stuttgart 2002), 1–24.
- W. Zwickel
**Frauenalltag im biblischen Israel** (Stuttgart 2005)

# Der 1. Jüdische Krieg

Die Zeit der römischen Herrschaft über Judäa ist geprägt von Auseinandersetzungen zwischen Juden und Römern. Mehrmals bewiesen die römischen Besatzer mangelndes Fingerspitzengefühl für die religiösen Traditionen der Juden. Dies führte schließlich zu einer ersten großen militärischen Auseinandersetzung: dem 1. Jüdischen Krieg.

1) **Vespasian,** Kopf einer überlebensgroßen Statue des römischen Kaisers (69–79 nC). Unter ihm und seinem Sohn Titus wurde der jüdische Aufstand niedergeschlagen.

Im Jahre 66 nC spitzte sich die ohnehin angespannte politische Situation in der Provinz Judäa zu. Wiederholt kam es zu heftigen Auseinandersetzungen zwischen jüdischen und nichtjüdischen Bevölkerungsgruppen.

## Die Ausgangssituation im Jahre 66

Als der römische Statthalter Gessius Florus dem Tempelschatz 17 Talente (ca. 450 kg) Silber entnahm, um das nachlassende Steueraufkommen auszugleichen, wurde er von der aufgebrachten Bevölkerung Jerusalems öffentlich verhöhnt. Jüdische Eiferer erhoben sich mit Waffengewalt gegen die römische Besatzung, sodass sich der römische Statthalter Gessius Florus auf seinen Regierungssitz in Caesarea maritima zurückziehen musste.

Der Hohepriester Ananias und der Tempelvorsteher, sein Sohn Eleasar, nahmen nun keine Opfer von Nichtjuden mehr an. Insbesondere wurde das tägliche Tempelopfer zugunsten des römischen Kaisers eingestellt. Diese Verweigerung sowohl der Steuerzahlung als auch des Kaiseropfers konnte von Rom nur als Aufkündigung der Loyalität durch die unterworfene Provinzbevölkerung aufgefasst werden.

In Jerusalem war die Situation bald von blutigen Richtungskämpfen und Bandenkriegen geprägt. Die politische Führung in der Stadt polarisierte sich rasch: Einer um Frieden (und Sicherung der eigenen privilegierten Lebensumstände) bemühten Partei unter Führung der priesterlichen Aristokratie stand die nach einer radikalen Neuordnung der religiösen, sozialen und wirtschaftlichen Verhältnisse strebende zelotische Partei gegenüber. Die Aufrührer, angeführt von Eleazar und dem Zeloten Menachem, eroberten zunächst den Herodespalast und die Burg Antonia, in denen römische Besatzungstruppen stationiert waren. Neben dem hohepriesterlichen Palast steckten sie auch das Tempelarchiv mitsamt allen darin befindlichen Schuldscheinen und Steuerlisten in Brand. Den in Jerusalem verbliebenen römischen Soldaten, die sich in Häusern der Stadt verschanzt hatten, wurde nach der Beschreibung von Flavius Josephus ein freier Abzug

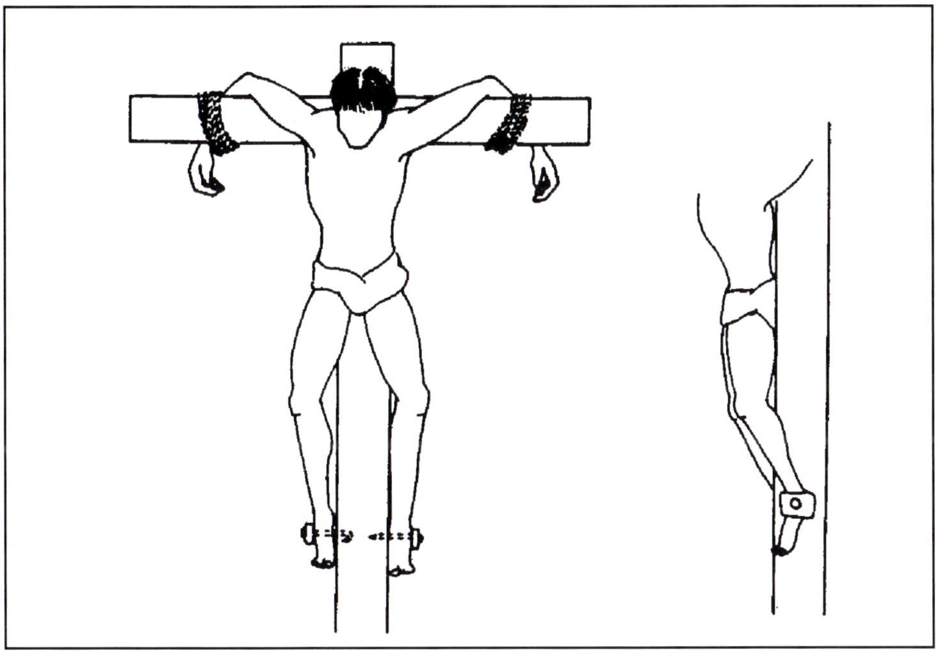

2) **Kreuzigung** in der römischen Zeit.

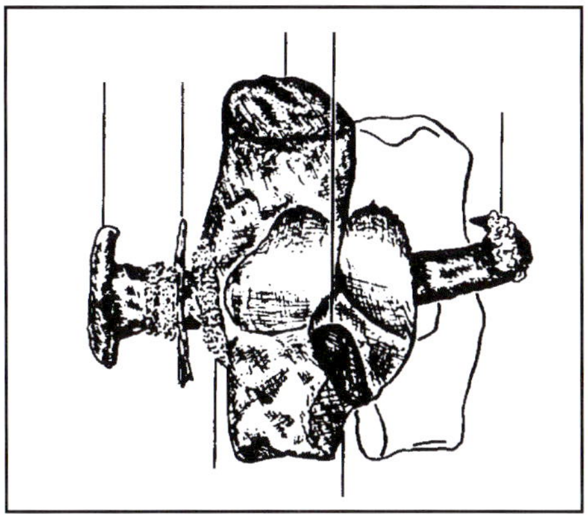

3) **Fersenknochen eines Gekreuzigten** aus dem 1. Jh. nC, der bei Ausgrabungen in Givat Mivtar in Jerusalem gefunden wurde. Obwohl nach der Überlieferung des Flavius Josephus Tausende Juden den Kreuzestod gestorben sein sollen, ist dies bislang der einzige archäologische Beleg für diese Hinrichtungsart. Bei diesem Toten wurden – anders als bei der klassischen Darstellung des Todes Jesu – die Fersen seitlich durchschlagen und so die Beine seitlich an dem Kreuzesstamm befestigt.

zugesagt. Trotzdem wurden sie dabei hinterrücks niedergemacht.

Die Ermordung des Hohenpriesters Ananias durch Menachem führte zur Spaltung der jüdischen Aufstandsbewegung. Ananias' Sohn Eleasar rächte sich für den Tod seines Vaters und ließ seinen ehemaligen Kampfgefährten Menachem umbringen. Die Anhänger Menachems zogen sich daraufhin in die von den jüdischen Eiferern eroberte Bergfestung Masada am Südwestufer des Toten Meers zurück.

Im Herbst des Jahres 66 entsandte der syrische Statthalter Cestius Gallus die 12. Legion, um den Aufstand in der Provinz zu beenden. Die aufständischen Judäer hatten inzwischen begonnen, ihre überfallartigen Aktionen mehr und mehr zu koordinieren. Nach einer erfolglosen Belagerung des Tempelbergs durch die 12. Legion wurden die römischen Truppen – als sie von Jerusalem nach Antiochia zurückkehrten – durch einen Hinterhalt im Bergland bei Bet Horon vernichtend geschlagen.

## Der Kampf von Vespasian gegen die Judäer im Jahre 67

Der römische Kaiser Nero übertrug daraufhin seinem erfahrenen General Vespasian **(Abb. 1)** den Oberbefehl über den Feldzug gegen die aufständischen Juden. Die Offensive Vespasians und seines Sohnes Titus begann im Frühjahr 67 nC mit der Absicherung der Küstenebene am Mittelmeer. Drei römische Legionen drangen von Norden her in die Provinz ein. Kampflos ergaben sich zunächst die Städte Sepphoris und Tiberias. Erst im Juni des Jahres kam es zum ersten militärischen Aufeinandertreffen römischer und jüdischer Truppen. Die Aufständischen vermochten der überlegenen Größe und Kampferfahrung der Legionen wenig entgegenzusetzen, und so konnte Vespasian rasch nach Süden vorrücken. Bei der Einnahme der galiläischen Festung Jotapata wurde der Militärkommandant Galiläas, der spätere jüdische Schriftsteller Josephus, gefangen genommen. Nach seinem eigenen Bericht sagte er Vespasian dessen Aufstieg zum Weltherrscher voraus. Nach Vespasians Erhebung zum Kaiser wurde Josephus freigelassen. Er erlebte den weiteren Fortgang der Auseinandersetzungen als ortskundiger Dolmetscher der römischen Truppen. Gegen Ende des Jahres war der nördliche Teil des Gebietes wieder in römischer Hand.

## Bürgerkrieg in Jerusalem in den Jahren 68 und 69

Aufgrund der unsicheren politischen Lage in Rom nach dem Tod Neros im Juni 68 nC unterbrach Vespasian seinen Feldzug. Dem Zelotenführer Simon bar Giora gelang es nun, das Ostjordanland unter seine Kontrolle zu bringen und zahlreiche befreite Sklaven und verarmte Kleinbauern um sich zu scharen. Währenddessen ergriff der radikale Eiferer Johannes von Gischala die Macht in Jerusalem und errichtete ein Terrorregiment in der Stadt. Die meisten Vertreter der privilegierten Priesteraristokratie wurden von seinen Anhängern ermordet. Die verbliebenen gemäßigten Bewohner Jerusalems riefen nun ihrerseits Simon bar Giora und seine Kämpfer um Hilfe und es kam zu einem blutigen Bürgerkrieg zwischen den verfeindeten Gruppen.

Im Frühsommer des Jahres 69 nC setzte Vespasian seinen Feldzug fort, rückte bis unmittelbar an die Stadtgrenzen Jerusalems vor und ließ rings um die Stadt befestigte Lager errichten. Die politischen Verwicklungen in Rom, aus denen Vespasian im August des Jahres als der erste nicht dem Adel entstammende römische Kaiser hervorging, bewirkten jedoch eine weitere Unterbrechung des Feldzuges. In Jerusalem trat nun neben den Anhängern des Johannes von Gischala und des Simon bar Giora eine weitere Partei auf, deren Anführer namens Eleasar ben Simon möglicherweise mit dem Sohn des Hohenpriesters Ananias identisch ist. Im Verlauf der erbitterten Auseinandersetzungen zwischen den Parteien in der belagerten Stadt wurde sogar ein Großteil der Nahrungsvorrä-

4) **Menora und Schaubrottisch aus dem Tempel** in Jerusalem werden im Triumphzug durch Rom getragen. Darstellung auf dem Titusbogen in Rom.

te vernichtet, um die gegnerischen Gruppen zu schwächen.

## Die Eroberung Jerusalems durch Titus im Jahre 70

Im Frühjahr des Jahres 70 nC schloss Titus, der von seinem Vater mit der Fortführung des Feldzuges beauftragt worden war, Jerusalem mit vier Legionen von allen Seiten ein: Legio X Fretensis, Legio V Macedonica, Legio XII Fulminata, und Legio XV Apollinaris. Ihre Hauptlager schlugen die römischen Truppen im Westen und im Norden der Stadt auf. Die belagerten jüdischen Revolutionäre konnten sich erst nach der Ermordung des Eleasar ben Simon auf einen gemeinsamen Abwehrkampf gegen die Römer verständigen. Am 14. Xanthikos (14. Nisan = 15./16. April 70 nC ) begann der entscheidende Angriff. Am 7. Artemisios (= 6./7. Mai) eroberten die römischen Truppen nach heftigen Kämpfen die äußere, fünf Tage später die innere Stadtmauer, um dann die Burg Antonia anzugreifen (12. bis 29. Artemisios = 12. bis 29. Mai).

Die Einwohner Jerusalems verschanzten sich, wichen der direkten Konfrontation aus und zwangen Titus dadurch, seine Taktik zu ändern. Er ließ einen Einschließungswall um die gesamte Stadt errichten, um ihre Versorgung mit Lebensmitteln zu unterbinden und ihre Bewohner auszuhungern. Bald herrschte eine furchtbare Hungersnot in der Stadt. Flavius Josephus berichtet von Seuchen und sogar von Fällen von Kannibalismus unter ihren Bewohnern. Titus ließ gefangene Aufständische zu Hunderten vor der Stadt kreuzigen **(Abb. 2 und 3)**, um den Durchhaltewillen ihrer Bevölkerung zu brechen. Am 17. Panemos (12./13. Juli) wurde die Burg Antonia eingenommen und zerstört. Da der Widerstand nicht nachließ, errichteten die Römer nun Wälle gegen den Tempel und legten Brandsätze an seinen Toren. Am 9. Ab (6. August) des Jahres 70 nC begann der entscheidende Angriff auf den inneren Tempelbezirk. Vermutlich gegen den Willen des Titus (bzw. gegen den ausdrücklichen Befehl seines Vaters) ging der Jerusalemer Tempel im Laufe der Kampfhandlungen in Flammen auf und wurde völlig zerstört. Während die Stadt am 8. Gorpianos (3. September) in Flammen stand, richtete Titus unter der in die Oberstadt geflüchteten Bevölkerung ein Massaker an. Nach dreitägigen Siegesfeiern zogen sich die siegreichen Legionen nach Caesarea maritima zurück. Johannes von Gischala und Simon bar Giora wurden gefangen und nach Rom gebracht, um vor ihrer Verurteilung bei dem – auf dem Titusbogen verewigten – Triumphzug des siegreichen Kaisers und seines Sohnes zur Schau gestellt zu werden. **(Abb. 4, 5 und 6)**

## Die Folgen der Eroberung

Nach der Niederschlagung des Aufstandes wurde Judäa zu einer kaiserlichen Provinz. Große Teile Jerusalems waren nach der römischen Eroberung verwüstet, der Hauptteil der Bevölkerung tot, versklavt oder geflohen. Der Jerusalemer Tempel, der wichtigste Anknüpfungspunkt für das religiöse Selbstverständnis und für die Lebensgestaltung der jüdischen Mehrheit und sämtlicher jüdischer Sekten, war zerstört. Auch der Fortbestand eines Widerstandsnestes radikaler Zeloten in der Bergfestung Masada, deren Eroberung den Römern erst im Jahre 74 nC gelang, änderte nichts mehr an der vollständigen Niederlage. Die wenigen Juden, die in der Stadt geblieben waren, mussten mitansehen, wie nun römische Soldaten, Veteranen und fremde Siedler einzogen, um hier zu leben. Die römischen Truppen in Judäa wurden verstärkt und die 10. Legion wurde dauerhaft nach Jerusalem verlegt. Die übriggebliebenen jüdischen Bewohner der Stadt wurden zu harten Zwangsdiensten verpflichtet und mussten hohe Abgaben leisten. Zusätzlich zur Steuer, die bisher an die römische Herrschaft zu zahlen war, musste ab jetzt auch die Tempelsteuer, die bisher an den Jerusalemer Tempel zu leisten war, als *fiscus judaicus* an den Tempel des Jupiter Capitolinus in Rom abgegeben werden. ■

### Lesetipps

- J. Price
**Jerusalem under Siege. The Collapse of the Jewish State 66–70 CE** (Leiden u. a. 1992).
- H.-P. Kuhnen (Hg.)
**Mit Thora und Todesmut. Judäa im Widerstand gegen die Römer von Herodes bis Bar-Kochba** (Stuttgart 1994)
- J. Price
**Flavius Josephus – Geschichtsschreiber zur Zeit Jesu** Welt und Umwelt der Bibel Nr. 32 2/2004 (Stuttgart 2004).

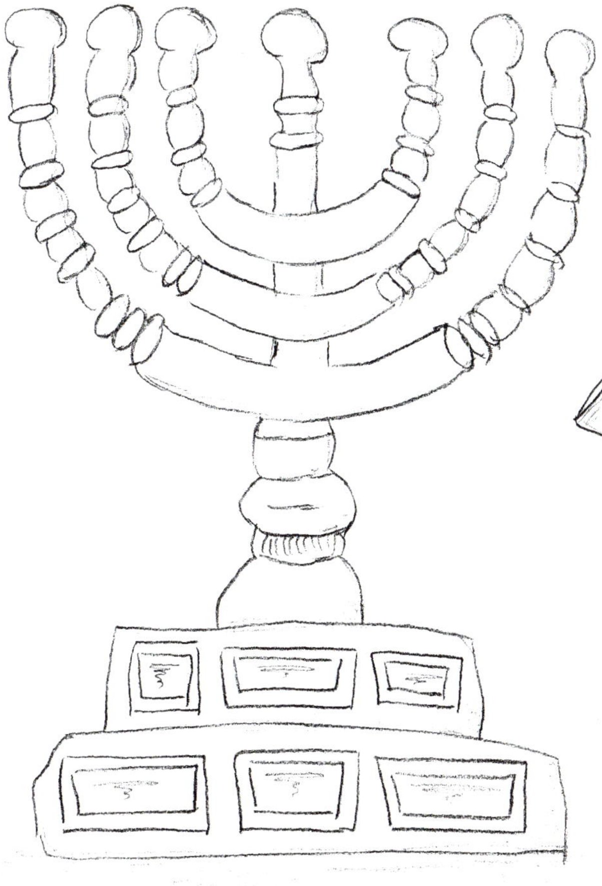

**5 + 6) Umzeichnung von Menora und Schaubrottisch** (mit Silbertrompeten).

# Der 2. Jüdische Krieg *(Bar-Kochba-Aufstand)*

Unter Kaiser Hadrian entstand erneut eine jüdische Aufstandsbewegung gegen die römische Fremdherrschaft. Es sollte die letzte militärische Revolte gegen die Römer werden. Nachdem der Aufstand niedergeschlagen war, erließen die Besatzer ein Verbot: Juden durften Jerusalem nicht mehr betreten.

**Die judäische Wüste** bot mit ihren Canyons, Überhängen und Höhlen den Aufständischen um Bar Kochba ausreichende Möglichkeiten, sich zu verbergen.

**Hadrian** in Rüstung, das Original steht im Israelmuseum, diese Kopie in der Zitadelle (Jerusalem).

Der jüdische Aufstand gegen die römische Fremdherrschaft unter Hadrian hat vielfältige religiöse, politische und soziale Motive. Der Plan des Kaisers, auf den Trümmern Jerusalems die römische Stadt *Colonia Aelia Capitolina* zu errichten – neben umfangreichen militärischen Erschließungsarbeiten und Garnisonsgründungen in der unruhigen Randprovinz –, wurde von Teilen der notleidenden jüdischen Bevölkerung als Demütigung und Provokation aufgefasst. Zugleich scheinen auch apokalyptische Hoffungen auf den Wiederaufbau des Tempels und die göttliche Errettung der jüdischen Frommen vor ihren Feinden um sich gegriffen zu haben. Unwahrscheinlich ist hingegen, dass Hadrian ein allgemeines Beschneidungsverbot erlassen hat; eine solche Unterdrückung des religiösen Lebens der Provinzbevölkerung widerspricht seiner – generell um Frieden und Wohlergehen im Reich bemühten – Realpolitik. Jedoch waren keineswegs alle Juden in der Provinz römerfeindlich und toratreu. So stießen römische Tempelgründungen in Sepphoris und Tiberias offenbar auf keinen Widerstand seitens der dortigen Bevölkerung.

Die Unruhen begannen in Jerusalem, kurz nach einem Aufenthalt Kaiser Hadrians in der Stadt im Jahre 132 nC. Die römischen Truppen wurden von der lokalen Erhebung zunächst völlig überrascht. Tineius Rufus, der Statthalter und Befehlshaber der 10. Legion, musste seine Soldaten deshalb zunächst zurückziehen. Unmittelbar nach diesen Ereignissen scheinen die Aufständischen römische Münzen überprägt zu haben, deren neue Aufschrift demonstrativ nach dem „Jahr der Erlösung Israels“ datiert.

## Der Anführer Simon ben Kosiba

Der charismatische Anführer der jüdischen Rebellen war Simon ben Kosiba. Sein in den christlichen Quellen begegnender Beiname *bar Kochba* („Sternensohn“) entspricht einer im antiken Judentum verbreiteten messianischen Deutung der Bileamprophezeiung (Num 24,17) und wohl auch seinem Selbstverständnis als Retter Israels. In den Texten der rabbinischen Schülerkreise, die der messianischen Aufstandsbewegung durchweg ablehnend gegenüberstanden, begegnet er hingegen in abfälliger Weise als *bar Kozeba* („Lügensohn“).

Simon ben Kosiba ergriff nicht nur die militärische Leitung, sondern errichtete auch eine straffe Organisation der Aufstandsbewegung. Sein absoluter Führungsanspruch erstreckte sich auch auf die Betonung der rigorosen Torafrömmigkeit seiner Anhänger. Bei seinem Kampf gegen die römische Fremdherrschaft führte er den Ehrentitel *Nasi* („Fürst“) Israels, dessen eschatologisch-messianische Bedeutung sich von Ez 37,24-28 her erschließt.

Es ist strittig, ob die jüdischen Aufständischen den römischen Legionsstandort Jerusalem tatsächlich hätten erobern, dauerhaft verteidigen und den Opferbetrieb auf dem Tempelgelände wieder aufnehmen können. Die Verbreitung der Münzfunde deutet darauf hin, dass sich das Zentrum der Widerstandsbewegung im zerklüfteten Felswüstengebiet südlich und südöstlich von Jerusalem befand. Münzen mit der Aufschrift „Jerusalem“ können auf die hohe symbolische Bedeutung der Stadt verweisen. Auch

**Bar-Kochba-Münzen** aus dem bislang größten Hortfund solcher Münzen, den Archäologen 2009 in einer Höhle beim Herodium nahe des letzten Stützpunktes Betar machten – etwa 120 Münzen kamen zum Vorschein. Die Forscher von der Hebräischen Universität und der Bar-Ilan Universität untersuchen die Höhlen der judäischen Wüste systematisch.

die Münzlegende „Für die Freiheit Jerusalems" kann durchaus programmatischen Charakter haben.

Simon ben Kosiba galt seinen Anhängern als der unbestrittene Herr des gesamten Landes. Er forderte, dass die ursprüngliche Tempelsteuer, die bis 70 nC an den Jerusalemer Tempel abzuliefern war, danach nach Rom abzugeben war, jetzt ihm persönlich zu übergeben sei. Damit bestritt er *de facto* das Anrecht des römischen Kaisers über seine Provinz.

## Die römischen Maßnahmen gegen den Aufstand

Hadrian konnte das nur als Hochverrat auffassen. Er beauftragte Tineius Rufus, unterstützt von den Legionen des syrischen Legaten Poblicius Marcellus, mit der Niederschlagung des Aufstandes. Da die leicht bewaffneten und beweglichen jüdischen Rebelleneinheiten jede direkte Begegnung mit den römischen Truppen in offenem Gelände vermieden, sondern mit überraschenden Angriffen aus dem Hinterhalt nach Guerillataktik operierten, erlitten die Römer zunächst dramatische Verluste. Poblicius Marcellus forderte daraufhin Truppenverstärkung aus den umliegenden Provinzen an. Außer den beiden (über viele kleinere Lager verteilten) Legionen, die bereits in Judäa standen, wurde nun auch die 22. Legion von Ägypten nach Judäa in Marsch gesetzt. Man kann davon ausgehen, dass sie während der Kämpfe mit den jüdischen Rebellen, die von Juden aus Arabien unterstützt wurden, vollständig aufgerieben wurde, da sie später niemals wieder in den römischen Dokumenten erscheint.

Schließlich schickte Hadrian im Jahre 134 nC den kampferfahrenen Heerführer Sextus Julius Severus aus Britannien, um den Aufstand zu beenden. Julius Severus änderte die verlustreiche Angriffstaktik. Er führte fortan einen Zermürbungskrieg, errichtete an strategisch wichtigen Orten Befestigungen und schnitt seinen Gegnern Nachschub und Wasserversorgung ab. Vor allem teilte er die Legionen in kleine bewegliche Einheiten auf, die das Gebiet systematisch durchkämmten und die Aufständischen in ihren Verstecken bekämpften. Es benötigte noch fast ein Jahr, bis die Rebellion wieder niedergeschlagen war. Insgesamt waren mindestens zwölf Legionen in die Provinz entsandt worden.

## Archäologische Funde von den Aufständischen

In den Höhlen und Felsspalten im unzugänglichen Wüstengebiet Judäas am Westufer des Toten Meeres suchten kleine Grup-

**Höhle in der judäischen Wüste** – noch heute finden sich die Spuren der Aufständischen.

**Bar-Kochba-Münze.** Die überprägte Tetradrachme nennt das Jahr 3 des Aufstands (134/135 nC). Gezeigt werden jüdische Symbole: der Tempel mit der Bundeslade und einem Stern darüber – der das messianische Selbstverständnis des Anführers spiegelt – sowie Lulav und Etrog. Die Inschrift benutzt das Althebräische: „Für die Freiheit Jerusalems".

pen von versprengten jüdischen Aufständischen Schutz vor den römischen Legionären. Die archäologischen Funde in solchen Höhlenverstecken im Wadi Murabaat und im Wadi Nahal Hever bestehen aus zahlreichen persönlichen Habseligkeiten, Waffen, Münzen, Proviant und römischem Beutegut. Von besonderem Interesse sind die hier aufgefundenen Hausschlüssel. Sie zeigen, dass man offenbar bis zuletzt auf einen Sieg hoffte. Im Jahre 135 nC wurden die Rebellen schließlich in der (ca. 11 km südwestlich von Jerusalem gelegenen) Bergfestung Betar von einer gewaltigen römischen Übermacht eingekesselt und ausgehungert. Zusammen mit seinen Kämpfern fand Simon ben Kosiba beim anschließenden römischen Angriff den Tod. Die jüdische Tradition datiert dieses schmerzliche Ereignis ebenso wie die Zerstörung des Ersten und des Zweiten Tempels auf den 9. Ab (6. August).

## Die Folgen des Aufstands

Nach der brutalen Niederschlagung der Erhebung wurde Jerusalem in ein von römischen Soldaten, Veteranen und zahlreichen fremden Siedlern bewohntes heidnisches Kultzentrum umgewandelt. Jerusalem besaß nun ein Jupiterheiligtum (wahrscheinlich kein Tempelgebäude, sondern ein [Reiter-]Standbild des *Jupiter Capitolinus*) auf dem Tempelareal, Repräsentationsbauten und ein planvolles Straßensystem. Die Provinz wurde in *Syria Palaestina* („Philisterland") umbenannt. Für Sieger und Besiegte war dies ein Symbol der völligen Niederwerfung des jüdischen Aufstands und des Triumphs der überlegenen Weltmacht Rom. Rom betrieb die totale Paganisierung Jerusalems. Die Stadt wurde für Juden zum verbotenen Gebiet erklärt. Die Pflege der jüdischen Tradition und der Schulbetrieb der rabbinischen Gelehrten wurden verboten. Die Verluste in der Bevölkerung und die Zerstörung des Landes waren immens. Zahlreiche Namen jüdischer Siedlungen aus der Zeit vor dem Aufstand wurden danach nie wieder erwähnt. Wer überlebte, dessen Besitz wurde konfisziert. Zahlreiche Juden wurden auf Sklavenmärkten im ganzen Römischen Reich verkauft. ■

### Lesetipps

- P. Schäfer

**Bar Kokhba War Reconsidered: New Perspectives on the Second Jewish Revolt Against Rome** (Texts and Studies in Ancient Judaism 100; Tübingen 2003)

- Y. Yadin

**Bar Kochba. Archäologen auf den Spuren des letzten Fürsten von Israel** (Zürich 1971)

# Kultur

Jerusalem

# Theater im Heiligen Land

In den Städten des Imperium Romanum gab es eine Gruppe öffentlicher Bauten, durch die das vermögende städtische Bürgertum seine kulturelle Zugehörigkeit zum Imperium Romanum darstellte: Forum, Kapitolstempel, Amphitheater, öffentliche Thermen, Ehrenbögen und eben Theater. Die Bürgerschaft machte mit den prächtigen Bauten ihren privilegierten Rang für jedermann sichtbar.

**Das römische Theater** von Caesarea maritima.

Ihre Blütezeit hatte die antike Theaterkultur schon im 5. Jh. vC, als Athen zur öffentlichen Aufführung von Tragödien und Komödien als charakteristische Bauform das Bühnentheater entwickelte: Vor einem länglichen Bühnengebäude, der *scaena*, mit mehrgeschossiger Schaufassade und drei Eingängen erstreckte sich eine in griechischer Zeit kreisrunde, in römischer Zeit halbkreisförmige ebene Fläche für den Chor, die sogenannte *orchestra*, die halbkreisförmig von den keilförmig nach oben ansteigenden Rängen des Zuschauerraums, der sogenannten *cavea*, gefasst war. Dieser zunächst in Holz, später in Stein errichtete Bautyp breitete sich seit dem 4. Jh. vC in Griechenland und Kleinasien aus und erreichte in modifizierter Form im 1. Jh. vC Italien. Während die Theater in griechischer Zeit eine kreisrunde Orchestra hatten und ihre Zuschauerränge normalerweise in einen natürlichen Hang eingetieft waren, bauten die Römer Theater mit halbrunder Orchestra und einem streng halbkreisförmigen Zuschauerraum, der meist auf gemauerten Substruktionen ruhte.

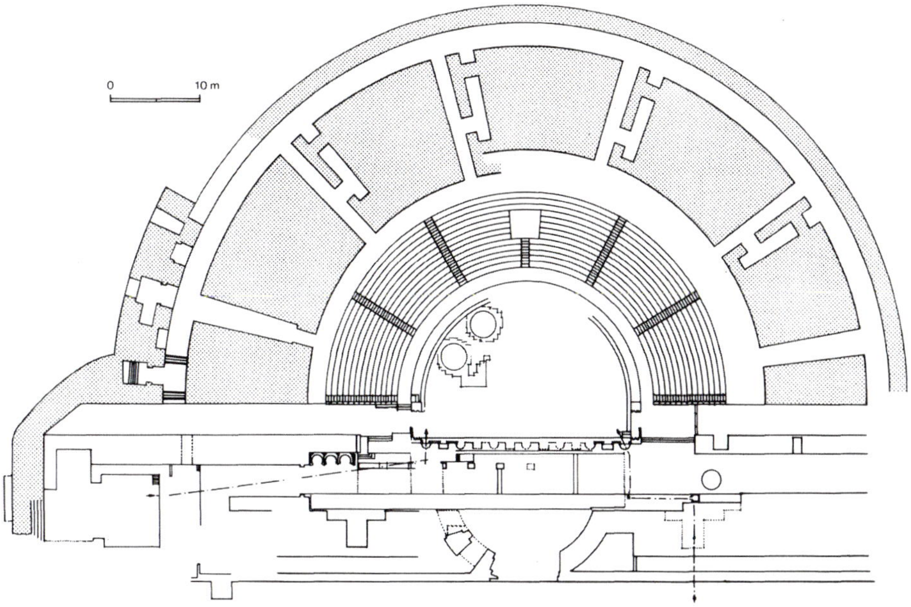


**Das römische Theater** von Caesarea maritima

## Theater – Vermittlung römischer Kultur in Palästina

Über die hellenistischen Nachfolgestaaten des Alexanderreichs erreichte die Theaterkultur auch den östlichen Mittelmeerraum. Im Heiligen Land entstanden die ersten Theaterbauten unter Herodes dem Großen, der nach dem Bericht des Flavius Josephus neben Sidon und Damaskus auch Jerusalem, Caesarea und möglicherweise Jericho mit entsprechenden Stiftungen bedachte.

## Das Theater in Caesarea

Unter diesen frühesten Theatern Palästinas ist archäologisch allein die Anlage in Caesarea sicher fassbar, die mit Blick nach Westen auf das Meer südlich außerhalb der herodianischen Stadtmauer in der Achse der Nord-Süd-Hauptstraße des *cardo* auf einer flachen Dünensandsteinkuppe lag. In diese ist die untere Hälfte der Zuschauerränge eingetieft, während die obere auf gemauerten Substruktionen ruht. Unter dem besser erhaltenen Nachfolgebau des 2./3. Jh. entdeckten die Ausgräber Reste des herodianischen Bühnengebäudes und des Orchestrabodens aus polychrom bemaltem Putz. Auch die Bühnenfront und die Korridore wiesen Reste von bemaltem Stuck auf. Im 2. oder 3. Jh. nC wurden die Sitzreihen aus Kalkstein erneuert und der Orchestraboden mit einem neuen Belag aus Marmorplatten in *opus-sectile*-Technik versehen. Im 4. Jh. kamen hinter dem Bühnenraum ein halbovaler Anbau und Einrichtungen zum Fluten der Orchestra hinzu, was vermutlich mit einer neuen, amphitheater-ähnlichen Nutzung der Anlage zusammenhängt. Spätestens im 6. Jh. hörte der Spielbetrieb auf und man baute das Theater zu einem Teil der Stadtbefestigung um.

Mit einem Durchmesser von 100 m handelt es sich um das größte Theater Palästinas; sein Fassungsvermögen wird auf ca. 3500–4000 Zuschauer geschätzt. Nicht viel kleiner war das Theater der benachbarten Polis von Dor/Tanturah, das allerdings nur zu einem kleinen Teil ausgegraben ist und aus dem 2.–3. Jh. nC stammt.

## Das Theater in Sepphoris

Ein zweites frühes Theater wird für Sepphoris/Zipori vermutet, das pauschal in das 1.–4. Jh. nC datiert wurde. Es hatte bei einem Durchmesser von 72 m einen Bühnenboden aus Holz und konnte ca. 4000–5000 Zuschauer fassen. Die Sitzreihen waren direkt aus dem anstehenden Fels gehauen. Die übrigen Theaterbauten des Heiligen Landes entstanden erst seit dem 2. Jh. nC, als die Römer das Land weitgehend romanisiert hatten und zur Festigung ihrer Herrschaft zahlreichen Siedlungen das bevorzugte Rechtsstatut einer autonomen Polis oder *colonia* verliehen hatten. In dem Wunsch, diese bevorzugte Rechtsstellung nach außen zu zeigen und die Zugehörigkeit zur griechisch-römischen „Leitkultur" darzustellen, stiftete das vermögende städtische Bürgertum neben anderen öffentlichen Bauten auch Theater.

## Die Bauten des 2. Jahrhunderts

So erhielt Nablus/Neapolis in der ersten Hälfte des 2. Jh. ein Theater von knapp 100 m Durchmesser, das in islamischer Zeit seiner Steine beraubt wurde. Wohl gegen Ende des 2. Jh. nC gründete man am Rand des monumentalen Zentrums von Scythopolis/Bet Schean, angelehnt an einen flachen Hang, eine Spielstätte von ca. 90 m Durchmesser und mit einem Fassungsvermögen von etwa 4000 Zuschauern, dessen Zuschauerraum auf Substruktionen ruhte. Später kam hier auf der gegenüberliegenden Seite des Stadtgebiets ein zweite, kleinere Spielstätte in der Art eines Odeons hinzu. Ebenfalls angelehnt an einem natürlichen Hang, aber über Ruinen älterer Mauern, erhob sich ab der Wende vom 2. zum 3. Jh. das Theater von Samaria/Sebaste mit einem Durchmesser von nur ca. 48 m. Auch das durch Herodes Antipas 20 nC gegründete Tiberias erhielt um diese Zeit einen solchen

**Das römische Theater von Bet Schean**

Bau, der teilweise auf Substruktionen den Hang oberhalb des Stadtgebietes einnahm.

Weitere Theater wurden in Aphek/Antipatris und in Elusa/Haluza im Negev ausgegraben. Bislang nur oberflächig erkundet ist das Theater in Legio nahe dem römischen Legionslager von Kefar Otnay. Erweitern lässt sich die Liste der Orte, die durch solche Stiftungen ihre kulturelle Identität darstellten, um Jerusalem, das sein noch nicht lokalisiertes Theater erhielt, als Hadrian auf seiner Orientreise 133 nC die Stadt zur römischen Kolonie Aelia Capitolina erhob. Fortsetzen lässt sich die Aufzählung östlich des Jordans mit den transjordanischen Dekapolis-Städten Gadara/Um Qes, Gerasa/Dscherasch, Philadelphia/Amman, Petra und Bostra, der älteren und der jüngeren Hauptstadt der Provincia Arabia.

Charakteristisch für die Theaterarchitektur des Heiligen Landes sind die Wahl gut sichtbarer Standorte, meist leicht erhöht in der Blickachse der Hauptstraßen der Stadt, die Ausrichtung des Zuschauerraums nach Norden und die Verbindung gemauerter Substruktionen mit einem in den Felsen eingetieften Unterbau.

## Kulttheater

Neben den großen Bühnentheatern und einzelnen Odeen kannte das Heilige Land auch Kulttheater, die in Zusammenhang mit Stätten religiöser Verehrung standen. Theater dieser Art sind meist kleiner dimensioniert und liegen an Quellen oder anderen naturheiligen Orten, wie etwa den Quellen von Gerasa/Birketein, den Thermalquellen von Hammat Gader am Jarmuk oder denen von esh-Schuni am südlichen Fuß des Karmel bei Caesarea.

## Amphitheater, Stadien und Hippodrome

In Zusammenhang mit Theatern werden häufig auch Amphitheater, Stadien und Hippodrome als Bestandteile der römischen Unterhaltungskultur angesehen, obwohl sie sich aus anderen Wurzeln herleiten. Insbesondere Amphitheater waren durch ihre Einbindung in den römischen Staatskult mehr als Stätten der Unterhaltung. Ausgegraben wurden Amphitheater in Bet Schean/Scythopolis und in Bet Guvrin/Eleutheropolis, vermutet werden sie auch für Caesarea, Kefar Otnay/Legio sowie für Jerusalem. Hippodrome sind nachgewiesen für Caesarea, Nablus/Neapolis, Tiberias, Gerasa und Gadara/Um Qes; weitere werden angenommen in Jericho, Tarichäa und Herodion.

Als Ausdruck klassisch-römischer Bildungstraditionen gehörten die Theater des Heiligen Landes bis zum 4. Jh. zum Bauprogramm der Städte, wenngleich das künstlerische Niveau durch die in der Römischen Kaiserzeit üblichen Stücke des Mime- und des Pantomime-Genres gelitten hatte. Trotz religiöser Vorbehalte der Rabbinen hatte auch das jüdische Stadtbürgertum des 3.–4. Jh. nC Anteil am Theaterleben. Mit Beginn der christlichen Spätantike im Verlauf des 4. Jh. wandelten sich dann allerdings Bildungstraditionen und Identitäten. Die in der altgläubigen antiken Mythologie verwurzelte griechisch-römische Theaterliteratur verlor ihre Strahlkraft und die Theater mussten ihre Rolle als Mittelpunkt des spirituellen und gesellschaftlichen Lebens an die Kirche abgeben. Für die zugehörigen Gebäude gab es keine unmittelbare Verwendung mehr, bis Erosion, Akkumulation und Steinraub von den Ruinen Besitz ergriffen und sie bis zu den Ausgrabungen des 20. Jh. den Blicken der Nachwelt entzogen. ■

## Lesetipps

- A. Segal

**Theatres in Roman Palestine** (Oxford 1995).

- H.-P. Kuhnen

**Palästina in griechisch-römischer Zeit** (Handbuch der Archäologie Vorderasien II,2; München 1990).

- Z. Weiss

**Adopting a Novelty: The Jews and the Roman Games in Palestine.** In: J. H. Humphrey (Hg.), The Roman and Byzantine Near East. Some recent archaeological research (Journal of Roman Archaeology Suppl. Series 14 Bd. II; Ann Arbor 1995), 23–49.

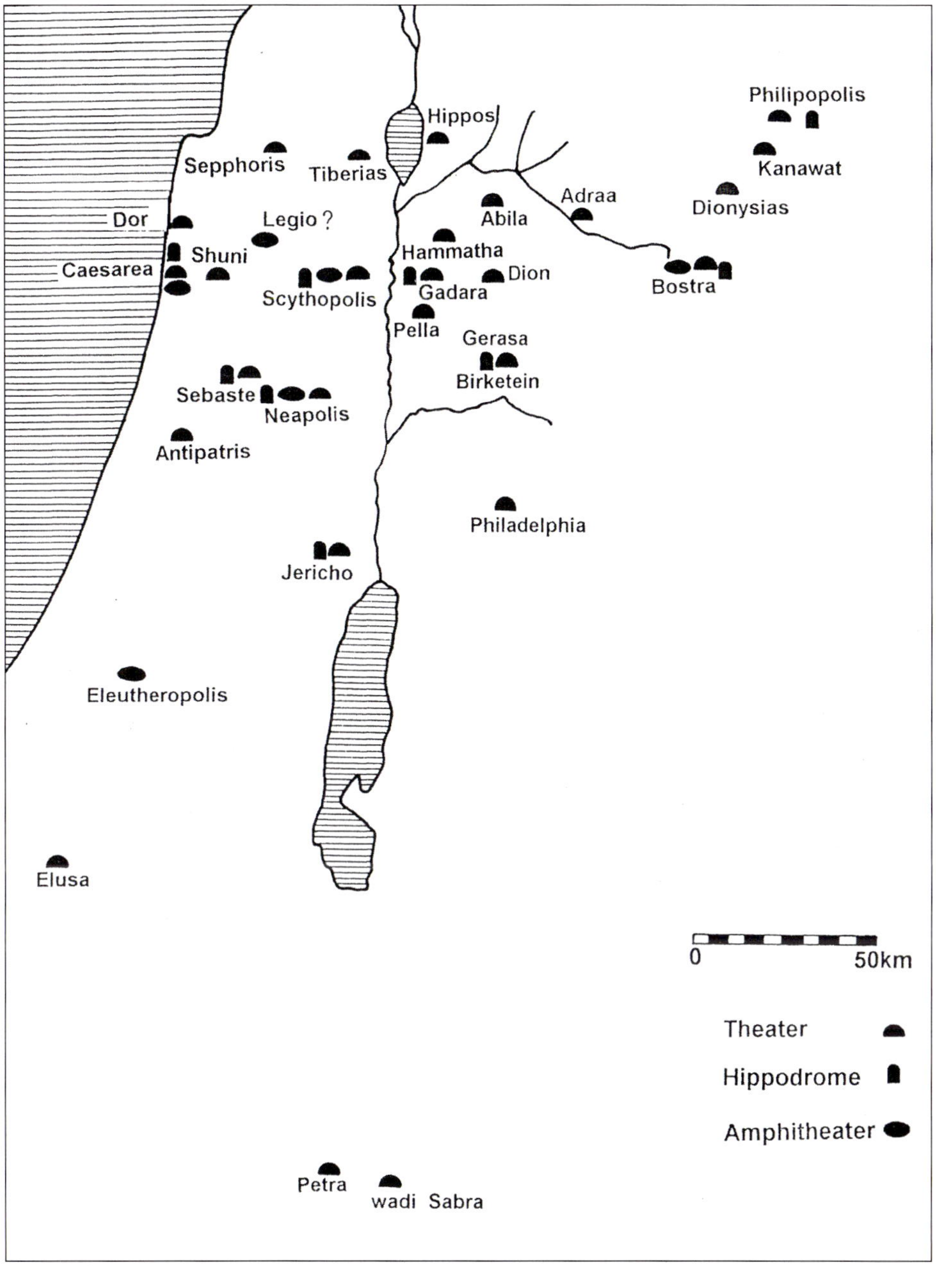


**Verbreitung von Theatern,** Amphitheatern und Hippodromen im Heiligen Land

# Römische Dachziegel

**Dachziegel waren eine Erfindung, die die Römer nach Palästina brachten. Da sie häufig Siegel von römischen Legionen tragen, können sie den Archäologen wertvolle Hinweise auf die römische Präsenz im Heiligen Land geben.**

**1) Rekonstruktion eines römischen Stempels**

Normale Wohnhäuser waren in Palästina bis in die jüngere Vergangenheit hinein nicht mit Dachziegeln gedeckt. Eine wasserdichte Decke erhielten sie durch Reisig, das auf Holzbalken gelegt und mit einer Putzschicht versehen wurde. Es waren die Römer, die die Dachziegel (abgeleitet von lat. *tegula*) in den Orient brachten. Die Dachplatten waren in der Regel etwa 44–48 x 49–54 cm groß. An den rechten und linken Außenseiten waren die Ziegel leicht hochgezogen und wurden mit einem gewölbten Ziegel überdeckt, sodass das Dach regendicht war. Die Dachplatten lagen, allein vom eigenen Gewicht beschwert, auf den Sparren eines flach gedeckten Hauses mit 20–30 % Dachschräge.

Häufig wurden die Dachplatten vor dem Brand in einem noch feuchten Zustand mit geschnitzten Holzstempeln (*signacula*) gestempelt **(Abb. 1).** Diese Ziegelstempel nannten in abgekürzter Form die Legion, die die Ziegel herstellte, und gaben manchmal zusätzlich ein für die Legion typisches Symbol wieder. Der Sinn des Stempelns ist noch nicht geklärt. Immerhin sind diese Stempel aber ein wichtiges Zeichen für die Stationierung römischer Truppen. Gerade in Jerusalem geben sie uns daher Hinweise, wo römische Bauten existierten.



## Die Legio X Fretensis

Die wichtigste römische Legion für Palästina war die Legio X Fretensis. Sie wurde 41/40 vC von Oktavian gegründet und bestand bis mindestens 410 nC. Den Beinamen *Fretensis* erhielt sie aufgrund einer Schlacht, die Oktavian 36 vC bei Naulochus nahe der Straße von Messina (*Fretum Siculum*) gegen Sextus Pompeius führte. Als Publius Sulpicius Quirinius 6 nC als Nachfolger des unfähigen Ethnarchen von Judäa, Herodes Archaelaos, Statthalter von Syrien geworden war (vgl. Lk 2,2), setzte er die in Syrien stationierten Legionen III Gallica, VI Ferrata, XII Fulminata und eben X Fretensis zur Niederschlagung der Unruhen ein. Zwischen 66 und 73 nC war die X. Legion unter dem Oberkommando Vespasians dann wesentlich an der Niederschlagung des 1. Jüdischen Aufstandes beteiligt. 66 nC war sie zunächst in Akko stationiert und wurde dann 67/68 zusammen mit der Legio V Macedonica nach Caesarea maritima verlegt. Im Jahre 68 befand sie sich in Skythopolis/Bet Schean und im Winterlager in Jericho. Im Jahr 70 war sie an der Belagerung von Jerusalem beteiligt, ab dem Jahr 72 an der Einnahme von Masada.

Nach der Niederschlagung des 1. Jüdischen Aufstandes wurden die Truppen der Legio X Fretensis in Jerusalem stationiert.

Über die Standorte dieser Legion gibt uns – neben zahlreichen Inschriften, die u. a. in Caesarea maritima gefunden wurden – vor allem die Verteilung der Dachziegel Aus-

*Die Ziegelstempel nannten die Legion, die die Ziegel herstellte, und gaben ein für die Legion typisches Symbol wieder*

2) **Römischer Dachziegel** mit Inschrift

3) **Dachziegel** mit dem Siegelabdruck der Legio X Fretensis und ihrem Symbol, dem Wildschwein.

kunft. Da solche Dachziegel sicherlich nicht über weite Strecken getragen wurden, sind Fundstücke solcher Ziegel ein deutlicher Hinweis auf die ursprüngliche Existenz eines Bauwerks dieser Legion.

## Die Stempelabdrücke

Viele der gefundenen Dachziegel weisen auf dem Stempelabdruck nur eine Abkürzung des vollständigen Namens Legio X Fretensis auf, wobei die Abkürzung sehr unterschiedlich gestaltet sein kann **(Abb. 2).** „Legio" kann mit L, LE oder LEG abgekürzt werden, die Nummerierung der Legion wird stets mit dem römischen Zahlzeichen X wiedergegeben, der Titel der Legio Fretensis kann mit F, FR, FRE oder FRT abgekürzt werden. Gelegentlich wird ein weiterer Titel mit angegeben: Ein später Beiname der Legion, Antoniniana, findet sich einmal auf einem Dachziegel voll ausgeschrieben, einmal abgekürzt AN.I. Dieser Beiname stammt aus dem 3. Jh.

Die Ziegelstempel sind in der Regel rechteckig und geben die Legionsabkürzung in jeweils einer Zeile wieder; nur die wenigen Stempel mit der Aufschrift Antoniniana sind zweizeilig gestaltet. Es gibt aber auch vereinzelte runde Stempel, durchweg mit der Aufschrift LCXF. Diese runden Stempel können zusätzlich auch noch mit Legionssymbolen verziert sein. Teilweise findet sich darauf ein Wildschwein **(Abb. 3).** Früher hat man gerne vermutet, dass die Abbildung eines Schweines von den Römern absichtlich eingesetzt wurde, um die religiösen Gefühle der Juden zu verletzen, da die jüdischen Reinheitsgebote den Verzehr von Schweinefleisch nicht zulassen. Allerdings findet sich das Symbol des Wildschweines auch bei anderen Legionen, die keinen Kontakt mit Juden hatten. Daher ist diese These eher unwahrscheinlich. Eher könnte es sich um ein traditionell mit der Legion verbundenes Symbol handeln. Auf einem Dachziegel ist eine einmastige Galeere abgebildet. Da nautische Symbole auch auf Münzen, die mit der Legio X Fretensis verbunden sind, zu sehen sind, könnte die Galeere an die Frühzeit der Legion erinnern, als sie sich 36 vC unter Oktavian in einer Seeschlacht bei Naulochus gegen Sextus Pompeius (68–35 vC) bewähren musste und damals, wie bereits erwähnt, den Beinamen Fretensis erhielt.

## Orte römischer Militärpräsenz in Palästina

Über die Aufenthaltsorte der Legio X Fretensis wissen wir also einerseits etwas dank der epigrafischen und historischen Überlieferung, dann aber auch dank der Verteilung der Dachziegel. Die Dachziegel stammen nach neueren Untersuchungen wohl vornehmlich aus dem 2. Jh. nC und noch nicht aus dem 1. Jh. Lediglich die Stempel mit der Aufschrift ANTONINIA dürften aus dem 3. Jh. stammen.

Besonders viele Dachziegel wurden in Jerusalem im Stadtteil Givat Ram beim Convention Center gefunden. Dieser Bereich liegt etwa 6 km nordwestlich der Jerusalemer Altstadt. Dort befand sich die Töpferwerkstatt der Römer, die teilweise ausgegraben wurde. Die Dachziegel, die auf dem Ölberg gefunden wurden, dürften von einer römischen Badeanlage stammen. Ansonsten fanden sich – allerdings überraschend wenige – römische Dachziegel im Bereich der Zitadelle (beim heutigen Jaffator), wo das römische Heer stationiert war. Weitere Dachziegel wurden im Jüdischen Viertel (Areale A, E und W), in der Davidsstadt, auf dem Zionshügel, im sogenannten Armenischen Garten auf dem Südwesthügel und bei der Kirche St. Peter in Gallicantu gefunden. Auch bei den Grabungen in Ramat Rahel, 3,5 km südlich der Altstadt, und bei einer römischen Villa in En Yael im Refaimtal, 5 km südwestlich der Altstadt, wurden entsprechende Ziegelsteine gefunden. Dies zeigt die weite Verbreitung römischer Anlagen im Stadtgebiet von Jerusalem. Außerhalb Jerusalems wurden bisher derartige Dachziegel in Jaffa und Caesarea maritima entdeckt. ■

## Lesetipps


- H. Geva

**Stamp Impressions of the Legio X Fretensis**, in: H. Geva, Jewish Quarter Excavations in the Old City of Jerusalem. Conducted by Nahman Avigad, 1969–1982, Volume II: The Finds from Areas A, W and X-2. Final Report (Jerusalem 2003), 405–422.

# Das Tempelgelände in nachexilischer Zeit

**Der Tempelplatz, arabisch *Haram esh-Sharif*, spielt bei der Lösung des Palästinakonfliktes eine zentrale Rolle. Auf dem Platz stehen heute die nach Mekka und Medina wichtigsten Heiligtümer des Islam, an der Außenmauer verrichten die Juden an der sogenannten Klagemauer ihre Gebete. Doch auch in der Vergangenheit hatte dieses Areal eine bewegte Geschichte, insbesondere in den Jahrhunderten von der Rückkehr aus dem Babylonischen Exil 538 vC bis zur Zerstörung durch die Römer 70 nC.**

◂ **Ausgrabungsgelände** an der Mauer des herodianischen Tempels mit herabgefallenen Steinen und einer Straße aus dem 1. Jh.

◂ **Modell** des herodianischen Tempels im Israelmuseum

Als die Babylonier 587 vC Jerusalem eroberten, wurde der Tempel Salomos dem Erdboden gleichgemacht. Dieses Ereignis stellte für das Judentum einen markanten Einschnitt dar: der Ort, an dem der Gott Israels präsent gedacht wurde, existierte nun nicht mehr. Nach antiker Vorstellung thronten die Götter sowohl im irdischen Tempel als auch in ihrem himmlischen Heiligtum. Nun gab es nur noch den im Himmel thronenden Gott. Der Ort, an dem man ihm irdisch begegnen konnte, war völlig zerstört.

Während der Exilszeit gab es zwar weiterhin Opfergottesdienste und Klagefeiern auf dem ehemaligen Tempelplatz, aber das Areal blieb über Jahrzehnte in Trümmern. Im Babylonischen Exil entwickelte der Prophet Ezechiel/Hesekiel einen Entwurf für den Wiederaufbau des nachexilischen Tempelneubaus, der auch in Teilen umgesetzt wurde. Neuere Forschungen machen deutlich, dass wohl in nachexilischer Zeit ein 500 x 500 Ellen großes Areal (vgl. Ez 42,16-20) errichtet wurde. Auf diesem Areal muss der Tempel gestanden haben.

## Der Wiederaufbau des Tempels nach dem Exil

Nach der Rückkehr aus dem Babylonischen Exil 538 vC eröffnete sich die Möglichkeit, den Tempel wieder aufzubauen. Allerdings hatte die relativ kleine Rückkehrergemeinde anfangs andere Sorgen als den Tempelneubau. Jerusalem war ein kleiner Ort mit wohl nicht mehr als rund 200 Einwohnern, die Häuser lagen in Ruinen, der Alltag musste völlig neu organisiert werden. Erst 520 vC begann man nach eindrücklichen Ermahnungen der Propheten Haggai und Sacharja (Hagg 1,14f.18; Sach 4,9; 6,12-14) mit dem Wiederaufbau des Tempels, vermutlich auf den alten Fundamenten. Im Frühjahr 515 wurde der Tempel dann geweiht (Esr 6,15).

Die Struktur des Baus orientierte sich am vorexilischen Tempel mit einer Teilung in Allerheiligstes und Hauptraum. Zumindest seit dem späten 3. Jh. vC, wahrscheinlich aber schon vorher, war das nun nicht mehr kubische, aber weiterhin quadratische leere Allerheiligste durch einen Vorhang vom Hauptraum getrennt und nicht mehr durch eine Tür (Sir 50,5; 1 Makk 1,23; 4,51). Der Tempel war anfangs nur von einem Hof (vgl. 2 Chr 24,21), später (spätestens Mitte des 5. Jh. vC) dann von zwei Höfen mit drei Toren (vgl. 1 Chr 26,14-16) umgeben (Neh 8,16; Jes 62,9; Sach 3,7; 1 Makk 4,38.48; 9,54).

Seit dem 5./4. Jh. vC wurde die Zahl der Beschäftigten am Tempel (Priester, Leviten, Türhüter) immer weiter ausgedehnt; insbesondere die Kultmusik spielte nun eine große Rolle. Zur Sicherung des Opferkults und der Ver-

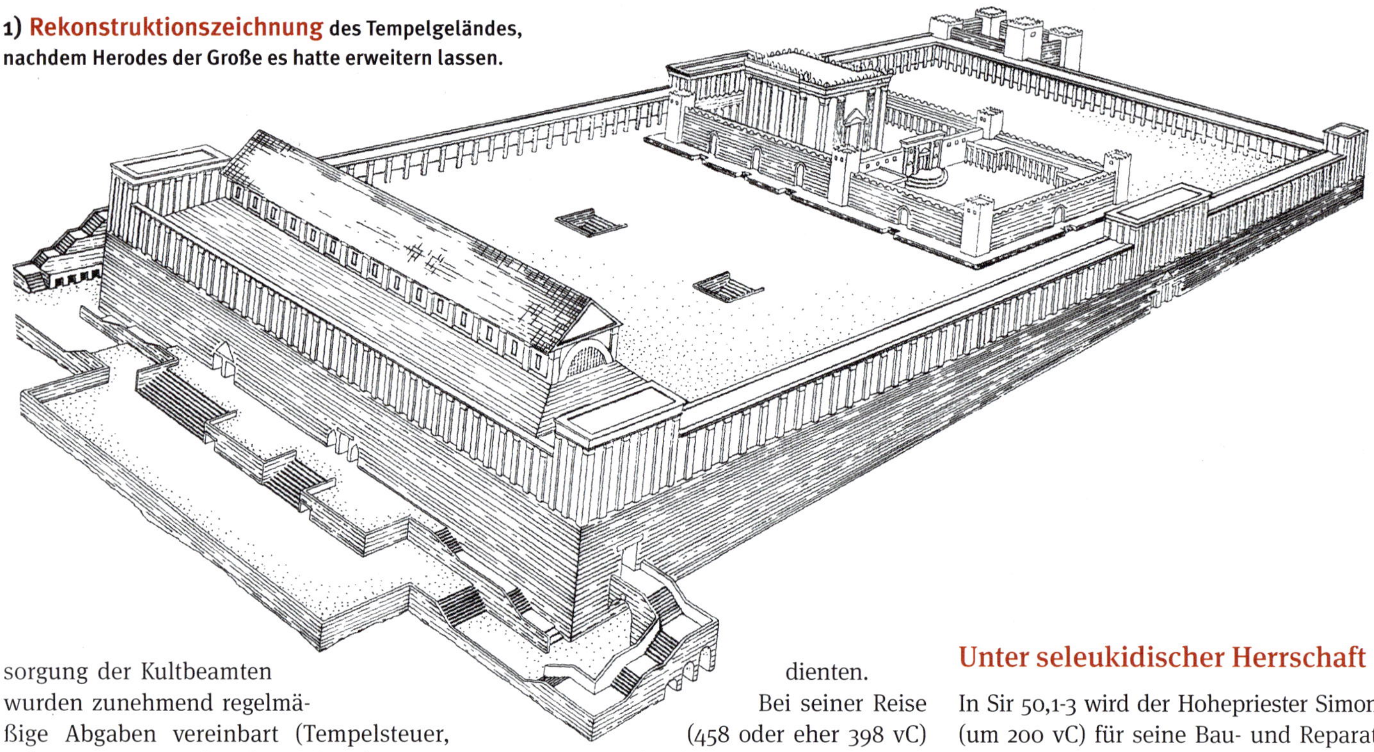

1) **Rekonstruktionszeichnung** des Tempelgeländes, nachdem Herodes der Große es hatte erweitern lassen.

sorgung der Kultbeamten wurden zunehmend regelmäßige Abgaben vereinbart (Tempelsteuer, Zehnt, Priesteranteil an den Opfergaben; Lev 2,3 u. ö.). Auf dem Tempelgelände wurden zahlreiche Nebengebäude erbaut, in denen die für den Kultbetrieb notwendigen Gerätschaften (Esra 8,29), Opfermaterialien (Neh 12,44; 13,4-9.12; vgl. Ez 42,1-13) und Kleider (Ez 42,14; 44,19) aufbewahrt wurden, die aber auch als Wohn- und Aufenthaltsräume (Esr 10,6; Neh 10,38-40; 13,4-9; vgl. Ez 40,44-46; 42,1-14; 46,19), Schlachtstätten (im Nordtor; vgl. Ez 40,38-42; Lev 1,11; Mid III 5), Kochstätten für das Opferfleisch (Ez 46,20-24) und zur Aufbewahrung des Tempelschatzes (Neh 10,38-40; Sach 11,13; Mal 3,10; 2 Makk 3,3-14) dienten.

Bei seiner Reise (458 oder eher 398 vC) brachte Esra reichhaltige Geschenke nach Jerusalem (Esr 7,11-23; 8,25-30.33). Sie ermöglichten wahrscheinlich den Bau des nun im Tempel vor dem Allerheiligsten aufgestellten goldenen Altars für Weihrauchopfer (vgl. die in nachexilischer Zeit entstandene Beschreibung Ex 30,1-10 u. ö.) und des siebenarmigen Leuchters (vgl. Ex 25,31-40). Betont wurde nun zunehmend die Heiligkeit des Tempels: Nur der Hohepriester durfte am Versöhnungstag das Allerheiligste, nur Priester und Leviten den Tempel und später auch den innersten Vorhof betreten (vgl. 2 Chr 4,9).

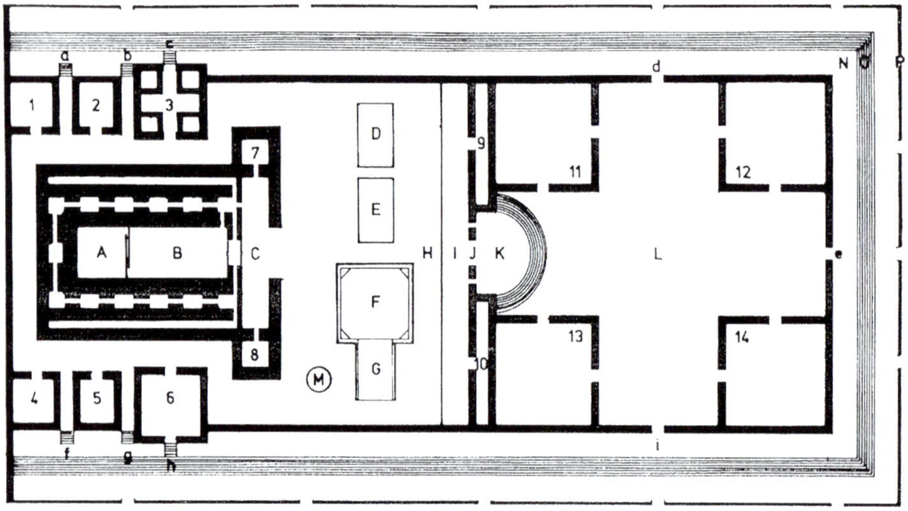


2) **Herodianischer Tempel,** Grundriss.

## Unter seleukidischer Herrschaft

In Sir 50,1-3 wird der Hohepriester Simon II. (um 200 vC) für seine Bau- und Reparaturmaßnahmen am Tempel gelobt, die er dank der tatkräftigen Unterstützung von Antiochus III. (223–187 vC) durchführen konnte (vgl. Josephus, Ant XII,3,3). Hintergrund dieser Baumaßnahmen dürfte sein, dass die Seleukiden, die nun von den Ptolemäern die Oberherrschaft in der Levante übernommen hatten, ein starkes Interesse an der Hellenisierung des gesamten von ihnen beherrschten Gebietes zeigten. Hierzu investierten sie im ganzen Land reichlich Geld in die Ausgestaltung von Prachtbauten nach hellenistischem Vorbild. Wohl erst im Gefolge dieser Baumaßnahmen, die auch die Stadt Jerusalem betrafen, wurde aus dem Wallfahrtsheiligtum Jerusalem wieder eine bedeutende Stadt, die nun zum Mittelpunkt und Verwaltungszentrum Judäas wurde. Die Stadt wuchs in dieser Zeit rasch an und erreichte ihre größte Ausdehnung in frührömischer Zeit. Wahrscheinlich gehen auf Simon II. der Einbau eines Obergemaches auf dem Tempeldach (vgl. 1 Chr 28,11; 2 Chr 3,9) sowie der Bau der später fälschlich auf Salomo zurückgeführten, auf jeden Fall aber vorherodianischen Säulenhalle an der Ostmauer zurück (Joh 10,23; Apg 3,11; 5,12).

169 vC plünderte Antiochus IV. Epiphanes den Jerusalemer Tempel und betrat das Allerheiligste (1 Makk 1,21-23; 2 Makk 5,15f.21). Anschließend verbot er den gesamten jüdischen Gottesdienst und ordnete 167 die Verehrung des Zeus Olympios auf dem Zionsberg an (Dan 9,26f; 11,31; 1 Makk 1,54; 2 Makk 6,1f.4). Im Verlauf des makkabäischen Aufstands be-

**3) Tyrischer Schekel, der als Tempelsteuer zu entrichten war.**

seitigte Judas Makkabäus 164 vC die Religionsmaßnahmen des Antiochus und führte die erneute Weihung des Tempels mit der erstmaligen Feier des Tempelweihfestes durch (vgl. Joh 10,22; 1 Makk 4,36-61; 2 Makk 10,3-8). Für diese Tempelweihe wurden ein neuer Brandopferaltar (1 Makk 4,44-47; 2 Makk 10,3) sowie neue Kultgeräte erstellt (Menora, Räucheraltar, Schaubrottisch, Vorhang vor Allerheiligstem, diverse Gefäße und Gerätschaften, vgl. 1 Makk 4,49-51; 2 Makk 10,3).

Der Versuch des prohellenistischen Hohenpriesters Alkimus, 160 vC die Trennmauer zwischen den Vorhöfen des Tempels einzureißen, um – wie in der griechischen Kultur üblich – auch Laien den Zugang zum Altar zu ermöglichen, scheiterte (1 Makk 9,54f). Die seit Antiochus IV. ausgesetzten königlichen Zahlungen an den Jerusalemer Tempel wurden um 152 vC durch einen Erlass von Demetrius I. wieder angeordnet (1 Makk 10,39-44; vgl. 2 Makk 13,23, wonach schon Antiochus V. dem Tempel wohl gesinnt war, aber keine regelmäßigen Zahlungen leistete). Er übernahm auch die anfallenden Kosten für Neubauten und Reparaturen auf dem Tempelgelände. Der Hohepriester Simon wird in 1 Makk 13,52; 14,15 wegen der Befestigung und Erweiterung des Tempelareals (nach Süden bis zu einer Baufuge 32 m nördlich der Südostecke des heutigen Tempelplatzes), der prachtvollen Ausgestaltung des Tempels und der Anschaffung neuer Gerätschaften gerühmt (142 vC). Alexander Jannäus errichtete danach einen eigenen Priestervorhof (Ant XIII,13,5).

63 vC eroberte Pompeius den Tempelberg von Norden her, beschädigte im Tempel aber nichts (Bell I,7,6). Bei der Einnahme des Tempelberges durch Herodes d. Gr. im Jahr 37 vC wurden einige Säulenhallen auf dem Tempelgelände zerstört (Ant XIV,16,2).

## Der Neubau des Herodes

23/22 (so Bell I,21,1) oder 20/19 vC (so Ant XV,11,1) begann Herodes der Große, den Tempel unter Verwendung des Tempelschatzes (vgl. Bell V,1,1) grundlegend neu zu gestalten. In den ersten acht Jahren erweiterte er die Tempelplattform im Norden, im Westen (mit teilweiser Überbrückung des Stadttales) und im Süden auf die heutige Fläche von 143.800 qm (Mauer im Norden: 317 m, im Osten: 474 m, im Süden: 283 m, im Westen: 486 m) und verdoppelte damit in etwa das Areal **(Abb. 1 und 2).** Anschließend wurde der eigentliche Tempel in nur anderthalb Jahren (11–9 vC) wiederaufgebaut (vgl. die Beschreibungen in Bell V,5,1-7; Ant XV,11,1-7 sowie Mid [mit zum Teil allerdings stark idealisierten und historisch unzutreffenden Angaben] und Philo SpecLeg I, 71-72; VitMos II, 74-108). Danach wurden die Bauarbeiten noch lange Zeit fortgeführt (vgl. Joh 2,20). Die sogenannte „Salomonische Halle" (Joh 10,23; Apg 3,11; 5,12) an der Ostmauer wurde übernommen, auf den übrigen Mauerabschnitten wurden neue Säulenhallen errichtet. An der Südseite des Tempelplatzes erbaute man eine dreischiffige Basilika, die sogenannte „Königliche Halle". Dort befanden sich Verkaufsstände für Opfertiere sowie Wechselstuben (Mt 21,12 parr), um ausländische Münzen in die für die Tempelsteuer (vgl. Mt 17,24) akzeptierte Währung des tyrischen Schekels umzutauschen **(Abb. 3).**

Die Tempelplattform konnte man im Süden über die beiden *Hulda*tore (mit einer breiten, vorgelagerten Freitreppe) und zwei sich anschließende unterirdische Gänge erreichen. Im Westen befanden sich vier Zugänge: ein Treppenaufgang (am heutigen Robinson-Bogen), ein ebenerdiger, unterirdisch über eine Treppe zum Tempelplatz führender Zugang (beim heutigen Barclay-Tor), ein über einen Brückenweg (mit dem heutigen Wilson-Bgen) führender Zugang und schließlich ein weiterer unterirdischer Zugang etwas weiter nördlich. Im Norden und Osten (wohl an der Stelle des heutigen Goldenen Tores) gab es jeweils ein Tor.

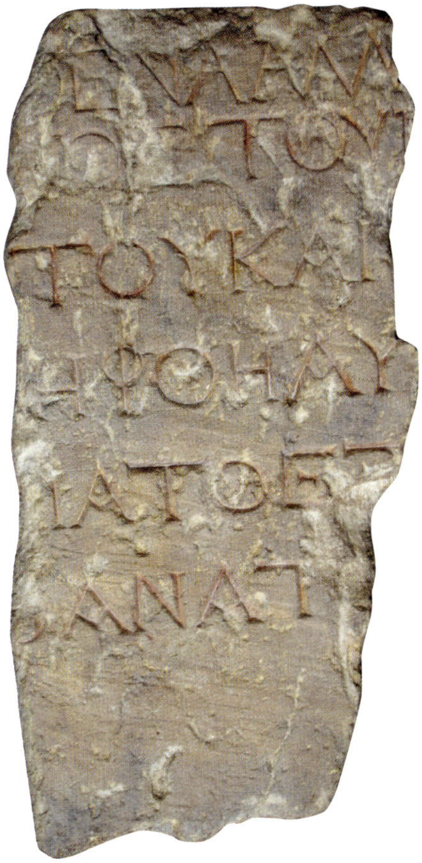

**4) Warntafel, die beim Verlassen des Vorhofs der Heiden Nichtjuden das Betreten „der Abschrankung und des Vorhofs des Heiligtums" verbot. Wer ergriffen werde, verfalle der Todesstrafe.**

Die Plattform, auch Vorhof der Heiden genannt, war der allgemeine Aufenthaltsort. Der engere Tempelbezirk wurde durch eine 3 Ellen (ca. 1,5 m) hohe Balustrade abgegrenzt; an deren Durchlässen waren in Griechisch und Hebräisch verfasste Warntafeln angebracht, die Nicht-Juden das Betreten des Tempelplatzes bei Androhung der Todesstrafe verboten (vgl. Apg 21,27-29) **(Abb. 4).** Im Inneren der Balustrade erhob sich nach einem im Süden, Osten und Westen 14-stufigen Treppenaufgang eine hohe Mauer mit einem Haupteingang im Osten **(Abb. 5).**

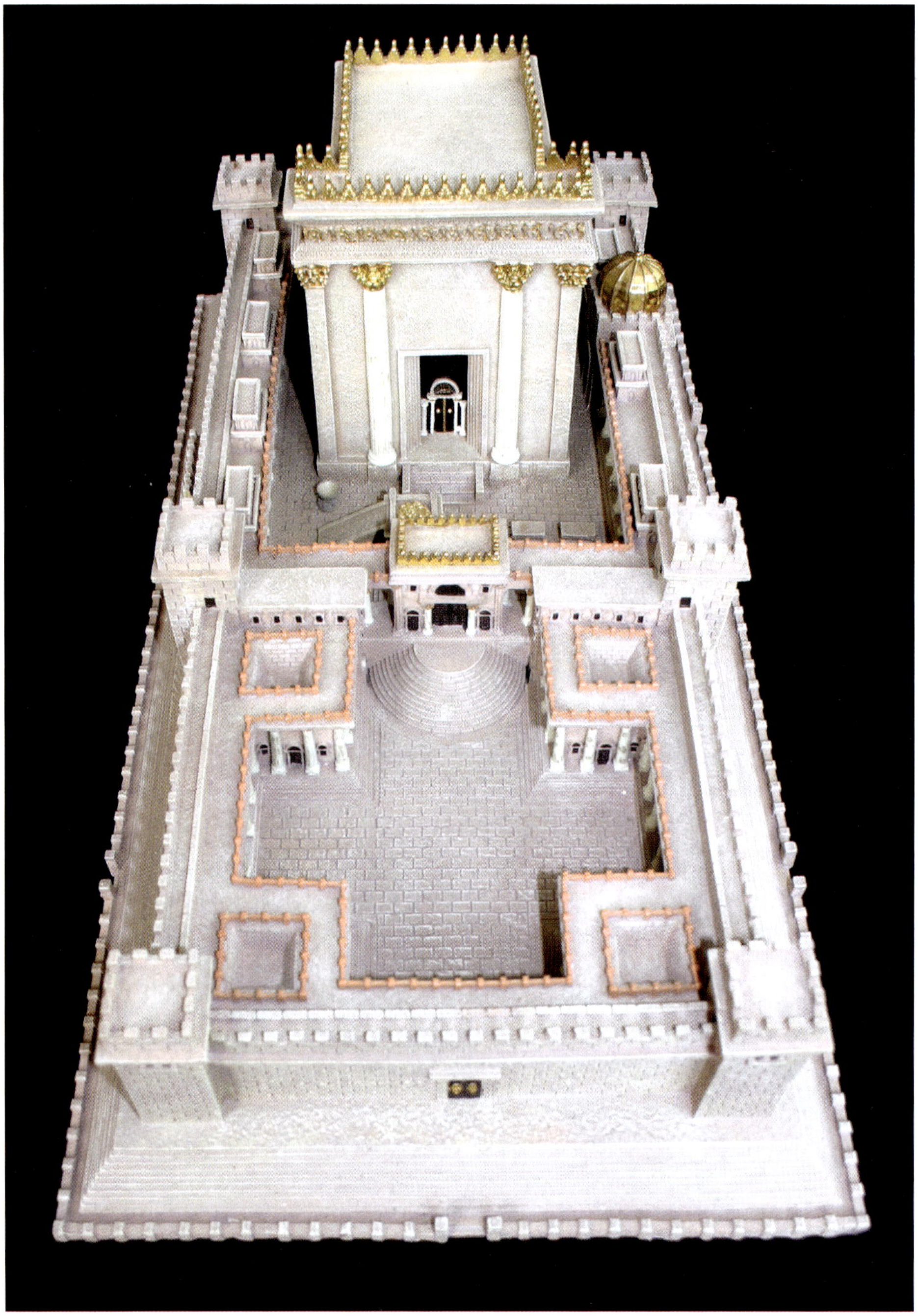

**5) Tempelmodell im Bibelhaus** Erlebnismuseum in Frankfurt a. M.

Das von der Mauer umgebene Areal war nochmals untergliedert. Im Osten befand sich der quadratische, 135 x 135 Ellen (ca. 63 x 63 m) große Frauenhof (nach Mid II,5f mit vier separaten quadratischen Höfen in den Ecken: Aussätzighof, Ölhof, Naziräerhof und Holzhof), an den sich westlich zuerst der schmale Hof der männlichen Israeliten anschloss (135 x 11 Ellen = ca. 63 x 5,5 m; durch das aus korinthischem Erz hergestellte Nikanortor zugänglich; wohl das „Schöne Tor“ in Apg 3,2.10). Dann folgten – durch eine 1 Elle hohe Mauer abgetrennt – der 135 x 11 Ellen große Priesterhof, der 135 x 32 Ellen große Platz für den Brandopferaltar und die Schlachtplätze (mit sechs Zellen: Salz-, Parwa-, Wäscher-, Holz-, Verbannten- und Quaderzelle) und der über zwölf Stufen zugängliche Tempel. Länge und Breite des eigentlichen Tempelbaus orientierten sich an den vorherodianischen Bauten. Das Hauptgebäude war nun aber 60 Ellen (ca. 30 m) hoch, ein aufgesetztes Obergeschoß maß (mit Zwischendecke, Decke und Dachdekoration) weitere 40 Ellen (ca. 20 m), sodass eine Gesamthöhe von 100 Ellen (ca. 50 m) erreicht wurde. Von dem Obergeschoß aus konnten Arbeiter in einem Kasten in das Allerheiligste, das ansonsten nur einmal jährlich vom Hohenpriester betreten werden durfte, herabgelassen werden (vgl. Mid IV,5). Um den Tempel herum verliefen – wie schon bei den Vorgängerbauten – in drei Stockwerken Kammern (im Norden und Süden je fünfzehn, im Westen acht). Als Front wurde zusätzlich eine 100 Ellen (ca. 50 m) breite und hohe Vorhalle errichtet. Innen- und Außenwände des Tempels waren mit reichlich Gold verziert (vgl. Mt 23,17); als einzige bildliche Dekoration gab es einen goldenen Weinstock mit herabhängenden, mannshohen Trauben (nach Jes 2,21 Symbol für das von Gott behütete Israel). Mit einem Vorhang waren sowohl der Hauptraum des Tempels als auch das leere Allerheiligste abgetrennt (vgl. Heb 9,3). Das Zerreißen des Vorhangs vor dem Allerheiligsten beim Tode Jesu (Mt 27,51 parr) ist nicht historisch; vielmehr soll mit diesem Bild das Sühnehandeln Christi als Ablösung des jüdischen Rituals des Versöhnungstages deutlich gemacht werden (vgl. Heb 10,20). Im Hauptraum vor dem Allerheiligsten befanden sich Menora, Schaubrottisch und Räucheraltar.

## Das Ende

70 nC wurde der herodianische Tempel beim Angriff der Römer zerstört (vgl. Lk 21,62 parr). Nach 587 vC war damit zum zweiten Mal in der Geschichte Israels und Judas/Judäas das irdische Heiligtum Gottes dem Erdboden gleichgemacht worden. Die Tempelgerätschaften wurden in einem großen Triumphzug in Rom präsentiert, der bildlich auf dem Titusbogen in Rom festgehalten ist.

Kaiser Hadrian wollte anstelle des Tempels ein Jupiterheiligtum errichten, was zum Ausbruch des 2. Jüdischen Krieges beitrug; daraufhin wurde dieser Tempel wahrscheinlich westlich des Cardo errichtet. 362/363 begonnene Wiederaufbauarbeiten des Tempels wurden schon bald wieder eingestellt. 688/689–691/692 wurde auf dem heiligen Felsen (es-Sahra) der Felsendom (Qubbet es-Sahra) errichtet. Ab dem 12. Jh. wird der südwestliche Bereich der herodianischen Außenmauer von Juden als Gebetsstätte („Klagemauer“) verwendet **(Abb. 6 und 7)**. ■

6) **Zwei heilige Orte nahe beieinander:** Westmauer des herodianischen Tempels („Klagemauer“) und Haram es-Sharif mit der Qubbet es-Sahra (Felsendom).

7) **Klagemauer** auf einem kolorierten Bild vom Anfang des 19. Jh.

## Lesetipps


- W. Zwickel
**Der salomonische Tempel** (Mainz 1999).
- Th. A. Busink, **Der Tempel von Jerusalem: von Salomo bis Herodes.** Eine archäologisch-historische Studie unter Berücksichtigung des westsemitischen Tempelbaus (Leiden 1980).
- **Der Tempel von Jerusalem** *Welt und Umwelt der Bibel* 13 (3/1999) Stuttgart.
- **Auf den Spuren Jesu: Jerusalem** *Welt und Umwelt der Bibel* 44 (2/2007) Stuttgart, 12–23.
- J. Wilkinson
**Jerusalem as Jesus Knew it. Archaeology as Evidence** (London 1978).
- L. und K. Ritmeyer
**Secrets of Jerusalem's Temple Mount** (Washington 1998).
- L. Ritmeyer
**The Quest: Revealing the Temple Mount in Jerusalem** (Jerusalem 2006).

# Synagogen in Palästina zur Zeit des Zweiten Tempels

Das griechische Wort *synagōgē* meint sowohl die „Versammlung" als auch den Ort, an dem sich die versammelte Gemeinde zur Abhaltung eines jüdischen Gottesdienstes trifft. Vor allem im 4. und 5. Jh. nC entstanden zahlreiche Synagogen, die meisten davon in Galiläa. Aber auch schon aus der Zeit des 1. Jh. sind erste Bauten archäologisch erfasst.

**Die Synagoge in Gamla** mit dem Eingang in der west-/süd-westlichen Mauer und der *Miqwe* (Ritualbad, unter weißer Überdachung) im Hintergrund.

**Die Synagoge auf Masada** mit Sitzbänken und Säulen.

Hoch im Norden in der Gaulanitis liegen die Ruinen der Stadt Gamla. Dort befinden sich auch die Überreste der ältesten Synagoge Palästinas. Archäologen datieren sie einhellig in die Zeit zwischen der zweiten Hälfte des 1. Jh. vC und dem Anfang des 1. Jh. nC. Zu ihr gesellen sich Versammlungsräume auf den herodianischen Festungen Masada und Herodium aus der Zeit des 1. Jüdischen Krieges (66–74 bzw. 66–71), die als Synagogen zu identifizieren sind. Andere Funde wie etwa die eindrucksvolle sogenannte Weiße Synagoge in Kafarnaum (spätes 4. oder frühes 5. Jh. nC) stammen dagegen aus viel späterer Zeit. So empfiehlt sich eine Konzentration auf jene frühen Funde antik-jüdischer Synagogen in Palästina. Hinzu kommt ein Blick nach Jerusalem, wo eine Stifterinschrift Einblick in die frühe Geschichte antiker Synagogen bietet. Doch zunächst nach Gamla.

**Der Eingang** in der west-/südwestlichen Mauer der Synagoge von Gamla mit den steinernen Sitzbänken an den Außenwänden.

## Der älteste Synagogenfund – Gamla in der Gaulanitis

Im unteren Golan liegt der Ort Gamla auf einem Hügel, der wie der Höcker eines Kamels (hebr. *gamal*) aussieht und dem Ort seinen Namen gab. Ursprünglich nur eine Festungsanlage, wurde der Ort um 81 vC von Alexander Jannäus eingenommen und in der Folgezeit zu einer Stadt mit Akropolis ausgebaut. Das Ende der Stadt kam mit dem Widerstand gegen die Römer ab 66 nC. Unter dem Ansturm der Pfeilspitzen und Katapultgeschosse fiel sie 67 nC den römischen Truppen in die Hände und blieb nach dieser Zerstörung unbesiedelt.

Ausgrabungen brachten im Jahre 1976 eine architektonisch eindrucksvolle Synagoge zum Vorschein. Unmittelbar an der östlichen Stadtmauer gelegen, erstreckt sich das etwa 25,5 m lange und 17 m breite Gebäude in nordost-südwestlicher Richtung. Damit sind das Gebäude und der Eingang nach Jerusalem ausgerichtet. Dies mag jedoch in den topografischen Gegebenheiten vor Ort begründet sein. Der Innenraum mit den an den Wänden verlaufenden zwei- und vierstufigen Sitzbänken misst 13,4 x 9,3 m und wird von insgesamt 16 Säulen umgeben, von denen die vier Ecksäulen jeweils einen herzförmigen Querschnitt haben. In der Nä-

**Die Synagoge auf dem Herodium,** der Festung und Grabstätte Herodes' des Großen. Säulen und umlaufende Sitzbänke sind noch sichtbar.

he der westlichen Ecke befindet sich eine kleine Nische zur Aufbewahrung von Gegenständen. Ein Raum im Nordosten mag als „Studierzimmer" gedient haben. Zur Identifizierung des Gebäudes als Synagoge trägt ein Steinblock mit einer eingeritzten Rosette bei. Dieser wurde innerhalb des Baus gefunden und ist ein sowohl in antikjüdischer wie auch in rabbinischer Zeit häufiges jüdisches Motiv. Ferner befindet sich westlich des Gebäudes eine 4 x 4,5 m große Miqwe (religiöses Bad).

Ein Fragment einer herodianischen Lampe und eine Münze aus der Zeit Herodes d. Gr. (37–4 vC), die unterhalb des Fußbodens gefunden wurden, legen eine Datierung in die zweite Hälfte des 1. Jh. vC bis zum Anfang des 1. Jh. nC nahe.

## Versammlungsräume der Zeloten auf Masada und Herodium

Zu den größten Errungenschaften Herodes des Großen zählt ohne Frage sein gewaltiges Bauprogramm, das sich über seine gesamte Regierungszeit erstreckte. Nicht nur die Berichte des jüdischen Historikers Flavius Josephus aus dem 1. Jh., sondern auch eine große Anzahl archäologischer Funde belegen dies eindrucksvoll. Zu den bedeutendsten gehören die Festungen von Masada und Herodium. Masada liegt auf einem Felsplateau westlich des Toten Meeres; Herodium, etwa 12,5 km südlich von Jerusalem gelegen, ist die einzige Festung, die auch den Namen des Herodes trug und ihm schließlich als Grabstätte diente. Beide Paläste verfügen neben vielen anderen Räumlichkeiten auch über Versammlungsräume, die mit großer Sicherheit für religiöse Zusammenkünfte verwendet wurden.

### Masada

Direkt an der Umfassungsmauer liegt im Nordwesten Masadas ein etwa 10,5 x 12,5 m großer Raum. In der letzten Bauphase der Festung wurde das Gebäude zur Zeit des 1. Jüdischen Krieges (66–74 nC) zu einem Versammlungsraum umgebaut. Davon legt vor allem der Einbau vierstufiger steinerner Sitzbänke an den Außenwänden Zeugnis ab, der geschah, während die zelotischen Aufständischen die Anlage nutzten. Fünf Säulen stützten das Dach. Zusätzlich wurde in der zweiten Bauphase ein nur 3,5 x 5,5 m großer Raum in der nördlichen Ecke des Gebäudes abgetrennt. In ihm fanden sich Schriftfragmente aus dem Deuteronomium und aus dem Buch des Propheten Ezechiel, die diesen Raum als mögliche Geniza (Bestattungsplatz für religiöse Texte) ausweisen. Unmittelbar außerhalb dieser Kammer wurden zwei Ostraka mit den Aufschriften „Priesterzehnt" beziehungsweise „Hesekia" gefunden. Etwa 15 m nordöstlich des Gebäudes befindet sich ein Wasserbecken mit einer Treppe, das wahrscheinlich als Miqwe gedient hat. In einem weiteren benachbarten Gebäude in östlicher Richtung befindet sich eine Miqwe-Anlage mit insgesamt drei Becken. So ist festzuhalten: Sitzbänke,

Schriftfunde und schließlich die benachbarte Miqwe stützen die Identifizierung dieses Gebäudes als Synagoge.

## Herodium

Am Rande der judäischen Wüste erbaute sich Herodes der Große im 1. Jh. vC einen Sommerpalast. Auch diese Festung wurde im 1. Jüdischen Krieg zwischen 66 und 71 nC von den Zeloten besetzt und gegen die römischen Truppen schließlich erfolglos verteidigt. Während dieser Besetzung wurde ein ursprünglich als Speisesaal (*triclinium*) genutzter Raum mit dreistufigen Steinbänken an den Längsseiten und der Rückwand versehen. Das Gebäude misst etwa 10 x 14 m. Vier, möglicherweise sechs Säulen stützten die Dachkonstruktion. In unmittelbarer Nähe zum Ausgang befindet sich eine Miqwe. Die Ähnlichkeit der Räumlichkeit mit den Synagogen auf Masada und in Gamla und das Ritualbad stützen die Identifizierung als Synagoge.

## Jerusalem

Der Jerusalemer Talmud berichtet von 480 Synagogen Jerusalems, die der Zerstörung der Stadt durch Vespasian im Jahre 70 nC zum Opfer fielen (jMeg 73d,29-35). Doch bis heute gibt es keinen einzigen Fund eines Synagogengebäudes aus der Zeit des Zweiten Tempels in Jerusalem.

Dass es in Jerusalem solche Synagogengebäude bereits im 1. Jh. nC gab, belegt die Theodotos-Inschrift aus Jerusalem, die von den meisten Wissenschaftlern ins 1. Jh. nC datiert wird, was allerdings nicht ganz unbestritten ist. Die ca. 75 x 41 cm große Tafel aus Jerusalemer Kalkstein enthält eine griechische Stifterinschrift (Text und Übersetzung siehe Kasten rechts).

Beschrieben wird offensichtlich ein ganzer Gebäudekomplex, in dem eine institutionalisierte Gemeinde den Mittelpunkt ihres religiösen und sozialen Lebens hatte, die seit Generationen mit Ämtern wie dem nur ungenau mit „Synagogenvorsteher" zu übersetzenden *archisynagōgos* ausgestattet war. Hier wurde Tora gelesen, Gebote gelehrt und Pilgern aus der Diaspora eine Herberge geboten. Letztere Funktion deutet jedoch darauf hin, dass es sich bei dem Gebäude am ehesten um eine „Diasporasynagoge" mitten in Jerusalem handelte, wie sie auch im Neuen Testament für eine Reihe von Landsmannschaften bezeugt ist (vgl. Apg 6,9-10). In Jerusalem beheimatete Juden konnten dagegen ihre religiösen Versammlungen in Privathäusern abhalten.

In diese Richtung weist auch das anfangs erwähnte Zitat aus dem Talmud Yerushalmi: Dieser setzt die 480 Synagogen mit den Häusern Jerusalems gleich. So erklärt sich der durchaus magere archäologische Befund an frühen Synagogenbauten nicht nur für Jerusalem, sondern auch für Palästina insgesamt, am besten dadurch, dass religiöse Versammlungen in frührömischer Zeit vielfach in Privathäusern abgehalten wurden. Nichtsdestotrotz gab es schon einzelne spezielle Synagogengebäude, wie die Theodotus-Inschrift und die Funde von Masada, Herodium und Gamla eindrucksvoll belegen.

In jüngerer Vergangenheit wurde unsere Kenntnis bezüglich der Synagogenbauten in Palästina in frührömischer Zeit durch eine Reihe von Funden bereichert: Hierzu gehören Bauten aus Shuafat (frühes 1. Jh. vC), heute ein arabischer Vorort nördlich von Jerusalem, Qiryat Sefer (frühes 1. Jh. nC), auf halbem Wege zwischen Jerusalem und Tel Aviv, Horvat 'Etri (spätes 1. oder frühes 2. Jh. nC) in der jüdischen Schefela und schließlich aus der Nähe der modernen Stadt Modi'in (2. Hälfte 1. Jh. vC). Eine im Jahre 2009 entdeckte Synagoge aus Magdala, die gleichfalls aus dem 1. Jh. nC stammen soll, ist bislang noch nicht ausreichend publiziert.

Auch wenn nicht alle diese Funde – oft kleine Räume im dörflichen Kontext – gleich wahrscheinlich als Synagogen anzusprechen sind, so erweitern sie doch unser Bild. Synagogen in Palästina zur Zeit des Zweiten Tempels konnten ebenso spezielle Räumlichkeiten auf herodianischen Festungen wie auch Diasporasynagogen in Jerusalem, kleine und schwer zu identifizierende Räume in galiläischen und judäischen Dörfern sowie Versammlungsräume in Privathäusern, ja sogar offene Versammlungen unter freiem Himmel auf dem Dorfplatz oder in der Nähe des Stadttores sein. ■

## Lesetipps


- C. Claußen
  **Versammlung, Gemeinde, Synagoge.** Das hellenistisch-jüdische Umfeld der frühchristlichen Gemeinden (StUNT 27; Göttingen 2002).
- C. Claußen/Jörg Frey (Hg.)
  **Jesus und die Archäologie Galiläas** (BThSt 87; Neukirchen-Vluyn 2008.
- F. Hüttenmeister/G. Reeg
  **Die antiken Synagogen in Israel** (BTAVO B 12/1; Wiesbaden 1977).
- L. I. Levine
  **The Ancient Synagogue. The First Thousand Years** (New Haven, Conn./London 2000).
- Anders Runesson/Donald D. Binder/Birger Olsson,
  **The Ancient Synagogue from its Origins to 200 C.E. A Source Book** (AJEC 72; Leiden/Boston, Mass. 2008).


## Die Theodotus-Inschrift

Im Jahr 1913 entdeckte R. Weill die Inschrift mit dem archäologischen Beleg für die Bezeichnung „Synagoge" am Boden einer Zisterne in Jerusalem. Sie soll nach der Meinung der meisten Forscher im 1. Jh. entstanden sein. Lateinische Umschreibung der griechischen Inschrift:

QEODOTOS OUETTHNOU IEREUS KAI
ARXISUNAGWGOS UIOS ARXISUN(AGW)
G(O)U UIWNOS ARXISUN(A)GWGOU WKO
DOMHSE THN SUNAGW(H)N EIS AN(AG)NW
S(IN) NOMOU KAI EIS (D)IDAX(H)N ENTOLWN KAI
TON CENWNA KA(I TA) DWMATA KAI TA XRH
S(T)HRIA TWN UDATWN EIS KATALUMA TOI
S (X)RHZOUSIN APO THS CE(N)HS HN EQEME
L(IW)SAN OI PATERES (A)UTOU KAI OI PRE
S(B)UTEROI KAI SIMON(I)DHS

Quelle: A. Deissmann, Licht vom Osten, Tübingen [4]1923, 379

Übersetzung:
*„Theodotos, (Sohn) des Vettenus, Priester und archisynagōgos, Sohn eines archisynagōgos, Enkel eines archisynagōgos, erbaute (oder: renovierte) die synagōgē zum (Vor-) Lesen des Gesetzes und Lehren der Gebote, und das Gästehaus und die Nebenräume und die Wasserinstallationen zur Herberge für diejenigen aus der Fremde, die (sie) benötigen. Sie (sc. die synagōgē) haben begründet seine Väter und die Ältesten und Simonides."*

IMPERATOR
CAESAR DIVI
TRAIANI PARTHICI
FILIUS DIVI NERVAE NEPOS TRAI
ANUS HADRIANUS

# Straßen in römischer Zeit in Palästina

Römischer Meilenstein aus Kafarnaum

**Das Gebiet Palästinas war in alttestamentlicher Zeit ein wichtiges Durchgangsland. Wer von Ägypten nach Mesopotamien gelangen wollte, musste mehr oder weniger zwangsläufig dieses Gebiet passieren. Aber auch innerhalb des Landes führten die politischen Veränderungen zu einem Bedarf an neuen Straßenverbindungen.**

Die wichtigste Straße in vorrömischer Zeit verlief von Ägypten kommend zunächst entlang der Mittelmeerküste, überquerte dann den Karmel, durchlief die Jesreelebene, überquerte Untergaliläa, gelangte bei Tiberias an den See Gennesaret und verlief von dort aus entlang des Jordans bzw. des syrisch-afrikanischen Grabenbruchs nach Norden bis Aleppo in Syrien. Eine weitere wichtige Straßenverbindung verlief im Ostjordanland. Die sogenannte „Königsstraße" verband mehrere Hauptstädte: Die Aramäerhauptstadt Damaskus, dann die ammonitische Hauptstadt Rabba(-t-Bene-Ammon), die moabitische Hauptstadt Dibon und schließlich die edomitische Hauptstadt Bostra. Weiter im Süden setzte sich diese Straße in der Weihrauchstraße fort, die bis in den Süden des Jemen führte. Alle anderen Straßen, insbesondere die Ost-West-Verbindungen, hatten nur eine lokale Bedeutung.

## Die Auswirkungen des verstärkten Seehandels

Die Hafenstädte spielten zwar schon während der Zeit des Alten Testaments, als die Phönizier den gesamten Mittelmeerseehandel kontrollierten, durchaus eine bedeutende Rolle. Eine wirkliche Blüte erreichte der Seehandel aber wohl erst, nachdem man ab dem 4. Jh. vC auf dem Mittelmeer kreuzen und damit die bis dahin praktizierte Küstenschifffahrt aufgeben konnte. Nun war es weitgehend unabhängig von der jeweiligen Windrichtung möglich, intensiven Handel auf dem Mittelmeer zu treiben. Dies wird zu einer neuen Blüte des Seehandels geführt haben. Folgerichtig baute Herodes der Große Caesarea maritima zu einem bedeutenden Handelshafen aus. Ein weiterer wichtiger Hafen befand sich in Joppe/Jaffa. Als die Römer 6 nC einen Residenzsitz für ihren Statthalter im Lande suchten, fiel die Wahl nicht zufällig auf Caesarea. Von hier aus war ein schneller Kontakt nach Rom auf dem Seewege möglich und der Handel ließ sich entsprechend kontrollieren. Damit ergab sich aber eine neue Herausforderung für die Römer: Caesarea, am Rande Judäas gelegen, musste mit dem Landesinneren durch Straßenverläufe verbunden werden, um schnell an allen Orten des Landes mit Truppen eingreifen zu können.

## Straßenbau der Römer

Während ihrer Herrschaft errichteten die Römer insgesamt rund 1500 km neue Straßenverläufe in Palästina. Da die vorgefundenen Straßenverläufe nicht befestigt waren, führten die Römer ein großes Bauprogramm durch. Die Straßen verliefen, soweit die Landschaftsstruktur dies zuließ, jeweils geradlinig. Der Routenverlauf wurde ausgehoben, um das Fundament abzusichern und der Straße Festigkeit zu verleihen. Dann wurde der ausgehobene Bereich zunächst mit groben Steinen und darüber Sand aufgefüllt. Schließlich wurde die Fahrbahn mit Pflastersteinen abgedeckt. Mithilfe eines solchen Straßenbelags war ein zügiges Reisen mit dem Pferd, mit dem Streitwagen und – was für den Handel wichtig war – auch mit dem Ochsenkarren möglich.

Entlang der Straßen wurden Meilensteine aufgestellt, die nicht nur die Distanz zur nächsten wichtigen Stadt markierten, sondern auch den Namen des für den Bau verantwortlichen Kaisers trugen. Die ältesten derart befestigten Straßen wurden zur Zeit des 1. Jüdischen Krieges (66–70) unter Nero (54–68) und Vespasian (68–79) errichtet.

Die wohl älteste Straße führte von Antiochus in Syrien über Tyrus nach Ptolemais/Akko und wurde nachweislich unter Nero erbaut. Möglicherweise wurde die Straßenführung schon unter Nero oder Vespasian weiter nach Süden entlang der Küste fortgesetzt, auch wenn uns Nachweise hierfür fehlen. Hier gab es auf jeden Fall eine – wenn auch wesentlich einfacher gestaltete – Straße, die seit Jahrhunderten die nördliche Küstenebene mit Ägypten verband. Überhaupt dürften die meisten der von den Römern befestigten Straßen auf älteren Handelswegen verlaufen sein. Ein bei Afula gefundener Meilenstein – der älteste bisher in Palästina entdeckte – datiert in das Jahr 69 und zeigt, dass in dieser Zeit auch die Straßenverbindung zwischen Caesarea maritima und Scythopolis/Bet Schean errichtet wurde. Mit der Stationierung der Legio X Fretensis bei oder in Jerusalem war es sicherlich auch notwendig, die Straßenverbindung zwischen Caesarea und Jerusalem entsprechend auszubauen. Als 106 das Nabatäerreich von den Römern erobert wurde, wurde im Ostjordanland eine neue Straße errichtet, die Bostra mit Aila/Aqaba am Golf von Aqaba verband.

Ein groß angelegtes Straßenbauprogramm wurde dann wieder unter Hadrian (117–138) umgesetzt. Einerseits war eine Anbindung des römischen Lagers in Legio in der Jesreelebene nötig, das nun errichtet wurde, um Unruhen in Galiläa unter Kontrolle zu halten. Weitere Straßen wurden dann gebaut, um den Bar-Kochba-Aufstand niederzuschlagen. Schließlich fanden dann noch einmal intensive Baumaßnahmen während der Regierungszeit von Mark Aurel (161–180) statt. Einige der Straßen können auch nicht sicher datiert werden, da entsprechende Meilensteine fehlen.

In der Folgezeit wurde das Straßennetz immer wieder repariert, um es instand zu hal-

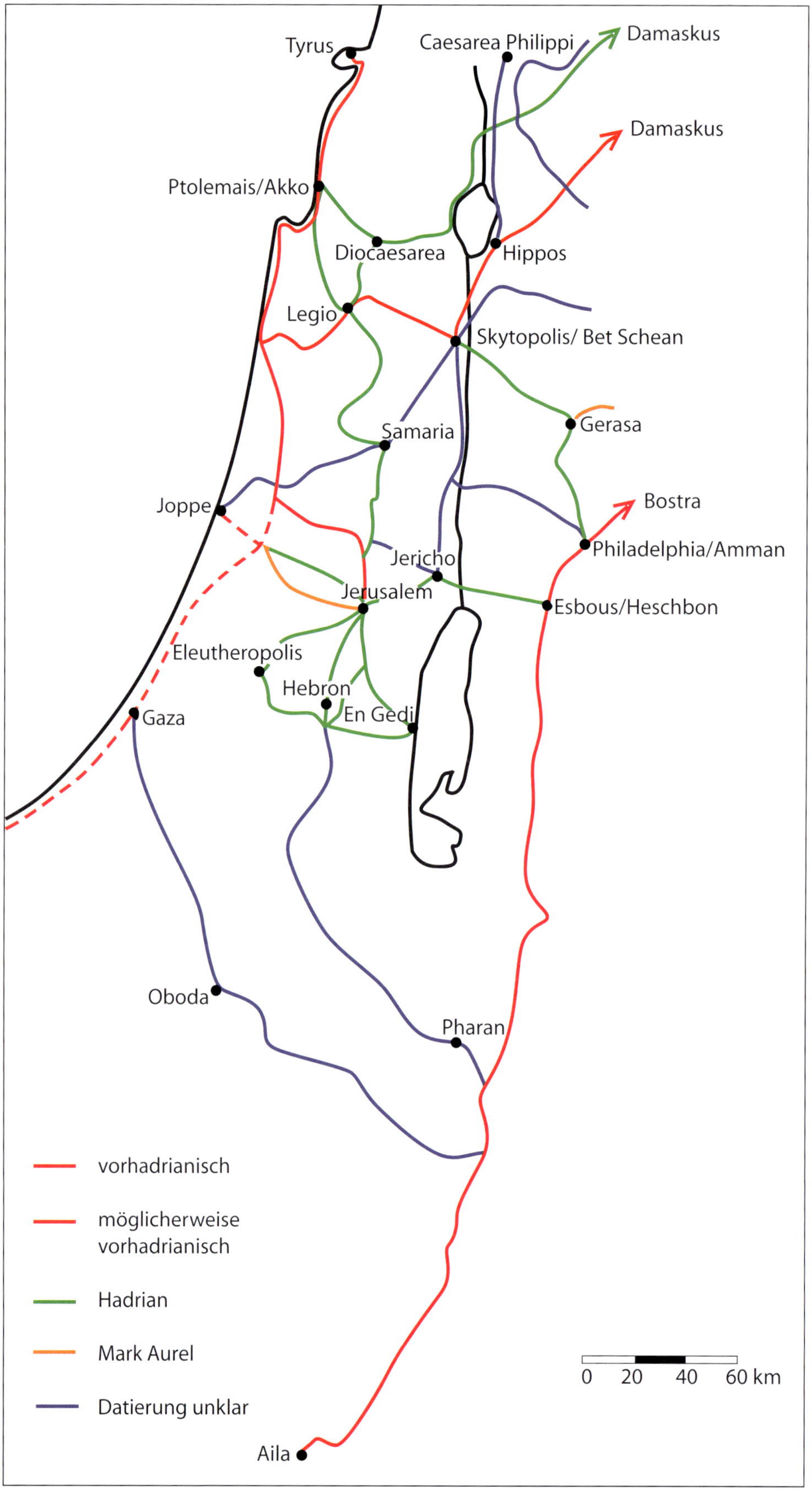


**Straßen in römischer Zeit**

**Römische Straße in Hippos/Sussita.** **Der *Decumanus*, eine der Hauptstraßen, ist hier im ortsüblichen Basaltpflaster verlegt.**

ten. Mit diesen Straßenbauarbeiten wurde von den Römern ein engmaschiges System geschaffen, das nicht nur dem Handel Auftrieb gab, sondern auch eine effektive Kontrolle über das Land ermöglichte.

## Der Weg vom See Gennesaret nach Jerusalem

Neben diesen massiv befestigten Straßen gab es aber auch noch weiterhin traditionelle unbefestigte Straßen. Eine Straße spielt für das Neue Testament eine große Rolle: die Wegführung vom See Gennesaret nach Jerusalem. Wer sich auf diesen langen Weg machen wollte – ein Weg von rund 170 km und damit sechs Tagesreisen –, konnte durch den Jordangraben gehen, aber auch über das samaritanische Bergland. Bei Skythopolis/Bet-Schean musste man sich entscheiden, ob man durch das Gebiet der Samaritaner gehen oder aber den Weg im Jordangraben bis Jericho wählen wollte. Der angenehmere Weg war sicherlich der über Samaria, denn der Aufstieg bei Skythopolis auf die Berge Gilboas ist relativ sanft, die Winde sind kühler und die Wasserversorgung ist besser als im Jordangraben. Allerdings ist dieser Weg etwas länger, denn die Straße auf der Wasserscheide im samaritanischen Bergland führt nicht immer geradeaus, sondern muss zahlreichen Wadis ausweichen. Zudem war das Verhältnis zwischen Juden und Samaritanern nicht allzu freundschaftlich. Nach Joh 4,5 dürfte Jesus auf genau diesem Weg gegangen sein, als er in Sychar bei Samaria einer Frau am Brunnen begegnete.

Der übliche, wenn auch viel beschwerlichere Weg scheint aber durch den Jordangraben über Jericho geführt zu haben. Dort waren die Temperaturen in der Wüstenregion südlich von Skythopolis oft unerträglich heiß. In den Mittagsstunden konnte man kaum wandern, sondern musste ruhen. Und schließlich war der Aufstieg von Jericho hinauf nach Jerusalem enorm anstrengend. Das nötige Wasser musste man auf diesem kräftezehrenden Weg mitnehmen. Der einzige, aber wahrscheinlich entscheidende Vorteil war, dass man auf diesem Weg das Gebiet der Samaritaner meiden konnte. Aus Gründen der religiösen Reinheit nahm man offenbar größere Strapazen auf sich! Die synoptischen Evangelien beschreiben die Wanderung von Jesus nach Jerusalem als Weg über Jericho und legen damit die Wegführung durch den Jordangraben fest (Mt 20,29; Mk 10,46; Lk 18,35; 19,1).

## Der Salztransport im Jordangraben

Obwohl die Straße im Jordangraben nicht als Römerstraße ausgebaut worden war, muss es auf ihr einen erheblichen Handelsverkehr gegeben haben. Der Fischfang am See Gennesaret, der erst in römischer Zeit starken Aufschwung genommen hatte und damit ab dieser Zeit zu einem Wirtschaftszweig, der über die Eigenversorgung hinausging, anwuchs, benötigte dringend das Salz vom Toten Meer zum Pökeln der Fische. Das Pökelzentrum in römischer Zeit war Magdala/Tarichäa, wohin alle Fischer am See Gennesaret ihre frisch gefangenen Fische zur Weiterverarbeitung brachten. Ohne Salz – und das kam natürlich vom Toten Meer – ließ sich aber keine Pökelei aufbauen. Da wir in frührömischer, d. h. herodianischer Zeit eine intensive Fischereiaktivität am See Gennesaret haben, dürfte Herodes dafür gesorgt haben, dass auf dieser Straße Salz in den Norden gebracht wurde. Die hierfür nötige Infrastruktur wie Übernachtungsplätze und Nachschub für die Verpflegung wurde sicherlich auch von den Pilgern genutzt.

Das Salz des Toten Meeres wurde zunächst mit Schiffen zu einem Hafen (Rujm el-Bahr) am Nordufer des Toten Meeres gebracht. Mehrere Häfen aus römischer Zeit sind am Toten Meer nachgewiesen (bei Masada und in Chirbet Mazin am Westufer, bei Kallirhoe am Ostufer). Da am Nordufer wegen des Jordan-Einflusses der Salzgehalt relativ gering ist, wurde das Salz von südlicher gelegenen Teilen in den Norden transportiert und dann mittels Esel- oder Kamelkarawanen zum See Gennesaret gebracht.

## Von Jerusalem nach Jericho

Eine letzte wichtige Fragestellung für das Neue Testament bezieht sich auf die Wegführung zwischen Jerusalem und Jericho. Die Römerstraße verlief weitgehend parallel zur heutigen Autostraße, die beide Städte verbindet. An manchen Stellen kann man noch Reste der alten Römerstraße entdecken. Sie überquerte den Ölberg auf einem Sattel unmittelbar südlich des Auguste-Victoria-Krankenhauses und verlief dann in gerader Linie zur Nordmauer Jerusalems. Ein weiterer, heute gern von Touristengruppen begangener und landschaftlich eindrücklicher Weg verlief im Wadi Qelt. Allerdings gibt es keinen einzigen Nachweis dafür, dass dieser Weg auch in der Antike genutzt wurde. Einen offensichtlich viel begangenen Aufstieg gab es durch ein Wadi im Nordwesten von Jericho, doch stellte dieser Weg einen erheblichen Umweg dar, denn das Wadi endete etwa beim heutigen Ramallah. So bleibt als Alternative zur Römerstraße nur der Aufstieg über das Wadi Qumran und anschließend durch das Kidrontal. Hierbei kam man im Süden Jerusalems an. Dieser Weg ist inzwischen auch archäologisch abgesichert.

Die Straßenverläufe in römischer Zeit erzählen somit nicht nur etwas über die von den Römern aufgebaute Machtstruktur, sondern auch über Wirtschaft und Handel und über die Wege, die Jesus und seine Zeitgenossen auf ihrem Weg nach Jerusalem gingen. ■

### Lesetipps


- Y. Tsafrir u. a. (Hg.)
**Tabula imperii Romani. Iudaea, Palaestina: Eretz Israel in the Hellenistic, Roman and Byzantine periods**; maps and gazetteer (Jerusalem $^{2}$1998).

Jürgen Zangenberg

# Bestattungssitten und Gräber in Palästina zur Zeit Jesu

Der Tod trifft jeden Menschen. Aber sein Begräbnis sowie die Form und Ausstattung seines Grabes sind abhängig von der Kultur, in der er gelebt hat. Sie bestimmt, welche rituellen Handlungen im Umfeld des Todes durchgeführt werden, wie der Tod gedeutet wird und welche Vorstellungen die Hinterbliebenen über das weitere Geschick der Verstorbenen entwickeln.

1) **Frührömische Grabanlage** auf dem Ölberg in der Nähe der Dominus-Flevit-Kirche

Gräber sind hochkomplexe Kunstprodukte. Sie sind das Resultat von gesellschaftlichen *Werten und Einstellungen*, die sich über zahlreiche Stufen als archäologisch fassbarer Grabbefund gleichsam vergegenständlichen. Eine Rekonstruktion des ungeheuer komplexen Geschehens „Tod und Bestattung" ist in jeder Hinsicht ein Wagnis und kann nur gelingen, wenn ein methodisch reflektierter Dialog zwischen textlichen und archäologischen Quellen stattfindet. Beide besitzen jedoch ihre eigenen Probleme: Kein zeitgenössischer Text liefert eine auch nur annähernd umfassende Darstellung einer Bestattung (die Berichte von der Bestattung Jesu in den Evangelien kommen dem noch am nächsten) und viele Aspekte bleiben unerwähnt. Nur ganz wenige archäologische Befunde sind darüber hinaus ungestört erhalten **(Abb. 1)** und auch hier fanden wichtige menschliche Aktivitäten keinen sichtbaren Niederschlag. Das Wagnis einer Zusammensicht lohnt sich dennoch, denn kaum ein anderer Aspekt menschlicher Kultur sagt so viel über das Leben aus wie der Umgang mit dem Tod.

## Die Bestattung – eine Form der privaten Frömmigkeit

In seiner Verteidigung des Judentums gegen heidnische Polemik skizziert Josephus (ca. 30–100 nC) die wichtigsten Prinzipien einer jüdischen Bestattung: „*Das Gesetz sorgte im Voraus für die Ehrfurcht den Verstorbenen gegenüber, nicht durch verschwenderische Pracht der Beerdigungsfeier oder durch künstlerische Gestaltung der sichtbaren Grabmäler, sondern verordnete betreffs der Bestattung einerseits den nächsten Angehörigen, sie zu vollziehen, andererseits machte es für alle, die vorbeikommen, während jemand beerdigt wird, zum Gesetz, hinzuzukommen und mitzuklagen. Sowohl das Haus als auch die Bewohner müssen von dem Todesfall gereinigt werden*" (Josephus, *Contra Apionem* 2,205).

Bestattung ist demzufolge eine göttliche Verpflichtung, der Familie *und* Gesellschaft in Form von ritualisierten Handlungen nachzukommen haben (z. B. Klage; Tob 2,1-10; 4,13; Sir 38,16b). Eine Bestattung findet nicht nur in verschiedenen privaten (Haus) und öffentlichen Räumen (Straße) statt. Es sind auch unterschiedliche Personengruppen beteiligt: Neben der Familie spielen Freunde und Nachbarn sowie professionelle „Trauerdienstleister" (Klageweiber, Musikanten) ihre je unverwechselbare Rolle. Da Bestattung aber kein direkter Teil der „offiziellen" Religion am Tempel war, waren Priester nicht vonnöten. Ziel der Bestattung war es, den Toten zu ehren und sein Andenken zu bewahren: Grabobjekte, Grabarchitektur und viele Rituale sind Ausdruck gerade dieses Bestrebens. In vielen dieser Grundlinien stimmt das palästinische Judentum übrigens mit den zeitgenössischen nichtjüdischen Kulturen der östlichen Mittelmeerwelt überein. Ein wesentliches Charakteristikum jüdischer Bestattung ist jedoch der Umgang mit dem Körper: Der natürliche Zerfallsprozess wird bewusst zugelassen, wenn auch rituell gestaltet. Man versucht nicht wie etwa in Ägypten, den Leichnam für das Jenseits zu bewahren, lehnt aber ebenso eine Beschleunigung des Zerfalls wie durch Verbrennung (Kremation) ab.

Bei der Rückkopplung von archäologischen Befunden an bestimmte weltanschauliche Hintergründe muss man äußerst vorsichtig sein. Doch dieser recht pragmatisch anmutende Umgang mit den Toten korrespondiert mit einem deutlichen Desinteresse an Spekulationen über die postmortale Existenzweise von Toten in der Literatur. Darüber, wie Tote ihr postmortales Dasein fristen, gibt es nur wenige vage Angaben: Meist stellt man sie sich als Schatten in einer Art Unterwelt vor, abgeschnitten von den Lebenden und bedürfnislos. Grundsätzlich ist die materielle Grabkultur beständig und folgt weltanschaulichen Veränderungen nicht einfach im Gleichschritt nach. Daher führt der sich damals in manchen Gruppen des Judentums ausbreitende Gedanke einer „Auferstehung" Toter auch nicht zur Ausbildung einer besonderen materiellen Grabkultur. Ebenso wenig werden theologische Unterschiede zwischen einzelnen Gruppen unmittelbar in gruppenspezifische Bestattungspraktiken umgesetzt. An der Form oder dem Inhalt eines bestimmten Grabes lässt sich somit nicht erkennen, ob jemand Essener oder Judenchrist war oder an die Auferstehung Toter geglaubt hat.

## Die Bestattung in der Antike

Wenn ein Archäologe ein Grab untersucht, dann stößt er neben sterblichen Überresten von Menschen auch auf Architektur und auf Objekte, die im oder am Grab niedergelegt wurden. All dies suggeriert eine gewisse „Gleichzeitigkeit". Doch der gefundene Zustand bildet nur den „geronnenen Endpunkt" einer längeren Abfolge von Handlungen ab, die an verschiedenen Orten stattgefunden haben: im Haus, bei der Überführung, am Grab. Der Bestattungsvorgang beginnt bereits im Haus mit dem Waschen, Salben, Bekleiden oder Einwickeln und Aufbahren der Leiche, dem Sprechen von Gebeten und der sichtbaren Trauerhaltung der Hinterbliebenen. Im Grab lässt sich derartige Vorbereitung etwa fassen durch Textilfragmente (Tücher oder Bekleidungsstücke), lederne Schließen und Knöpfe sowie gelegentlich Sandalen (meist paarweise am Kopf des Toten abgelegt). Zudem fanden sich oft persönliche Gegenstände wie Fingerringe, Perlen von Hals- und Armkettchen sowie Arm- und Fußreifen. Mitunter stieß man in Gräbern auch auf Kosmetikgegenstände wie Schmuckstäbchen, Schalen zum Mischen von Kosmetika, Haarnadeln und Kämme, die zum persönlichen Besitz der Toten gehörten.

Zur Überführung wurde der Tote auf ein Brett oder – seit späthellenistischer Zeit auch im Judentum besonders beliebt – in einen Holzsarg gelegt und unter Begleitung der Trauergemeinde (Sir 7,33f) aus der Stadt auf den Friedhof getragen (Lk 7,12; Joh 11,31). Bei der Bettung im Sarg achtete man darauf, dass der Körper ausgestreckt auf dem Rücken lag. Offensichtlich imitierte man damit die Haltung eines Schlafenden. Die Schlafmetaphorik findet sich in zahlreichen anderen zeitgenössischen Kulturen und kommt in jüdischen Texten u. a. auch dadurch vor, dass der Übergang vom Tod zu einem neuen Leben immer wieder als „aufstehen" oder „aufgeweckt werden" bezeichnet wird (im Deutschen wird dieser Vorgang durch die Ableitungen „Auf*er*stehung"/„Auf*er*weckung" der Metaphorik wieder entzogen).

Da Tote nach jüdischer Auffassung die höchste Quelle von Unreinheit darstellen, durften sie nie zu Hause oder in der Stadt beigesetzt werden. Grabstätten (vgl. Mk 5,2.5) lagen etwas abseits der Siedlungen und bildeten regelrechte Nekropolen. Meist nutzte man einen natürlichen Abhang, auch aufgelassene Steinbrüche waren beliebt (so etwa Golgota). Das Grab und Grabgrundstück galten als Besitz der Familie, die einzelne Grablege als ewiger Ruheort des Toten, der eigentlich nicht veräußert oder von fremden Personen benutzt werden durfte.

## Die Ausgestaltung des Grabes

Zwei hauptsächliche Grabformen lassen sich in Palästina zur Zeit Jesu unterscheiden:

2) **Grabanlage** aus der herodianischen Zeit in Jerusalem

3) **Grab mit Rollstein**

Kammergräber und Senkgräber. Keine davon ist typisch jüdisch, beide haben eine lange Vor- und Nachgeschichte über die hier besprochene Epoche hinaus.

Die bekannteste Grabform in Palästina zur Zeit Jesu war das *Kammergrab* (z. B. Jerusalem, Jericho, En-Gedi). Meist bestand es aus einer rechteckigen Haupt- und zuweilen einigen Nebenkammern, die durch einen Eingang betreten werden konnten **(Abb. 2).** In der Grabkammer befanden sich entlang der Wand laufende Bänke oder/und in die Wand geschlagene „Schiebestollen" (sogenannte *loculi* oder *kochim*), auf oder in denen der Tote abgelegt werden konnte. Nur besonders reiche Personen konnten sich Sarkophage aus Stein leisten, die man in der Regel in der Hauptkammer aufstellte. Das einzelne Kammergrab war oft Teil eines größeren architektonischen Ensembles mit einem gestalteten Vorhof zur Versammlung oder zur letzten Vorbereitung des Toten, mit Nebenräumen wie etwa einem Triklinium (Bankettsaal, so vor allem in Petra) und mit Vorrichtungen zur Wasserversorgung (rituelle Reinigung!). Bei Dekor und Ausstattung reicher Gräber der Oberschicht spielten oft Impulse aus der hellenistischen Welt eine Rolle. Im Umfeld des Grabes pflanzten die Angehörigen gern Bäume und Blumen (vgl. Joh 20,15). Die Fassade des Grabes war oft dekorativ gestaltet, der Eingang konnte entweder mit einem Rollstein **(Abb. 3,** nur bei sehr aufwändigen Anlagen), einem einsetzbaren Verschlussstein oder einer steinernen Schwenktür verschlossen werden (Letztere vor allem im Bereich der Dekapolis). In Kammergräbern lassen sich drei wichtige Anliegen verwirklichen:

1.) Die Schiebestollen bieten individuelle Ruhemöglichkeiten für jeden einzelnen Toten,

2.) die gemeinsame Kammer unterstreicht die familiäre Zusammengehörigkeit der Bestatteten,

3.) die Fassade ermöglicht eine monumentale, dem Bedürfnis nach Repräsentation entgegenkommende Gestaltung. Freilich hat dieser Grabtyp einen entscheidenden Nachteil: Die Kapazität an Einzelgrablegen ist nicht beliebig erweiterbar. Benötigte man Platz, dann räumte man die nach der Verwesung der Leiche übrig gebliebenen Knochen (meist nur Langknochen und Schädel) ab und bestattete sie noch ein zweites Mal (sogenannte Zweit- oder Sekundärbestattung). Im Laufe des 1. Jh. vC kam dafür das *Ossuar* auf, eine bis zu 1 m lange, aus weichem Kalkstein gefertigte Knochenkiste, die die sterblichen Überreste einzelner Personen, oft aber auch kleinerer, möglicherweise eng verwandter Personengruppen (z. B. Erwachsene und Kind) aufnehmen konnte. Etwa ein Drittel der in Judäa gefundenen Ossuare ist mit den typischen Motiven der späthellenistisch-jüdischen Formensprache (beispielsweise florale Motive oder Rosetten) verziert. Oft sind auch die Namen der darin bestatteten Personen, zum Teil mit Angabe der Herkunft und des Berufes, in aramäischer oder griechischer Sprache auf dem Ossuar angegeben. Entgegen einer weitverbreiteten Sicht sind Ossuare weder mit besonderen Vorstellungen über die postmortale Existenz der Toten (etwa der Hoffnung auf die individuelle Auferstehung) noch einer spezifischen Gruppe (etwa den Pharisäern) verbunden.

Daneben existierte im 1. Jh. vC/nC ein weiterer Grabtyp, das *Senkgrab* **(Abb. 4).** Am Boden eines bis zu 2 m in die Erde eingetieften Schachtes befindet sich die Grablege,

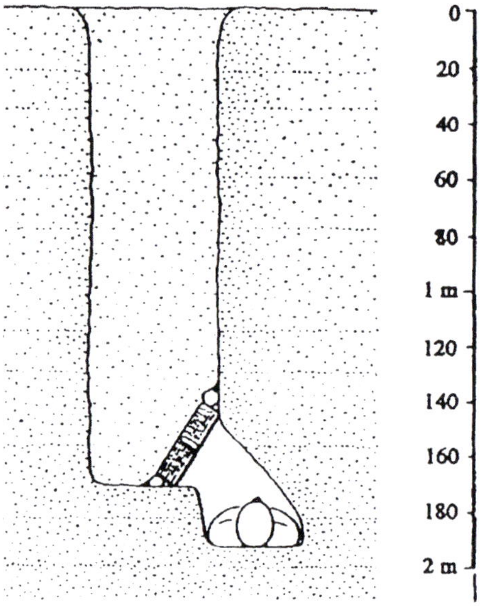


4) **Senkgrab** aus Chirbet Qazone

5) **Blick auf die Grabanlage im Kidrontal (Jerusalem)** der Hezir-Familie (links) und das sog. Zacharias-Grab (Mitte). Rechts am Bildrand ein weiteres Grab mit zwei Säulen, das aber wegen eines Felsrisses unvollendet geblieben ist.

entweder in direkter Verlängerung des Schachtes oder als flache, nach rechts oder links versetzte Seitennische. Die Grablege ist zumeist mit Stein- oder Lehmziegelplatten abgedeckt, wodurch wie in den Schiebestollen der Kammergräber eine Art „Kiste" entsteht, in die der Tote gebettet werden kann. Nach der Beisetzung des Toten wird der Schacht mit Feldsteinen abgedeckt, um Tieren das Zerscharren des Leichnams zu verwehren (gut sichtbar in Qumran) und das Grab zu markieren. Wie auch Kammergräber, begegnen Senkgräber in regelrechten Gräberfeldern mit teilweise mehreren Hundert Exemplaren (z. B. Qumran, Chirbet Qazone).

## Grabbeigaben

Das jüdische Grab war keine Kopie der Wohnung der Lebenden und der Tod keine bloße Verlängerung des Lebens unter anderen Bedingungen. Dennoch bedarf der Tote besonderer Pflege durch die Hinterbliebenen, die in Form von Grabobjekten erkennbar wird. So findet sich, abgesehen von persönlichen Gegenständen (siehe oben), besonders oft Keramik, darunter auffallend viele Kochtöpfe und Schüsseln (**Abb. 5**; zum Teil vermutlich zur Aufbewahrung von Speisen für die Toten, vgl. Dtn 26,14; Tob 4,17; Bar 6,26b; Sir 30,18 oder als Reste von Totenmählern der Hinterbliebenen). Zahlreiche Fläschchen aus Ton oder Glas enthielten Duftstoffe, die besonders im Falle der Kammergräber den unerträglichen Verwesungsgeruch mildern und den Toten ehren sollten (Mk 14,3-9; 16,1). In Krügen wurde Wein, Öl oder Wasser aufbewahrt, um dem Toten oder dessen Knochen bei der Zweitbestattung durch Besprengen nochmals Ehre erweisen zu können. Vor allem in Kammergräbern wurden zudem zahlreiche Tonlampen und zuweilen auch Münzen gefunden. ■

## Lesetipps


- R. Hachlili

**Jewish Funerary Customs, Practices and Rites in the Second Temple Period,** Leiden/Boston 2005 (JSJ.S 94).

- A. Kloner/B. Zissu

**The Necropolis of Jerusalem in the Second Temple Period**, Leuven 2007 (ISACR 8).

- M. Tilly

**„Wenn ein Stein bewegt wird …".** Tod und Trauer im Judentum in der römischen Kaiserzeit, Antike Welt 34 (2003), 143–150.

- J. Zangenberg

**Zwischen Welt und Unterwelt.** Bestattungssitten und Gräber in Palästina zur Zeit Jesu, *Welt und Umwelt der Bibel* 27 (1/2003), 40–46.

- J. Zangenberg

**Körper, Grab und Jenseits.** Beobachtungen zu palästinisch-jüdischen Bestattungssitten in hellenistisch-römischer Zeit, in: A. Faber/P. Fasold/M. Struck/M. Witteyer (Hg.), Körpergräber des 1. bis 3. Jahrhunderts in der römischen Welt. Internationales Kolloquium Frankfurt am Main 19.–20. November 2004, Frankfurt/M. 2007, 35–55.

- J. Zangenberg

**Trockene Knochen, himmlische Seligkeit.** Todes- und Jenseitsvorstellungen in Qumran und im Alten Judentum, in: A. Berlejung/B. Janowski (Hg.), Tod und Jenseits im Alten Israel und in seiner Umwelt. Theologische, religionsgeschichtliche, archäologische und ikonographische Aspekte, Tübingen 2009 (FAT 64), 655–689.

# Ossuare – Zweitbestattung im Judentum in frührömischer Zeit

**Der Totenkult spielt in jeder Religion grundsätzlich eine bedeutende Rolle. Für die Zeit von etwa 20 vC–70 nC besitzen wir eine besondere Form der Bestattung: die Zweitbestattung in Kalksteinkisten, sogenannten Ossuaren. Wie kommt es dazu? Welche religiösen Ansichten drücken sich darin aus?**

Im ausgehenden 1. Jh. vC tauchen erstmals in Jerusalem Ossuare auf. In ihnen werden die nach der Verwesung eingesammelten Knochen der Verstorbenen aufbewahrt. Nach jüdischer Tradition soll dies ein Jahr nach dem Tod erfolgen, und es war Pflicht des Sohnes, seinen Eltern diesen Dienst zu erweisen (Sem 12,9; yMQ 80c). Von Jerusalem aus verbreitet sich die Sitte der Sekundärbestattung zunächst ab etwa 5 vC nach Jericho. Die Sitte der Sekundärbestattung ging 70 nC, als die Römer Jerusalem eroberten, stark zurück, obwohl noch bis ins 3. Jh. hinein vereinzelte Exemplare, nun über das ganze Land verteilt, gefunden wurden. Zu dieser Zeit wurden die Ossuare in wenigen Fällen auch in Ton gefertigt.

**Zusammenschau** verschiedener Ossuartypen, Hecht Museum, Haifa.

Sekundärbestattungen in eigenen Knochenhäusern gab es übrigens schon einmal im Bereich Palästinas: Bereits im Chalkolithikum (4. Jahrtausend vC) war diese Bestattungsart, vor allem in Bereich der Mittelmeerküste, sehr verbreitet. Damals errichtete man meist aus Ton gefertigte Häuschen für die Knochen der Toten, die dann in den Grabhöhlen aufgestellt wurden. Angesichts des großen zeitlichen Abstandes gibt es aber keinerlei kulturelle Verbindungen zwischen den Bestattungen im 4. Jahrtausend vC und denen in römischer Zeit.

## Gestaltung der Ossuare

Die meisten Ossuare haben die Form einer annähernd rechteckigen Schachtel mit 60–70 cm Länge, rund 35 cm Höhe und rund 30 cm Breite. Damit sind sie groß genug, um auch die langen Bein- und Armknochen sowie den Schädel des Verstorbenen aufzunehmen. Ossuare für Kinder konnten je nach Größe des Kindes kleiner ausfallen. Die Ossuare besaßen in der Regel kleine Füßchen an den Ecken. Da sie oben offen waren, mussten sie eine Bedeckung haben. Diese konnte entweder aus einer glatten Kalk-

Mumienporträt

steinplatte, aus einer dreieckigen (dachförmigen) oder aber aus einer runden (tonnendachförmigen) Bedeckung bestehen.

Die Frontseite der Ossuare, manchmal auch die Seitenflächen und selten die Rückflächen, wurden künstlerisch gestaltet. Einige der Ossuare waren rot bemalt, doch stellt dies eine Ausnahme dar.

Die Dekoration der Ossuare wurde jeweils in den Kalkstein geritzt oder manchmal sogar plastisch herausgearbeitet. Die meisten Ossuare weisen an der Frontseite einen Rahmen mit einer Zickzacklinie auf. Häufigstes Motiv innerhalb dieses Rahmens sind Rosetten. Daneben finden sich noch weitere Motive, z. B. eine Mauer (Tempelmauer?), eine Grabfassade, eine Reihe von Säulen (typisch für einige monumentale Grabfassaden in Jerusalem), eine Amphore oder Blatt- und Baummotive. In einigen Fällen ist auch eine stilisierte Menora abgebildet.

## Die Bedeutung der Ossuare: Aufkommender Individualismus

Zunächst hatten die Ossuare eine pragmatische Bedeutung. Im Verlauf des Hellenismus und der römischen Zeit gewann das Individuum an Bedeutung. Schön zu sehen ist dies an ägyptischen Bestattungen. Während in Ägypten jahrhundertelang die Toten in Sarkophagen bestattet wurden, die nichts Individuelles aufwiesen, kam um die Zeitenwende die Praxis auf, in die Mumien ein lebensnahes Bild des Toten einzuarbeiten (s. Abb. Mumienporträt). Auch im Judentum gab es ähnliche Tendenzen. Früher wurden in den Gräbern die Knochen der Verstorbenen nicht separat aufbewahrt, sondern auf einen Haufen zusammen mit den sonstigen Familienmitgliedern gelegt. Nun wollte man die Knochen eines jeden Menschen separat aufbewahren und legte sie deshalb in die Knochenkästen.

Sicherlich wurde der Gedanke der Individualität auch noch einmal durch die besonders von Pharisäern vertretene Auferstehungshoffnung gefördert, auch wenn man nicht zwangsläufig folgern darf, dass in den Ossuaren Anhänger der Pharisäer bestattet wurden. Vielmehr fand um die Zeitenwende in Jerusalem die Praxis der Sekundärbestattung zunehmend in allen Bevölkerungsgruppen Verbreitung.

## Auferstehungsvorstellungen im Judentum

Die ältesten Wurzeln des Auferstehungsglaubens finden sich in relativ späten Texten des Alten Testaments. Ez 37 schildert eindrücklich, wie in den Tälern um Jerusalem nach der Eroberung durch die Babylonier die Gebeine der toten Judäer herumlagen. Nach semitischem Verständnis musste ein Toter unter der Erdoberfläche bestattet werden. Lagen dagegen nach einem Krieg die Gebeine im Freien, konnten sie von wilden Tieren gerissen werden. Die Unversehrtheit des Körpers im Jenseits war damit gefährdet. Der Prophet Ezechiel weissagte nun in einem bildreichen Wort, dass die Gebeine wieder lebendig werden sollen. Hiermit war aber ursprünglich nicht eine Auferstehung der Toten, sondern ein Bild für das Überleben des Volkes Israel gemeint. Erst später wurde dieser Text im Sinne einer Auferstehung interpretiert.

Die ersten (und einzigen) alttestamentlichen Texte, die eine Auferstehung postulieren, finden sich in Jes 26,19 und Dan 12,2. Dan 12,2 stammt aus der Mitte des 2. Jh. vC. Jes 26,19 ist unwesentlich älter und ist deutlich eine Weiterinterpretation von Ez 37, ohne dass hier schon eindeutig von einem Auferstehungsglauben die Rede ist. In den Apokryphen findet sich dann die Vorstellung einer Auferstehung in 2 Makk 4,9. Auch dieser Text stammt aus der Mitte des 2. Jh. vC. Damit wird deutlich, dass der Auferstehungsglaube erst in jener Zeit aufkam und allmählich immer mehr Anhänger fand.

## Die Bedeutung der Verzierung der Ossuare

Bildmotive zu deuten, wenn man keine entsprechenden schriftlichen Belege hierfür hat, ist schwierig. Leider fehlen uns entsprechende Texte für die Gestaltung der Ossuare. Die Rosetten könnten ein Symbol für die Sonne sein. Die Sonne ist im Bereich des Todes und der absoluten Dunkelheit ein bewusstes Gegenbild. Sie will, wenn diese Interpretation zutrifft, ein Zeichen der Hoffnung in aller Hoffnungslosigkeit und ein Zeichen des Lebens im Umfeld des Todes sein. Baum- und Blattmotive sind in der Bildwelt Palästinas seit Langem typische Symbole des Lebens. Die Mauerdekoration könnte an die Tempelmauer erinnern; der Tempel wurde als Ort des Lebens verstanden. Damit könnte also auch die Dekoration der Ossuare ein Zeichen für die Hoffnung auf ein Leben nach dem Tode sein.

## Inschriften auf den Ossuaren

Zahlreiche Ossuare weisen Inschriften auf. Während die Dekoration der Knochenkästen meist höchst sorgfältig gearbeitet ist, sind die Inschriften in der Regel schlecht ausgeführt. Es macht den Anschein, dass man die Ossuare bei Handwerkern kaufte, die künstlerisch begabt waren. Der Name der in den Kisten Bestatteten wurde dagegen wohl von unerfahrenen Familienmitgliedern eingeritzt.

Die Namen wurden entweder in Aramäisch oder aber – der damaligen Hauptsprache entsprechend – in Griechisch graviert. Da zahlreiche Ossuare mit Inschriften verziert waren, besitzen wir ein breites Spektrum der damaligen Personennamen von Männern und Frauen. Einige der Ossuare enthielten auch Angaben zum Vaternamen (dies ermöglichte eine genauere Zuordnung der bestatteten Person), einem Spitznamen oder einer Berufsangabe. ■

### Lesetipps

- R. Hachlili
**Jewish Ornamented Ossuaries in the late Second Temple Period** (Haifa 1988).
- L. Y. Rahmani
**A Catalogue of Jewish Ossuaries in the Collection of the State of Israel** (Jerusalem 1994).

# Keramik im Neuen Testament

**Zu jedem Haushalt in biblischer Zeit gehört Haushaltsgeschirr und jede Zeit hatte ihre bevorzugten Keramikformen. So werden Scherben zum chronologischen Gerüst für die Archäologen. Die hier vorgestellten Gefäße waren für die römische Zeit in Palästina typisch und charakteristisch.**

Das Haushaltsgeschirr der biblischen Zeit ist hinsichtlich der Keramiktypen recht unterschiedlich, da es ja verschiedensten Ansprüchen und Bedürfnissen genügen musste. Kochtöpfe sehen schlichtweg anders aus als Vorratsgefäße für Wein oder Öl. Andererseits gibt es auch in jeder Zeit typisches Geschirr, das nahezu im ganzen Land dieselbe Form hat. Für die Archäologen ist die „modische" Gestaltung der Keramik ein wichtiger Ansatzpunkt, um Schichten mit ähnlicher oder nahezu gleicher Keramik, die man an verschiedenen Orten ausgegraben hat, chronologisch gleichsetzen zu können. Keramik hat den Vorteil (für die Archäologen) bzw. den Nachteil (für die damaligen Besitzer), dass sie schnell kaputtgeht und daher meist nicht von langer Lebensdauer ist. Andererseits ist Keramik billig herzustellen und daher ein Massenartikel, den man bei jeder Grabung in großer Zahl findet. Daher beruht die Chronologie in der Archäologie zu weiten Teilen auf der Keramikanalyse. Erst ab der persischen Zeit kommen zunehmend Münzen für die Datierung der Schichten hinzu, die jedoch dann auch eine wesentlich exaktere zeitliche Einordnung ermöglichen.

*Die neutestamentlichen Schriften überliefern weit mehr Begriffe für Keramik als die deutschen Übersetzungen vermuten lassen*

Die neutestamentlichen Schriften überliefern eine Vielzahl von Begriffen für Keramik – weit mehr als die deutschen Übersetzungen der biblischen Texte vermuten lassen. Die deutschen Bibelübersetzungen sind höchst unzuverlässig und geben häufig ein und denselben Begriff an verschiedenen Stellen mit unterschiedlichen Namen wieder. Daher muss für die Frage, welche Gefäße denn mit den einzelnen Begriffen gemeint sind, von den griechischen Namen ausgegangen und diesen Namen jeweils die Bibelstellen zugeordnet werden.

Überraschenderweise gab es bislang nur wenige Versuche, einzelne biblische Begriffe mit real existierenden Keramikgefäßen aus dieser Zeit zu verbinden. Dies soll hier zum ersten Male umfassend für alle einschlägigen Begriffe unternommen werden.

*Aggos:* Mt 13,48
Im außerbiblischen Bereich meint dieser Begriff ganz allgemein ein Gefäß. Nach Mt 13,48 handelt es sich in diesem Kontext um ein Gefäß, in dem die guten (d. h. verkäuflichen) Fische nach dem Fischfang aufbewahrt wurden, während die schlechten wieder in das Wasser zurückgeworfen wurden. Es dürfte sich daher um ein Gefäß handeln, das vorwiegend am Meer oder am See Genesaret gefunden wurde. Zudem dürfte der Gefäßtyp am oberen Rand relativ weit offen gewesen sein, so dass man beim Sortieren die Fische gut in das in dem Gefäß befindliche Wasser werfen konnte.

Unter der Keramik, die im typischen Fischerdorf Kafarnaum gefunden wurde, eignet sich für diese Gefäßgattung insbesonde-

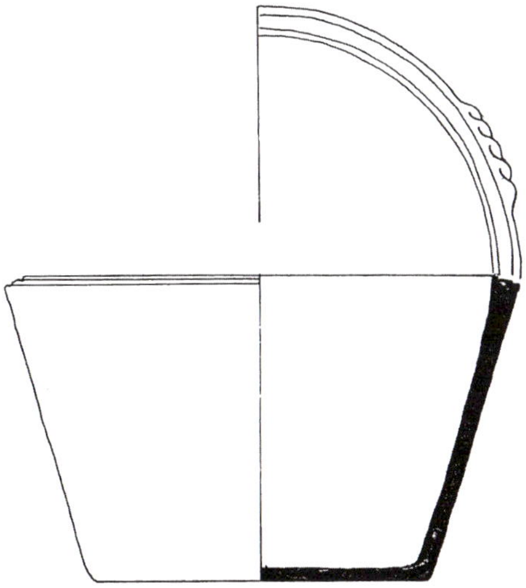

**Zu *Aggos*: Gefäß aus Kafarnaum, in dem Fische aufbewahrt wurden?** St. Loffreda, Cafarnao II. La Ceramica (Jerusalem 1974), 54-59 Tipo 3. Fig. 13:9.14.15.16; foto 13.

re ein Typ: ein im Querschnitt V-förmiges Gefäß mit einem Bodendurchmesser von ca. 30 cm, einem Randdurchmesser von ca. 50 cm und einer Höhe von ca. 30 cm. Natürlich kommt auch jedes andere relativ große und oben offene Gefäß hierfür in Betracht.

*Aggeion:* Mt 25,4
Auch dieser Begriff meint im Profangriechischen, vergleichbar mit *aggos*, ganz allgemein ein Gefäß. Es konnte als Aufbewahrungsgefäß für Flüssigkeiten wie Öl, aber auch für Speiseschnecken oder Fische verwendet werden. Wie im modernen Haushalt auch, war ein und dasselbe Gefäß multifunktional einsetzbar, was die Bestimmung der einzelnen Gefäßbezeichnungen nicht gerade erleichtert. Nach Mt 25,4 wurde in dem Gefäß Öl aufbewahrt. Es ist allerdings nicht sicher, ob mit dem griechischen *lampas* eine Fackel oder aber eine Lampe gemeint ist, die mit dem Öl getränkt wurde. Daher muss offen bleiben, ob es sich eher um ein Gefäß mit einem kleinen Ausguss für das Füllen der Öllämpchen oder aber um einen Krug mit einer breiten Öffnung handelt, in den man die Fackeln stecken konnte. Da *aggos* aber ein Gefäßtyp mit einer breiten Öffnung ist, ist es eher wahrscheinlich, dass auch mit *aggeion* ein Gefäß mit einer großen Öffnung gemeint ist. Man könnte an Krüge mit einer großen Öffnung denken, die natürlich nicht nur zur Aufbewahrung, sondern auch zum Schöpfen aus einem größeren Gefäß dienten.

**Zu *Aggeion***

*Alabastros:* Mt 26,7; Mk 14,3; Lk7,37
Hierbei handelt es sich um ein Gefäß zur Aufbewahrung von Salböl. Der Name *alabastros* weist in römischer Zeit nicht mehr zwingend auf Alabaster als Material hin – auch wenn natürlich in manchen Fällen noch immer Alabaster verwendet worden sein könnte. Vielmehr wurden nur die ersten dieser Gefäße im 6. Jh. vC aus Alabaster

**Zu *Alabastros***

(oder, Alabaster nachahmend, aus Ton) gefertigt. Später wurde der spindelförmige Gefäßtyp aber auch in Ton, Glas oder Fayence kopiert, wobei die ursprüngliche Bezeichnung des Materialtyps nun ein Salbölgefäß benannte.

In hellenistischer Zeit sind die meisten derartigen Gefäße aus Ton gefertigt und weisen eine stark spindelförmige Gestalt auf. Ab der römischen Zeit wurde zunehmend Glas verwendet. Solche Gefäße wurden häufig in Gräbern gefunden und belegen damit, dass in ihnen das Salböl für die Bestattung der Toten aufbewahrt war. Waren die Verstorbenen mit dem oft sehr teuren Salböl eingerieben, ließ man das Fläschchen, das ja mit Toten in Kontakt gekommen war, häufig in der Grabkammer zurück.

*Batos/bat:* Lk 16,6
Das griechische *batos* ist ein Lehnwort aus dem Hebräischen für *bat*, eine Maßeinheit, die in griechisch-römischer Zeit wohl ca. 39 l umfasste, in der Königszeit dagegen nur ca. 20 l.

Große Vorratskrüge haben einen durchschnittlichen Durchmesser von etwa 40 cm und eine Höhe von etwa 50 cm (bis zur Schulter), manchmal sogar bis zu rund 70 cm. Natürlich können die Gefäße auch et-

**Zu *Batos/bat***

was höher und dafür geringfügig schlanker sein. Damit ist der Inhalt, der in solchen Krügen abgefüllt werden kann, etwa der eines Bats (39 l). Grundlegend für die Antike in Israel ist, dass die Gefäße nicht wirklich im modernen Sinn genormt waren, aber trotzdem – mit den Ungenauigkeiten einer Handfertigung – den damaligen Maßeinheiten in etwa entsprochen haben dürften. Eine Ungenauigkeit von 10-20 % ist dabei normal. Da in den meisten Fällen Waren im Kreis der (Groß-)Familie weitergegeben und nicht gehandelt wurden, genügten ungefähre Maßangaben. Nur für den Handel waren überprüfbare Maßheinheiten nötig.

*Chalkion:* Mk 7,4
Der Name des Gefäßes ist von *chalkeos*, „kupfern“, abgeleitet und meint daher ein Kupfergefäß. Er kann sich auf alle Arten von Kupfergeschirr beziehen und ist in Mk 7,4 wohl auch so weit gedacht. Kupfergeschirr wurde bei Ausgrabungen relativ selten gefunden und stellte in der Antike einen besonderen Luxusgegenstand dar. Das Kupfer wurde wegen seines materiellen Wertes immer wieder eingeschmolzen und für neue Gerätschaften verwendet.

*Choinix:* Offb 6,6
Dieser Begriff meint ein Getreidemaß, das eine Tagesration ausmachte und etwa 1,1 l umfasste. Die flachen, sicherlich multifunktional benützten Schalen jener Zeit sind zum Trinken geeignet, aber auch als Maßeinheit.

**Zu *Choinix***

Man konnte mit diesen Schalen, die eine Höhe von 4–5 cm und einen Durchmesser von ca. 15 cm hatten, ins Getreidelager gehen und die Schale mit Getreide füllen. Glatt abgestrichen entsprach das Getreide in etwa den erforderlichen 1,1 l.

*Keramion:* Mk 14,13; Lk 22,10
Hierbei handelt es sich um einen tönernen (Wasser-)Krug, den man in der Hand tragen konnte. In einem solchen Krug wurde das Wasser aufbewahrt, das man vor allem zum Waschen benötigte, aber auch zum Mischen mit Wein und für die Tiere. Ein solches Gefäß gehörte zu jedem Haushalt. Wenn man es auf dem Kopf trug, konnte man gut zur Quelle gehen und dort Wasser holen. Da der Ton porös war und damit immer etwas Wasser verdunstete, blieb es den ganzen Tag über kühl und frisch. Andererseits waren diese Gefäße nicht allzu groß. Dies macht auch deutlich, dass der Wasserbedarf einer Familie nicht allzu groß sein durfte, denn für jeden Krug musste man wieder zur Quelle gehen.

**Zu *Keramion***

*Lampas:* Mt 15,1.3.4.7.8; Joh 18,3; Apg 20,8; Offb 4,5; 8,10
Das Wort bezeichnet die mit Pech bestrichene Fackel, kann aber auch seit der hellenistischen Zeit Lampen meinen. Im Gleichnis von den törichten Jungfrauen könnte es sich sowohl um Fackeln, deren oberes Ende aus mit Öl getränkten Stofffetzen bestand, als auch um Öllampen handeln. Allerdings ist die übliche Bezeichnung für eine Öllampe *lychnos*, so dass man eher an Fackeln denken sollte.

*Lychnia:* Mt 5,15; Mk 4,21; Lk 8,16; 11,33; Heb 9,2; Off 1,12.13.20; 2,1.5; 11,4
Dieser Begriff meint nicht eine Lampe selbst, sondern den Lampenständer für die Öllämpchen, der die Lichtausbeute verbesserte. Der Begriff kann sich auch auf den siebenarmigen Leuchter im Herodianischen Tempel beziehen, aber auch auf jeden metallenen oder tönernen Ständer mit einer Standfläche. In römischer Zeit verwendete man vor allem metallene Ständer, die aber häufig wieder eingeschmolzen wurden und deshalb nur selten erhalten blieben.

Demnach handelt es sich also nicht um ein Gefäß, sondern um eine Gerätschaft, auf der ein Keramikgefäß abgestellt werden kann.

*Lychnos:* Mt 5,15; 6,22; Mk 4,21; Lk 8,16; 11,33.34.36; 12,35; 15,8; Joh 5,35, 2 Petr 1,19; Offb 18,23; 21,23; 22,5
Lychnos meint die meist aus Ton, selten auch aus Metall gefertigte Öllampe. Solche Öllämpchen finden sich sehr häufig bei Ausgrabungen. Ursprünglich waren die Öllämpchen einfache Schälchen, die an einer Seite zusammengekniffen wurden, sodass eine Schnauze für den Docht entstand. Seit der persischen Zeit wurden diejenigen Öllämpchen immer beliebter, die ein separates Füll- und Dochtloch hatten. Typisch für die herodianische Zeit sind Öllämpchen mit volutenförmigen Schnauzen. Bemerkenswert an diesen Öllämpchen ist, dass sie keine bildlichen Verzierungen auf dem Spiegel (der freien Fläche um das Einfüllloch herum) aufwiesen, wie sich dies häufig in der nicht-jüdischen Umwelt belegen lässt. Auch bei der Gestaltung der Öllämpchen wurde demnach in weiten Teilen Judäas die Einhaltung des Bilderverbotes strikt beachtet. Häufig sind in der paganen Umwelt auf dem Spiegel erotische Motive, die wegen der Darstellung von (nackten) Menschen sicherlich in der jüdischen Welt als besonders anstößig galten.

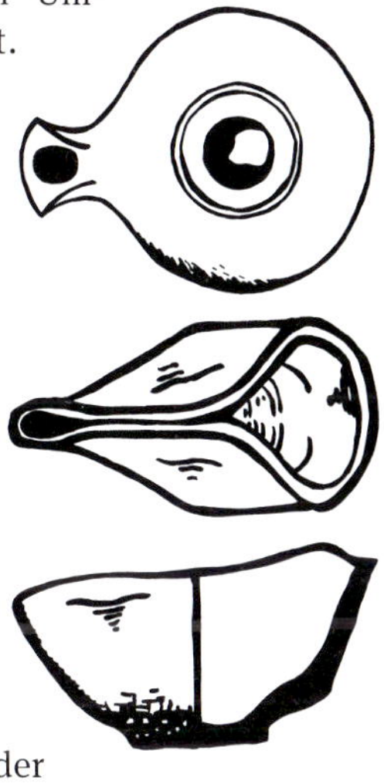

**Zu *Lychnos***

*Metron:* Mt 7,2; 23,32; Mk 4,24; Lk 6,38; Joh 3,34; Röm 12,3; 2 Kor 10,13; Eph 4,7.13; Offb 21,15.17
Dieser Begriff ist im Neuen Testament nicht im Sinne eines bestimmten Maßes oder einer Maßeinheit gemeint, sondern meint ganz allgemein das Abmessen oder das Maß.

*Modios:* Mt 5,15; Mk 4,21; Lk 11,33
Der griechische Begriff *modios* ist ein Lehnwort aus dem Lateinischen, wo er ein Getreidemaß von 8,7 l meint. Dies entspricht in alttestamentlicher Zeit in etwa einem *Sea* (Gen 18,6; 1 Sam 25,18; 1 Kön 18,32; 2 Kön 7,1.16.18) bzw. bei neutestamentlichen Maßeinheiten 8-mal einem *choinix*.

Wie das Maß in der römischen Welt aussah, wissen wir dank einiger Abbildungen auf Münzen. Demnach handelte es sich um ein offenbar aus Metall gefertigtes nahezu zylindrisches Gefäß, manchmal mit drei Beinen. Derartige Gefäße waren anscheinend geeicht.

**Zu *Modios***

Allerdings wurde wahrscheinlich noch kein entsprechendes Gefäß bei Ausgrabungen in Palästina gefunden. Ihre Existenz ist deshalb aber nicht ausgeschlossen. In der Regel wird man sicherlich – angesichts des bislang fehlenden Nachweises dieses Maßes – Alternativen verwendet haben. Es könnte gut möglich sein, dass man für das Abmessen von Getreide – wie möglicherweise in alttestamentlicher Zeit auch – einen Kochtopf als Maßeinheit verwandte. Dabei kam es in der Antike nicht so sehr darauf an, dass der Inhalt genormt war. Normmaße, wie wir sie heute kennen, gab es damals nicht. Vielmehr wird man darauf geachtet haben, dass die Maßeinheit immer einigermaßen gleich war. Wenn sich einzelne Familienmitglieder einer Großfamilie mit einem Kochtopf, der stets in etwa dieselbe Größe hatte, Getreide holten, dann war die Zahl der gefüllten Kochtöpfe entscheidender für die Verteilung, als die Angabe, ob die Menge wirklich exakt einer Normeinheit entsprach. Kochtöpfe gab es in jedem Haushalt, und daher waren sie bestens als Maßeinheit geeignet. Der Inhalt dieser Kochtöpfe entspricht etwa 8 l – mit den üblichen Schwankungen bei Handarbeit.

**Zu *Modios***

Luther hat in seiner Übersetzung hier ursprünglich „Scheffel" verwendet („Man soll sein Licht nicht unter den Scheffel stellen"). Diese Übersetzung blieb über Jahrhunderte geläufig, auch wenn diese Maßeinheit längst nicht mehr gebräuchlich ist. In neueren Übersetzungen wird stattdessen meist „Eimer" übersetzt. Auch die Angabe Scheffel war übrigens alles andere als genau. Mit diesem Begriff konnte in Deutschland landschaftlich verschieden ein Hohlmaß zwischen 0,23 und 2,22 Hektoliter gemeint sein. Es ging Luther bei seiner klassisch gewordenen Übersetzung mehr um die Anschaulichkeit und nicht um die Übersetzungsgenauigkeit.

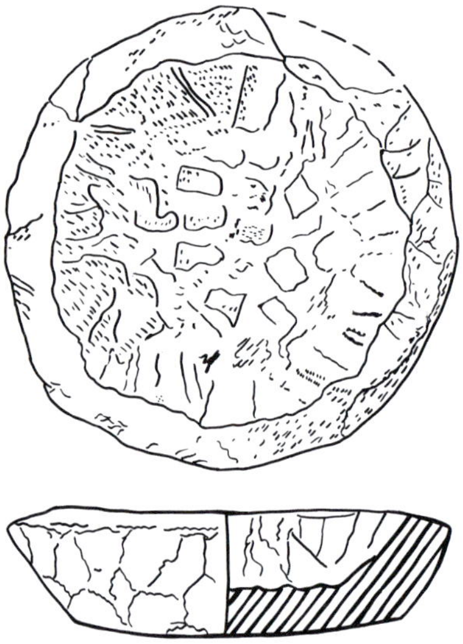

**Zu *Paropsis*.** Y. Magen, The Stone Vessel Industry in the Second Temple Period (Jerusalem 2002), 48 Fig. 2.44:4.

*Paropsis:* Mt 23,25
Der Begriff meint eigentlich das „Nebengericht" und – auf Keramikgefäße bezogen – die kleine Schüssel für das Nebengericht. In Mt 23,25 wird dieser Begriff auf die Reinheitsvorschriften der Pharisäer bezogen. Da Stein nicht verschmutzt werden kann und damit den Reinheitsgeboten entsprach, sollte man an derartige Steingefäße denken. Unter den Steingefäßen gibt es entsprechende kleine flache Schälchen mit etwa 15 cm Durchmesser, die hierfür geeignet scheinen.

*Phiale:* Off 5,8; 15,7; 16,1-4.8.10.12.17; 17,1; 21,9
In dem schalenartigen Gefäß, das aus Metall (Gold: Offb 5,8) gefertigt wurde, konnte Räucherwerk aufbewahrt werden. Es wird sich von der Form her um ein ähnliches Gefäß wie das aus Ton gefertigte *choinix* handeln.

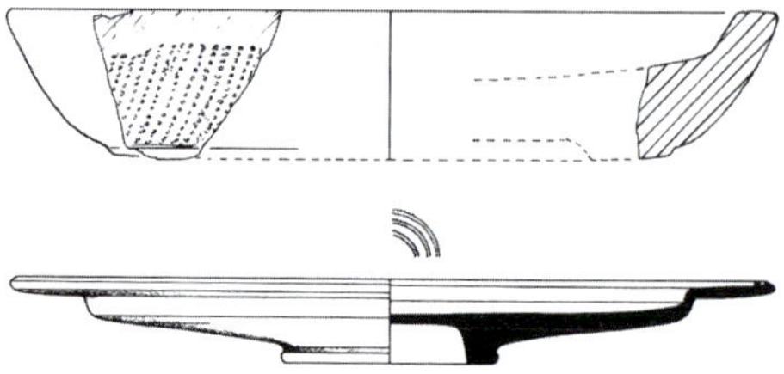

**Zu *Pinax*.** H. Geva, Jewish Quarter Excavations in the Old City of Jerusalem conducted by Nahman Avigad, 1969-1982. Volume III: Area E and Other Studies. Final Report (Jerusalem 2006), 231:6 (Steinschale). Ebd., 165:8 (Keramik)

*Pinax:* Mt 14,8.11; Mk 6,25.28; Lk 11,39
Der griechische Begriff meint recht allgemein ein Brett, einen Teller oder eine Schüssel. Hierbei handelt es sich um eine Schale, Platte oder eine flache Schüssel, auf der nach Mk 6,25.28 (par Mt 14,8.11) der Kopf des Täufers präsentiert wurde. Lk 11,39 legt nahe, dass es entsprechende Gefäße auch aus Stein gab. Am ehesten ist an eine flache Schale mit 30–40 cm Durchmesser zu denken, wie sie sowohl aus Stein als auch aus Ton hergestellt wurde. Wenn ein solches Gefäß tönern war, gehörte es häufig zur hochwertigen Ware („fine ware"), wie sie sicherlich auch im Palast des Herodes Antipas in Machärus verwendet wurde.

**Zu *Potērion***

*Potērion:* Mt 10,42; 20,22; 23,25.26; 26,27; 26,39 Mk 7,4; 9,41; 10,38f.; 14,23.36; Lk 11,39; 22,17.20.42; Joh 18,11; 1 Kor 10,16.21; 11,25.26.27; Offb 14,10; 16,19; 17,4; 18,6
Hierbei handelt es sich um ein Trinkgefäß, das sowohl aus Ton als auch aus Metall (Gold: Offb 17,4) gefertigt sein kann. In der Antike benützte man hierfür Schälchen, die in der Hand gehalten wurden. Solche Schäl-

chen konnten auch als *choinix* verwendet werden, waren also multifunktional als Maßgefäß und als Trinkschale verwendbar.

*Skeuos:* Mt 12,29; Mk 3,27; 11,16; Lk 8,16; 17,31; Joh 19,19; Apg 9,15; 10,11.16; 11.5; 27,17; Röm 9,21f.; 2 Kor 4,7; 1 Thess 4,4; 2 Tim 2,20.21; Heb 9,21; 1 Pet 3,7; Offb 2,27; 18,12
Der Begriff meint ganz allgemein eine Gerätschaft, die im Haushalt, aber auch in anderen Lebensbereichen vorkommen kann. Im Plural kann der Begriff auch den kompletten Besitz umfassen.

**Zu *Stamnos***

*Stamnos:* Hebr 9,4
Im Profangriechischen meint das Wort einen Krug oder einen Topf. Der Begriff bezieht sich in Hebr 9,4 auf das Gefäß, in dem das Manna (vgl. Ex 16,33) aufbewahrt wurde. Ein häufiges Bild auf jüdischen Münzen aus der Zeit des 2. Jüdischen Aufstands (Bar-Kochba-Aufstand) könnte sich auf dieses Gefäß beziehen. Es handelt sich um eine gläserne oder metallene Amphore mit meist zwei Henkeln. Während des Bar-Kochba-Aufstandes hat man gerne Motive aus der Zeit des inzwischen zerstörten Tempels (Tempelportal, Trompeten) oder des Privatkults (Lulav, Etrog, Leier) abgebildet, sodass man zumindest postulieren kann, dass es sich bei der Amphore um ein Tempelgerät handelt, und dann am ehesten um das, in dem das Manna aufbewahrt wurde.

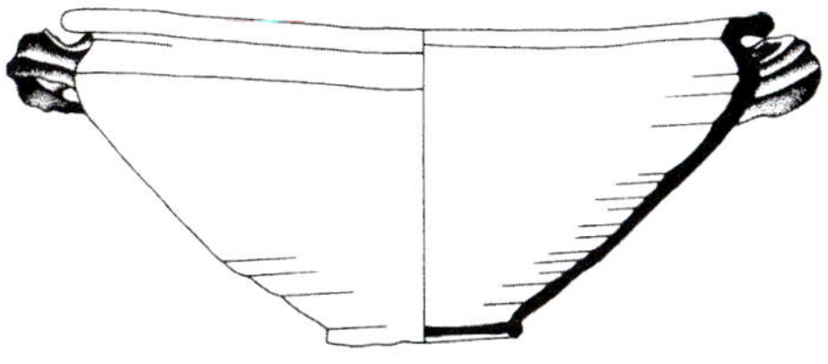

**Zu *Tryblion*** R. Bar-Nathan, Masada VII. The Yigael Yadin Excavations 1963-1965.- Final Reports. The Pottery of Masada (Jerusalem 2006), Abb.: 147 Pl. 23:13.

*Tryblion:* Mt 26,23; Mk 14,20; vgl. Josephus Ant 3,220; 12,117
Dieses Gefäß diente zum Händewaschen vor der Mahlzeit. Hierzu sind größere Schalen geeignet mit einem Durchmesser von ca. 20–30 cm.

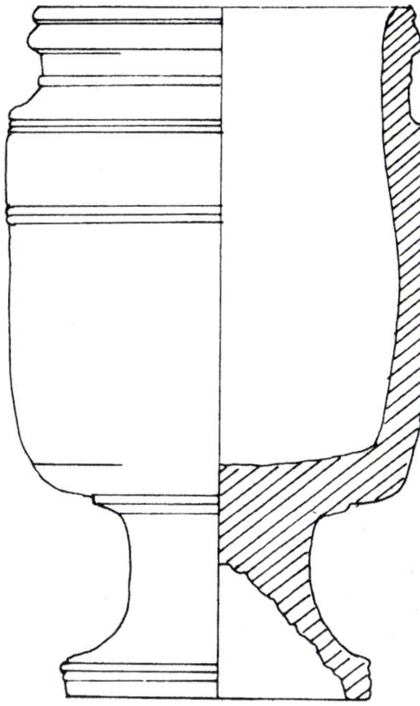

**Zu *Udria*** Abb.: R. Deines, Jüdische Steingefäße und pharisäische Frömmigkeit. Ein archäologisch-historischer Beitrag zum Verständnis von Joh 2,6 und der jüdischen Reinheitshalacha zur Zeit Jesu (WUNT II/52; Tübingen 1993), 57 Abb. 10.

*Udria:* Joh 2,6f; 4,28
Nach Joh 2,6f handelt es sich um steinerne Wasserkrüge, die für die üblichen jüdischen Reinigungsriten verwendet wurden. Genauer muss man wohl sagen, dass diese Reinigungsriten vor allem von pharisäischen Kreisen praktiziert wurden. Die Gefäße fassten 2 oder 3 *Metretes*. Ein Metretes, ein besonders in Attika gebräuchliches Hohlmaß, entspricht mit 39 l dem in Lk 16,6 erwähnten *batos*. Da es sich um Gefäße für die Reinigung handelte, wird man davon ausgehen dürfen, dass sie aus Stein verfertigt waren, der entsprechend der jüdischen Reinheitsvorschriften im Gegensatz zu Ton nicht unrein werden konnte. Derart große Steingefäße wurden u. a. in Jerusalem gefunden.

*Xestēs:* Mk 7,4
Hierbei handelt es sich um ein Maß für flüssige und feste Waren, das etwa einen halben Liter umfasst – und damit die halbe Maß-

**Zu *Xestēs*** Abb.: Pottery of Massada, Group D, S. 136f., Type M-ML5; S. 130f. Group A, Type M-ML1

einheit eines *choinix* (bzw. eines *poterion*). Der Begriff ist abgeleitet von lateinisch *sextarius*. Der griechische Begriff kann auch ein Trinkgefäß meinen.

Archäologisch kommen hierfür hemisphärische Schalen in Frage, die aus Ton gefertigt sind, einen Randdurchmesser von etwa 11 cm und eine Höhe von etwa 4 cm aufweisen. Aber auch hier gilt wieder, dass die Schalen nicht geeicht waren, sondern dass es schlichtweg größeres und kleineres Trinkgeschirr gab, das auch als ungefähre Maßeinheit verwendet werden konnte. ■

# Jüdische Steingefäße aus der Zeit von Herodes bis Bar Kochba

**Die kurze Blütezeit der jüdischen Steingefäße ab der zweiten Hälfte des 1. Jh. vC bis zum Aufstand des Bar Kochba verdankt sich einer Reihe von historischen und religionsgeschichtlichen Faktoren, die sie zu einer faszinierenden und einzigartigen Fundgruppe machen.**

**Verschiedene Steingefäße aus Masada.**

Als eigene Fundgruppe sind die jüdischen Steingefäße im Grunde erst mit den großen Ausgrabungen in Masada (Yigal Yadin, 1963–1965), der Oberstadt Jerusalems (Nahman Avigad, 1969–1982), dem Gebiet südlich und westlich des Tempelberges (Benjamin Mazar, Meir Ben-Dov 1968–1978) und der Davidstadt (Yigal Shiloh, 1978–1985) ins wissenschaftliche Bewusstsein gerückt. Die Ausgrabungen in Jerusalem waren eine direkte Folge des Sechs-Tage-Krieges 1967, der zur Eroberung der Altstadt durch die israelische Armee führte. Das schwer zerstörte jüdische Viertel ermöglichte vor der Neubebauung großflächige archäologische Untersuchungen, die erstmals einen genauen Einblick in die Lebensverhältnisse der bessergestellten Jerusalemer Stadtbevölkerung in der Zeit bis zum Jahr 70 nC erlaubten. Bei den genannten Ausgrabungen kamen Hunderte von Steingefäßen, viele davon mehr oder weniger intakt, in einer Vielzahl von Formen zum Vorschein und verlangten nach einer Erklärung.

Auffällig war neben der Vielfalt und Qualität der Gefäße auch die Tatsache, dass sie zumeist in der Zerstörungsschicht des Jahres 70 gefunden wurden, aber nie in Schichten, die sich eindeutig der vorherodianischen Zeit zurechnen ließen. Das aber bedeutete, dass hier eine Fundgruppe aufgetaucht war, die nur eine relativ kurze Laufzeit besaß, ehe sie, mit einem deutlich verringerten Formenrepertoire, spätestens nach der Zeit Bar Kochbas außer Gebrauch kam.

Zwar waren auch schon bei früheren Ausgrabungen einzelne dieser Steingefäße gefunden und publiziert worden, doch wurde ihnen weder bei der Ausgrabung selbst noch bei den Fundpublikationen besondere Sorgfalt gewidmet. Oft wird nur summarisch erwähnt, dass auch verschiedene Gefäße oder Bruchteile aus Kalkstein gefunden wurden. Ihre Bedeutung sowohl für die Datierung als auch als Indikator für jüdische Bewohnerschaft eines Ortes war damals noch nicht erkannt. Zu dieser relativen Vernachlässigung hat auch beigetragen, dass es einfache Gefäße und Werkzeuge aus Stein, insbesondere

Mörser, Stößel, Reibe- und Mühlsteine für Getreide, sozusagen schon immer gab. Diese oft aus Basalt hergestellten Gerätschaften sind kunsthistorisch und ästhetisch ohne Belang und fanden ebenfalls erst mit dem Aufkommen einer stärker sozialgeschichtlich orientierten Archäologie Beachtung.

## Die Besonderheit der jüdischen Steingefäße

Drei Charakteristika zeichnen die jüdischen Steingefäße gegenüber anderen Gerätschaften aus Stein aus:

*1. Die Herstellung*

Das verwendete Material besteht ausschließlich aus lokal gewonnenem weißlichem Kalkstein aus der Kreidezeit. Dieser lässt sich in frischem und feuchtem Zustand hervorragend verarbeiten, weil er erst an der Luft langsam nachhärtet. Zwei große Werkstatthöhlen bei Jerusalem und einige weitere Plätze, die als Werkstätten gedeutet werden, erlauben es, die Herstellung der Gefäße vom Ort der Steingewinnung bis zur Fertigstellung lückenlos zu dokumentieren. Zwei Herstellungsweisen lassen sich unterscheiden: handgefertigte und auf einer Drehbank gefertigte Gefäße. Die handgefertigten Gefäße bestehen insbesondere aus zwei- oder einhenkeligen Bechern und Schüsseln. Sie wurden hauptsächlich mit dem Meißel bearbeitet. In der Literatur werden sie oft als „Maßbecher" o. ä. bezeichnet, was allerdings irreführend ist, da diese Gefäße kein Standardmaß aufweisen und sicher nicht als eine Art Maßbecher dienten. Die auf einer Drehbank hergestellten runden Stücke sind oft glatt poliert und weisen häufig eingefräste Zierlinien auf. Ihr Fassungsvermögen liegt zwischen 0,2 und 80 Litern. Die größten dieser Typen sind fassartig geformt und stehen auf einem Fuß. Joh 2,6 bezieht sich auf diese Kratere und verbindet sie ausdrücklich mit den jüdischen Reinheitsriten.

*2. Zeitliche Eingrenzung*

Die typisch jüdischen Steingefäße sind chronologisch und geografisch genau eingrenzbar. Hillel Geva hat unlängst erstmals stratigrafisch belegen können, dass Steingefäße spätestens ab dem Beginn der herodianischen Herrschaft vorkamen, wenn nicht sogar etwas früher. Damit korrigiert er die vor allem von Jane Cahill vertretene Behauptung, dass Steingefäße frühestens in der ersten Hälfte des 1. Jh. nC sicher nachweisbar sind. Die spätesten Funde gehören in die Zeit des Bar-Kochba-Krieges. Geva schlägt ferner eine dreistufige Entwicklung vor: Am Anfang, kurz vor Herodes oder zu Beginn seiner Herrschaft, stehen die handgefertigten Steinbecher. Ihnen folgen noch in seiner Regierungszeit die großen gedrehten Gefäße und erst etwas später scheinen die kleinen gedrehten Gefäße produziert worden zu sein.

*3. Die Gefäßtypen*

Das Repertoire der Steingefäße ist äußerst vielseitig. Große Behälter dienten der Bereitstellung von Wasser für besondere Reinheitsriten (vgl. Joh 2,6). Möglicherweise wurden sie darüber hinaus auch für die Lagerung von Lebensmitteln verwendet. Viele der belegten Gefäßformen lassen sich auch in Ton, Holz und Metall nachweisen, natürlich mit den durch das Material bedingten Einschränkungen. Belegt ist eine Vielzahl von Schüsseln, Schalen, Dosen, Tellern, Tassen, Bechern und Kännchen, dazu kommen verschiedene Gefäßverschlüsse in der Art von Stöpseln oder Deckeln. Nur vereinzelt fanden sich Tintenfässer und Gerätschaften unbekannter Verwendung. Eine weitere Besonderheit stellen runde oder rechteckige steinerne Tabletts und Tischplatten dar (s. Abb. nächste Seite). Letztere besaßen ein pfeiler- oder säulenartiges Tischbein, sodass der gesamte Tisch aus Stein gefertigt war. Dafür gibt es allerdings nichtjüdische Parallelen aus anderen Teilen des Römischen Reiches.

## Steingefäße als Indikatoren für jüdische Präsenz

Inzwischen gelten Steingefäße, zusammen mit den nahezu gleichzeitig aufgekommenen Ossuaren und den nur wenig älteren Miqwen (Ritualbäder), als eindeutige Indizien dafür, dass eine Ortslage in der fraglichen Zeit von Juden bewohnt war. Auch das Aufkommen eigenständiger Synagogengebäude in Israel ist zeitlich eng mit diesen Neuerungen in der materialen jüdischen Kultur verbunden. Die Verwendung von Steingefäßen als Indikator für eine jüdische Einwohnerschaft wird zudem durch ihre geografische Verteilung gestützt. Sie finden sich nahezu ausschließlich in den Gebieten Israels und Jordaniens, in denen aufgrund der literarischen Quellen eine mehrheitlich jüdische Bewohnerschaft zu erwarten ist. So gibt es etwa aus Samarien nahezu keine Steingefäße und Ossuare (jedoch eine begrenzte Anzahl von Miqwen und Synagogen zumindest für die spätrömische Zeit), während ihre Zahl in und um Jerusalem und in Galiläa sehr hoch ist. Wo immer jüdische Ortslagen aus dem 1. Jh. vC ausgegraben werden, kann man diese besonderen Steingefäße aus Kalkstein unter den Funden erwarten.

Bisher gibt es keine Funde aus einem eindeutigen nichtjüdischen Kontext, und auch keine aus dem übrigen Mittelmeergebiet. Selbst dort, wo jüdische Gemeinden und Synagogen im Mittelmeerraum archäologisch gut belegt sind und bestimmte Bauwerke jüdischen Besitzern zugeschrieben werden können, sind keine Steingefäße dokumentiert. Zwar lässt sich die Fundmenge in der Diaspora nicht mit der im jüdischen Mutterland vergleichen und aus fehlenden Befunden sollte nicht vorschnell auf das Fehlen dieser Fundgruppe überhaupt geschlossen werden. Dennoch gibt es gute Gründe dafür, dass sich die Produktion und Verwendung auf das biblische Land Israel beschränkte.

**Steingefäße,** Tassen.

**Große Steingefäße und Steintisch mit Steingefäßen** im sogenannten *Burnt House* in Jerusalem, das bei der Erstürmung Jerusalems 70 nC zerstört worden sein soll.

Die Steingefäße stehen, wie nahezu einhellig angenommen wird, in einem engem Bezug zu den spezifischen Reinheitsgeboten für Gefäße und Geräte in der Tora (Lev 11,32-35; 15,4.12.20-22; Num 19,14f.18; 31,20-23). Diese Texte beziehen sich in erster Linie auf das Leben im Land Israel mit dem Jerusalemer Tempel als kultischem Zentrum.

## Steingefäße als Indikatoren für jüdische Reinheitspraxis

Dass Steingefäße und Miqwen mit der jüdischen Reinheitspraxis, wie sie die Tora dem Volk Israel vorschreibt, zusammenhängen, machen die literarischen Quellen aus dieser Zeit deutlich. Joh 2,6 bezeugt, dass die Verwendung von Gefäßen aus Stein mit der jüdischen Reinheitsfrömmigkeit und -praxis zusammenhängt, deren Bedeutung seit dem 2. Jh. vC nachweislich zunahm. Dazu kommt eine in der rabbinischen Literatur wiederholt belegte Regel, dass „Geräte (bzw. Gefäße) aus Stein, Mist und Erde" keine Unreinheit annehmen können (z. B. bShab 58a). Damit machte sich die rabbinische Traditionsbildung eine Lücke in der schriftlichen Tora zunutze. Die oben genannten biblischen Texte in Levitikus und Numeri beschreiben, was zu geschehen hat, wenn ein Gefäß im religiösen Sinn verunreinigt wird: Tonwaren müssen zerstört werden und können keiner rituellen Reinigung unterzogen werden, nachdem sie einmal unrein wurden. Ton war billig und die Gefäße konnten darum leicht ersetzt werden. Eine Verunreinigung konnte im Alltag etwa dadurch geschehen, dass sich in ihrem Innenraum ein totes Insekt ab einer bestimmten Größe befand. Auch die Berührung der Gefäße durch Personen, die infolge von Menstruation oder Samenerguss unrein waren, führte zu ihrer Verunreinigung.

Anders ist dies mit den kostbareren Gefäßen aus Holz und Metall. Sie können mit Wasser oder Feuer gereinigt werden, d. h. die von der Tora definierte Unreinheit kann durch eine rituelle Reinigung wieder entfernt werden. Danach war das Gefäß wieder alltagstauglich. Weitere Materialien wie Stein oder Glas sind in der Tora nicht erwähnt. So entstand die Frage, wie Gefäße aus nicht in der Tora erwähnten Materialien halachisch, d. h. religionsgesetzlich, zu behandeln sind, wenn sie mit etwas Unreinem in Kontakt gekommen sind: Müssen sie wie Tongefäße zerbrochen oder können sie wie Holz- und Metallgeräte wieder gereinigt werden? Für Glas wurde entschieden, dass es wie Metall zu behandeln ist. Für Stein dagegen gilt die obige Regel: Stein als reines Naturprodukt, das unvermischt gewonnen und verwendet wurde, kann wie alles sich im Naturzustand Befindliche nicht unrein werden. Daher eignete sich Stein für die Verwendung in Bereichen, bei denen besonders auf Reinheit geachtet wurde.

In der rabbinischen Literatur, die aus der Zeit nach 200 nC stammt, sind für bestimmte Tempelrituale Steingefäße vorgeschrieben. Die zahlreichen Funde in unmittelbarer Nähe des Tempelberges bestätigen, dass die rabbinische Tradition hier Erinnerungen aufbewahrt hat, die typisch für die Zeit vor der Tempelzerstörung waren. Aber auch im normalen Haushalt, das zeigt die Fundverteilung deutlich, machte man sich den Vorteil der Steingefäße zu Nutzen. Steingefäße konnten überall da Verwendung finden, wo rituelle Verunreinigungen zu befürchten waren oder wo man sicher sein wollte, dass Nahrungsmittel nicht durch Kontakt mit dem Vorratsbehälter oder dem verwendeten Geschirr potenziell verunreinigbar waren.

Der Tatsache also, dass Stein bei den Materialbestimmungen der biblischen Gesetzgebung nicht vorkam, verdanken die Steingefäße ihre kurze, aber intensive Blüte.

## Steingefäße als Indikatoren für eine pharisäisch inspirierte religiöse Alltagspraxis?

Steingefäße bezeugen zusammen mit Miqwen, Ossuaren und Synagogen eine Veränderung der jüdischen Religionspraxis, beginnend im 1. Jh. vC. Ab diesem Zeitpunkt interpretierte ein wachsender Bevölkerungsanteil alttestamentliche Vorschriften über das „sich mit Wasser abwaschen" (Lev 15,5–7.10f u. ö.) oder das Waschen von Kleidern und Gegenständen (Lev 11,25.32.40; 15,11-13 u. ö.) in dem Sinne, dass man diese Reinigung in einer Miqwe zu vollziehen habe. Der Weg vom einfachen Waschen zu den detaillierten Regelungen, die mit einer Miqwe verbunden sind, ist das Ergebnis von schriftgelehrter Arbeit, kulturellen Einflüssen der griechisch-römischen Zeit, und dem neuerwachten Interesse auch in nichtpriesterlichen Familien, die Reinheitsvorschriften im Alltag zu verankern. In welcher Weise und in welchem Ausmaß die Reinheitsvorschriften der Tora in der Zeit davor eingehalten wurden, lässt sich aufgrund archäologischer Funde dagegen nicht beschreiben. Hier sind die literarischen Überlieferungen die einzige Quelle.

Die Steingefäße dienen demselben Anliegen wie die Miqwen: Sie ermöglichen das Einhalten der gebotenen Reinheitsvorschriften der Tora, indem praxisnahe, das alltägliche Leben nicht zu sehr einschränkende Entscheidungen getroffen wurden.

Die strittige Frage ist nun: Wer hatte ein Interesse an diesen Veränderungen der jüdischen Torapraxis? Oder anders gefragt: Wie kam es dazu, dass man die jahrhundertealten Texte der Tora plötzlich in einer ganz neuen Weise interpretierte und auf ihre praktische Umsetzung drängte? Interesse an diesen Veränderungen können m. E. nur die Pharisäer gehabt haben, die im 1. Jh. vC beträchtlichen politischen und gesellschaftlichen Einfluss hatten. In das pharisäische Profil fügen sich zudem auch die Veränderungen in der Bestattungskultur mit dem Aufkommen der Ossuare und die entstehende Institution der Synagoge ein. Aber nicht jedes Steingefäß, jede Miqwe oder jedes Ossuar sowie jede Synagoge kann darum unterschiedslos einfach als „pharisäisch" etikettiert werden. Dagegen spricht die weite Fundverteilung, die nicht auf ein religiöses Milieu allein begrenzt werden kann. Zudem ist unser Wissen, was mit *Pharisäer* und *Pharisäismus* überhaupt bezeichnet werden kann, noch immer bruchstückhaft. Aber die konvergierende Tendenz der archäologischen und literarischen Funde ist unübersehbar: Es sind die Pharisäer, die nach der Auswertung aller verfügbaren Quellen ein Interesse daran hatten, dass ganz Israel nach den Geboten der Tora lebte und sich um die von Gott gestiftete und gewollte Reinheit bemühte. Gegen den genealogisch begründeten Exklusivanspruch von priesterlichen Kreisen, die ihre Sonderstellung durch eine Ausdehnung von Reinheitsanforderungen zu sichern versuchten, bemühten sich die Pharisäer in Bezug auf Reinheitsfragen um eine mehrheitsfähige Alltagstauglichkeit, die die Tora als Weisung Gottes flexibel und interpretierbar behandelte. Das hat nichts mit Nachlässigkeit gegenüber den Geboten oder gar Heuchelei zu tun, ganz im Gegenteil: Weil die Pharisäer die biblischen Gebote ernst nahmen, wollten sie, dass diese von möglichst vielen Menschen eingehalten werden konnten. Ihre halachische Kompetenz und ihr darauf gegründetes Ansehen in weiten Kreisen der Bevölkerung verhalf den Steingefäßen zu weiter Verbreitung. Sie dienten der Reinheit des Volkes, wie sie Gott von seinem Volk erwartete. Da Reinheit die Voraussetzung für die Gottesbegegnung ist (vgl. Ex 19,10-15), musste sich das Volk um die Reinheit bemühen, um Gottes Wohnen unter seinem Volk zu ermöglichen. Dass die Steingefäße dennoch nach 70 nC relativ schnell außer Gebrauch kamen, hängt in erster Linie mit der Zerstörung des Tempels und der damit notwendigen Veränderung der Reinheitspraxis zusammen. Denn mit dem Tempel fehlten das Zentrum und besonders die Mittel, um schwerere Verunreinigungen, für die die Tora ein Opfer vorschrieb, aufzuheben. Das hatte zur Folge, dass die gesamte Reinheitspraxis neu durchdacht und formuliert werden musste.

*Stein als reines Naturprodukt, das unvermischt gewonnen und verwendet wurde, kann wie alles sich im Naturzustand Befindliche nicht unrein werden.*

### Lesetipps


- J. C. Cahill,
**The Chalk Vessel Assemblages of the Persian/Hellenistic and Early Roman Periods,** in: Chalk Vessel Assemblages of the Persian, Hellenistic, and Early Roman, in: D. T. Ariel u. A. DeGroot (Hg.), Excavations at the City of David 1978–1985 Directed by Yigal Shiloh, Vol. III: Stratigraphical, Environmental, and Other Reports (Qedem 33; Jerusalem 1992), 190–274.
- R. Deines,
**Jüdische Steingefäße und pharisäische Frömmigkeit.** Ein archäologisch-historischer Beitrag zum Verständnis von Joh 2,6 und der jüdischen Reinheitshalacha zur Zeit Jesu (WUNT II/52, Tübingen 1993).
- Y. Magen,
**The Stone Vessel Industry in the Second Temple Period.** Excavations at Hizma and the Jerusalem Temple Mount (Judea and Samaria Publications 1, Jerusalem 2002).
- H. Geva,
**Stone Artifacts,** in: H. Geva (Hg.), Jewish Quarter Excavations in the Old City of Jerusalem Conducted by Naham Avigad, 1969–1982, Final Report. Vol. 3: Area E and Other Studies (Jerusalem 2006), 218–238.
- R. Reich,
**Stone Mugs from Masada,** in: Masada VIII: The Yigael Yadin Excavations 1963–1965 Final Reports (Jerusalem 2007), 195–206.

*Sabine Kersken*

# Kleidung im Neuen Testament

Die Kleidung der jüdischen Bevölkerung im 1. Jahrhundert unserer Zeitrechnung orientiert sich stark an der griechisch geprägten, hellenistischen Bekleidung. Mit der Eroberung des Landes durch die Römer nahm der Einfluss der römischen Kleidung auf die jüdische Bevölkerung zu.

**1 bis 3) Himation drapiert, aufgelegt und gesteckt.**

Im Neuen Testament werden fünf verschiedene Kleidungsstücke benannt, die von der jüdischen Bevölkerung Israels getragen wurden.

## Die Kleidung der jüdischen Bevölkerung zur Zeit des Neuen Testaments

*Mantel (himation)*
Das am häufigsten genannte Kleidungsteil ist der Mantel (Mt 5,40; Mk 9,3; Lk 7,26; Joh 19,2.23; Offb 3,4.18). Dieses Obergewand aus Wolle wurde von Männern wie Frauen getragen. Das Himation ist ein viereckiges Tuch, das um den Körper gelegt oder drapiert wurde. Der Mann legte sich den einen Zipfel des Tuches über die linke Schulter nach vorne, zog das Tuch über den Rücken zur rechten Körperseite entweder über die rechte Schulter oder unter dem rechten Arm hindurch, sodass die rechte Schulter und der rechte Arm frei blieben. Zuletzt legte er das restliche Tuch auf den linken Arm **(Abb. 1).**

Frauen trugen den Mantel als Tuch über Kopf und Schultern oder fein gefaltet wie einen Schal. Alternativ konnte der Mantel über die Schulter geworfen werden, wobei der größere Teil des Stoffes den Rücken bedeckte, während die beiden Ecken frei herabhingen oder um die Arme geschlungen wurden **(Abb. 2).**

**4) Chlamys**

Eine weitere Trageweise bestand darin, das Tuch über der rechten Schulter festzustecken. Dazu wurde es unter der linken Schulter hindurchgezogen und auf Brust und Rücken gestrafft. Auf der rechten Schulter wurden danach beide Enden zusammengesteckt **(Abb. 3).**

*Männliches Obergewand (chlamys)*
Die Chlamys (Mt 27,28.31) ist ein männliches Obergewand, das von Nadeln oder Fibeln zusammengehalten wurde. Der Stoff wurde vertikal gefaltet und um eine Körperseite gelegt. Mit einer Fibel oder Gewandnadel wurde er an der Schulter zusammengesteckt. Ein Arm war also bedeckt, während der andere frei blieb. Auf der Brust befestigt, hatten beide Hände ausreichend Bewegungsfreiheit **(Abb. 4).**

*Unterkleid (chiton)*
Unter der Oberbekleidung, die außerhalb des Hauses getragen wurde, war der Körper mit einem *chiton* bedeckt (Mt 5,40; 10,10; Mk 14,63; Joh 19,23). Der Chiton besteht aus zwei längsrechteckigen Stoffbahnen aus Leinen, die aufeinandergelegt und an den Längsseiten und der oberen Seite so vernäht wurde, dass Öffnungen für Hals und Arme frei blieben. Die Frau trägt den Chiton unter der Brust gegürtet **(Abb. 5).**

In der Bergpredigt heißt es (Mt 5,40): „Und wenn jemand mit dir rechten will und dir deinen Rock (*chiton*) nehmen, dem lass auch den Mantel (*himation*)." Der Chiton gehört also zur täglichen Kleidung eines nach hellenistischer Sitte gekleideten Menschen. Der *chiton* ist dem alttestamentlichen *k$^{e}$tonät* nachempfunden und ist als solcher auch Bestandteil der hohepriesterlichen Kleidung (vgl. Ex 28,4).

*Untergewand (endyma)*
In Mt 3,4; 6,25.28; Lk 12,23 u. ö. wird ein *endyma* genannt – die allgemeine Bezeichnung für ein Gewand, das man unter einem Obergewand trug, welches man bei Verlassen des Hauses umlegte.

*Stola (stolä)*
In Rom wurde die Stola von vornehmen Ehefrauen getragen. Nach Mk 12,38; Lk 20,46 tragen in Israel Schriftgelehrte, in Offb 6,11; 7,9.13.14; 22,14 Märtyrer die Stola: ein weites, wallendes, bis auf den Boden reichendes Gewand. Es besteht aus einem rechteckigen Wollstoff, dessen Länge durch den Abstand

**5) Selene mit Hochgürtung des Chitons,**
**Pergamonaltar, Berlin.**

**6) Stola**

zwischen Schultern und Füßen bestimmt wurde. Die Weite der Stola ergibt sich aus der Breite der Stoffbahn. Der Vorder- und Rückenteil der Stola wurden durch Leder, Kordel oder Stoffbänder miteinander verbunden **(Abb. 6).**

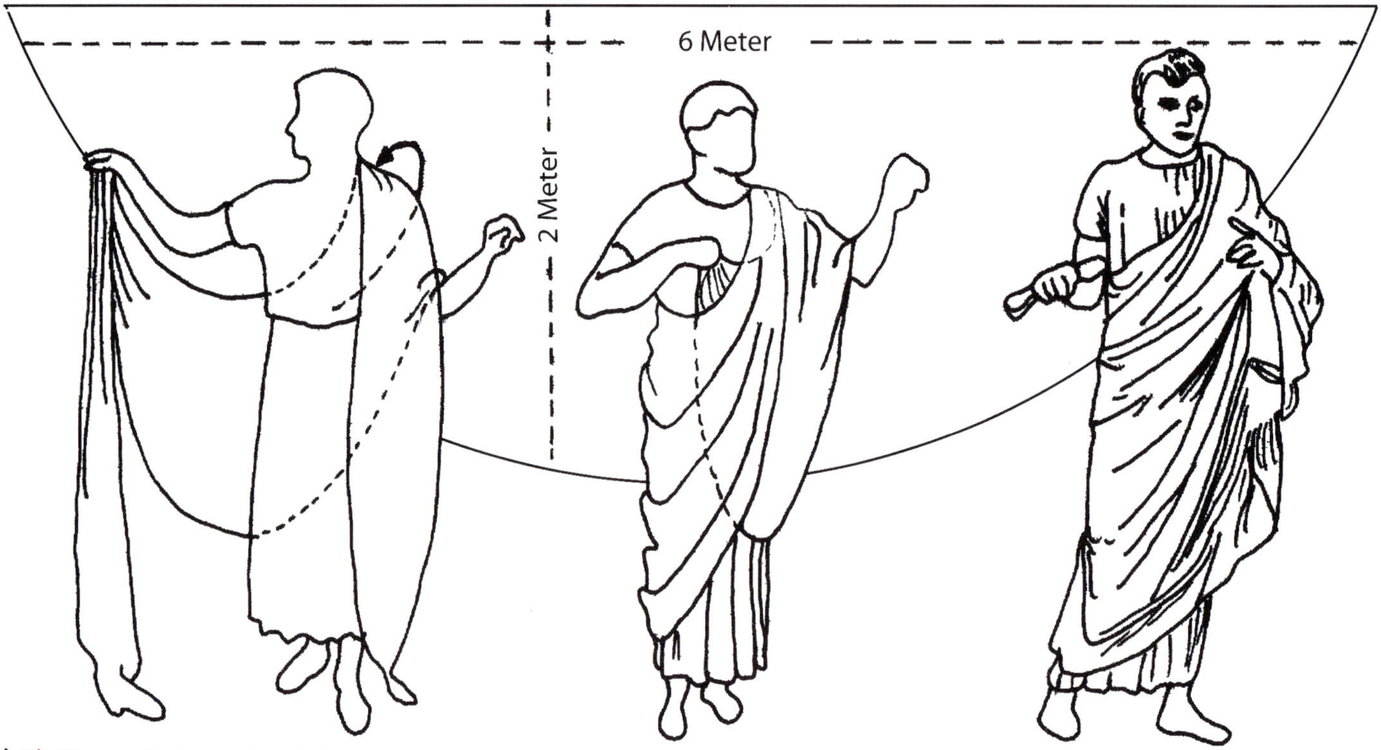


7) **Die Toga** und wie man sie anlegt.

## Die Kleidung der römischen Bevölkerung zur Zeit des Neuen Testaments

Die Mitglieder der römischen Gesellschaft, die seit der Eroberung Israels durch Pompejus im Land lebte, waren entsprechend ihrer Kultur gekleidet. Die wichtigsten Kleidungsstücke sind:

*Toga*
Sie ist seit republikanischer Zeit das charakteristische römische Gewand eines Mannes. Das rechteckige, halbkreisförmige Stoffstück wurde kunstvoll um den Oberkörper drapiert. Am unteren Rand war die weiße Toga eines hochgestellten Mannes mit einer purpurfarbenen Randborte versehen **(Abb. 7).**

*Tunika*
Unter der Toga trug der Mann die Tunika, ein hemdartiges Untergewand aus zwei wollenen rechteckigen Stoffstücken, das dem griechischen *chiton* nachempfunden war. Die Tunika des Mannes war mit Standesstreifen (*clavi*) versehen. Einen breiten Purpurstreifen (*latus clavus*) durften nur Patrizier tragen – Rittern stand nur ein schmaler Purpurstreifen (*latus angusticlavus*) zu. Unter der Tunika konnte eine weitere Tunika getragen werden, was gerade bei kälteren Temperaturen angenehm war. Die römische Frau trug ihre Tunika etwa knöchellang und in der Taille gegürtet. Die Tunika des Mannes war wadenlang.

*Pallium bzw. Palla*
Das von Männern getragene *pallium* entsprach dem griechischen *himation*, einem großen rechteckigen Tuch, das um den Körper drapiert wurde. Die römische Frau trug außerhalb des Hauses eine *palla*, die zum Teil über den Kopf gezogen werden konnte.

## Kleidungsreste aus den Höhlen am Toten Meer

Bei Ausgrabungen südlich von Qumran wurden verschiedene Textilien aus der Zeit vor 135 nC gefunden. Sie bestehen aus reiner Wolle oder aus reinem Leinen, da nach Lev 19,19 Mischgewebe verboten waren. Diese sind in den drei Grundfarben Gelb, Rot und Blau gehalten.

Das safranfarbige Gelb wurde aus Safran (*crocus sativus*) gewonnen. Das Rot stellte man aus Färberkrappwurzeln (*rubia tinctorum*) her. Nach Plinius war dies die wichtigste aller roten Farben, denn „ohne es können Wollstoffe und Leder nicht gefärbt werden". (Historia Naturalis XIX,17). Die Färbung in Blau wurde mit Indigo erzielt, der einer der bekanntesten Farbstoffe der Antike war.

Ähnlich der römischen Tunika war die Kleidung aus zwei rechteckigen Stoffbahnen zusammengenäht und mit zwei Streifen (*clavi*) versehen, die von der Schulter vorne und auf dem Rücken abwärts verliefen. Ähnlich wie bei römischen Tuniken, finden sich auch bei den Kleidungsstücken am Toten Meer unterschiedlich breite Streifen. Möglicherweise wurden auch in Israel so unterschiedliche soziale Ränge ausgedrückt.

Als Obergewand trugen die Männer rechteckige Tücher (entsprechend dem griechischen *himation*), die Streifen mit eingekerbten Enden aufweisen. Die Frauentücher sind mit rechtwinkligen Mustern, dem griechischen Buchstaben *gamma* (Γ) nachempfunden, versehen **(Abb. 8 und 9).**

## Die Kleidung Jesu nach Joh 19,23f

Die wörtliche Übersetzung von Johannes 19, 23f lautet:

„Die Soldaten nun, als sie den Jesus gekreuzigt hatten, nahmen einmal/ergriffen seine *himatia* und begannen, vier Teile zu machen, für jeden Soldaten ein Teil, und den *chiton*. Es war aber der *chiton* ungenäht/ohne

**8) Stofffragment aus den Höhlen am Toten Meer mit purpurfarbenem Streifen mit Kerbung: Teil des eingekerbten Streifens auf einem Männermantel (rechts) und Zeichnung eines ganzen Streifens (links).**

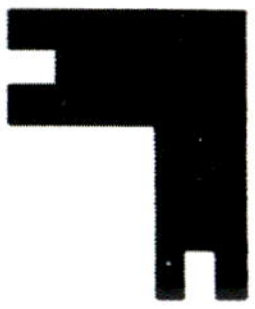

Zeichnung eines *gamma*-Musters

**9) Stofffragment aus den Höhlen am Toten Meer:Nahaufnahme des *gamma*-Musters auf einem Frauenmantel**

Naht von oben her gewebt durch ein Ganzes hindurch.

Sie begannen nun zueinander zu sprechen: Nicht lasst uns ihn spalten/durchschneiden/zerreißen/zerteilen, sondern lasst uns losen, wem er gehören wird, damit die Schrift erfüllt werde, die sagt: ‚Sie haben meine *himatia* unter sich aufgeteilt und über meine *himatia* das Los geworfen‘ (Ps 22,19).“

Nach Joh 19,23f besaß Jesus zwei verschiedene Arten von Kleidung: auf dem Leib trug er einen *chiton*, das hemdartige Kleid (von einer Gürtung bzw. einem Gürtel wird nichts berichtet, obwohl er zur Kleidung hinzugehört), und *himatia*. Dieser griechische Begriff ist im Plural gehalten, sodass man von mindestens zweien dieser Obergewänder ausgehen muss. Wie viele es genau sind, wird nicht gesagt.

Angenommen, Jesus hätte zwei *himatia* besessen, so kommt nun jedem Soldaten ein halber *himation* zu. Hier aber beginnt das Problem: Die Stoffteile sind gewebt; sie bestehen aus Kett- und Schussfäden. Zerreißt oder zerschneidet man ein solches rechteckiges Tuch, ist es unvermeidlich, dass sich nach kurzer Zeit die Schussfäden von den Kettfäden lösen – vorausgesetzt, die Soldaten greifen nicht nach Nadel und Faden und beginnen, die Ränder sorgfältig zu ketteln.

Angenommen, Jesus habe drei *himatia* besessen – auch jetzt bestünde das Problem, die Kleidungsstücke zu zerteilen. Hätte Jesus vier *himatia* besessen, hätten sie nicht zerteilt, sondern auf die vier Soldaten nur aufgeteilt werden brauchen.

Belegt wird die Aufteilung der Kleidung Jesu mit einem Zitat aus Ps 22,19: „Sie haben meine *himatia* unter sich aufgeteilt und über meine *himatia* das Los geworfen.“ Dieser Satz ist als synonymer Parallelismus formuliert – verschiedene Formulierungen drücken denselben Sachverhalt aus. Der Evangelist jedoch interpretiert zwei verschiedene Handlungsstränge: zum einen werden die *himatia* (s. V. 23a) geteilt, zum anderen der *chiton* (V. 23b). Auf den bezieht sich die Aussage der Soldaten (wörtlich): „Lasst uns ihn nicht durchschneiden (oder: zerreißen, zerteilen), sondern lasst uns losen, wem er gehören wird.“

Der *chiton* Jesu wird beschrieben als *„ohne Naht/ungenäht*, von oben her gewebt in einem Stück.“ Normalerweise wird ein *chiton* aus zwei rechteckigen Stoffteilen zusammengenäht. Wie solch ein ungenähtes Stoffteil erstellt wurde, ist noch nicht endgültig geklärt.

Es ist sachlich nicht begründbar, Jesus in Joh 19,23f als Hohepriester zu verstehen, weil er einen *chiton* getragen hat. Der Hohepriester trägt zwar nach Ex 28,4 (in der griechischen Übersetzung der Septuaginta) ein solches Kleidungsstück, das kein besonderes Merkmal aufweist (so auch nach Mk 14,63). Wahrscheinlicher ist aber, dass der Evangelist mit der Komposition der Szene unter dem Kreuz die völlige Erniedrigung Jesu darstellen wollte; hatte schon die Bevölkerung Jerusalems beim Einzug Jesu in die Stadt ihre Kleider auf dem Boden ausgebreitet, so hatte sie dadurch ihre Unterwerfung zum Ausdruck gebracht (Mt 9,20f par). An dieser Stelle kommt der Kleidung eine fast magische Wirkung zu, denn wer Kleidungsstücke anderer besaß, konnte möglicherweise Macht über diese erlangen (vgl. 1 Sam 24,5b.12). Durch die Verlosung der Kleidung Jesu sollte dessen Entmachtung als „Sohn Gottes“ verdeutlicht werden, zusätzlich betont durch die Missinterpretation der zweifachen Erwähnung des Kleiderverlustes in Ps 22,19.

Jesus war nach neutestamentlicher Aussage gekleidet wie jeder Mann seines Volkes. Wie es bereits seit 300 Jahren üblich war, trug er als Untergewand den *chiton* und außerhalb des Hauses als Obergewand einen *himation*; vielleicht besaß er sogar mehrere *himatia*. Sollte der *chiton* ohne Naht eine historische Wirklichkeit bezeugen, dann kann daraus eine soziale Höherstellung geschlossen werden, da ein solches Kleidungsstück nicht das eines einfachen Mannes war. Woher dieses Gewand stammte, ist unklar.

Eine weitere Interpretationsmöglichkeit für die Gewänder ergibt sich aus ihrer Zahl; geht man von zwei *himatia* und einem *chiton* aus, fallt die Drei-Zahl der Gewander auf, die an die Trinität Vater – Sohn – Geist erinnern lässt. Betrachtet man nur den ungenähten Chiton, könnte dieses für den unteilbaren Zusammenhang Jesu mit seinem himmlischen Vater stehen. Die Entfernung dieser Gewänder, besonders des *chitons*, durch die Römer kann damit als eine Verleugnung Jesu als Sohn Gottes interpretiert werden. Dies kommt bereits in der Betonung der Menschlichkeit Jesu durch Pontius Pilatus zum Ausdruck *„Ecce homo – sehet, welch ein Mensch!“* (Joh 19,5). ■

## Lesetipps


- A. Pekridou-Gorecki
**Mode im antiken Griechenland**, München 1989.
- A. Böhme-Schönberger
**Kleidung und Schmuck in Rom und den Provinzen**, Stuttgart 1997.
- Petra Wassermann
**Die Kleidung des Hohenpriesters nach Ex 28** (in Vorbereitung).
- Robert Wenning
**Anmerkungen zu palästinensischen Textilien in hellenistischer, römischer und byzantinischer Zeit aus archäologischer Sicht,** in: G. Völker u. a. (Hg.), Pracht und Geheimnis. Kleidung und Schmuck in Palästina und Jordanien (Köln 1987), S. 144–149.

Sabine Kersken

# Schmuck in Israel zur Zeit des Neuen Testaments

1) **Grabrelief aus Palmyra** mit einer reich geschmückten Frau jener Zeit

**Schmuck und Kleidung sind Ausdruck von Status und Ansehen des Trägers und der Trägerin: Je höher er oder sie in der Gesellschaft steht, desto mehr Geld wird investiert, um Kleidung und Schmuck mit kostbaren Materialien zu gestalten.**

Nachdem Alexander der Große im Jahre 332 vC den Vorderen Orient in sein Reich integriert hatte, setzten sich zunehmend hellenistisch gestaltete Schmuckstücke für Kopf, Hals, Ohren, Nase, Arm, Finger und Brustkorb durch: Eine vornehm gekleidete Frau dieser Zeit trug auf dem Kopf einen Haarkranz (*stephanos*), um den Hals ein halbmondförmiges Schmuckstück (*mäniskos*) oder eine Halskette aus Perlen, die auf Fäden gezogen waren (*kathema*); Ohrschmuck gab es in vielfältiger Form, ebenso wie den Armschmuck **(Abb. 1)**. Man unterschied zwischen Armreifen mit überlappenden oder kunstvoll ausgearbeiteten Enden (*chlidon*), Armbändern aus auf Fäden gezogenen Perlen (*pselion*), Armbändern aus einer kurzen geflochtenen Kette (*emplokion*) und spiralförmig um den rechten Oberarm gelegten Reifen (*peridexion*).

## Bedeutung von Schmuck im Neuen Testament

Im Römischen Reich sollte sich die Frau idealerweise durch Schlichtheit und Bescheidenheit auszeichnen. Diese Haltung findet sich auch im Neuen Testament wieder: Christliche Frauen sollen „*in schicklicher Kleidung sich schmücken mit Anstand und Zucht, nicht mit Haarflechten und Gold oder Perlen oder kostbarem Gewand, sondern, wie sich's ziemt für Frauen, die ihre Frömmigkeit bekunden wollen, mit guten Werken*" (1 Tim 2,9f). Ähnlich heißt es im 1. Petrusbrief: „*Euer Schmuck soll nicht äußerlich sein wie Haarflechten, goldene Ketten oder prächtige Kleider, sondern der verborgene Mensch des Herzens im unvergänglichen Schmuck des sanften und stillen Geistes: Das ist köstlich vor Gott*" (3,3f).

Tatsächlich finden sich im Neuen Testament nur wenige Belege für Schmuck. Erwähnt werden nur der Fingerring (Lk 15,22) und der Haarkranz (Apg 6,5.8.9; 7,59; 8,2; 11,19; 22,20; Off 2,10b; als Verb „bekränzen, krönen" 2 Tim 2,5; Heb 2,7.9). Das geringe Vorkommen bedeutet jedoch nicht, dass die Bewohner Israels keinen Schmuck kannten. Dies beweisen zahlreiche Fundstücke: Ohrschmuck aus Gold, Halsketten aus Karneolsteinen oder Glasperlen, Anhänger für Ketten oder Perlen, die zu Armbändern auf Fäden gezogen wurden. Wer sich kostbare Edelsteine für seinen Schmuck nicht leisten konnte, griff auf bunte Glasperlen zurück.

In der Realität hielten sich vor allem die Damen des römischen Kaiserhauses nicht an die Vorgaben eines bescheidenen Lebensstiles. Plinius berichtet beispielsweise von Lollia Paulina, die 38–39 nC die Frau des Kaisers Caligula war, dass er sie einige Zeit

2) **Gestrickte Goldkette** mit Löwenkopfverschlüssen, um 300 vC.

3) **Der *„scher“*,** ein spiralförmiger Reif, dessen Enden als Schlangenköpfe gestaltet sind, 4. Jh. vC.

nach der Scheidung bei einer normalen Festlichkeit mit Smaragden und Perlen bedeckt sah. Diese fanden sich abwechselnd aneinandergereiht am ganzen Kopf. Sie glänzten in den Haaren, an den Ohren, am Hals und an den Fingern und stellten einen Gesamtwert von 40 Millionen Sesterzen dar. An anderer Stelle weiß Plinius von Agrippina, der Frau des Kaisers Claudius (41–54 nC), zu erzählen, dass sie bei einer festlichen Gelegenheit einen aus reinem Gold gewobenen Mantel trug.

*Armreif*

Am Arm trug eine Frau der Antike gerne einen Armreif (*chlidon*). Im hellenistischen Stil werden Armreifen mit überlappenden oder kunstvollen Enden ausgearbeitet, z. B. in Gestalt von Tierkopfarmreifen und Schlangenarmbändern **(Abb. 2 und 3)**. Die Tierkopfarmreifen bestehen häufig aus miteinander verdrehten Golddrähten oder Goldblechstreifen, an deren Enden die Tierköpfe aufgesetzt sind. Die Schlangenarmbänder werden etwa seit der Mitte des 3. Jh. vC hergestellt. Wer sich solch aufwändige Armbänder nicht leisten konnte, griff auf Glas als Material zur Schmuckherstellung zurück (vgl. Katalog-Nr. 409).

6) **Fibel** (siehe S. 229)

*Ring*

Am Finger trug man einen Ring (*daktylion*). In hellenistisch-römischer Zeit waren solche Ringe teilweise sehr aufwändig aus Gold gefertigt. Häufig waren derartige Ringe auch mit Gemmen verziert, also Edelsteine, in die Bildmotive geritzt wurden **(Abb. 4 und 5)**.

*Fibel*

Ohne sie kam ein Mensch nicht aus, um Kleidung zusammenzuhalten: die Fibel oder Gewandnadel. In neutestamentlicher Zeit brauchte der Mann sie für die *chlamys*, eine besondere Mantelform; die Frau trug ein solches Schmuckstück auf der Stola. Über die rein funktionale Bedeutung hinaus konnte die Fibel auch als Schmuckstück genutzt werden. Hierzu wurde sie manchmal aufwändig mit Gravuren versehen und teilweise auch mit Edelsteinen kombiniert. Die Fibel wird zwar im Neuen Testament nicht erwähnt, wurde aber sicherlich auch von den frühen Christen benutzt. Zahlreiche Funde bei Ausgrabungen zeigen, wie selbstverständlich dieses Schmuckstück in der Antike war **(Abb. 6)**.

## Materialien zur Schmuckherstellung

In der Bibel werden folgende Materialien zur Herstellung von Schmuck erwähnt: Gold, Perlen, Edelsteine und Glas.

*Gold*

Gold (*chrysos*) ist seit dem 5. Jahrtausend vC im Vorderen Orient bekannt. Von König Salomo wird berichtet, dass er Schiffe aussandte, um u. a. Gold ins Land zu holen (1 Kön 10,22). Das größte Goldvorkommen des Altertums wurde in Nubien entdeckt. Daneben werden Ophir (1 Kön 9,28; 10,11; 1 Chr 29,4; 2 Chr 8,18; 9,10; Jes 13,12) und Hawila (Gen 10,29) in der Bibel als Goldländer Salomos genannt. Indien und Afghanistan waren weitere Goldlieferanten. Dieses Metall ist damals wie heute so weich, dass es auch im kalten Zustand bearbeitet werden kann.

4) **Goldring mit kauernden Attisfiguren. Grüne Glaspaste, Ägypten, 2. Jh. vC, British Museum.**

5) **Goldring mit granulierter Kastenfassung und Heraklesknoten aus dem 2. Jh. vC, Staatl. Antikensammlung München.**

*Perlen*

Perlen (*margaritās*) waren bei Griechen und Römern sehr beliebt. Sie galten in der römischen Kaiserzeit als große Kostbarkeit, sodass der Begriff „Perle" Synonym für einen hohen Wert wurde. Gefunden wurden die Perlen im Roten Meer, am Persischen Golf und im Indischen Ozean.

In Mt 7,6 wird das Sprichwort aufgegriffen, dass man seine Perlen nicht vor die Säue werfen solle. Ein weiterer biblischer Beleg ist das Gleichnis vom Reich Gottes, in dem Jesus von einem Kaufmann erzählte, der eine schöne Perle suchte (Mt 13,45f). Hier ist die Perle Bild für das kostbare Heil des Reiches Gottes. In der Vision vom eschatologischen Jerusalem ist jedes Tor als Perle gestaltet (Offb 21,21).

*Edelsteine*

Das neue Jerusalem der Johannesoffenbarung ist aus Edelsteinen als Baumaterial gebaut. Die Wahl der Edelsteine und ihre 12-Zahl bezieht sich mit Abwandlungen auf die 12 Edelsteine des hohepriesterlichen Brustschilds (Ex 28,15-21; 39,8-14). Die griechischen Bezeichnungen für die Edelsteine sind nicht immer mit den heutigen Edelsteinnamen identisch. Unsere heutige naturwissenschaftlich abgesicherte Terminologie hat sich erst im 19. Jh. herausgebildet.

In Offb 21,18-21 werden folgende Steine genannt, die offenbar in der damaligen Zeit eine gewisse Verbreitung als edle Schmucksteine besaßen:

- *iaspis* – heutiger Steinname Chrysopas: Als Chrysopas wird die apfel- oder lauchgrüne Variante des Chalzedons (s. u.) bezeichnet.
- *sapphiros* – heutiger Steinname Lapislazuli: Der hebräische und griechische Begriff *sappir/sapphiros* diente bis ins 18. Jh. hinein als Sammelbezeichnung für blaue Steine. Der Hauptfundort ist in Afghanistan; von dort kamen die Steine über Handelswege nach Israel.
- *chalkedon* – heutiger Steinname Chalzedon: Chalzedon ist der Oberbegriff für eine Gesteinsart, die durch Verunreinigungen verschiedenfarbig erscheint. Der Chalzedon selbst ist farblos bis bläulich grau. Rote bis braune Chalzedone sind bekannt als Karneol oder Sarder (s. u., vgl. Offb 4,2f), durch Nickeloxid grün gefärbte Chalzedone nennt man Chrysopase oder Plasma, smaragdgrüne Chalzedone erhalten ihre Farbe durch Eisenoxid.
- *smaragdos* – heutiger Steinname Malachit: In der Antike wurden verschiedene grüne Steine als Smaragde bezeichnet. Hier handelt es sich wahrscheinlich um Malachit, der im Sinai rund um Timna und Fenan gefunden wird.
- *sardonyx* – heutiger Steinname schwarz-weiß gebänderter Onyx: Auch heute noch wird der schwarz-weiß gebänderte Onyx als Sardonyx bezeichnet (der Karneol-Onyx zeigt rote und weiße Lagen).
- *sardion* – heutiger Steinname Karneol: Der griechische Name *sardion* meint einen fleischroten Karneol oder einen leicht bräunlichen Sarder. In der Antike wird dieser Stein sehr häufig zu Schmuckstücken verarbeitet. In Israel ist dieser Stein gut bekannt, da er in Ägypten und im Sinai gefunden wird.
- *chrysolithos* – heutiger Steinname Gelber Topas: Der griechische Begriff *chrysolithos* bedeutet „goldener Stein". Darunter ist Goldtopas oder Citrin zu verstehen, das aus Spanien durch den Mittelmeerhandel der Römer nach Israel kam.
- *beryllos* – heutiger Steinname Beryll: In griechisch-römischer Zeit wurde Beryll – ein tiefgrüner Stein – in Ägypten abgebaut.
- *topazion* – heutiger Steinname Chrysolith: In der Antike meint *topazion* einen hellgrünen Stein, der am Roten Meer gefunden wird.
- *chrysopasos* – heutiger Steinname Heliotrop: Der lauchgrüne Stein wird vor allem in Ostindien gefunden und auch als orientalischer Jaspis bezeichnet. Mit *chrysopasos* kann auch der grüne Serpentin gemeint sein, der in der südöstlichen Wüste Ägyptens und in Nubien zu finden ist. Dieser Stein war also damals gut zu beziehen.

Juda

Levi

Simeon

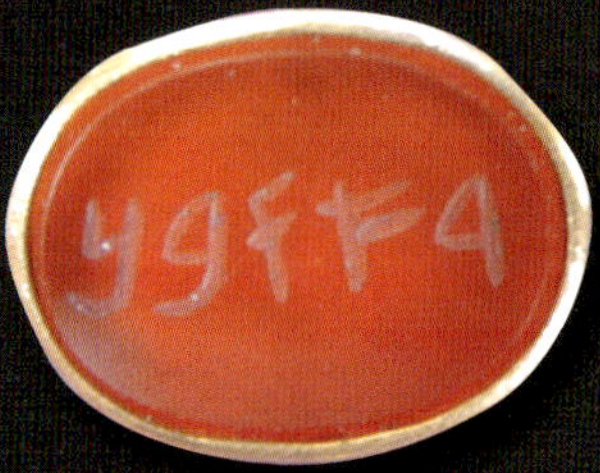

Ruben

Ascher

Gad

Naftali

Dan

Benjamin

Josef

Sebulon

Issachar

**Die Edelsteine im Brustschild des Hohepriesters**
In die Schultersteine waren je sechs Stammesnamen Israels eingraviert und auf dem Brustschild waren zwölf Steine mit je einem Stammesnamen angebracht. Zwar wurde in jener Zeit im normalen Schriftverkehr nahezu ausschließlich die aramäische Schrift verwendet, für die Siegelsteine des Brustschildes dürfte jedoch noch die altehrwürdige hebräische Schrift Verwendung gefunden haben, die ansonsten nicht mehr benutzt wurde.

**7) Rekonstruktion des Brustschilds** des Hohenpriesters im Bibelhaus Erlebnismuseum

- *hyakinthos* – heutiger Steinname blauer Korund: Mit dem in der Antike „Hyazinth" genannten Stein ist heute der blaue Korund gemeint.
- *amethystos* – heutiger Steinname Roter Jaspis: Jaspis war bei den Griechen und Römern ein höchst angesehenes Mineral. Ägyptischer Jaspis (Kugeljaspis, Nilkiesel, Jaspisknollen) ist ockergelb bis braun und geflammt; er findet sich in großer Menge als Geröll im Nil und in der Wüste.

### Glas

Glas (*hyalos*) wird im Neuen Testament nur in Offb 21,21 erwähnt: Die Straße des neuen Jerusalems „war reines Gold, wie durchsichtiges Glas". Dabei wurde das Material häufig verwendet, wie Funde von Trinkgläsern oder Schmuckstücken aus dem 1. Jh. nC beweisen. In römischer Zeit wurde Glas mit Flusssand und Natron geschmolzen. Dieses Natron wurde aus einem Natronsee in Nordägypten, aber auch aus der Akko-Ebene im Norden Israels bezogen und von phönizischen Händlern in den Mittelmeerraum exportiert. An der Mittelmeerküste im Norden Israels entwickelte sich eine bedeutende Glasherstellung, die das Land mit ihren Kunstwerken versorgte. ■

### Lesetipps


- A. Böhme-Schönberger
**Kleidung und Schmuck in Rom und den Provinzen,** Stuttgart 1997
- B. Deppert-Lippitz
**Griechischer Goldschmuck (Kulturgeschichte der Antiken Welt),** Mainz 1995
- S. Kersken
**Töchter Zions, wie seid ihr gewandet? Untersuchungen zu Kleidung und Schmuck alttestamentlicher Frauen,** Münster 2009
- W. Zwickel (Hg.)
**Edelsteine in der Bibel,** Mainz 2002

**1** Perserzeitliche Silberdrachme von Jehud (Juda) mit dem „Gott auf dem Flügelrad“ auf dem Revers

**2** Perserzeitliches Kleinsilber mit Athena und Eule

**3** Tetradrachme der Stadt Athen mit Athena und Eule

**4** Perserzeitliches Kleinsilber von Jehud (Juda) mit Lilie und Falke

**5** Perserzeitliches Kleinsilber von Jehud (Juda) mit Ohr und Falke

**6** Ptolemäische Tetradrachme mit Kopf des Ptolemaios I. und Adler

**7** Ptolemäerzeitliche Hemidrachme von Jehud (Juda) mit Kopf des Ptolemaios I. und Adler

**8** Seleukidische Tetradrachme des Antiochos IV. mit Kopf des Antiochos IV. und dem sitzenden Zeus Nikephoros

**9** Kleinbronze des Hyrkan I. mit Inschrift in Kranz und Doppelfüllhorn

**10** Kleinbronze des Hyrkan I. mit Palmwedel und Lilie

**11** Kleinbronze des Alexander Jannäus mit Anker und Stern in Königsdiadem

**12** Bronze des Mattathias Antigonos mit antithetischen Füllhörnern und Efeukranz

Alle Münzen sind im Maßstab 1:1 abgebildet, also in Originalgröße.

# Münzen

**Die Prägung von Münzgeld wurde im 7. Jh. vC im westlichen Kleinasien „erfunden“. Schon bald darauf begannen unterschiedliche politische Autoritäten, vor allem Könige und Städte, damit, Edelmetall zu prägen und dieses Geld auf der Vorder- und der Rückseite mit einem Bild zu versehen, das als Wertgarant diente.**

13 Bronze des Mattatias Antigonos mit Menora und Schaubrottisch

Als Motive dienten Bilder, die für die Prägeautorität charakteristisch und somit Ausdruck des Selbstverständnisses des Prägeherrn waren. Sie waren also Identitätsmarker und wurden auch gezielt von den Autoritäten genutzt, um etwa politische Programmatik auszudrücken. Dies ist ein wichtiger Aspekt von Münzen, die nicht allein als ein wirtschaftliches und finanzpolitisches Phänomen zu betrachten sind, sondern aufgrund ihrer Ikonografie auch als kulturhistorische Zeugnisse.

## Münzen: Ein kulturgeschichtlich relevantes Massenprodukt

Münzen waren und sind ein Massenprodukt; sie wurden in großen Stückzahlen produziert, waren mobil, fanden rasche Verbreitung und sind daher das älteste Massenmedium der Menschheit. Aufgrund ihrer hohen Stückzahlen sind Münzen in ihrem Typenbestand fast vollständig überliefert. Das ist eine Besonderheit, die sie von allen anderen antiken Zeugnisgattungen unterscheidet. Schließlich muss als ein weiteres Spezifikum angeführt werden, dass Münzen ein offizielles Medium sind, dass sie von staatlichen Autoritäten ausgegeben wurden und daher für eine größere Gruppe oder ein Gemeinwesen repräsentativ sind.

Münzprägung spiegelt politische und kulturelle Gegebenheiten wider. Und da Münzen zumeist zumindest einigermaßen gut datiert werden können und in der Regel eine Kombination von Bild und Text aufweisen, bieten sie ein dichtes Netz historischer Quellenzeugnisse.

Münzen wurden in unterschiedlichen Metallen und verschiedenen Größen, *Nominalen*, geprägt. In hellenistisch-römischer Zeit waren die wichtigsten Prägemetalle Gold, Silber und Bronze. Gold und Silber dienten für größere Transaktionen, Bronzenominale waren Kleingeld, welches häufig nur in einem beschränkteren Wirtschaftsraum umlief. Entsprechend konnten mit den unterschiedlichen Nominalen unterschiedliche Zielgruppen angesprochen werden. Oft waren die Prägeautoritäten von Edelmetallmünzen übergeordnete Autoritäten oder überregional bedeutende Zentren. Die Bronzemünzen wurden zumeist lokal ausgebracht.

## Frühe Münzprägungen in Palästina

Die ältesten in Palästina geprägten Münzen stammen aus der Perserzeit. Es waren Silbermünzen, die in Juda und Samaria geschlagen wurden und in die erste Hälfte des 4. Jh. vC zu datieren sind. Bekannt ist das Unikum im British Museum in London, welches auf der Vorderseite einen bärtigen Mann mit Helm zeigt und auf der Rückseite eine bärtige männliche Gottheit auf einem Flügelwagen, der einen Falken in seiner vorgestreckten Linken hält **(Abb. 1)**. Rechts vor ihm ist eine Maske angegeben. Die Rückseitenlegende lautet *Jehud*. Die Identität dieser Gottheit ist bis heute nicht geklärt, doch ist nicht völlig abwegig, dass dies eine Darstellung des jüdischen Gottes ist. Weitere Prägungen aus der Perserzeit **(Abb. 2)** kopierten in kleinem Format bekannte griechische Münztypen, wie etwa athenische Tetradrachmen **(Abb. 3)** mit Athenakopf auf der Vorderseite und Eule auf der Rückseite.

Andere Bilder der Perserzeit wie etwa Falken oder Lilien scheinen stärker auf mögliche jüdische Vorbehalte gegenüber der Dar-

14 **Tetradrachme der Stadt Tyros, Jahr 98/97 vC mit Kopf des Herakles-Melqart und Adler**

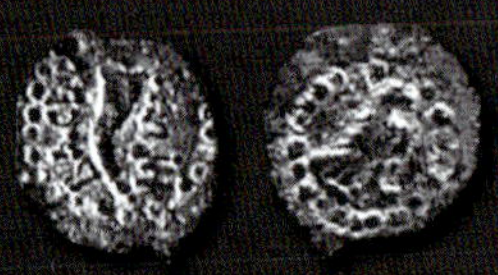

15 **Kleinbronze des Herodes mit Füllhorn und Adler**

16 **Bronze des Herodes mit Helm und Dreifuß**

17 **Bronze des Herodes mit Helm und makedonischem Schild**

18 **Bronze des Herodes mit Kreuz in Königsdiadem und Tisch**

19 **Kleinbronze des Herodes mit Anker und Schiff**

stellung menschlicher Gestalten Rücksicht zu nehmen **(Abb. 4)**, so etwa auch die außergewöhnliche Darstellung eines Ohres auf einer silbernen Kleinmünze von Jehud **(Abb. 5)**, die vielleicht abstrakt auf die erhörende Qualität einer Gottheit verweist. Allerdings gab es in dieser Zeit auch Münzen mit der Darstellung eines bärtigen Kopfes mit Zackenkrone, vielleicht handelt es sich dabei um den persischen Großkönig.

Zur dieser Zeit prägten vor allem die Städte an der phönikischen Küste Münzen. So gaben etwa Sidon und Tyros in der Perserzeit qualitätvolle Silbermünzen aus, die in der südlichen Levante überregionale Bedeutung im Zahlungsverkehr hatten.

Mit der Eroberung der Levante durch Alexander den Großen und der anschließenden, zunächst ptolemäischen Herrschaft ändern sich auch die Münzbilder. Nun wurde in Jehud Kleinsilber geprägt, welches ptolemäische Münztypen **(Abb. 6)** imitierte und etwa auf der Vorderseite ein barbarisiertes Bildnis Ptolemaios I. und auf der Rückseite den ptolemäischen Adler zeigte **(Abb. 7)**.

Diese Münzen sind sehr selten. Sie wurden nicht lange und in kleinen Stückzahlen im 3. Jh. vC geprägt. Die wichtigsten Münzen für den Zahlungsverkehr im 3. und 2. Jh. vC waren zunächst die ptolemäischen und seleukidischen Prägungen aus den südlevantinischen Münzstätten (insbesondere Akko, Tyros und Sidon, **Abb. 8**). Als aber in der Folge des Makkabäeraufstands gegen die seleukidischen Oberherren die hasmonäischen Oberpriester in Jerusalem mehr und mehr Macht und Autonomie erlangten und sich von den Seleukiden emanzipierten, schlug sich diese Unabhängigkeit alsbald auch in der Prägung von Münzgeld nieder.

## Hasmonäische Münzen: Judäer im Schatten des Hellenismus

Die Zuweisung von hasmonäischen Münzen an bestimmte Herrscher gestaltet sich allerdings schwierig, da einige Herrscher sich wiederholende Namen tragen. Der erste Hasmonäer, der Münzen schlagen ließ, war Johannes Hyrkan I. (135/4–104 vC). Er gab Bronzemünzen aus, auf deren Vorderseite in einem Kranz eine hebräische Inschrift stand, die folgenden Wortlaut hatte: „Jehonatan der Hohepriester und der Rat der Juden" **(Abb. 9)**. Die Rückseite zeigt ein antithetisches Doppelfüllhorn, mit je einer Binde umwunden, und in der Mitte einen Granatapfel. Andere Münzbilder zeigen die bereits bekannte Lilie **(Abb. 10)**, einen Palmzweig oder einen Kranz. Solche Bilder ohne Darstellungen menschlicher Gestalten sind Ausdruck einer Zurückhaltung gegenüber Bildern, und diese Münzen unterscheiden sich erheblich von den Münzen der Städte und Könige in Judäas Umgebung, die zumeist Porträts von Herrschern und/oder Bilder von Gottheiten zeigten. Zugleich betont die Beischrift das Amt Hyrkans – er verstand sich als Hoherpriester.

Neue Bilder und Beischriften, die Zeugnis von der Hellenisierung der Hasmonäer ablegen, bringen die Münzen von Alexander Jannäus (103–76 vC). Die Bilder der Kleinbronzen bleiben zwar weiterhin ohne Darstellungen menschlicher Gestalten, doch erscheint nun auf der Vorderseite einiger seiner Münzen das Bild des Ankers, welches wir aus der seleukidischen Münzprägung kennen **(Abb. 11)**. Daneben steht auf Griechisch „König Alexandros". Ein weiteres Bild, welches hellenistische Vorläufer besitzt, ist auf der Rückseite das kreisrund drapierte Königsdiadem mit einem Stern darin. Zwischen die Strahlen des Sterns ist die hebräische Inschrift „Der König Jehonatan" geschrieben. Diese bilinguale Prägung mit griechischer Beischrift und hellenistischem Königsdiadem bezeugt den Anspruch des Alexander Jannäus, ein König in hellenistischer Tradition zu sein.

Eine einschneidende Weiterentwicklung des Motivschatzes hasmonäischer Münzen findet unter Antigonos (40–37 vC) statt, dem letzten hasmonäischen König und Gegenspieler Herodes des Großen. Die Bronzemünzen des Antigonos werden in Durchmesser und Gewicht erheblich größer als diejenigen seiner Vorgänger, und zu den bekannten Füllhorn- und Kranzbildern **(Abb. 12)** kommen nun auf einer Kleinbronzenserie Darstellungen von jüdischen religiösen Motiven. Die Vorderseite der Prägung zeigt den siebenarmigen Leuchter aus dem Tempel und die Rückseite einen Tisch, der als Schaubrottisch gedeutet wird **(Abb. 13)**. Hat sich zuvor der jüdische Charakter der Prägungen vor allem an der Ver-

**20** **Bronze des Herodes Antipas mit Palmwedel und Kranz mit eingeschriebenem Stadtnamen Tiberias**

**21** **Bronze des Philipp mit Kopf des Augustus und Tempelfront**

**22** **Kleinbronze des Philipp mit Kopf des Philipp und Kranz**

**23** **Kleinbronze unter Pontius Pilatus mit Getreideähren und *simpulum* (Schöpfkelle)**

**24** **Bronze des Agrippa I. mit Kopf des Caligula und Germanicus in Triumphalquadriga**

**25** **Kleinbronze des Agrippa I. mit Sonnenschirm und Getreideähren**

meidung menschlicher Gestalten als Motive gezeigt, wurden nun dezidiert jüdische Motive gewählt. Die ungewöhnlich großen Nominale und die Motive mit jüdischen religiösen Identifikationssymbolen sind wohl Zeugnisse der Bürgerkriegsauseinandersetzung mit Herodes dem Großen. Auch er prägte kurze Zeit später außergewöhnlich große Münzen und die von Antigonos gewählten Motive mit Tempelgerät sollten wohl die Frömmigkeit des Hasmonäers herausstellen.

Alle Hasmonäer haben nur Bronzemünzen ausgegeben, Silber wurde nicht geprägt. Dies änderte sich auch unter Herodes dem Großen nicht, auch er ließ nur Bronzen schlagen. Für größere Transaktionen wurden in hasmonäisch-herodianischer Zeit Silbermünzen anderer Münzstätten verwendet. So wurde etwa die Tempelsteuer, die jeder erwachsene Jude an den Jerusalemer Tempel abführte, mit tyrischen Didrachmen bzw. Tetradrachmen („Schekeln", **Abb. 14**) bezahlt, wobei man sich offensichtlich nicht daran störte, dass diese auf der Vorderseite den Stadtgott von Tyros, Herakles-Melqart und auf der Rückseite einen Adler zeigten.

## Die Münzprägungen der Herodianer

Auch Herodes der Große (40/37–4 vC) behielt den Grundsatz bei, keine Lebewesen auf seinen Münzen abzubilden, mit einer Ausnahme, dem Bild eines Adlers **(Abb. 15)**. Die Münzlegenden des Herodes sind ausnahmslos griechisch und nennen als Prägeherren den „König Herodes". Die Prägungen des Herodes gliedern sich in zwei Gruppen, die datierten Münzen und die undatierten. Erstere sind auf das Jahr 3 datiert und haben ein großes Nominal. Sie sind im Kontext der Bürgerkriegsprägungen des Antigonos zu sehen. Auf den Münzen des Herodes ist auf der Vorderseite ein Dreifuß und auf der Rückseite ein Helm dargestellt **(Abb. 16)**. Dieser ist als ein persönliches Herrschaftszeichen des Herodes zu verstehen, der wiederum auf hellenistische Vorbilder zurückgreift und im Fall des Herodes den Vorteil besitzt, kein Herrscherporträt zu sein, welches gegen das jüdische Bilderverbot verstoßen hätte. Andere Bilder, die auf den undatierten Serien zu finden sind, zeigen einen Heroldsstab *(Caduceus)* als Glückssymbol, einen makedonischen Schild **(Abb. 17)** oder Siegessymbolik wie ein Schiffshinterteil *(Aphlaston)* oder einen Palmzweig. Zur Unterstreichung seines Königtums prägte Herodes außerdem, wie Alexander Jannäus, ein kreisrund drapiertes Königsdiadem mit Stern **(Abb. 18)**. An die Hasmonäer anknüpfend gab er außerdem Kleinbronzen mit Anker und Doppelfüllhorn heraus. Neu sind dagegen der bereits erwähnte Adler sowie das Bild einer Galeere **(Abb. 19)** als Münzmotiv. Obwohl Herodes ein Klientelkönig Roms war, lässt sich seiner Münzikonografie kein spezielles prorömisches Programm entnehmen. Es bleibt vielmehr weitgehend dasjenige eines traditionsbewussten jüdischen Königs.

Die Nachfolger des Herodes, Herodes Archelaos (4 vC–6 nC) und Herodes Antipas (4 vC–39 nC), nahmen keine wesentlichen Änderungen an den Münzmotiven vor, die auf das jüdische Bilderverbot Rücksicht nahmen. Sie regierten über Gebiete, die mehrheitlich von jüdischer Bevölkerung besiedelt waren. Nach der Gründung von Tiberias erscheinen zwar auf Bronzen des Tetrarchen Herodes Antipas der Stadtname **(Abb. 20)** und später sogar der Name des Kaisers Caligula, doch gibt es weiterhin keine paganen Bilder. Anders verfuhr dagegen der Herodessohn Philipp (4 vC–34 nC), der südsyrische Gebiete und die Gegend um Paneas erbte. Seine Münzen zeigen nun erstmals die Porträts des Augustus und der Livia **(Abb. 21)** und des Tiberius sowie sein eigenes Bildnis **(Abb. 22)** – das erste überlieferte Porträt eines jüdischen Königs. Außerdem bildete er den von Herodes dem Großen in Paneas erbauten Augustus-Tempel auf seinen Münzen ab. Ganz offensichtlich musste Philipp keine Rücksicht mehr auf das jüdische Bilderverbot nehmen oder wählte Bilder, die nun seine vornehmlich paganen Untertanen ansprechen sollten.

## Belege römischer Präsenz in Palästina

Auch die römischen Prokuratoren, die seit der Verbannung des Archelaos 6 nC das Kernland Judäas verwalteten, ließen Kleinbronzen prägen, die wiederum keine Bilder von Lebewesen oder gar Kaiserporträts zeigten, sondern durch ihren traditionellen oder

**26** Bronze des Agrippa II. mit Kopf des Titus und Nike

**27** Silberschekel aus dem 1. Jüdischen Krieg mit Kelch und Granatapfelzweig

**28** Tetradrachme aus dem Bar-Kochba-Krieg mit Tempelfassade und Lulav

**29** Silber aus dem Bar-Kochba-Krieg mit Traube und Trompeten, Überprägung des Denar-Typus Abb. 30

**30** Denar des Trajan mit Kopf des Trajan und Personifikation der Provinz Arabia

**31** Bronze der Stadt Gadara mit Büste des Lucius Verus und Zeustempel

zumindest gegenständlich und nichtfigürlichen Bildschmuck Rücksicht auf jüdische Eigenheiten nahmen **(Abb. 23)**.

König Agrippa I. (37–43 nC) stand in besten Beziehungen zu Kaiser Caligula. Er hatte zunächst große Bronzenominale ausgegeben, die zeitgenössische reichsrömische Münzen imitierten und Mitglieder der kaiserlichen Familie zeigten **(Abb. 24)**. Später gab er dann auch noch ungewöhnliche Kleinbronzen aus, die sich offensichtlich stärker an die jüdische Bevölkerung in seinem Gebiet richteten. Sie zeigen auf der Vorderseite einen Sonnenschirm als östliches Königssymbol (Agrippa nannte sich auch „Großkönig") und auf der Rückseite drei Kornähren, die Prosperität versprachen **(Abb. 25)**.

Die Münzprägung des Königs Agrippa II. (50–ca. 100 nC) setzt erst mit dem Beginn des Jüdischen Kriegs im Jahr 67/8 nC ein. Während die frühesten datierten Münzen – obgleich mit Kaiserporträt auf der Vorderseite – noch zurückhaltend neutrale Bildmotive (Kranz mit Inschrift, Doppelfüllhorn, Diadem) wählten, feiern die Münzen ab 74/5 nC mit dem Bild der griechisch-römischen Siegesgöttin Nike **(Abb. 26)** den römischen Sieg im Jüdischen Krieg.

## Jüdische Aufstandsmünzen

Wie wichtig die Einhaltung des alttestamentlichen Bilderverbotes für die gesetzestreuen Juden war, ist aus den Münzen zu ersehen, die von den Aufständischen im 1. Jüdischen Krieg (66–70 nC) und im Bar-Kochba-Krieg (132–135 nC) geprägt wurden. Zugleich zeigt sich in dem Umstand, dass die Aufständischen jeweils eigene Münzen in Silber und Bronze ausgaben, der hohe Symbolwert von Münzprägung, die eben nicht als rein ökonomisches Phänomen betrachtet werden darf, sondern deren Bilder Teil der Kriegsführung waren. In den Aufstandsprägungen wurden demonstrativ wieder hebräische Münzlegenden gewählt und ausschließlich Gegenstände oder Pflanzen abgebildet. Im ersten Aufstand sind dies etwa Gefäße **(Abb. 27)** und Granatäpfel, im Bar-Kochba-Krieg die Fassade des längst zerstörten jüdischen Tempels **(Abb. 28)**, Lulav und Ethrog, ein Gefäß, ein Kranz, ein Weinblatt, die Palme oder eine Leier. Solche Bilder waren dezidiert jüdisch und setzten sich klar von den Bildern der paganen Städte und Mächte ab. Auch Münzlegenden wie „Für die Freiheit von Jerusalem" oder die neue Zeitrechnung nach „der Befreiung Israels" appellierten an den Kampfeswillen der Aufständischen.

Die Münzen des Bar-Kochba-Kriegs sind ausschließlich Überprägungen anderer Münzen **(Abb. 29)**, die in Judäa zu dieser Zeit in Gebrauch waren. Dies unterstreicht, dass die Prägung eigenen Geldes zunächst einmal nicht eine ökonomische Notwendigkeit war, da ja Münzen mit demselben Nennwert verfügbar waren, sondern die Prägung an sich und die Auswahl der Bilder hohen symbolischen Wert besaßen. Bemerkenswert ist auch, dass die Prägungen beider Aufstände nicht an die hasmonäisch-herodianischen Bilder anknüpften, sondern eine eigene spezifisch jüdische Bildersprache entwickelten.

Zu den im Bar-Kochba-Krieg überprägten Münzen zählen neben Denaren **(Abb. 30)** der römischen Reichsprägung und Tetradrachmen aus Tyros auch bronzene Städteprägungen der umliegenden paganen Städte.

## Stadtprägungen im römischen Reich: Zeugnisse des Eigenverständnisses der Städte

Im 1.–3. Jh. nC prägten im Osten des *Imperium Romanum* zahlreiche Städte ihre Münzen nach griechischem Muster. Diese waren Bronzemünzen und zeigten auf der Vorderseite in der Regel das Bild des Kaisers oder eines anderen Mitglieds der kaiserlichen Familie. Als Legende wird die kaiserliche Titulatur auf Griechisch genannt. Die Rückseiten wiederum zeigen den griechischen Stadtnamen zusammen mit einem städtischen Bild. Derartige Münzen waren für den lokalen Geldumlauf vorgesehen. Auch wenn der Kaiser die Vorderseite zierte, wurden sie in der Verantwortung der Stadt herausgegeben. Die Bilder wurden von der Stadt selbst gewählt und entsprechend sind diese städti-

**32** Bronze der Stadt Caesarea maritima mit Büste des Trebonianus Gallus und der Tyche von Cäsarea

**33** Bronze der Stadt Neapolis mit Büste des Macrinus und den Heiligtümern der Stadt (Garizim)

**34** Bronze der Stadt Sepphoris mit Büste des Caracalla und Freundschaftskranz

**35** Bronze der Stadt Aelia Capitolina (Jerusalem) mit Büste des Elagabal und Wölfin mit Romulus und Remus

**36** Bronze der Stadt Dion mit Büste des Geta und syrischer Zeusstatue

**37** Bronze der Stadt Adraa mit Büste des Mark Aurel und Baitylos auf Podium

schen Lokalprägungen ein Quellenzeugnis erster Güte für das Selbstverständnis der griechischen Städte unter römischer Herrschaft. In der südlichen Levante haben zahlreiche Städte in und um Judäa solche lokalen Bronzemünzen ausgegeben. Die Städte an der Küste und die meisten größeren, pagan geprägten Städte im Hinterland nutzten solche städtischen Identifikationsbilder. Auch die älteren, griechisch geprägten Städte in der Dekapolis oder die erst später hellenisierten und romanisierten Orte in der *Provincia Arabia* gaben dieses lokale Geld aus. Beliebte Bilder der Münzen waren die städtischen Hauptgottheiten **(Abb. 31)**, die Personifikation der Stadt, die Tyche **(Abb. 32)**, prominente Bauwerke **(Abb. 33)** oder Hinweise auf das Alter der Stadt sowie auf die guten Beziehungen der Stadt zu Rom **(Abb. 34)**. Dezidiert römisch gaben sich etwa römische Bürgerkolonien wie Aelia Capitolina, deren Münzen lateinische Beischriften aufweisen **(Abb. 35)**. Die Gründung der *Colonia Aelia Capitolina* durch Hadrian in Jerusalem wurde zum Auslöser des Bar-Kochba-Aufstands.

Einige Münzbilder der griechisch-römischen Städte geben uns Hinweise darauf, dass diese Städte eine ältere, vorhellenistische Vergangenheit haben und besonders in ihren Kulten ältere vorderorientalische Traditionen aufweisen. So bezeugt etwa die Ikonografie des Zeus aus der Dekapolis-Stadt Dion **(Abb. 36)** einen älteren vorgriechischen Gott, und das bildlose Kultobjekt in der Stadt Adraa **(Abb. 37)** verweist auf ältere semitische Kultpraxis. Solche Beispiele belegen, dass der Vordere Orient auch in römischer Zeit nicht Teil einer vermeintlichen griechisch-römischen Einheitskultur war, sondern eigenständige und ältere Lokaltraditionen lebendig blieben. Von besonderer Bedeutung ist dabei, dass wir im Medium Münzprägung erfahren, dass dieses kulturelle Gepräge zum offiziellen Selbstbild der Stadt gehörte, deren Bürger sich ja bewusst für solche Bilder entschieden, darauf stolz waren und ihre städtische Identität daran festmachten.

## Münzen im Neuen Testament

Im Neuen Testament wird Münzgeld mehrfach erwähnt, etwa in der berühmten Erzählung vom Zinsgroschen, in der sogar ein Münzbild diskutiert wird (Mt 22,15-22; Mk 12,13-17; Lk 20,20-26). Hier wird aus der Sicht der damaligen Nutzer deutlich, dass über die ökonomische Funktion von Münzgeld hinaus den Bildern, ihren Deutungen und Implikationen ein Stellenwert zukam, der Münzen zu einer eigenständigen kulturhistorischen Quelle macht, die im Alltag präsent war. In einer Umwelt, die weit weniger von Bildern überflutet war als die unsere, fanden die Bilder große Beachtung. Ihrer intentionalen Ausgestaltung wurde entsprechend in der gesamten Antike große Aufmerksamkeit geschenkt. In Palästina zeugen Münzen in einmaliger Weise von den wechselnden politischen Oberherren und dem spannungsreichen kulturellen Profil der Region. ■

### Lesetipps


- H. Gitler/O. Tal
**The Coinage of Philistia of the Fifth and Fourth Centuries BC. A Study of the Earliest Coins of Palestine** (Mailand/New York 2006).
- Y. Meshorer
**City Coins of Eretz-Israel and the Decapolis in the Roman Period** (Jerusalem 1985).
- Y. Meshorer
**A Treasury of Jewish Coins. From the Persian Period to Bar Kokhba** (Jerusalem 2001).
- B. Overbeck
**Das Heilige Land. Antike Münzen und Siegel aus einem Jahrtausend jüdischer Geschichte** (München 1993).
- A. Spijkerman
**The Coins of the Decapolis and the Provincia Arabia** (Jerusalem 1978).
- **Gott und das Geld,** Welt und Umwelt der Bibel 47 (1/2008), Stuttgart.

# Orte

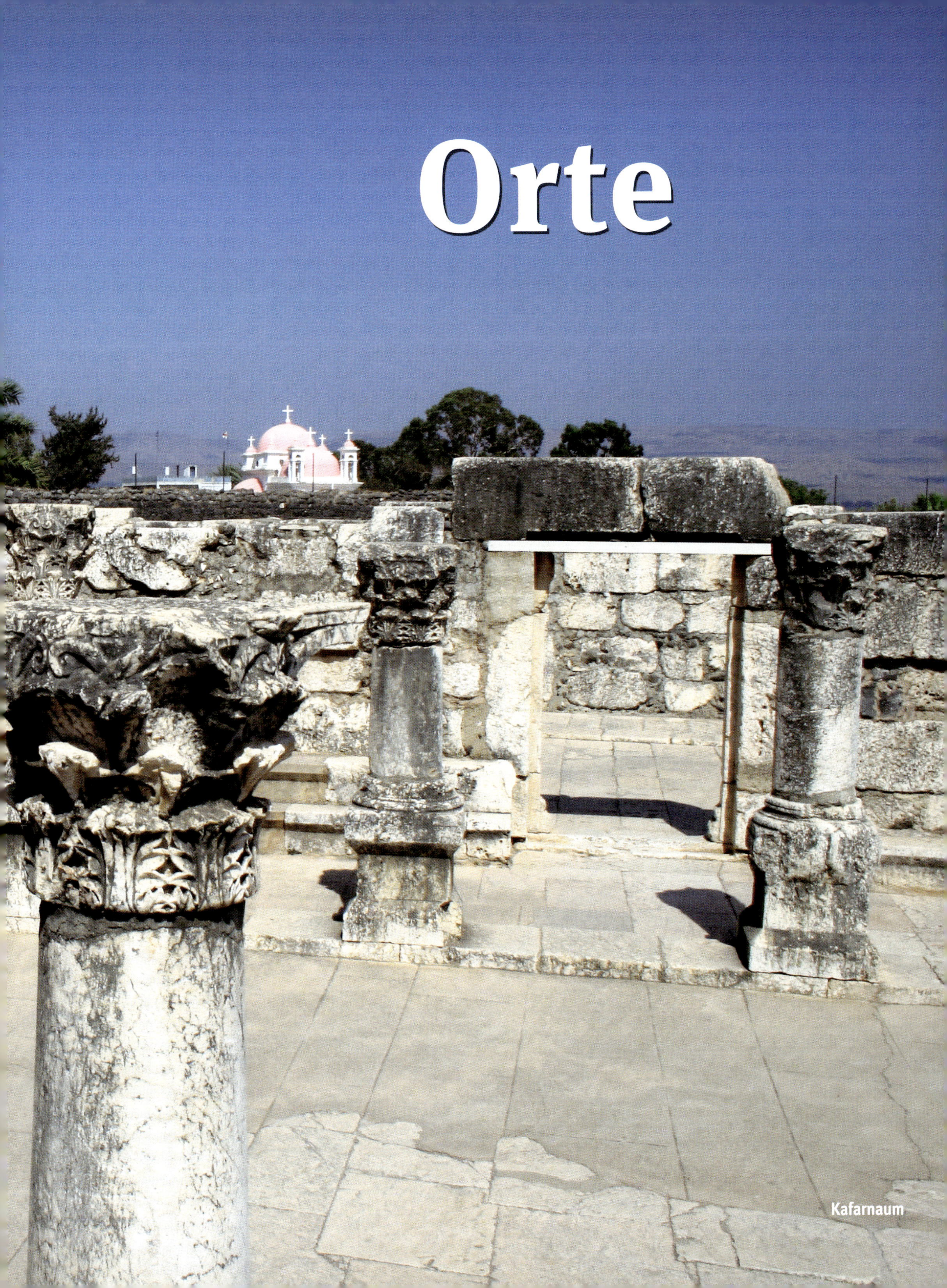

Kafarnaum

Hanswulf Bloedhorn

# Jerusalem in hellenistischer und römischer Zeit (332 vC–333 nC)

In sechs Jahrhunderten Stadtgeschichte wird deutlich, wie sich eine kleine Bergsiedlung der persischen Provinz Juda zu einer hellenistischen Großstadt entwickelt. Auf ihrem Höhepunkt – unter Herodes – folgt der 1. Jüdische Aufstand gegen die Römer, der mit der totalen Zerstörung Jerusalems (70 nC) endet. Nach der Niederschlagung der zweiten Revolte (135 nC) gründen die Römer die Stadt neu als *Aelia Capitolina*. Sie wurde zur Vorläuferin der byzantinischen Stadt Jerusalem, deren Kirchen- und Klosterbauten Ausdruck ihrer nun christlichen Identität sind.

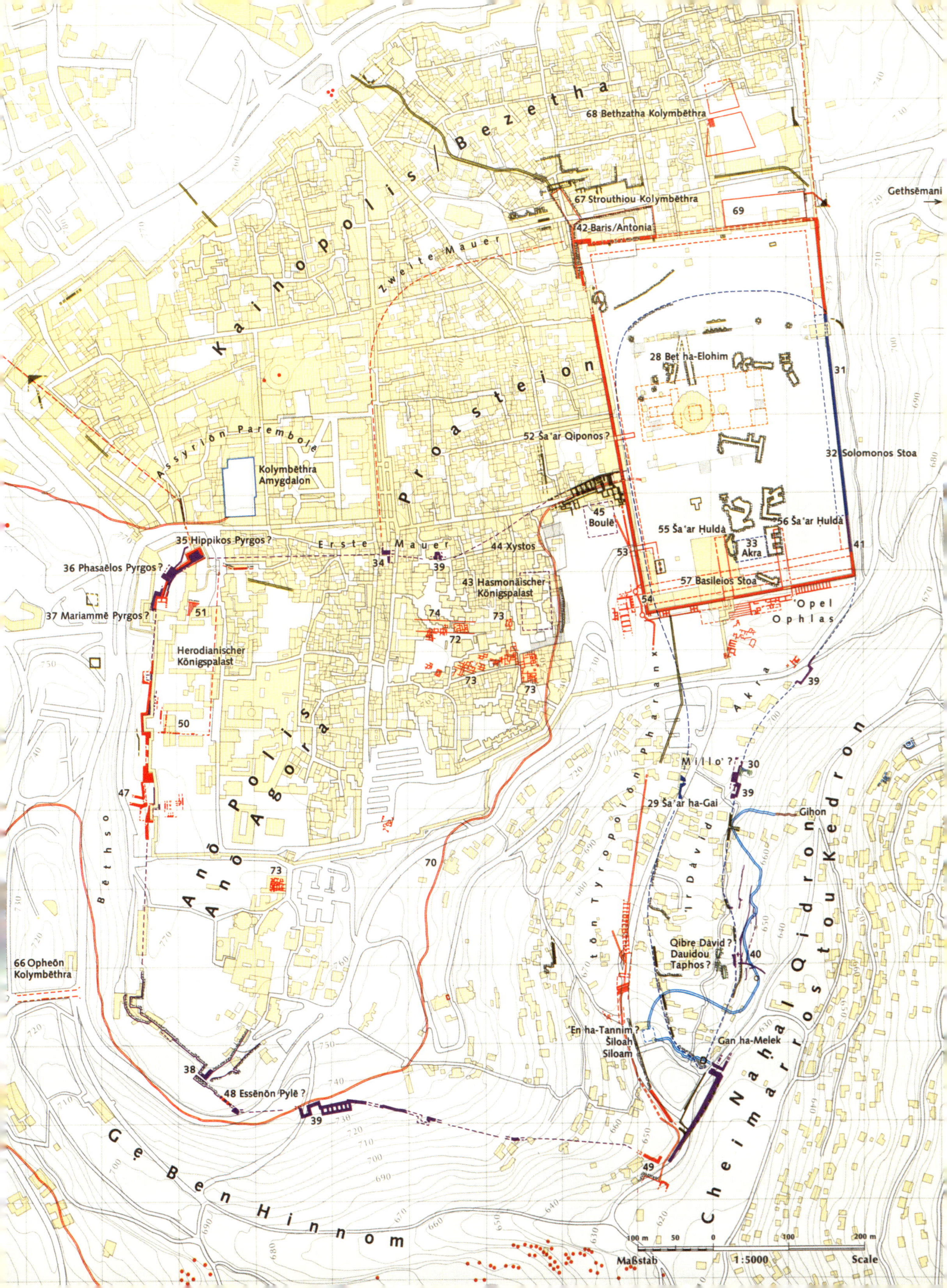
Kainopolis / Bezetha
68 Bethzatha Kolymbēthra
67 Strouthiou Kolymbēthra
42 Baris/Antonia
69
Gethsēmani
Zweite Mauer
28 Bet ha-Elohim
31
Proasteion
52 Ša'ar Qiponos ?
32 Solomonos Stoa
Assyriōn Parembolē
Kolymbēthra Amygdalon
45 Boulē
55 Ša'ar Ḥuldā
56 Ša'ar Ḥuldā
41
33 Akra
35 Hippikos Pyrgos ?
Erste Mauer
44 Xystos
34
39
36 Phasaēlos Pyrgos ?
53
57 Basileios Stoa
54
43 Hasmonäischer Königspalast
'Opel
Ophlas
37 Mariammē Pyrgos ?
51
74
73
72
Herodianischer Königspalast
73
73
Pharanx
Akra
39
50
Anō Polis
Anō Agora
Millo' ?
30
39
47
29 Ša'ar ha-Gai
Gihon
Bēthso
70
73
tōn Tyropoiōn
'Ir Dāvid
Cheimarros tou Kedron
Naḥal Qidron
Qibre Dāvid ?
Dauidou Taphos ?
40
66 Opheōn Kolymbēthra
'En ha-Tannim ?
Šiloaḥ
Siloam
Gan ha-Melek
38
48 Essēnōn Pylē ?
39
49
Gē Ben Hinnom
100 m
50
0
100
200 m
Maßstab
1:5000
Scale

## 1. Das frühhellenistische Jerusalem (332–142 vC) – vom Alexanderzug bis zur hasmonäischen Autonomie

Als Alexander der Große im Jahre 332 vC auf der Küstenstraße von Syrien nach Ägypten zieht, bleiben das Bergland und damit auch Jerusalem davon unberührt. Ein Jerusalembesuch Alexanders gehört in den Bereich der Legende (Jos, Ant XI 321–345).

Die Größe der Stadt entspricht der wiederaufgebauten Siedlung unter Nehemia im 6. Jh. Sie erstreckt sich lediglich auf dem schmalen Höhenzug (maximale Länge 800 m) zwischen zwei tief eingeschnittenen Tälern: dem *Tyropoiontal* im Westen und dem *Kidrontal* im Osten. Der Hügel steigt von der schmalen Südspitze bei 640 m auf einen breiteren Sattel (*Ophel*) auf 720 m an und dann weiter auf zum 745 m hohen und etwa 200 m breiten Gipfel, den sogenannten Tempelberg, auf dem der nachexilische Tempel, der Zweite Tempel, in den Jahren 520–515 vC wiederaufgebaut worden ist. Die Stadt wird von einer Mauer umzogen, die auf den Resten der alten Stadtmauer wiedererbaut wird. Einzige Frischwasserquelle der Stadt ist der Gihon, der am Fuß des Osthanges im Kidrontal entspringt, aber zu dieser Zeit schon nicht mehr bekannt ist, sondern nur noch dessen südlicher Ausfluss beim *Schiloachteich*. Ansonsten wird das Oberflächenwasser in größeren Teichanlagen im Umfeld der Stadt und in Zisternen aufgefangen.

Unter der ptolemäischen Herrschaft beginnt eine allmählich fortschreitende Hellenisierung der Provinz, was die zahlreichen Keramikfunde griechischer Importware auch in Jerusalem belegen. Den regen Handelskontakt zwischen Palästina und der griechischen Welt bestätigt der Bericht eines ägyptischen Händlers namens Zenon, der Phönizien und Syrien bereist. Nach der Schlacht bei Paneion im Jahre 200 vC übernehmen die Seleukiden die Herrschaft in Palästina, und König Antiochus III. kann mit jüdischer Hilfe die ptolemäische Besatzung in Jerusalems Festung *Akra* **[Plan S. 157, Nr. 33]** gefangen setzen (Ant XII,133–138).

Baumaßnahmen aus dieser Frühzeit sind weder literarisch noch archäologisch sicher zu benennen. Eine in Sir 50,1-2 erwähnte Befestigung des Tempelareals könnte sich auf die Ostmauer beziehen, einen 500 Ellen langen Abschnitt der heutigen Mauer des *Haram asch-Scharif* **[31]**. Diese lässt sich aber nicht eindeutig datieren, da Grabungen hier nicht möglich sind. Weiterhin kann eine Mauer in Läufer-Binder-Technik am Westhang des Südosthügels als frühhellenistische Stadtmauer **[29]** interpretiert werden.

Ein monumentales, vermutlich öffentliches Gebäude liegt etwa 50 m südlich des Haram asch-Scharif, kann aber nicht näher bestimmt werden, da Grabungsberichte nicht vorliegen. Ein weiteres Gebäude mit umfangreichen Keramikfunden derselben Zeit liegt an der östlichen Hangkante des Südost-Hügels.

Bei dem in Sir 50,3 genannten Teich, *„groß wie ein Meer"*, kann es ich um den nördlichen der beiden sog. *Betesda-Teiche* **[68]** handeln, die anderen Teiche wurden schon in der Eisenzeit angelegt.

Unter Antiochus IV. Epiphanes erhält der Hohepriester Jason die Erlaubnis, ein *Gymnasium* zu errichten, eine *Ephebie* (Ausbildungseinrichtung für junge Männer ab 18 Jahren) einzurichten und die *„Antiochener in Jerusalem"* aufzeichnen zu dürfen, was der Gründung einer griechischen *polis* zwar noch nicht gleichkommt, sie aber unmittelbar vorbereitet (1 Makk 1,14; Jos, Ant XII,241). Das Gymnasium wird *„unterhalb der Akropolis"* (2 Makk 4,12) oder *„bei der Akra"* (4 Makk 4,20) beschrieben. Da die Akra nur wenig südlich des Tempelgeländes liegt, scheint auch das Gymnasium nicht weit entfernt gelegen zu haben. Für die Gleichsetzung des Gymnasiums mit dem zuvor genannten monumentalen Gebäude liegen aber keine eindeutigen Belege vor.

Im Herbst 169 plündert Antiochus IV. den Tempel (1 Makk 1,20-23; 2 Makk 5,11-16), und im Frühjahr 167 verwüstet er Teile der Stadt, schleift die Stadtmauer und befestigt vermutlich nur wenig südlich des Tempels die Akra als Zentrum seleukidischer Präsenz (1 Makk 1,29-37; Jos, Ant XII,252). Doch folgt der Höhepunkt der von Jerusalemer Kreisen durchaus geförderten Hellenisierung erst im Dezember 167 mit der Einstellung des jüdischen Opfers am Tempel und dessen Umwidmung an Zeus Olympius (1 Makk 1,54-61; 2 Makk 6,1-7).

Nach einem dreijährigen von den Makkabäern geführten Widerstand werden vermutlich noch unter Antiochus IV. die Polisverfassung und das Toraverbot wieder aufgehoben. Doch genügte dieser Schritt nicht mehr zur Befriedung der Lage. Judas Makkabäus erobert im Herbst 164 die Stadt, stellt den Tempelkult wieder her und beginnt, die Stadt, den *Berg Zion*, zu befestigen, was von seleukidischer Seite offenbar geduldet wird (1 Makk 4,36-61; 2 Makk 10,1-3). Der Versuch im Herbst 163, auch die Akra einzunehmen, misslingt, und Lysias belagert die Stadt und lässt die Befestigungen schleifen (1 Makk 6,18-62). Erst Jonatan beginnt erneut, Stadt und Tempelberg zu sichern. Um die Akra setzt ein längeres Ringen ein, bis Simon im Juni 141 die Besatzung bezwingen kann (1 Makk 13,49-51). Die Akra wird nicht geschleift, sondern fortan als Palast (1 Makk 13,52;14,7.36) genutzt. Archäologisch ist nichts erhalten, da sie spätestens bei der herodianischen Süderweiterung des Tempelareals zerstört wird.

## 2. Die hasmonäische Zeit bis zu Herodes' Einnahme der Stadt (142–37 vC)

Derselbe Simon erwirkt schon 142 vC von Demetrius II. eine volle Amnestie und völligen Steuererlass, womit er praktisch die Souveränität für seinen Herrschaftsbereich erhält und wonach gemäß 1 Makk 13,41-42 ein neuer Abschnitt der Stadtgeschichte beginnt. Aufgrund innerseleukidischer Streitigkeiten kann sich Johannes Hyrkanos dem Einfluss der Seleukiden entziehen und die Unabhängigkeit erlangen. Er scheint die Stadtmauern wiederhergestellt zu haben (1 Makk 16,23-24) und baut nach Josephus (Ant XVIII,91-92) nördlich des Tempelgeländes und demnach am damaligen nördlichen, besonders gefährdeten Rand der Stadt eine neue Zitadelle, Baris genannt **[42]**, die bis Aristobul II. (67–63 vC) auch als Palast der königlichen Familie dient. Archäologisch ist aber nichts erhalten, da der Bereich später anderweitig überbaut wird.

Das Anwachsen der Bevölkerung macht eine Erweiterung der Stadt erforderlich. Wie schon unter Hiskia wird wiederum der gesamte *Westhügel* in die Stadt einbezogen. Er wird aber erst allmählich besiedelt. Von Anfang an schützt eine neue Stadtmauer das große Areal, die als *„Oberer Markt"* bezeichnete neue Oberstadt (Bell V,137). Josephus beschreibt den Verlauf dieser sogenannten Ersten Mauer (Bell V,142-145): Sie beginnt an der westlichen Säulenhalle des Tempelplatzes, überspannt mit einer Brücke das Tyropoiontal (Brückengewölbe noch erhalten) und verläuft am *Rathaus* **[45]** und *Xystus* **[44]** (Platz, von einer Säulenhalle umgeben) vorbei nach Westen, wo sie in den Avigad-Arealen W und X-2 nachgewiesen ist, bis an den

Rand des *Hinnom-Tales*; wohl zwei Nordtore **[34,39]** geben den Weg aus der Stadt frei. Das Nordwesteck der Mauer wird durch drei feldseitig vorspringende Türme gesichert **(Abb. 1)**, die später von Herodes zum Schutz seines Palastes noch ausgebaut werden. Im Bereich der heutigen Zitadelle sind in mehreren Ausgrabungen weitere Abschnitte freigelegt. Von dort verläuft die Mauer durch ein *Bethso* genanntes Gebiet nach Süden und biegt beim *Essenertor* **[48]** nach Osten um. Hier konnten schon 1895 mehrere Mauerabschnitte **[39]** bei Tunnelgrabungen nachgewiesen werden können, die seit 2007 in einer Flächengrabung vollständig freigelegt werden **(Abb. 2)**. Dann verläuft sie hangabwärts, bis sie an der Mündung des *Tyropoiontales* wieder an die ältere Mauer anschließt. Sechzig Türme sind an der Maueraußenseite angeordnet. Die Ostmauer verläuft auf der Hangkante des Südosthügels nach Norden, wo im Bereich des *großen Glacis* zwei mächtige Mauerstücke **[30,39]** noch erhalten sind; am *Ophel* erreicht die Mauer dann das Südosteck der Tempelplattform. Außerhalb dieser Mauer sind mehrere Häuser am Osthang freigelegt wie auch am Westhang des Südosthügels.

Die einzigen literarischen Nachrichten, die indirekt auf die Westerweiterung schließen lassen, beziehen sich auf einen *neuen Palast*

**1) Reste der Ersten Mauer im Hof der heutigen Zitadelle.**

**[43]**, der durch seine Lage westlich des Tyropoiontales die Stadterweiterung zwingend voraussetzt. Der Bauherr des neuen Palastes wird namentlich nicht genannt, aber von Aristobul II. wird berichtet, dass er am Beginn seiner Regierungszeit (67 vC) noch in der *Baris* wohnt, die allein als königlicher Palast bezeichnet wird. Während des Konflikts zwischen Aristobul und Johannes Hyrkanos im Spätsommer des Jahres 63 vC verschanzen sich Anhänger des Ersteren am Tempelberg und brechen die Brücke über das Tyropoiontal ab – gleichzeitig greift Pompeius den Tempelberg von Norden an (Jos, Bell I 343) – während Johannes Hyrkanos' Parteigänger die Stadttore öffnen und dem Legaten Piso den Königspalast übergeben (Ant XIV,58-63; Bell I,142-144). Diese Schilderung nennt erstmals den neuen hasmonäischen Palast westlich des Tyropoiontales und setzt somit auch die genannte Westerweiterung der Stadt voraus. Demnach muss diese spätestens unter Aristobul und vor Pompeius' Einnahme der Stadt 63 vC in Angriff genommen sein. Der Palast kann innerhalb des heutigen Jüdischen Viertels lokalisiert werden (unmittelbar östlich der kreuzfahrerzeitlichen Kirche St. Maria Alemannorum), ist aber bislang archäologisch nicht nachgewiesen. Weitere Binnenbebauung der hasmonäischen Oberstadt wird von N. Avigad aus verschiedenen Grabungsarealen im Jüdischen Viertel vermeldet, aber nicht dokumentiert. Diese Siedlungsbefunde wie auch jene aus der Grabung M. Broshi's beim Zionstor deuten auf einen Besiedlungsbeginn am Westhügel erst gegen Ende der hasmonäischen Herrschaft hin.

Später gestattet Julius Cäsar einen Ausbau

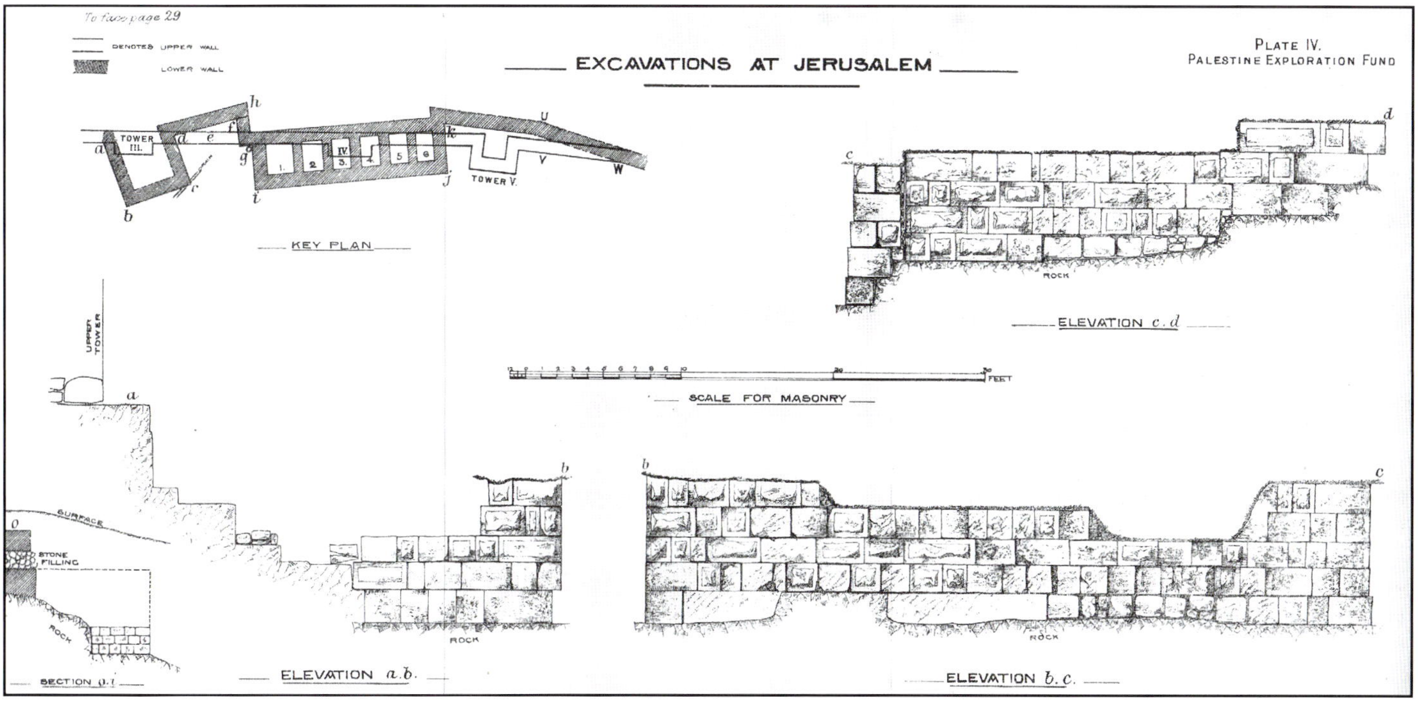


**2a) Die Erste Mauer am Südwesthügel. Zeichnung von 1895 nach F. J. Bliss – A. C. Dickie, Excavations at Jerusalem, 1895–1898 (London 1898) Taf. 4.**

**2b) Die Erste Mauer** am Südwesthügel nach der Freilegung 2007. Die Ecke mit den beiden Steinlagen entspricht dem Buchstaben b auf der Zeichnung auf S. 159.

**3) Fragment einer Decke** des neuen Königspalastes.

der Verteidigungsanlagen der Stadt. Zwar schreibt Josephus die Bauarbeiten in seinem *Bellum Judaicum* ausdrücklich Antipater zu und schränkt sie auf den Wiederaufbau der von Pompeius verwüsteten Stadtmauern ein (Bell I,199-201), doch korrigiert er sich in seinen später entstandenen *Antiquitates* insofern, als er nun die Bauarbeiten allein Johannes Hyrkanos II. zuschreibt. Auch berichtet er von einer kleineren Norderweiterung der Stadt, der sogenannten *Zweiten Mauer*, die mit insgesamt 14 Türmen besetzt ist (Bell V,146.158). Sie nimmt ihren Ausgangspunkt am *Gennath-Tor*, einem nicht näher beschriebenen Tor im Norden der Ersten Mauer, und verläuft nach Nordosten zur *Baris*. Zwar wird der Bauherr nicht genannt, doch wird sie nur wenige Jahre nach der genannten Bauerlaubnis Julius Cäsars erstmals belegt, denn Josephus berichtet über die Eroberung der Stadt durch Herodes den Großen im Jahre 37 vC, Herodes habe die Stadt von Norden angegriffen, die erste Mauer, die sich ihm entgegenstellte, nach 40 Tagen und die zweite nach weiteren 15 Tagen bezwungen (Ant XIV,476). Dies aber setzt deutlich nicht nur die Erste, sondern auch schon die Zweite Mauer voraus. Diese dient weniger einer Vergrößerung des Stadtgebietes als vielmehr einer besseren Verteidigung dieses neuralgischen Punktes im Bereich des tiefen Tyropoiontales, des Tempelareals und der *Baris*. Während in der von der Ersten Mauer umfassten Fläche gehobene Wohnquartiere liegen, werden in der von der Zweiten Mauer umgebenen Vorstadt, gelegentlich auch als Neustadt bezeichnet, die Stände der Wollhändler, die Schmiedewerkstätten und der Kleidermarkt untergebracht (Bell V,331). Der Verlauf der Zweiten Mauer kann nicht rekonstruiert werden, da bislang kein Stein nachgewiesen ist, was vor allem an der permanenten Besiedlung in diesem Gebiet liegt.

## 3. Die herodianische Zeit (37 vC–70 nC)

Schon die Einnahme Jerusalems durch Pompeius im Jahre 63 vC hat für Judäa einen Einschnitt bedeutet, denn damit findet das hasmonäische Königtum sein Ende und Jerusalem beugt sich der römischen Herrschaft. Doch bleibt mit Johannes Hyrkanos II. noch immer ein Mitglied der hasmonäischen Familie an der Macht. Und so sind die Jahre seiner Herrschaft als eine Übergangszeit zu werten, in der die Familie Herodes' des Großen an Einfluss gewinnt und schließlich ab 40/37 vC, im Zusammenspiel mit den Römern, die Geschichte der Stadt für 110 Jahre wesentlich bestimmt.

Von Herodes' reger Bautätigkeit im gesamten Land sowie im östlichen Mittelmeerbereich soll hier nicht die Rede sein, sondern nur vom Ausbau Jerusalems. Dabei sind vor allem drei größere und drei kleine Bauprojekte zu nennen, die durchweg nicht der Erweiterung der bestehenden Stadt, sondern ihrem inneren Ausbau dienen. Bereits während der ersten sechs oder sieben Regierungsjahre beginnt er zunächst mit einem umfangreichen Ausbau der hasmonäischen *Baris*. Die Maßnahme kommt eher einem Neubau gleich. Die Burg nördlich des Tempelgeländes dient schon seit dem Bau des neuen Palastes am Westrand des Tyropoiontales nicht mehr als Palast, sondern zur Verteidigung der gefährdeten Nordseite der Stadt und zur Überwachung des Tempelareals. Herodes nennt die Festung zu Ehren seines Gönners Marcus Antonius *Antonia* **[42]**; dieses Bauprojekt ist noch vor dessen Tod (31 vC) im Wesentlichen abgeschlossen, archäologisch ist bis auf den *Struthionteich* **[67]** fast nichts erhalten.

Vorläufig scheint Herodes noch im Hasmonäerpalast am westlichen Rand des Tyropoiontales residiert zu haben. Denn erst nach dem Ende einer Hungersnot (25 vC) beginnt er mit dem Neubau eines Palastes auf der Hochebene am westlichen Rand der Oberstadt **[50,51]**, unmittelbar südlich der drei hasmonäischen Türme **[35-37]**, die mit den sie verbindenden Mauerabschnitten feldseitig verstärkt werden. Der sich von den Türmen aus nach Süden erstreckende Palast scheint nach archäologischen Befunden im *Armenischen Garten* eine Länge von etwa 350 m erreicht und zahlreiche Räume, Säulenhallen, Gärten und Teichanlagen umfasst zu haben (Jos, Bell V,176-183). Von der eigentlichen Palastanlage sind nur Teile der westlichen Stützmauern des Podiums, eine Drainage ins Hinnomtal und Reste einer breiten Felstreppe erhalten.

*Der Tempel*

Erst nach Antonia und Palast **(Abb. 3)** folgt schließlich das bedeutendste Bauprojekt von Herodes in Jerusalem: die grundlegende Neugestaltung der Tempelanlage. Die Bauarbeiten beginnen im 15. Jahr seiner Herrschaft (Jos, Bell I,401) oder drei Jahre später (Jos, Ant XV,380). Zunächst wird das alte, 500 x 500 Ellen (ca 250 x 250 m) messende Areal nach Süden, Westen und Norden ausgeweitet, was eine Verdopplung der Fläche bedeutet; nur die Ostseite blieb mit ihrer schon auf Salomo (!) zurückgeführten Säulenhalle (Ant XX,219-222) erhalten. Der Ausbau nach Süden und Westen erfordert mächtige Substruktionen, im Norden wird der leicht ansteigende Fels bis zur neu ausgebauten Burg Antonia abgetragen. Der neue Temenos wird unter Übernahme der Salomonischen Halle im Osten auch auf der Nord- und Westseite mit Säulenhallen umgeben. Über die gesamte Länge der Südwand wird eine dreischiffige Basilika errichtet **[57]**, die sogenannte Königliche Halle.

Erst nach Fertigstellung des neuen Temenos und nach Bereitstellung des Baumaterials wird das eigentliche Tempelgebäude **[28]** abgerissen und innerhalb von nur eineinhalb Jahren (Ant XV,421) wiederaufgebaut. Dabei bleiben das Allerheiligste und die Haupthalle auf der Grundfläche gleich, werden aber entschieden erhöht, und über beiden wird zusätzlich ein Obergeschoss errichtet. Ferner wird die Vorhalle verbreitert, erhöht und eine mächtige, überragende Fassade wird vorgeblendet.

Geht man vom Baubeginn im 18. Regierungsjahr des Herodes aus, müssen der Temenos um 12/11 vC und das Tempelgebäude selbst zwischen 11 und 9 vC fertiggestellt worden sein; aber die Bauarbeiten werden auch noch unter Pontius Pilatus (Joh 2,20) und darüber hinaus bis unter Albinus am Vorabend des Jüdischen Aufstandes fortgeführt (Jos, Ant XV,391; XX,219; vgl. Bell V,36) **(Abb. 4)**.

Zwar ist das Tempelgebäude so vollkommen zerstört, dass selbst seine genaue Lage nicht mehr mit Sicherheit zu bestimmen ist (etwa dort, wo sich heute der Felsendom erhebt), doch besteht das Mauerwerk der Umfassungsmauer des *Haram asch-Scharif* besonders in seinem südlichen Teil noch überwiegend aus herodianischen Spiegelquadern mit Saumschlag, die vier westlichen Tempeltore sind nachgewiesen und die beiden von Süden zur Plattform hinaufführenden Gänge am Doppelten **[55]** und am Dreifachen Tor **[56]** gehen ebenfalls auf die herodianische Erweiterung des Platzes zurück. Besonders prächtiger Baudekor der herodianischen Zeit ist dabei an den Gewölben des Doppelten Tores erhalten. Dort sind die in feinem Quaderwerk errichteten Seitenwände durch Pilaster gegliedert, die als Auflager für die Gurtbögen und Hängezwickel zweier Flachkuppeln dienen. Auch weist die Südseite des Antoniafelsens in regelmäßigen Abständen quadratische Vertiefungen auf, die wohl als Widerlager für das Gebälk der Nordhalle dienten. Schließlich dürfte die Mehrzahl der Zisternen des Tempelberges noch dem Wasserbedarf des Tempels, vor allem in seiner herodianischen Spätzeit, zuzuordnen sein.

Interessant sind ferner drei Inschriften, die zum herodianischen Tempel gehörten, zwei Steintafeln mit einer Warninschrift, die Nichtjuden das Betreten des inneren Tempelbezirkes bei Todesstrafe verbietet **(Katalog Nr. 301)**, und ein Eckstein **(Abb. 5)**, vermutlich von der Zinne der umlaufenden Säulenhalle, mit einer hebräischen Inschrift, die den Platz jenes Trompeters markiert, der den Beginn und Ausgang des Sabbats anzeigt, sowie eine Stiftungsinschrift rhodischer Juden, die höchstwahrscheinlich auf den Ausbau der Tempelanlage zu beziehen ist. Schließlich sind zahlreiche Dekorfragmente zu nennen, die von der Königlichen Halle stammen dürften.

Zwischen dem Bau der Antonia und des Palastes dürfte Herodes ein Theater gebaut haben, vermutlich für die Spiele von Actium (28 vC), die zu Ehren des Sieges Oktavians über Marcus Antonius begangen werden (Ant XV,267-276). Das Gebäude wird später nie wieder erwähnt, und da es zu dieser Zeit üblich ist, Theater auf- und wieder abzubauen, wird man auch in Jerusalem, wie in Italien üblich, einen Holzbau voraussetzen können. Das

**4) Blick auf den vormaligen Tempelberg mit seiner heutigen islamischen Bebauung.**

**5) Der Eckstein mit hebräischer Inschrift, die den Platz des Trompeters bezeichnet.**

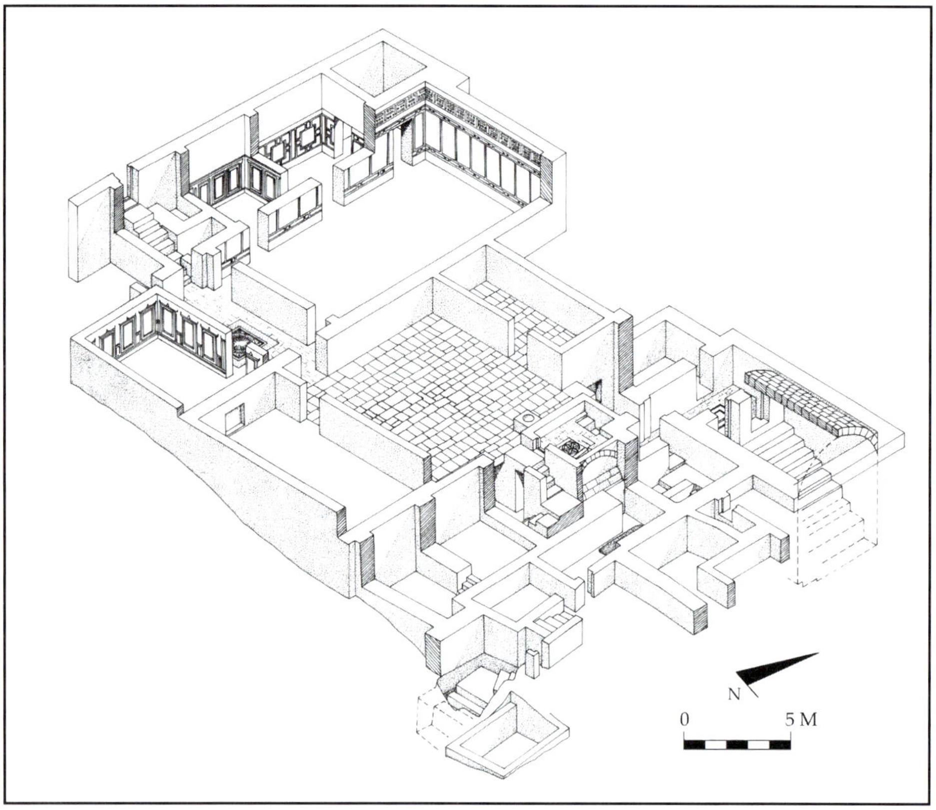


6) **Rekonstruktion des** palastartigen Gebäudes *Avigad P* im Jüdischen Viertel. Zeichnung von J. Dillon nach Nahman Avigad, Discovering Jerusalem (Nashville 1983) 99 Abb. 86.

7) **Das sogenannte Absalom-Grab** im Kidrontal.

an dieser Stelle von Josephus auch genannte Amphitheater *„in der Ebene"* wird sich wohl auf Caesarea Maritima oder Jericho beziehen, auch sollte es eher als Stadion bezeichnet werden. Ebenso ist die Errichtung eines Hippodroms fraglich (Jos, Bell II,44; Ant XVII,255), fehlt doch bei Jerusalem eine entsprechende Ebene, und diese Gebäude tauchen später nicht mehr in den Berichten auf und dürften bei den religiösen Bewohnern, wie bei anderen Gelegenheiten überliefert, auf große Ablehnung gestoßen sein; archäologische Reste sind nicht gefunden worden.

Von der herodianischen Innenbebauung der Stadt sind am Südosthügel nur geringe Reste erhalten. Von besonderem Interesse ist allenfalls, wenngleich ohne Gebäudereste, die Bauinschrift der Theodotus-Synagoge, die drei Generationen einer Synagogenvorsteher-Familie nennt und den angeschlossenen Herbergsbetrieb für Jerusalem-Pilger; sie ist außerdem bislang der einzige Nachweis einer Synagoge im 1. Jh. vC in der Stadt.

Wesentlich bedeutender sind die Befunde aus den Grabungen von N. Avigad im Jüdischen Viertel und von M. Broshi südlich des Ziontores. Denn beide legen umfangreiche Reste einer gehobenen Wohnbebauung frei, die den kulturellen Anschluss der gehobenen Schichten Jerusalems an die hellenistisch-römische Welt belegen **[72-74]**. Die Gebäude sind mehrheitlich zweigeschossig, häufig um einen Innenhof errichtet und überwiegend mit farbigen Mosaiken ausgelegt **(Abb. 6)**. Dabei wird, wie etwa auf Masada, auf bildliche Darstellungen offenbar bewusst verzichtet. Vielmehr herrschen geometrische, gelegentlich auch florale Motive vor. In einem Gebäude mit Peristyl ist der Boden in *opus-sectile-Technik* (Ornamente aus verschiedenen geschnittenen Steinen), mit mehrfarbigen Marmorplatten, ausgelegt. Ein Teil der Gebäude weist farbige Wandmalereien des späten zweiten und dritten pompeianischen Stils auf oder ist mit Stuck ausgekleidet, der Spiegelquader imitiert. In einem der besonders gut ausgestatteten Gebäude ist die Decke mit einer stuckierten Kassettendecke versehen.

### *Wasserversorgung*

Fast alle Gebäude weisen, zumeist im Untergeschoss, Badeanlagen auf, mehrheitlich mit Mosaikböden ausgestattet. Sicher ist zumindest ein Teil der tonnengewölbten, in den Felsen eingelassenen Wasserbecken mit Stufenabstieg als *Miqwa'ot* (Ritualbäder) zu interpretieren. Doch wird kritisch zu fragen sein, ob denn alle Wasserbecken mit Stufenabstieg einer gewissen Größe bereits als solche Reinigungsbecken zu interpretieren sind oder ob es sich nicht auch um Zisternen handeln kann.

Für die gewachsene Stadt und den Tempeldienst besteht erheblicher Bedarf an Wasser, den die Rogel-Quelle, der Gihon und hauseigene Zisternen nicht ausreichend decken können. Um das Wasser aus dem südlichen Bergland mit vier Quellgebieten und beträchtlichen Reserven heranzuführen, wird eine Wasserleitung installiert, die das Wasser von zwei Auffangbecken südlich von Betlehem in einem überwiegend in den Felsen eingelassenen und mit Steinplatten abgedeckten Kanal über eine Entfernung von 21 km (Luftlinie 11 km) mit einem Gefälle von nur 30 m in gewundenem Verlauf nach Jerusalem bringt. Diese erreicht das Stadtgebiet **[70]** bei der heutigen *Birkat al-Sultan* **[66]** und verläuft in einem Bogen um den Südwesthügel herum, um unterhalb des östlichen Randes der Oberstadt entlang und über die Brücke der Ersten Mauer hinweg den Tempelplatz zu treffen. Diese

Wasserleitung wird später mehrfach renoviert und bleibt bis in spätosmanische Zeit in Gebrauch.

Zwei weitere Wasseranlagen sind zu nennen: Im Nordosten wird der ältere Teich um einen zweiten, wesentlich größeren ergänzt (*Betesdateiche*) **[68]** und am Südzipfel der Stadt wird der *Schiloachteich* fast über die ganze Talbreite ausgedehnt. Beide Teiche mit ihrer trapezoiden Form und relativen Größe (ca. 50 x 60 m) dienten wohl mit ihren Stufenanlagen auch der rituellen Reinigung, bevor das heilige Tempelareal betreten werden durfte. Da der Schiloach erst 2004 entdeckt worden ist, müssen weitere Grabungsergebnisse abgewartet werden, ehe der Befund gesichert interpretiert werden kann.

### *Grabanlagen*

Was an literarisch belegten Bauten Herodes' des Großen in Jerusalems engster Umgebung noch zu erwähnen ist, ist eine Grabanlage, die von Josephus als „*Grabmal des Herodes*" bezeichnet wird (Bell V,108. 507) Sie wird meist mit einer Doppelgrabanlage westlich der Stadt gleichgesetzt, die reliefierte Steinsarkophage enthält, was in herodianischer Zeit nur selten anzutreffen ist. Aber plausibler ist die Identifizierung mit einem nördlich des Damaskustores an der Ausfallstraße gelegenen Rundbau **[77]**, dessen inneres Fundament teils in *opus reticulatum* (einer typisch römischen Mauertechnik) errichtet ist; der Bau erinnert zudem an das zeitgleiche Augustus-Mausoleum in Rom und sollte daher eher als *Grabmal des Herodes* bezeichnet werden. Ob der Bau jemals fertiggestellt worden ist, muss offen bleiben, da Herodes sich schließlich im Herodeion bei Betlehem beisetzen lässt (Jos, Ant XVII,199). Es gibt weitere literarisch belegte Grabanlagen, die aber archäologisch nicht nachgewiesen sind. Herrschaftliche Grabdenkmäler befinden sich in größerer Zahl im *Kidrontal*, dem Tempel gegenüber. Sie sind teilweise völlig vom umgebenen Fels freigestellt. Zu ihnen gehört das sogenannten *Absalom-Grab* **(Abb. 7)** mit einem trompetenförmigen Dachabschluss, das *Bene-Hezir-Grab*, einer namentlich bekannten Familie gehörend, daneben das sogenannte *Zacharias-Grab*, ein massiver Fels ohne Grablege mit einem Pyramidendach, und das wegen eines Felsrisses nicht fertiggestellte sogenannte *Tochter-des-Pharao-Grab*. Diese Grabanlagen verweisen auf nabatäischen Einfluss von Petra her sowie bei einzelnen Dekorformen auf Alexandria. Im Westen gibt es weitere aufwändige Gräber (*Jason-Grab*) wie auch im Norden in der *Sanhedrin-Nekropole* und auf dem Scopus bzw. Ölberg. (Die Grabanlagen der gewöhnlichen Bevölkerung werden im Beitrag von Jürgen Zangenberg „Bestattungsriten und Gräber in Palästina zur Zeit Jesu" behandelt.)

### *Die Zeit nach Herodes dem Großen*

Nach Herodes' Tod (4 vC), aus der Zeit des Herodessohnes Archelaos (4 vC–6 nC) und der ersten sieben Präfekten, von denen zumindest Pontius Pilatus (26–36 nC) im ehemaligen Herodespalast residiert (Philo, Legatio ad Gaium,299–306), sind kaum Nachrichten über Baumaßnahmen überliefert. Lediglich von Pontius Pilatus werden Bauarbeiten an einer Wasserleitung unter Zugriff auf den Tempelschatz gemeldet, was zu Unruhen führt (Bell II,175; Ant XVIII,60). Doch wird nicht mitgeteilt, ob er eine neue Wasserleitung anlegt oder ob sich die Arbeiten, was wahrscheinlicher ist, nur auf die Renovierung oder den Ausbau einer schon bestehenden Wasserleitung beziehen.

Erst Herodes Agrippa I. (41–44 nC) scheint mit seinem Versuch, die Stadt nach Norden zu erweitern, wieder ein größeres Bauprojekt in Angriff genommen zu haben. Doch bietet Josephus drei verschiedene Berichte über den Vorgang, und es ist schwer, sich ein stimmiges Bild zu machen. Nach der ersten Darstellung in Bell II,218–219 habe Herodes Agrippa I. seine Einkünfte dazu verwendet, Jerusalem mit einer neuen Stadtmauer zu umgeben, diese aber aufgrund seines Todes (44 nC) nicht mehr vollendet. Die zweite Darstellung in Bell V,146–160, die den Stadtmauerzug als Dritte Mauer bezeichnet, schildert den Verlauf: vom *Hippikos-Turm*, einem der drei Türme am Nordwesteck der Ersten Mauer, zunächst nach Norden zum *Psephinos-Turm*, dann nach Osten am *Grabmal der Königin Helena von Adiabene* (heute die sog. Königsgräber) vorbei, wo das Haupttor mit den sogenannten Frauentürmen steht (Bell V 55. 110), durch das Gebiet der sogenannten *Königshöhlen* und bis zum Eckturm gegenüber dem *Grabmal des Walkers*, dort nach Süden umbiegend, am Abhang zum Kidrontal verlaufend, bis an die alte Ostmauer der Stadt. Der Mauerzug ist mit 90 Türmen befestigt und bezieht die nördliche Vorstadt, *Bezetha* oder *Holzmarkt* genannt (Bell II,530), in den Stadtmauerring ein. Doch habe Agrippa aus Sorge, Claudius könne das Bauprojekt missverstehen, den Bau selbst wieder eingestellt. Der dritte Bericht in den Ant XIX,326–327 spricht nicht von der Anlage eines neuen Stadtmauerringes, sondern handelt vom Ausbau eines bestehenden Stadtmauerzuges, der von C. Vibius Marsus, dem syrischen Statthalter, Kaiser Claudius angezeigt und von Claudius unterbunden wird. Einen vierten, allerdings recht vagen Hinweis bietet Tacitus (Historia V,12,2) mit der Bemerkung, die Erlaubnis zum Mauerbau sei durch Geld erkauft und dann, entgegen der von Josephus berichteten Verweigerung, gestattet worden. Wie dem auch sei, die Quellenlage bleibt unklar und Sicherheit ist nicht mehr zu gewinnen, aber archäologisch sind an acht Stellen Reste eines Mauerzuges des 1. Jh. nachgewiesen worden.

Dieser Ring besitzt in annähernd regelmäßigen Abständen an seiner Nordseite quadratische Turmvorsprünge. Das Mauerwerk selbst ist von unterschiedlicher Qualität, teilweise handelt es sich um felsfundierte Spiegelquader, mehrheitlich aber um eine Zweischalenmauer aus unterschiedlichen Quadern, die auf einer einfachen Fundamentschüttung errichtet ist. Strittig ist in der Forschung, ob dieser teilweise nachlässig fundamentierte Mauerzug mit der Dritten Mauer identifiziert werden kann (so die überwiegende Meinung). Eine Minderheit sieht in ihr eine schnell gebaute Notlösung und hält sie daher für ein Annäherungshindernis gegenüber der anrückenden römischen Armee im Jahre 66 . Nach Meinung dieser 'Minimalisten' müsste die eigentliche Dritte Mauer dann etwa auf der Linie der heutigen Stadtmauer verlaufen, die immerhin zwei Geländeerhöhungen im Westen und östlich des heutigen Damaskustores einbezieht und damit eine bessere Verteidigung ermöglicht. Schließlich verlaufen seit 300 nC alle späteren Nordmauern der Stadt auf dieser Linie, und dennoch sind alle Eroberungen (außer im Juni 1967) von der Nordseite her erfolgt.

Die schon genannte und zum Judentum konvertierte Königin Helena wohnt zeitweilig mit ihrer Familie in Jerusalem und errichtet in der Unterstadt drei Paläste sowie im nördlichen Vorfeld der Dritten Mauer ein von drei Pyramiden bekröntes Familiengrabmal. Und unter Herodes Agrippa II. wird ein weiteres Palastprojekt in Angriff genommen, als er 60–62 nC den ehemaligen Hasmonäerpalast durch einen Neubau ersetzt (Ant XX,189).

Als in Caesarea Konflikte zwischen Juden und Hellenen ausbrechen und sich Gessius Florus, um das sinkende Steueraufkommen auszugleichen, in Jerusalem am Tempel-

**8) Blick von Norden auf den östlichen Durchgang des römischen Bogens, der unter dem Damaskustor erhalten geblieben ist.**

schatz bedient, kommt es im Frühjahr 66 nC zu Ausschreitungen, in deren Verlauf Teile der Oberstadt und der nördlichen Vorstadt sowie eine Tempel und Antonia verbindende Säulenhalle zerstört werden (Bell II,271–341). Zwar versammelt Herodes Agrippa II. das Volk im *Xystos* und versucht, es mit einer Rede von seinem Palast aus zu beschwichtigen und die Säulenhalle wieder aufbauen zu lassen (Bell II,333–404), doch ist der Aufstand nicht mehr aufzuhalten. Es folgt ein erbitterter Kampf zwischen den einzelnen Parteien, in deren Verlauf Teile der Stadt zerstört werden, bis 69 nC die römischen Truppen nach Eroberung des gesamten Landes vor den Mauern Jerusalems stehen und die Stadt mit einer Ringmauer (*circumvallatio*) einschließen und ein Entkommen unmöglich machen. Der Angriff beginnt am 17. Nov. 69. Nach Überwindung der drei Mauern fällt am 24. Juli 70 die Festung Antonia, und damit ist der Weg frei zum Tempelareal, das Anfang August in Flammen aufgeht (Bell V–VI).

## 4. Die römische Zeit (70–300 nC)

Nach dem Ende der Kämpfe um Jerusalem und nach der Auflösung des jüdischen Klientelkönigtums wird Judäa als kaiserliche Provinz von prätorischem Rang neu organisiert. Die Stadtmauer wird geschleift, mit Ausnahme der Türme am Nordwesteck des ehemaligen Königspalastes und der Westmauer, die als Denkmal für den Sieg und zum Schutz der zurückbleibenden Truppen erhalten bleiben (Bell VI,413; VII,2–3). Einige Einheiten der *legio X Fretensis* beziehen ihre Standorte im weiteren Umfeld der Stadt (z. B. im Westen bei *Givat Ram* und im Süden in *Ramat Rachel*). Das Militärlager hat keine erkennbaren architektonischen Spuren hinterlassen, aber die verschiedenen Kleinfunde, wie Keramik, römische Ziegel mit Legionsstempeln (s. S. 106), Grabsteine römischer Soldaten, belegen die militärische Nutzung. Ferner sind zwei lateinische Inschriften gefunden worden: die eine nennt eine Weihung an den Gott Serapis durch eine Abteilung der *legio III Cyrenaica* im Jahre 116/17, die andere gilt dem Genius einer anderen afrikanischen Einheit. Weitere Siedlungsspuren der Zeit nach 70 nC wurden im Stadtgebiet nicht nachgewiesen. Inwieweit in der ruinösen Stadt überhaupt noch gelebt werden kann (so Bellum VII,377), ist archäologisch nicht gesichert.

### *Aelia Capitolina – das neue Jerusalem*

Anlässlich einer Orientreise in den Jahren 129/30 nC beschließt Kaiser Hadrian, die Stadt wieder aufzubauen und als *Aelia Capitolina* (nach dem Namen des Kaiserhauses und den drei römischen Staatsgottheiten) zu benennen. Diese Anordnung ist der Auslöser des Zweiten Jüdischen Aufstands unter Bar Kochba, der in den Jahre 132–135 einen Guerillakrieg überwiegend in den Bergregionen Judäas und des südlichen Samaria führt. Die Einnahme Jerusalems selbst ist ihm wegen der starken militärischen Präsenz verwehrt.

Die neuzugründende zivile Stadt liegt dem Lager nördlich gegenüber. Ihre Hauptachse beginnt im Norden an einem Bogen **(Abb. 8)** (unter dem heutigen Damaskustor erhalten) und verläuft im Zuge des Tyropoiontales südöstlich (heute *Tariq al-Wad*), biegt vor Erreichen des ehemaligen Tempelareals nach Süden um und führt zum *Schiloachteich* hinab, wo das Quellwasser des (unbekannten) Gihon aus dem Berge tritt. Von dem Platz am Bogen, dessen Mitte eine Säule mit einer Kaiserstatue ziert, führt eine weitere Straße nach Süden (heute *Suq Khan az-Zait)*. Kurz vor dem Lager wird westlich der Straße durch eine westöstlich verlaufende Stützmauer (unter der heutigen Erlöserkirche) ein großes Plateau geschaffen, auf dem neben einem Venus/Aphrodite-Tempel auch das Kapitol, der Tempel für die römische Trias Jupiter/Zeus, Juno/Hera und Minerva/Athena, errichtet wird (heute steht hier die Grabeskirche); davor erstreckte sich das römische Forum. Ein weiterer Bogen **(Abb. 9)** wird östlich der Hauptstraße errichtet (der heutige *Ecce-Homo-Bogen*), der wohl die östliche Stadtgrenze an der Straße vom Jordantal her markiert. Der östlich angrenzende offene *Struthionteich* wird eingewölbt und gibt Raum für eine weitere Platzanlage. Das gesamte vormalige Tempelareal bleibt unbebaut, und seine verbliebenen Trümmer werden als Spolien im gesamten Stadtgebiet wiederverwendet. Lediglich zwei Statuen werden dort errichtet, in den Quellen mehrfach erwähnt: eine für Jupiter und eine für den Kaiser. Die geringe Ausdehnung der Stadt und die permanente Militärpräsenz machen den Bau einer Stadtmauer überflüssig (einen Plan der Stadt vermittelt die einzigartige Mosaikkarte der 2. Hälfte des 6. Jh., die in Madaba, 25 km südlich von Amman, in einer Kirche ausgelegt ist).
In einem spätantiken Bericht, dem *Chronicon Paschale*, werden Bauten genannt, aber die verwendeten Begriffe sind zu unspezifisch, um daraus ein Bauprogramm der Stadt ableiten zu können. Hilfreich sind die zahlreichen

**9) Blick von Westen auf den Bogen im Nordosten der Stadt, den sog. Ecce-Homo-Bogen, während der Freilegung im Jahre 1867.**

Münzbilder, denn sie belegen eine Anzahl von Tempeln: einen Hygieia-Tempel, der wohl am Schiloachteich zu lokalisieren ist, ferner einen Tempel der Nemesis und einen des Bacchus/Dionysos, die aber archäologisch nicht nachgewiesen sind. Ob im Bereich der *Bethesdateiche* weitere Tempel für Serapis und Isis aufgrund zweier gefundener Relieffragmente rekonstruiert werden können, müssten weiterführende Grabungen ergeben. Eine Inschrift belegt, dass zu Beginn des 3. Jh. für die severische Kaiserfamilie ein stattlicher Ehrenbogen errichtet wird. Die Severer machen sich auch mit dem Bau einer weiteren Wasserleitung nach Jerusalem verdient.

Das römische Gräberfeld liegt nördlich der Stadt beidseits der Straße nach Neapolis (Nablus). Zahlreiche Grabanlagen, teilweise sogar mit Resten von Wandmalerei, sind erhalten, wie auch eine Anzahl lateinischer Grabinschriften, die das „Vagabundenleben" der aktiven Soldaten und Veteranen im Imperium Romanum schildern.

Auch Juden haben wieder in der Stadt gelebt. Das von zahlreichen christlichen Autoren behauptete Judenverbot ist durch keine antiken Quellen belegt. Im Gegenteil zeigen jüdische Texte, dass selbst Pilgerfahrten, die eine jüdische innerstädtische Infrastruktur voraussetzen, wieder durchgeführt werden.

Am Ende des 3. Jh. kommt es zu zwei gravierenden Änderungen: Aelia Capitolina verliert den Charakter einer Garnisonsstadt, da im Zuge der diokletianischen Heeresreform die Legion nach Aila (Aqaba am Roten Meer) verlegt wird, wodurch das gesamte südliche Stadtgebiet frei wird. Im Gegenzug erhält Jerusalem nach mehr als 200 Jahren wieder eine Stadtmauer, aber wohl mehr aus Prestigegründen. Sie wird von einem Pilger aus Bordeaux im Jahre 333 beschrieben, sodass ihr Verlauf ungefähr mit dem der osmanischen (heutigen) Stadtmauer gleichgesetzt werden kann. An einigen Stellen der Nord- und Südmauer ist dies auch archäologisch belegt. Die neue südliche Vorstadt, Neapolis genannt, wird ab dem beginnenden 4. Jh. besiedelt, und zahlreiche Kirchen und Klöster errichtet . Damit ist der Abschnitt des byzantinischen, des christlichen Jerusalem erreicht. ■

## Lesetipps


• **Faszination Jerusalem,** Welt und Umwelt der Bibel 16 (2/1999), Stuttgart.

• Nahum Avigad
**Discovering Jerusalem** (Nashville 1983).

• Klaus Bieberstein, Hanswulf Bloedhorn
**Jerusalem. Von der Frühbronzezeit bis zum Beginn der osmanischen Herrschaft I–III** (Tübinger Atlas des Vorderen Orients, Beiheft B 100/1–3; Wiesbaden 1994) *[engl. erweiterte Neuauflage in Vorbereitung].*

• Klaus Bieberstein, in: Z. Kafafi, R. Schick (Hg.)
**Aelia Capitolina: Jerusalem before Islam** (British Archaeological Reports, International Series 1699; Oxford 2007) 134–168.

• Linda-Marie Günther, (Hg.)
**Herodes und Jerusalem** (Stuttgart 2009).

• Sarah Japp
**Die Baupolitik Herodes' des Großen. Die Bedeutung der Architektur für die Herrschaftslegitimation eines römischen Klientelkönigs** (Internationale Archäologie 64; Rahden 2000).

• Amos Kloner, Zissu Boaz
**The Necropolis of Jerusalem in the Second Temple Period** (Interdisciplinary Studies in Ancient Culture and Religion 8; Leuven 2007).

• Max Küchler
**Jerusalem. Ein Handbuch und Studienreiseführer zur Heiligen Stadt** (Göttingen 2007).

• Achim Lichtenberger
**Die Baupolitik Herodes' des Großen** (Abhandlungen des Deutschen Palästina-Vereins 26; Wiesbaden 1999).

• Benjamin Mazar
**Der Berg des Herrn. Neue Ausgrabungen in Jerusalem** (Bergisch Gladbach 1979).

• Ehud Netzer
**The Architecture of Herod, the Great Builder** (Texte und Studien zum Antiken Judentum 117; Tübingen 2006).

• Samuel Rocca
**Herod's Judaea. A Mediterranean State in the Classical World** (Texte und Studien zum antiken Judentum 122; Tübingen 2008).

# Die Siedlung von Chirbet Qumran und die Texte vom Toten Meer

Noch über 60 Jahre nach der Entdeckung der ersten „Schriftrollen vom Toten Meer“ zieht Qumran nicht nur jedes Jahr scharenweise Touristen an, sondern hält unzählige Wissenschaftler unterschiedlicher Disziplinen in Atem, um die Funde aus der Siedlung und aus benachbarten Höhlen (ausgegraben zwischen 1949 und 1955 sowie später) und die Zehntausende von Textfragmenten zu publizieren und zu interpretieren.

**Die Siedlung** 40 m über dem Toten Meer gehört zu den umstrittensten Orten aus biblischer Zeit

Die Texte vom Toten Meer, zu denen keinesfalls nur die bei Qumran gefundenen Fragmente gehören, haben unsere Kenntnis der Religions- und Kulturgeschichte des palästinischen Judentums (und damit des unmittelbaren Wurzelbodens des frühesten palästinischen Christentums) und der Entstehung der Hebräischen Bibel so grundlegend erweitert, dass man getrost von einem Jahrhundertfund sprechen kann. Allenfalls die frühchristlich-gnostischen Codices aus dem ägyptischen Nag Hammadi kommen dem noch nahe.

## Die Qumranrollen – essenische Texte?

Inhaltliche Übereinstimmungen zwischen Aussagen mancher Schriftrollen und Berichte antiker Schriftsteller wie Philo von Alexandrien, Flavius Josephus und Plinius dem Älteren über die jüdische „Sekte" der Essener legten es für die Pioniere der Qumranforschung in den späten 40er- und 50er -Jahren des 20. Jh. nahe, die soeben gefundenen Ruinen eng mit dieser Gemeinschaft zu verbinden. Das „Qumran-Essener"-Modell war geboren, das bis heute von der Mehrheit der Forscher vertreten wird. Hier befand sich nach dieser Forschermeinung die Siedlung der Essener, der Menschen, die diejenigen Schriftrollen kopiert und benutzt haben, die unweit der Siedlung in elf Höhlen gefunden wurden: die berühmte „Bibliothek von Qumran". Die Bewohner der Siedlung, so vermutete man, hätten die Rollen beim Anrücken der Römer im Jahre 67 nC verborgen. Wenn auch über die genaue Bestimmung der Funktion Qumrans innerhalb der Essenergemeinschaft („Kloster", Hauptzentrale der Gemeinschaft, Sitz einer besonders radikalen Fraktion, Dienstleistungszentrum zur Schriftrollenproduktion?) bis heute unterschiedliche Meinungen zu lesen sind, sind sich die Anhänger des „Konsensmodells" darin einig, dass sich Ruinen, Schriftrollen und antike Texte gegenseitig interpretieren, d. h., dass Lücken oder Unklarheiten in der einen Datenkategorie durch Angaben aus der anderen ergänzt werden können, um so ein möglichst umfassendes und widerspruchsfreies Bild zu erlangen. Von diesem Bild hängt nicht zuletzt auch die Interpretation der Ruine und ihrer Teile ab. Wer zum Beispiel bezweifelt, dass Qumran ein „Kloster" war, wird sich schwertun, den lang gestreckten Raum am Südende der Hauptanlage als „Refektorium" zu bezeichnen, wie das oft genug zu lesen ist.

## Qumran im Lichte der gegenwärtigen Archäologie

Aufgrund neuer archäologischer Forschungen ist deutlich geworden, dass sich Chirbet Qumran, dessen antiken Namen wir nicht sicher kennen, während der Hauptbenutzungsphase zwischen ca. 100 vC bis zur Zerstörung im Jahre 67 nC in einem wirtschaftlich intensiv genutzten und verkehrsmäßig gut erreichbaren Gebiet befand. Zwar war das Klima kaum anders als heute und verlangte allen Menschen, die dort leben wollten, große Anstrengungen ab, doch lag Qumran nicht in unbewohnter Wüste. Wo immer es Wasser gab und genug Platz für Landwirtschaft, siedelten sich in hellenistisch-römischer Zeit Menschen an, bewässerten Felder und zogen – neben anderen Feldfrüchten – vor allem ertragreiche Dattelpalmen und an bestimmten Orten auch die begehrte Balsampflanze. Qumran war Teil einer komplexen regionalen Infrastruktur. Nicht nur die Lage der Siedlung, sondern auch die Funde innerhalb der Siedlung legen nahe, dass Qumran ein für äußere Einflüsse „offener Ort" war. Die dort geborgenen Funde (Keramik, Glas, Gebrauchsgegenstände) zeigen, dass die Bewohner Qumrans Handel trieben. Das Fundspektrum deckt sich auffällig mit demjenigen benachbarter Orte. Archäologisch gesehen hat die Siedlung von Qumran keine Sonderentwicklung durchlaufen.

Für einige Forscher, zu denen auch der Autor des vorliegenden Beitrags gehört, ist es daher auch nicht von vornherein bewiesen, dass die Schriftrollen wirklich von denjenigen Menschen in den benachbarten Höhlen deponiert wurden, die in der Siedlung wohnten. Denkbar wäre auch, dass die Siedlungsbewohner lediglich dabei halfen, Schriftrollen, die etwa aus Jerusalem oder aus Synagogen Judäas zusammengetragen waren und ans Tote Meer gebracht wurden, vor den anrückenden Römern in Sicherheit zu bringen. Die Diskussion ist derzeit noch voll im Gange, nicht zuletzt auch, weil das archäologische Material aus Qumran weithin noch unveröffentlicht ist.

## Die Ruinen von Qumran

Die Ruinen von Qumran befinden sich auf einer Mergelterrasse, das Tote Meer ist nur gut 2 km entfernt, der Ufersaum liegt ca. 40 m tiefer. Eine direkte Verbindung zum Wasser bestand nie. Aber man konnte von Qumran aus das gesamte Nordende des Salzmeers überblicken. Pfade verbanden die Siedlung nach Westen mit angrenzenden Teilen der Mergelterrasse und mit dem Hochplateau auf dem Kalksteingebirge im Westen sowie mit einigen der Höhlen. Eine niedrige Bruchsteinmauer, die von der Siedlung hangabwärts nach Osten zum Toten Meer führt, schloss einige kleinere Bauten (darunter das „Bauernhaus" von En Feschcha) ein, die eine Art Gehöft bildeten. Ein zum Teil waghalsig am Berghang angelegtes Aquädukt leitet Wasser von Westen her zur Siedlung. Auf der Mergelterrasse unmittelbar östlich der Siedlung, also eingeschlossen von der Mauer, befand sich ein Gräberfeld mit ca. 1200 Bestattungen. Mindestens ein weiterer kleiner Begräbnisplatz befand sich südlich des Wadi Qumran. Der Inhalt der weniger als 50 ausgegrabenen und wissenschaftlich dokumentierten Gräber hat zu heftigen Debatten geführt. Die Mehrheit der Bestatteten waren zweifellos Männer, doch gab es eine auffällige Anzahl von Frauen und Kindern in allen Segmenten des Gräberfelds, die nicht zur Rettung der Annahme angeblich „zölibatärer Essener" als spätere Zufügungen weginterpretiert werden sollten.

**Ein Erdbeben** zerbrach diese Treppe

**Die Jesajarolle** gehört zu den wertvollsten Schätzen des Fundes von Qumran

Der nahezu quadratische Kernbau Qumrans folgt einem bekannten Schema, das wenig südlich auch in En et-Turabe belegt ist und letztlich aus hellenistischer ländlicher Architektur stammt (fortified farmstead, befestigtes Landgut). In der Hauptbesiedlungsphase maß er etwa 30 x 35 m und bestand aus einem Eckturm, der von rechteckigen Räumen umgeben war. An den Kernbau lehnten sich vor allem im Westen, Süden und Südosten zahlreiche weitere Strukturen an, die unregelmäßiger gebaut waren und Installationen wie etwa Wasserbecken und -kanäle, Backöfen oder Getreidemühlen beherbergten. Die Befunde lassen die landwirtschaftliche Orientierung der Anlage erkennen: Man stellte Keramik her, verarbeitete Datteln und andere landwirtschaftliche Produkte, hielt Nutz- und Tragtiere (Stall l. 97), mahlte sein eigenes Getreide und buk Brot. Auch Schreibtätigkeit ist in der Anlage belegt (Tintenfässer, Entwürfe von Grundstücksurkunden auf Scherben). Dies muss aber nicht bedeuten, dass in der Siedlung auch Schriftrollen hergestellt wurden. Besonderes Augenmerk lag auf der Versorgung mit Wasser, entweder durch den Aquädukt oder das Sammeln des wenigen Regenwassers in Zisternen. Einige dieser Becken dienten sicher auch zur rituellen Reinigung.

Obwohl die Anlage solide gebaut ist, zeigt sie keinen Luxus wie etwa die Paläste in Jericho oder auf Masada. Etwa 20–50 Bewohner scheinen in der Siedlung gelebt und gearbeitet zu haben, wobei sicher mit saisonaler Fluktuation zu rechnen ist. Glaubt man den wenigen Befunden aus dem Gräberfeld, dann waren die Bewohner zumeist Männer, was bei einer landwirtschaftlichen Anlage nicht verwunderlich ist, doch waren auch Frauen und Kinder anwesend.

## Die Höhlen von Qumran

Berühmt sind natürlich die elf „Schriftrollenhöhlen von Qumran“, doch stellen diese nur einen kleinen Ausschnitt Dutzender Höhlen dar, die sich meist am Abhang des Kalksteingebirges durch Erosion gebildet haben und von Menschen seit dem Chalkolithikum (ca. 4500 vC) immer wieder als Verstecke und Zufluchtsorte genutzt wurden. Von der Esplanade unmittelbar südlich der Hauptsiedlung von Qumran aus konnte man die Höhlen 7–9 erreichen (Höhlen 8Q und 9Q enthielten sehr geringe Textbestände, Höhle 7Q als einzige ausschließlich griechischsprachige Textfragmente). Am Ostrand der nach Westen verlaufenden Mergelterrasse, direkt gegenüber der Südspitze der Qumran-Esplanade und durch eine mittlerweile tief eingeschnittene Rinne von ihr getrennt, liegen 4Q, 5Q und 10Q, etwas weiter westlich 6Q. Besonders wichtig davon ist Höhle 4Q (eigentlich zwei nun miteinander verbundene Kavernen 4a und 4b), wo Tausende meist nur noch winziger Fragmente von bis zu 500 Schriftrollen gefunden wurden. Leider konnte 4Q erst von Archäologen untersucht und dokumentiert werden, nachdem sie von Beduinen entdeckt und gründlich durchwühlt wurde, um so viel Fragmente wie möglich an die Forscher zu verkaufen. Reste von hölzernen Einrichtungsgegenständen und Mesusot (Kapseln mit Segenssprüchen aus der Bibel, wie sie noch heute an der Tür eines jüdischen Hauses angebracht werden) zeigen, dass die Höhle von den Bewohnern der Siedlung benutzt wurde. Ob aber die darin gefundenen Texte in der Siedlung selbst geschrieben bzw. benutzt und von den Bewohnern in der Höhle verborgen wurden oder lediglich im Angesicht der anrückenden Römer von anderen Orten in Sicherheit gebracht und mit Hilfestellung der Bewohner in den Höhlen von Qumran deponiert wurden, ist heute umstritten. Der fragmentarisch überlieferte archäologische Befund aus 4Q macht eine begründete Entscheidung jedenfalls sehr schwer. Die ganze Region scheint immer wieder von Menschen aufgesucht worden zu sein, die ihr Hab und Gut in Sicherheit bringen wollten. Noch weitere Höhlen wurden weiter von der Siedlung entfernt im Abhang des Kalksteinmassivs gefunden (1Q, 2Q, 3Q und 11Q). Daneben sind noch Dutzende weitere Höhlen aus der Umgebung bekannt, in denen zwar oft keine Textfragmente, wohl aber andere Relikte gefunden wurden, die deren Nutzung zur selben Zeit wie Qumran belegen. Die Tatsache, dass das Keramikrepertoire der Höhlen und der Siedlung von Qumran oft große Übereinstimmungen aufweist, ist kein Wunder, partizipieren beide doch am Keramikspektrum der *gesamten* Region. Der Befund zwingt nicht zur Annahme, dass Schriftrollenhöhlen und Siedlung nur von einer Sondergruppe benutzt worden sind.

## Schriftfunde aus den Höhlen am Toten Meer

Unter dem Stichwort „Schriftrollen vom Toten Meer" ist eine Vielzahl unterschiedlicher Texte zusammengefasst, die seit 1946/47 an verschiedenen Orten am Westufer des Toten Meeres gefunden wurden. Die Texte, geschrieben auf Papyrus, Pergament und zu einem sehr geringen Teil auf Scherben (Ostraka), decken die Zeitperiode vom 7. Jh. vC (ein Text aus Wadi Murabba'at) über das 4. Jh. vC (kleine Anzahl Texte aus Wadi ed-Daliyeh, Ketef Yericho), 3. Jh. vC bis 1. Jh. nC (Qumran-Region, weitere regionale Höhlen, Masada), das 2. Jh. nC (Höhlen bei En Gedi, aufgesucht von Flüchtlingen während des Bar-Kochba-Aufstands; römische Soldaten auf Masada) bis ins 8. Jh. nC (Chirbet Mird) ab. Die spätrömisch-byzantinische Epoche ist bisher nicht unter den Funden vertreten, auch fehlen bislang Funde vom Ostufer des Toten Meeres. Die Texte sind zu einem großen Teil nur sehr fragmentarisch erhalten. An Sprachen sind Hebräisch, Aramäisch und Griechisch vertreten, eine geringe Anzahl wurde auch auf Latein, wenige spätere Texte auf Syrisch und Arabisch verfasst (Chirbet Mird).

Formal und inhaltlich weisen die „Schriftrollen vom Toten Meer" eine außerordentlich große Bandbreite auf. Während für die Funde aus En Gedi Briefe und persönliche Dokumente (Verträge, Urkunden; dergleichen auch in ed-Daliyeh) charakteristisch sind, repräsentieren die Qumrantexte meist theologisches Schriftgut. Dort dürften die Überbleibsel von insgesamt ca. 650 Rollen gefunden worden sein, wobei nur ein bis zwei Dutzend der Rollen noch redlich gut erhalten ist, der Rest jedoch zumeist nur in kleinen, oft winzigen Fragmenten überlebt hat. Gut ein Drittel des Materials repräsentiert Abschriften biblischer Bücher. Die Funde belegen u. a., dass der Textbestand des Alten Testaments noch bis ins 1. Jh. nC in weiten Teilen nicht festgelegt war und einige Bücher in mehreren Versionen gleichzeitig umliefen. Durch Qumran erhalten wir also wichtige Einblicke in die Frühgeschichte vieler biblischer Bücher und die Entstehung des Kanons der Hebräischen Bibel. Ein weiteres, kleines Drittel der Qumranfragmente besteht aus theologischer Literatur (Traktate, Apokalypsen, Nacherzählungen biblischer Bücher, Hymnen etc.), die zwar zuvor schon in Übersetzungen bekannt waren, nun aber in der hebräischen oder aramäischen Originalsprache greifbar wurden. Das letzte, größere Drittel bietet bisher völlig unbekannte theologische Literatur. Dazu gehörten die berühmte Tempelrolle (11Q19) wie auch die Kupferrolle (3Q15), ein (fiktives?) Verzeichnis von Orten, an denen Schätze verborgen sein sollen. Ein kleiner Teil dieser Texte (z. B. Bibelkommentare, Regeln für eine religiöse Gemeinschaft) weist in der Tat Affinitäten zur Lebensweise der Essener auf, wie sie uns durch antike Schriftsteller überliefert sind, ohne dass dadurch freilich die Gesamtheit der Qumrantexte sogleich für essenisch erklärt werden müsste. Die Qumrantexte bieten uns einen noch nie da gewesenen Einblick in die inhaltliche und formale Vielfalt und Kreativität palästinisch-jüdischer Literatur und sind eine unschätzbar wertvolle Bereicherung für das Studium des Alten und Neuen Testaments. Christliche Texte wurden in Qumran freilich nicht gefunden. ■

## Grobstratigrafie von Chirbet Qumran in Anlehnung an Yizhar Hirschfeld

**Stratum I:** Befestigte Siedlung mit undeutlicher Struktur aus der späten Eisenzeit II (ca. 630-580 v. Chr.)

**Stratum II:** Befestigtes Landgut zur Unterstützung der regionalen Landwirtschaft während der hasmonäischen Periode (ca. 100 – 37 v. Chr.)

**Stratum III:** Ausbau des fortified farmstead, wobei die Funktion der Anlage in der Forschung umstritten ist:Zentrum der Balsam- oder Keramikproduktion, Dienstleistungszentrum einer großen, von Jericho abhängigen Domäne oder religiöses Zentrum der Essener.

**Stratum IV:** Nachbesiedlung zwischen 68 und 132 n. Chr. als Stützpunkt eines Trupps römischer Soldaten.

**Höhlen von Qumran**

## Lesetipps

*Bibliografie Siedlung und Umgebung*


- K. Galor/J.-B. Humbert/J. Zangenberg (Hg.) **Qumran – The Site of the Dead Sea Scrolls.** Archaeological Interpretations and Debates. Proceedings of a Conference Held at Brown University November 17-19, 2002 (Studies on the Texts from the Desert of Judah 57; Leiden/Boston 2006).
- Y. Hirschfeld **Qumran – Die ganze Wahrheit.** Die Funde der Archäologie neu bewertet (Gütersloh 2006).
- J. Magness, **The Archaeology of Qumran and the Dead Sea Scrolls** (Grand Rapids 2002).
- J. Zangenberg **Region oder Religion? Überlegungen zum interpretatorischen Kontext von Khirbet Qumran**, in: M. Küchler/K. M. Schmidt (Hg.), Texte – Fakten – Artefakte. Beiträge zur Bedeutung der Archäologie für die neutestamentliche Forschung (Novum Testamentum et Orbis Antiquus. Series Archaeologica 59; Fribourg/Göttingen 2006), 25–67.
- J. Zangenberg (Hrsg.) **Leben am Toten Meer: Natur, Kultur und Geschichte am tiefsten Punkt der Erde** (Mainz 2010).


*Bibliografie Textausgaben und Übersetzungen*

Die autoritative wissenschaftliche Ausgabe der Qumranfragmente liegt vor in der Serie „Discoveries in the Judean Desert" (Oxford University Press), bisher 39 Bände. Die Texte anderer Fundstellen sind an zahlreichen anderen Orten (darunter in der Reihe „Judean Desert Studies" oder in Aufsätzen) publiziert. Hilfreich bei der Erschließung der Texte vom Toten Meer insgesamt ist L. H. Schiffman/J. C. VanderKam (Hg.), Encyclopedia of the Dead Sea Scrolls (Oxford 2000).

*Gute deutsche Übersetzung:*


- J. Maier **Die Qumran-Essener.** Die Texte vom Toten Meer I-III (UTB 1862/1863/1916; München/Basel 1995–1996).

Achim Lichtenberger

# Masada

Am Westufer des Toten Meeres, inmitten der Judäischen Wüste, liegt auf einem isolierten Tafelberg die Wüstenfestung Masada. Der Name leitet sich von aramäisch *m$^{e}$sada*, „Berghöhe, Bergfestung, Burg“ ab. Zum Toten Meer hin fällt der Tafelberg ca. 350 m weit ab, und nach Westen, zum Judäischen Gebirge, ca. 150 m. Diese naturräumliche Lage machte das Plateau von Masada zu einem fast uneinnehmbaren Ort, der spätestens unter dem jüdischen König Herodes dem Großen (73–4 vC) zunächst zu einer fluchtburgartigen Festung, in der Folgezeit zu einer immer luxuriöseren Palastfestung ausgebaut wurde.

**Gesamtansicht**
des Felsens Masada von Osten

## Masada – ein Prachtbau des Herodes mitten in der Wüste

Bislang lässt sich archäologisch eine hasmonäische Besiedlung auf Masada nicht nachweisen, obgleich Flavius Josephus, von dem wir ausführliche Berichte über die Wüstenfestung besitzen (vor allem Josephus, Bell. VII, 280-303), Hasmonäer als erstmalige Nutzer anführt (Bell. IV,399; VII,285). Die frühesten archäologischen Funde weisen bislang erst auf die Zeit des Herodes. Von Josephus wissen wir, dass Herodes während des Bürgerkriegs gegen die Hasmonäer seine Familie auf Masada untergebracht hatte, wobei bei einer anschließenden Belagerung durch die Hasmonäer im Jahr 37 vC das Wasser auf Masada knapp wurde (Ant. XV,184). Die Wasserversorgung von Masada beruhte auf Zisternen, die in der Folgezeit von Herodes in großem Maßstab auf der gesamten Festung angelegt wurden. Unter Herodes wurden auch umfangreiche Magazinbauten auf Masada errichtet, die eine jahrelange Versorgung der Besatzung bei Belagerungen sichern sollte. Auch die ca. 1,4 km lange Kasemattenmauer, die den Tafelberg umgab, wurde unter Herodes angelegt **(Abb. 1).**

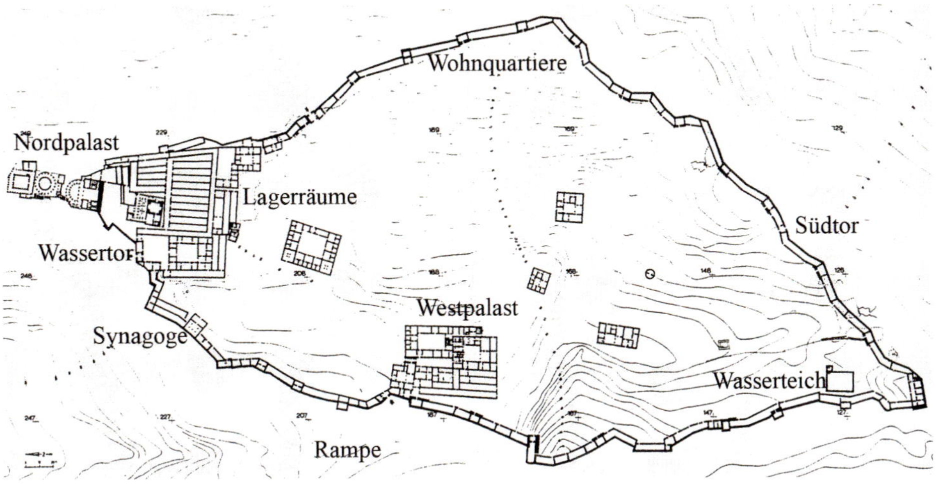


**1) Plan von Masada**

## Palastanlagen des Herodes als Zeugnis internationaler Baukunst

Die wohl eindrücklichsten Bauten auf Masada sind die verschiedenen Palastbauten Herodes des Großen. Besonders hervorzuheben sind der sogenannte Westpalast und der sogenannte Nordpalast, die jeweils unterschiedliche architektonische Konzepte und Traditionen aufweisen. Der blockartige Westpalast ist eine Palastanlage, die in der Bautradition östlich-hellenistischer Palastanlagen steht, nach außen hin abgeschlossen ist und dessen Zentrum sich um einen einfachen Hof gruppiert. Dieser Hof weist keine umlaufende Säulenstellung (Peristyl) auf, wie wir es von griechisch-römischen Wohnhäusern kennen. Die prachtvolle Innenausstattung des Palasts mit polychromen Mosaiken orientierte sich an östlich-hellenistischen Vorbildern. Die Gesamtanlage des Gebäudes erinnert stark an die hasmonäischen Palastanlagen in Jericho, in deren Tradition sich Herodes mit dem Westpalast stellte.

Ganz anders der Nordpalast mit angeschlossener Badeanlage **(Abb. 2–4).** Dieser erstreckt sich über drei sich zur umgebenden Landschaft hin dramatisch öffnende Terrassen mit halbrundem, rundem und rechteckigen Grundriss und umlaufenden Säulenstel-

**2) Modell des Nordpalastes, Gesamtansicht, Masada**

**3) Modell des Palastbaus (Nordpalast) mit Mosaiken und Wandbemalung, Masada**

**4) Rekonstruierte Wandbemalung im Nordpalast, Masada**

5) **Polychromes Mosaik** aus dem Westpalast

lungen. Die nächsten architektonischen Vergleiche für eine solche Konzeption finden wir in den Villenanlagen der römischen Oberschicht in Italien. Auch die vom Nordpalast aus unmittelbar zugängliche Badeanlage entspricht römischen Thermenanlagen mit Hypokaustheizung. Die Innenausstattung des Gebäudes mit römischen Schwarz-Weiß-Mosaiken, die im Osten vergleichsweise selten sind, verweist auf westlich-römische Vorbilder **(Abb. 5).**

Der Nord- und der Westpalast auf Masada können als paradigmatisch für die kulturellen Einflüsse, die auf die Bautätigkeit des Herodes wirkten, angesehen werden. Einerseits orientierte sich Herodes an den durch die Hasmonäer vorgegebenen lokalen östlich-hellenistischen Traditionen, andererseits öffnete sich Herodes, der von Rom abhängige Klientelkönig, aber auch nach Westen und übernahm technische und architektonische Innovationen aus Rom und Italien. Dieses Nebeneinander lokaler und westlich-römischer Elemente ist typisch für die alten und neuen Eliten im Osten des römischen Imperiums, wobei sich im Fall des Herodes zugleich der Anspruch hellenistischen Königtums in der prachtvollen Palastanlage manifestierte.

## Masada im 1. Jüdischen Krieg

Nach dem Tod des Herodes und der zeitweiligen Provinzwerdung der Region lagerte eine römische Besatzung auf Masada. Während des 1. Jüdischen Krieges wurde Masada 66 nC von den Aufständischen erobert, das Waffenlager geplündert. Nach dem Fall und der Zerstörung Jerusalems 70 nC flohen einige Aufständische nach Masada und trotzen dort jahrelang der römischen Militärmaschinerie **(Abb. 6).** Mehrere Umbauten der herodianischen Gebäude können den Aufständischen zugerechnet werden, darunter auch die Errichtung einer der frühesten archäologisch fassbaren Synagogen **(Abb. 1).** Erst nachdem der Hügel von Masada mit mehreren römischen Feldlagern umgeben und eine aufwändige Belagerungsrampe an der Westseite errichtet worden war, gelang es der 10. römischen Legion unter dem römischen Statthalter Flavius Silva 74 nC Masada zu erobern. Dem Bericht des Josephus zufolge hatten die Verteidiger von Masada in der Nacht vor der Eroberung kollektiven Selbstmord begangen um der Gefangenschaft zu entgehen (Bell. VII,320-401).

Nach 74 nC lagerte eine kleine römische Besatzung auf Masada, und im 5. und 6. Jh. nC siedelten sich Mönche auf dem Plateau an. Von ihnen zeugt bis heute eine kleine Kirche beim Westpalast des Herodes. ■

### Lesetipps


- **Masada. Final Reports. The Yigael Yadin Excavations** (1963-1965) (Jerusalem, bislang erschienen Bd. 1-8, 1989-2007).
- A. Lichtenberger
**Die Baupolitik Herodes' des Großen** (Wiesbaden 1999), 21-34.
- E. Netzer
**The Architecture of Herod, the Great Builder** (Tübingen 2006), 17-41.

6) **Modell des Bewässerungssystems,** Masada

# Caesarea maritima

**An der Stelle einer hellenistischen Küstensiedlung gründete Herodes der Große zu Ehren des Kaisers Augustus eine neue Stadt mit Seehafen. Seit den Tagen des Herodes symbolisiert Caesarea maritima wie keine andere Stadt westlich des Jordans den Zugriff Roms auf das Heilige Land.**

## Die Gründung der Stadt

Die an der Stelle der hellenistischen Küstensiedlung Stratonos Pyrgos (Stratonsturm) gebaute Stadt lag am Nordrand der Scharon-Ebene unmittelbar am Meer auf dem flachen Rücken aus Dünensandstein (sog. „Kurkar"), der soliden Baugrund für die neue Stadt und ihren Seehafen bot. Siedlungsgeografisch befand sich Caesarea im 1. Jh. vC in einer Zone, wo es infolge der Expansion des Hasmonäerstaates und der Intervention des Pompeius immer wieder zu Spannungen zwischen graeco-phönikischer und judäischer Bevölkerung kam. Zur Entschärfung des Konflikts realisierte Herodes der Große zwischen ca. 23/22 und 10 vC in der Stadt ein großes Bauprogramm, das nach dem Bericht des Flavius Josephus hauptsächlich den Bau eines modernen Tiefwasserhafens, eines herrschaftlichen Palastes und eines hoch aufragenden Tempels zu Ehren der Roma und des Augustus umfasste.

**Reste des antiken Hafens** aus herodianischer Zeit

**Luftbild von Caesarea** mit römischem Theater

## Caesarea als Sitz römischer Regionalverwaltung

Durch seine umfangreichen Baumaßnahmen und durch seine verkehrsgünstige Lage am Mittelmeer war Caesarea dazu prädestiniert, Sitz der römischen Regionalverwaltung zu werden, als Kaiser Augustus 6 nC Judäa annektierte und es dem Statthalter der Provinz Syria unterstellte. Da seit diesem Zeitpunkt römische Hilfstruppeneinheiten in der Stadt stationiert waren, blieb Caesarea zu Beginn des großen Aufstandes 66 nC auf Seiten Roms und beherbergte nach der Befriedung Galiläas 67 nC das römische Hauptquartier, in dem sich Vespasian im Winter 67/68 nC von seinen Truppen zum Kaiser ausrufen ließ. Als der Kaiser nach der Niederwerfung des Aufstands die Legio X Fretensis dauerhaft in Jerusalem stationierte und Judäa zu einer eigenen Provinz machte, verlieh er Caesarea die Rechtsprivilegien einer *colonia*, möglicherweise verbunden mit der Ansiedlung von Veteranen, und richtete dort den Sitz der Statthalter und ihres Verwaltungsstabes ein. Die Rolle als Statthaltersitz und Hauptstadt der Provinz Iudaea/Palaestina behielt Caesarea fast 600 Jahre, in denen es sich von einer klassisch römischen zu einer spätantiken Metropole mit Bischofssitz und einer bedeutenden jüdischen Gemeinde wandelte. Neben jüdischen Talmudgelehrten waren auch christliche Theologen, unter ihnen besonders Origenes und der Kirchenhistoriker Eusebius, in der Stadt tätig.

## Die weitere Geschichte

640 nC nahmen die Araber Caesarea nach zweijähriger Belagerung ein und beendeten damit die Eroberung des Heiligen Landes.

Caesarea musste die Funktion als Provinzhauptstadt an Ramle abgeben, bestand als Stadt aber bis in die Kreuzfahrerzeit. Danach begann der Niedergang Caesareas, das im 19. und frühen 20. Jh. nur noch aus einer kleinen Tscherkessenansiedlung bestand. Seit den 1950-er Jahren werden Teile des antiken Zentrums wieder ausgegraben und touristisch erschlossen; über die Randzonen des antiken Stadtgebietes legen sich die Ausläufer moderner Villenvororte und des Kibbutz Sdot Yam.

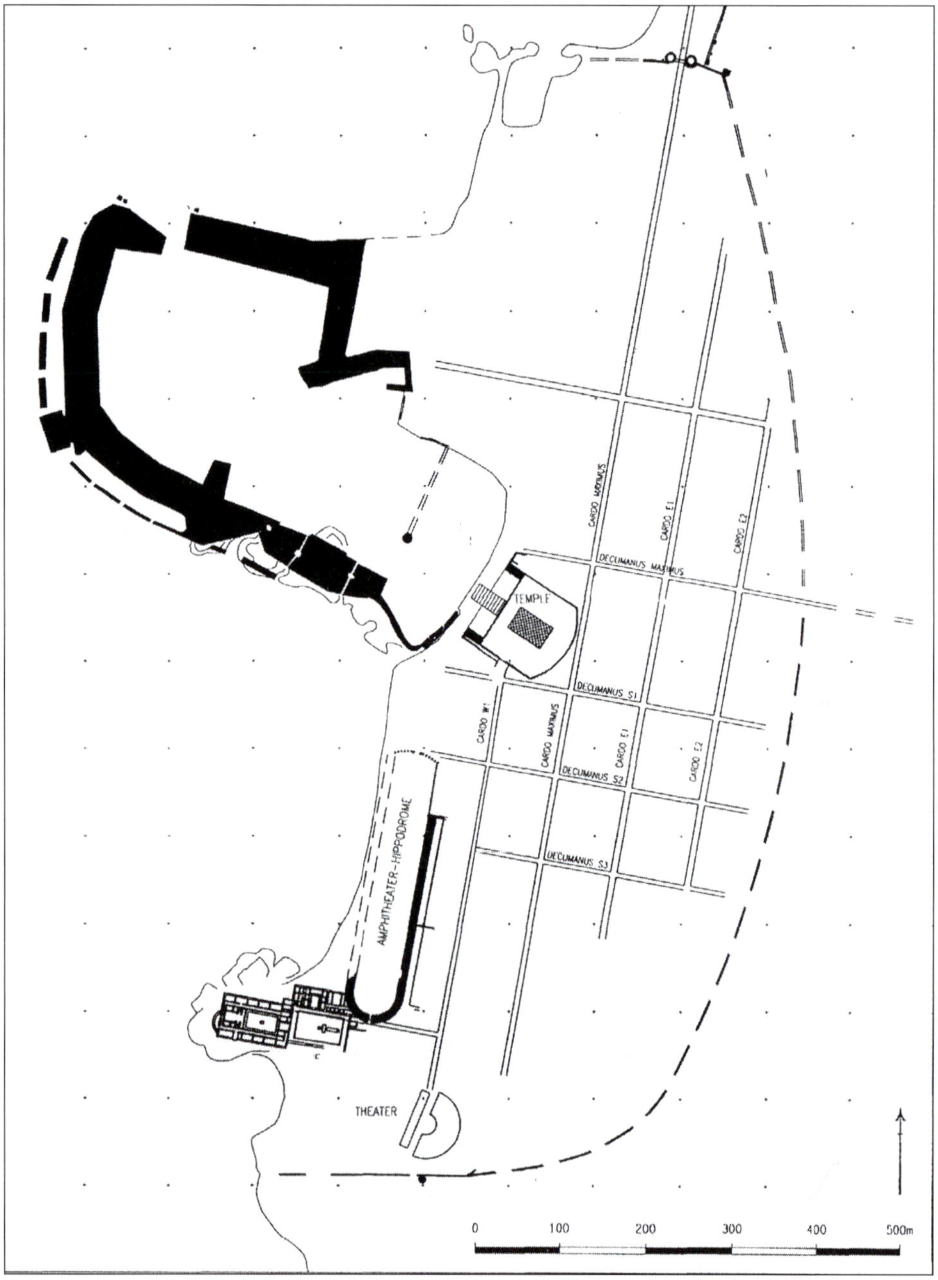


## Das Stadtbild

Ausgrabungen fanden teils als Rettungsgrabungen anlässlich von Bauvorhaben, teils im Rahmen mehrjähriger Forschungsprojekte statt. Schwerpunkte waren der Seehafen des Herodes, das Theater, das Nordtor der hellenistisch-frührömischen Stadtbefestigung, das Hippodrom sowie Ausschnitte der antiken Wohn- und Gewerbebauten um den vermuteten Standort des Tempels der Roma und des Augustus. Punktuelle Ausgrabungen fanden in den Nekropolen und an den beiden Aquädukten statt.

Besondere Aufmerksamkeit fand der Tiefwasserhafen, den Herodes zu Füßen des Tempels der Roma und des Augustus errichten ließ. Er bestand aus zwei ca. 9 ha weiten Hauptankerbecken, die von einer ca. 600 m langen, in Caisson-Bauweise betonierten, halbkreisförmigen und einer ca. 200 m langen geraden Mole gefasst waren. Die Hafeneinfahrt rahmten zwei Türme mit Namen „Drusion" und „Tiberion" ein. Landseitig schlossen sich Kaianlagen und Lagerhallen an; auf einem erhöhten Podium folgte dahinter der herodianische Tempel der Roma und des Augustus, von dem unter der späteren kreuzfahrerzeitlichen Bebauung nur noch geringe Reste des Unterbaus vorhanden sind. Auf einer Landzunge ca. 500 m südlich seines Hafens errichtete Herodes als Residenz eine luxuriöse Peristylvilla, die später den römischen Statthaltern als Amtssitz diente. Ebenfalls aus der Zeit des Herodes stammt eine erste Stadtmauer. Sie war 2,1–2,9 m dick, in herodianischer Buckelquadertechnik gebaut, mit Rundtürmen bewehrt und erstreckte sich von der Küste landeinwärts über eine Länge von ca. 1100 m in nordsüdlicher und eine Tiefe von bis zu 500 m in ostwestliche Richtung. In den folgenden Jahrhunderten der römischen Kaiserzeit wuchs die Stadt über diese Grenzen hinaus, sodass im 5. oder 6. Jh. ein neuer Mauerring errichtet wurde. Er bestand aus einer ca. 2,5 m dicken Schalenmauer mit Quaderverblendung und umschrieb annähernd einen Halbkreis von 1500 m Durchmesser mit einer Innenfläche von ca. 125 ha. Im Süden stützte sich die spätantike Stadtbefestigung auf das Theater, das zu einer Festung umgebaut wurde, und schloss auch das Hippodrom ein, in dem während der Spätantike Pferderennen stattfanden. Wohn- und Gewerbebauten wurden vor allem im monumentalen Zentrum der Stadt zwischen Hafen, Augustustempel und Theater ausgegraben. Entsprechend der lang währenden kontinuierlichen Besiedlung der Stadt repräsentieren sie vor allem die späteren Phasen der Stadtgeschichte zwischen Spätantike und frühislamischer Zeit, aus denen unter anderem umfangreiche Getreidespeicher und Lagerhallen in Hafennähe festgestellt wurden.

## Caesareas Wasserversorgung

Die Wasserversorgung Caesareas beruhte auf insgesamt drei verschieden alten Wasserleitungen: dem von Norden kommenden, insgesamt ca. 9,5 km langen frührömischen Hochaquädukt, der von den Verwerfungsquellen bei Khirbet esch Schune am Südfuß des Karmel gespeist wurde, dem nur ca. 4,5 km langen, spätantiken oder frühislamischen Niederaquädukt, der Wasser aus dem aufgestauten Oberflächengewässer von Na-

**Aquädukt** bei Caesarea

hal Tanninim/Wadi ez-Zerqa im Nordosten heranführte, und einer spätantiken Tonröhrenleitung, die von Süden Wasser aus Nahal Hadera in die Stadt leitete.

Hoch- und Niederaquädukt wurden während ihres Bestehens mehrfach umgebaut oder repariert, womit die Verantwortlichen auf Umweltveränderungen wie Versandung, Erosion bzw. Abrasion, geotektonische Bewegungen und die Versumpfung reagierten. Auch am Hafen lassen sich die Spuren von Versandung und einem geotektonisch bedingten Absinken des Meeresbodens seit der Spätantike feststellen. Ebenfalls seit der Spätantike hatte die Stadt vermutlich infolge veränderter Landnutzung gegen das Vordringen von Sanddünen und gegen die Vernässung des Hinterlandes zu kämpfen; gleichzeitig setzte aber im landwirtschaftlichen Umland der Stadt die Bildung hochwertiger Schwemmböden ein, durch die sich die Anbaumöglichkeiten verbesserten.

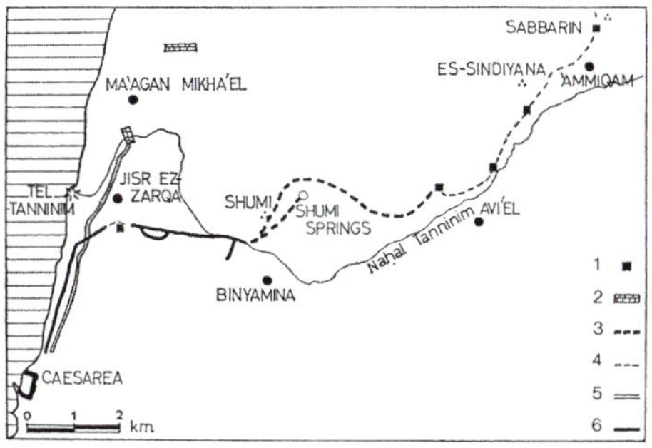


**Der Verlauf** des Aquädukts

## Gräberfelder

Die Gräberfelder umfassten schlichte Erd- bzw. Felsgräber, Sarkophage sowie felsgehauene und gemauerte Familiengräber, und befanden sich südlich der Stadt in den heutigen Dünen, nördlich und östlich dagegen auf den Kurkarrücken und in der alluvialen Schwemmebene. Das Territorium von Caesarea nahm ein ausgedehntes Gebiet von ca. 50 km Länge und 30 km Breite ein, das im Norden bis in den hohen Karmel, im Osten bis an die Vorberge des samaritanischen Berglandes und im Süden bis an den Rand der mittleren Scharonebene reichte. ■

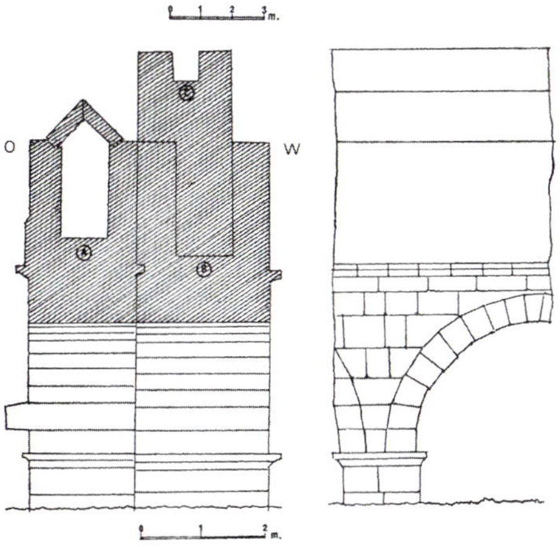


**Querschnitt** des Aquädukts

## Lesetipps

*Stadtgeschichte und Topografie:*

- J. Ringel

**Césarée de Palestine. Etude historique et archéologique** (Strasbourg 1975).

*Hafenforschungen:*

- J.-P. Oleson (Hg.)

**The Harbours of Caesarea Maritima: Results of the Caesarea Ancient Excavation Project**, 1980–1985 (BAR Int. Series 491/594; Oxford 1989).

*Archäologische Ausgrabungen und Forschungen in der Stadt:*

- A. Raban/K. Holum (Hg.)

**Caesarea Maritima. A Retrospective after two Millennia** (Leiden u. a. 1996).

- E. Netzer

**Die Paläste der Hasmonäer und Herodes' des Großen** (Mainz 2001).

*Inschriftenfunde:*

- W. Eck

**Rom und Judaea** (Tübingen 2007), 80–102.

*Nekropole, Besiedlung des Umlands und Fragen der Umweltgeschichte:*

- H.-P. Kuhnen

**Studien zur Chronologie und Siedlungsarchäologie des Karmel (Israel) zwischen Hellenismus und Spätantike.** (Tübinger Atlas zum Vorderen Orient. Beiheft B 72; Wiesbaden 1989).

# Sepphoris, Stadt des Friedens und der Synagoge

Nur 5 km vom heutigen Nazaret entfernt überragt die Akropolis von Sepphoris weit sichtbar das Hügelland von Untergaliläa, „gleich einem Vogel auf seinem Zweig" wie Rabbi Ze'ira es in Anlehnung an den Namen der Stadt so plastisch formuliert hat (bMeg 6a; hebr. *zippor* bedeutet „Vogel"). Der Ort liegt strategisch äußerst günstig. Er befindet sich je eine Tagesreise von Mittelmeer und See Gennesaret entfernt und liegt an einer wichtigen, aus Süden kommenden Straße.

**Augegrabene Straße in Sepphoris**

Erste Grabungen fanden schon 1905 und 1931 statt. Nach der Zerstörung der arabischen Kleinstadt es-Saffuriye im Spätjahr 1948 durch die vorrückenden Truppen der Haganah begannen in den 1980-er Jahren intensive Grabungen auf dem Hügel, die zugleich die moderne Erforschung des hellenistisch-römischen Galiläa einleiteten. Nicht zuletzt für die Kenntnis der Kultur der Heimat Jesu sind die Grabungen in Sepphoris von grundlegender Bedeutung.

## Der Ort in der Königszeit Israels

Die früheste Geschichte von Sepphoris liegt im mythischen Dunkel. Im AT wird der Ort nicht erwähnt, doch spekulieren die Rabbinen über „das alte Fort von Zippori", das bereits von Josua gebaut worden sein soll (mArakh 9,6). Es hat sich bisher freilich keine Bestätigung hierfür finden lassen. Siedlungsschwerpunkt zwischen der Mittleren Bronzezeit III (vor 1550 vC) und der Späten

Eisenzeit IIB (7. Jh. vC) war nicht der spätere Stadthügel, auf dem es keine Quelle gibt, sondern der in der Ebene südlich davon gelegene, etwa 1 ha große und gut mit Wasser versorgte Tell En Zippori. Das dortige Fundspektrum verrät deutlichen Einfluss von der Küste und legt nahe, dass die kanaanäische Dorfkultur auf Tell En-Zippori wohl bis weit ins 10. Jh. vC ungebrochen fortexistierte, obwohl Jos 19,10-16 Untergaliläa zu dieser Zeit bereits dem Stamm Naftali zugehörig erachtet. Im Unterschied zum Tell spielte der Hügel von Sepphoris bis in hellenistische Zeit eine erkennbar untergeordnete Rolle. Nur an vereinzelten Stellen auf dem gewachsenen Fels und als Bestandteil jüngerer Füllschichten fanden sich bronze- und eisenzeitliche Scherben. Spektakuläre Einzelfunde aus der Perserzeit, z. B. ein schwarzfiguriges Rhyton (einhenkliger Trankopferkrug) oder das Fragment einer Kalzitvase mit mehrsprachiger Erwähnung des Namens Artaxerxes, belegen zwar die Nutzung des Hügels ab dem späten 5. Jh. vC, doch bleiben Charakter, Dauer und Ausdehnung der Besiedlung mangels Gebäuderesten im Dunkeln.

**Modell** der Grabung von Sepphoris

**Spätrömisch-byzantinische Häuser** entlang des Cardo (Nord-Süd-Straße) mit Resten der Säulenhallen und Wohnkomplexen. Am linken Ende der Straße die gut erhaltenen Reste des „Hauses mit dem Nilmosaik“ (ca. 4. Jh. nC).

## Die hellenistische Zeit

Als momentan ältester identifizierbarer Baurest kann eine massive, rechteckige Anlage gelten, von der bisher nur die nordwestliche Ecke der Umfassungsmauer, einige Räume um einen Innenhof, Installationen (Zisterne, Backöfen) und eine Anzahl kleinerer Außenanlagen erforscht werden konnten. Vermutlich gehört die Anlage zu einer Befestigung aus hellenistischer Zeit (um 200, spätestens 150 vC), die der Kontrolle der Straße von der Küste ins Landesinnere diente. Wahrscheinlich war es diese Festung, die Ptolemaios Lathyros, der Statthalter von Zypern, im Jahr 103 vC hat angreifen lassen, um Alexander Jannäus für seine Weigerung zu bestrafen, ihm bei der Rückgewinnung des verlorenen ägyptischen Throns zu helfen (Ant. XIII,337f). Der Angriff scheiterte kläglich, macht aber deutlich, dass Sepphoris wie auch ganz Galiläa zu dieser Zeit bereits unter jüdischer Kontrolle standen. In den folgenden Jahrzehnten wurde die Akropolis aus- und umgebaut; besonders wichtig ist der Einbau einer der vermutlich ältesten Miqwaot, die die jüdische Nutzung des Komplexes dokumentiert (datiert zwischen 104/3 und 60 vC).

Als Pompeius durch seinen Beauftragten Gabinius im Jahre 57 vC mehrere hasmonäische Festungen schleifen ließ, erhielt Sepphoris als einzige galiläische Stadt eine lokale jüdische Verwaltung (Ant. XIV,91; Bell. I,170), die sicher auch administrative Aufgaben für ganz Galiläa übernahm. Vielleicht gehört ein Ostrakon mit der Aufschrift *epitropos* („Aufseher“, ein griechisches Wort in hebräischer Schrift!) in diese Zeit.

**Fußbodenmosaik** **aus dem „Haus mit dem Nilmosaik" (ca. 4. Jh. nC) mit Darstellung eines Zentauren, der eine Inschriftentafel hält. Zu lesen ist der aus spätrömischen Kontexten gut bekannte Schriftzug „ein Gott, der hilft".**

## Die herodianische Zeit

Mit Herodes, seit 40 vC König Judäas, rückt Sepphoris wieder ins Blickfeld. Im Winter 39/38 nahm er die Stadt im Handstreich (Ant. XIV,414; Bell. I,304) und nutzte sie forthin als nördliche Operationsbasis im Kampf gegen die letzten Hasmonäer und später zur Kontrolle über ganz Galiläa. Josephus erwähnt einen königlichen Palast und ein Arsenal (Ant. XVII,271f; Bell. II,56; keine der Bauten wurde bisher gefunden). Sicher hat sich damals auch eine Art urbaner Elite aus Kaufleuten und Beamten herausgebildet, die der römischen Kultur nicht abgeneigt war.

Aus der Zeit nach 50 vC stammen die frühesten Reste, die außerhalb der Akropolis gefunden wurden. Die Stadt wuchs beträchtlich, wurde aber durch die Eroberung durch den syrischen Legaten Publius Quinctilius Varus in Mitleidenschaft gezogen, den Unruhen nach dem Tod des Herodes auf den Plan gerufen hatten (Ant. XVII,289; Bell. II,68). Wie schwer die Zerstörungen des Varus waren, bleibt jedoch im archäologischen Befund undeutlich. Nach der Eroberung durch Varus befestigte Herodes Antipas, von 4–39 nC Tetrarch von Galiläa und Landesherr Jesu, Sepphoris wieder, baute es als Residenz aus und nannte diese *Autocratoris*, als Loyalitätsbekundung an den Kaiser in Rom. Bisher lassen sich jedoch keine archäologisch nachgewiesenen Gebäude sicher Antipas zuordnen. Warum Sepphoris im NT nicht erwähnt wird, ist umstritten. Möglicherweise hat Jesus es wegen seines urbanen Charakters und seiner Verbindung zu Antipas gemieden (Lk 13,31-33). Unter König Agrippa II. befanden sich eine königliche Bank und die Archive in Sepphoris (Vita 38).

## Die Stadtentwicklung in der zweiten Hälfte des 1. Jh.

Um die Mitte des 1. Jh. nC beherbergte Sepphoris etwa 8000-12.000 Einwohner. Die Stadt wuchs kräftig und besaß urbane Elemente wie gepflasterte und mit Säulen ausgestattete Straßen, Einrichtungen zur Wasserversorgung (darunter unzählige Zisternen unter den Wohnhäusern), mehrstöckige Bauten und öffentliche Architektur einschließlich eines großen basilikalen Gebäudes auf dem Ostplateau. Sepphoris erfüllte wirtschaftliche und administrative Funktionen als Zentralort der umliegenden Region und war Kristallisationspunkt der Entwicklung einer spezifisch jüdisch-hellenistischen Kultur. Obwohl „die stärkste Stadt ganz Galiläas" (Bell. II,511; III,30f), schloss sich Sepphoris als einziger Ort der Region im Jahre 66 nC nicht den Aufständischen an, im Gegenteil: Gleich zu Beginn nahm es eine römische Garnison unter Cestius Gallus mit offenen Armen auf (Bell. V,211; Vita 394). Im Frühjahr 67 nC sandten die Sepphorener sogar eine Delegation nach Ptolemais, um den römischen Feldherrn Vespasian zu begrüßen, und beherbergten daraufhin eine noch größere Garnison von 1000 Reitern und 6000 Infanteristen (Vita 411). Josephus scheiterte mehrmals, die Stadt einzunehmen (Bell. III,61f; Vita 82.394-397). Die Sepphorener weigerten sich sogar, Hilfe nach Jerusalem zu schicken, um der bedrängten Hauptstadt beizustehen, da man „den Verdacht vermeiden wollte, man habe die Waffen gegen Rom erhoben" (Vita 348). Eine solch prorömische Haltung der Sepphorener war nur konsequent angesichts der ureigensten wirtschaftlichen Interessen der (jüdischen!) urbanen Elite und ist sicher kein Indiz für die Anwesenheit großer Zahlen von Nichtjuden. Die Enttäuschung der Aufständischen, denen der Schutz der Stadt verweigert wurde, als Rom zum Gegenschlag ausholte, lässt sich freilich nur erahnen. Roms Dank hingegen ist noch heute in Form zweier einzigartiger Bronzemünzen zu greifen, die in Sepphoris im Jahre 68 nC geschlagen wurden. Die Vorderseiten zeigen jeweils einen Kranz und die Aufschrift „LDI / NERWNW / KLAYDIOY / KAICARO/C", die Rückseiten tragen die identische Aufschrift „EPI OYECPACIANOY EIRHNOPOLI NERWNIA CEPFW" („Unter Vespasian, Friedens-

**Theater in Sepphoris**

**Münze aus Sepphoris:** **Auf der Vorderseite verschränken sich zwei Füllhörner über einem Stab. Die Inschrift „Zur Zeit Vespasians, die Stadt des Friedens (Eirenopolis) Neronias Sepphoris" ist ein Ehrentitel, den sich die Stadt in Bezug auf Kaiser Nero zulegte. Auf der Rückseite steht, von einer Krone umrahmt: „Jahr 14 (68–69 nC) Nero Claudius Caesar".**

stadt Neronia der Sepphorener"), die eine zeigt zusätzlich eine Doppelkornukopia und einen Caduceus, Zeichen von Wohlstand und göttlicher Gunst.

## Die weitere Geschichte

Für Sepphoris zahlte sich der Friedenskurs aus. Nachdem sich Tiberias auf die Seite der Rebellen geschlagen hatte und Rom unterlegen war, löste Sepphoris Tiberias als Hauptort Galiläas ab und behielt diese Rolle fast bis zum Ende der römischen Herrschaft. Im Umfeld der strategischen Grenzsicherung des Ostens durch Rom erlebte Sepphoris zu Beginn des 2. Jh. nC einen tief greifenden Wandel, der zu einer fruchtbaren, wenn auch nicht immer spannungsfreien Symbiose von hellenistischer Kultur und Judentum führte. Gründe dafür waren zum einen die Einbindung in das Reichsstraßensystem und die Stationierung von Truppen (tShab 13,9) und mit ihnen wohl ein Zustrom heidnischer Neubewohner. Insofern war es nur konsequent, dass die Stadt unter Hadrian (117–138) um 120 zu Ehren des Kaisers und des Zeus in *Diocaesarea* umbenannt wurde. Der zweite, für die folgende Geschichte von Sepphoris ebenso grundlegende Faktor bestand in der Zuwanderung vieler Juden aus dem Süden nach dem Bar-Kochba-Aufstand. Diese Juden brachten ihre Traditionen nach Sepphoris und machten die Stadt für viele Generationen zu *dem* Zentrum jüdischer Gelehrsamkeit. Dort soll Jehuda ha-Nasi die Mischna zusammengestellt haben.

Gegen Ende des 1. oder zu Beginn des 2. Jh. nC wurde das Theater für ca. 4500–5000 Zuschauer errichtet. Weder Jesus noch sein Vater Josef können dort also trotz Mk 6,3; Mt 13,55 gearbeitet haben, wie oft angenommen wird. Der große Aquädukt und ein öffentliches Bad wurden zur selben Zeit angelegt, und jüngst wurden Reste eines monumentalen Tempels gefunden. Die berühmte Dionysosvilla unweit des Theaters datiert ins frühe 3. Jh. nC

Nach dem verheerenden Erdbeben 363 nC, das einen viel tieferen Einschnitt verursachte als die Konstantinische Wende, begann eine völlig neue Phase. Mehr und mehr Spuren des Christentums werden greifbar, daneben blühte das jüdische Leben und die Stadt wuchs weiter. Das reich ausgestattete „Haus des Nilfestes" aus dem 5. Jh. nC beherbergte eines der größten Mosaike in Israel und zeigt das Fortbestehen paganer dekorativer Traditionen. Im Unterschied dazu finden wir in der 1993 gefundenen Synagoge ein prachtvolles Mosaik, das die jüdische Hoffnung auf Erlösung zum Ausdruck bringt. Auch die christliche Tradition ist mit Sepphoris verbunden, das zunehmend zu einem christlichen Zentrum wird: Die Stadt gilt als Geburtsort Joachims und Annas, der legendarischen Eltern Marias. ■

### Lesetipps


- **Jesus der Galiläaer. Eine Stadt des Herodes Antipas: Sepphoris,** Welt und Umwelt der Bibel Nr. 24 (2/2002), 22–25, Stuttgart.
- E. M. Meyers
**Sepphoris on the Eve of the Great Revolt** (67-68 C.E.). Archaeology and Josephus, in: ders. (ed.), Galilee through the Centuries. Confluence of Cultures (Winona Lake 1999), 109-122.
- R. M. Nagy u. a. (Hg.)
**Sepphoris in Galilee.** Crosscurrents of Culture, Winona Lake 1996.
- R. Talgam/Z. Weiss
**The Mosaics of the House of Dionysus at Sepphoris Excavated** by E. M. Meyers, E. Netzer and C. L. Meyers (Qedem 44; Jerusalem 2004).
- Z. Weiss
**The Sepphoris Synagogue.** Deciphering an Ancient Message through Its Archaeological and Socio-Historical Contexts (Jerusalem 2005).
- J. Zangenberg u. a.(Hg.)
**Religion, Ethnicity and Identity in Ancient Galilee.** A Region in Transition, (WUNT 210; Tübingen 2007).
- J. Zangenberg
**Jesus – Galiläa – Archäologie. Neuere Forschungen in einer Region im Wandel**, in: C. Claussen/J. Frey (eds.), Jesus und die Archäologie Galiläas (BThSt 87; Neukirchen-Vluyn 2008), 7–38.).

**Reste von Wandmalerei** **aus dem Zugang zur Bühne des römischen Theaters (Beginn 2. Jh. nC)**

# Tiberias

**Obwohl das 19/20 nC gegründete Tiberias unter Herodes Antipas die Hauptstadt des Reiches Galiläas war, wird im Neuen Testament nie ein Aufenthalt Jesu in dieser Ortschaft erwähnt. Nur im Johannesevangelium wird das Galiläische Meer nach dem nun wichtigsten Ort an seinem Ufer „See von Tiberias“ genannt (Joh 6,1; 21,1), und nach Joh 6,23 hörten auch Bewohner von Tiberias die Botschaft Jesu. Erst antike Berichte und neuerdings auch Ausgrabungen informieren uns über diesen wichtigen Ort.**

## Die Geschichte der Stadt

Das Gründungsdatum der Stadt Tiberias ist uns leider nicht konkret überliefert. Herodes Antipas (4 vC–39 nC) gründet die Stadt als neue Hauptstadt von Galiläa, als Nachfolgerin für das in Untergaliläa gelegene Sepphoris. Ein Münzfund hilft uns jedoch, die Gründung der Stadt näher einzugrenzen: Die älteste in Tiberias geschlagene Münze stammt aus dem Jahr 19/20, sodass sie spätestens zu diesem Zeitpunkt gegründet wurde. Zur Zeit Jesu existierte die Stadt also bereits und bildete zunehmend das lokale Zentrum am Westufer des Sees Gennesaret.

Die Lage des Ortes ist ideal: Im Osten ist sie durch den See Gennesaret bestens geschützt, im Westen ist sie von hohen, teilweise steil ansteigenden Bergen umgeben. Der annähernd flache Uferbereich ist maximal 300 m breit, was die Entfaltung der Stadt wiederum einschränkte. Wollte sie wachsen, musste sie sich – wie heute auch – hangaufwärts ausdehnen.

Eine wichtige Beschreibung von Tiberias in der Antike bietet uns Flavius Josephus: Herodes Antipas *„erbaute eine Stadt am See Gennesar im schönsten Teil von Galiläa, die er Tiberias nannte. Nicht weit von dieser Stadt befinden sich warme Quellen an einem Ort, der Emmaus heißt. Tiberias wird übrigens von zusammengelaufenem Volk bewohnt, worunter sich auch viele Galiläer und gezwungene Ankömmlinge befanden, die mit Gewalt dort angesiedelt wurden, obwohl sie zum Teil den besseren Ständen angehörten. Auch die Bettler, die im ganzen Lande aufgefangen wurden, sowie viele, von denen noch nicht einmal feststand, ob sie Freie waren, erhielten hier Wohnungen angewiesen und bekamen mancherlei Vorrechte. Um sie an die Stadt zu fesseln, ließ Herodes ihnen Häuser bauen und Ländereien zuteilen, da es ihm wohl bekannt war, dass ihnen nach jüdischen Vorschriften das Wohnen an dem Ort nicht gestattet war. Es waren nämlich wegen des Aufbaus von Tiberias viele dort befindliche Grabdenkmäler entfernt worden, und unser Gesetz erklärt die Bewohner solcher Orte für sieben Tag für unrein“* (Ant XVIII,36-38). Josephus versteht die Region als schönsten Teil Galiläas. An anderer Stelle beschreibt er – dabei sicherlich auch übertreibend – die Region als wahres Paradies, insbesondere die nördlich an Tiberias sich anschließende Ebene von Magdala: *„Entlang des See Gennesar erstreckt sich eine gleichnamige Landschaft von wunderbarer Natur und Schönheit. Wegen der Fettigkeit des Bodens gestattet sie jede Art an Pflanzenbewuchs, und ihre Bewohner haben daher in der Tat alles angebaut; das ausgeglichene Klima passt auch für die verschiedenartigsten Gewächse. Nussbäume, die im Vergleich zu anderen Pflanzen eine besonders kühle Witterung brauchen, gedeihen dort prächtig in großer Zahl. Daneben stehen Palmen, die Hitze brauchen, ferner Feigen- und Ölbäume unmittelbar dabei, für die ein gemäßigteres Klima angezeigt ist. Man könnte von einem Wettstreit der Natur sprechen, die sich mächtig anstrengt, alle ihre Gegensätze an einem Ort zusammenzuführen, oder von einem edlen Kampf der Jahreszeiten, von denen jede sich um diese Gegend wetteifernd bemüht. Der Boden bringt nicht nur das verschiedenste Obst hervor, das man sich kaum zusammen denken kann, sondern er sorgt auch lange Zeit hindurch für reife Früchte. Die königlichen unter ihnen, Weintrauben und Feigen, beschert er 10 Monate lang ununterbrochen, die übrigen Früchte reifen nach und nach das ganze Jahr hindurch“* (Bell III,516-520). Die von Josephus erwähnten heißen Quellen bei Tiberias befinden sich südlich der heutigen Stadtanlage (Hammat Tiberias) und dienen den dortigen Hotels für Kur-Zwe-

**1) Stadtplan von Tiberias**

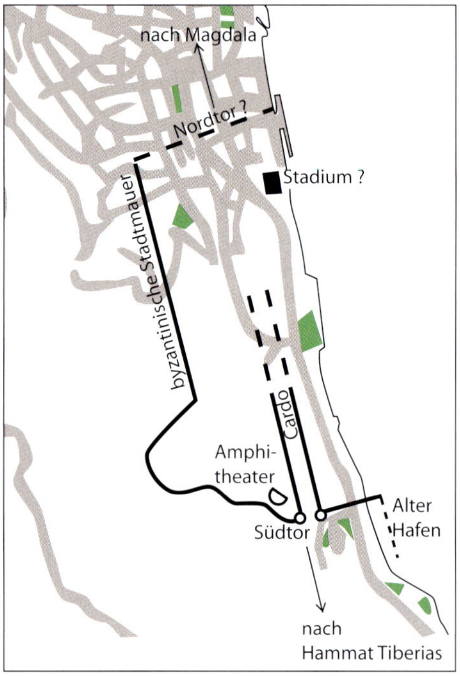

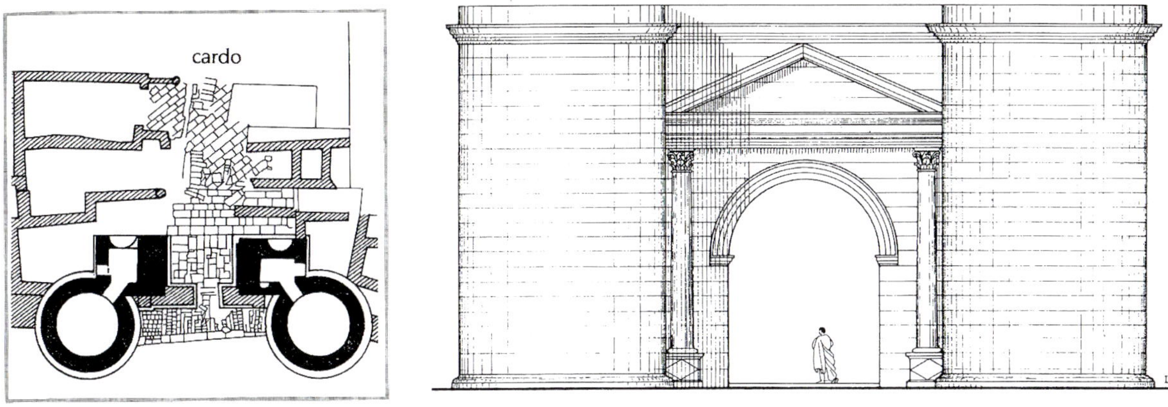


**2) Rekonstruktion des Südtores von Tiberias und zugehöriger Grundriss, aus: Y. Hirschfeld, A Guide to Antiquity Sites in Tiberias (Jerusalem 1992), 25.**

cke. Die Ansiedlung so unterschiedlicher Bevölkerungsgruppen war wohl notwendig, um die neu gegründete Hauptstadt überhaupt zu bevölkern.

Nach dem Tod von Agrippa I. im Jahre 44 kam Tiberias unter die Kontrolle des römischen Prokurators von Judäa, blieb aber bis zum Jahr 61 die Hauptstadt von Galiläa. Dann wurde es dem Reich Agrippas II. zugeordnet. Agrippas Schwester Berenike lebte in Banias (Caesarea Philippi), der Hauptstadt seines Reiches. Die Tradition, die einen Berg im Südwesten von Tiberias mit Berenikes Namen verbindet, ist somit wohl ohne historische Basis. Zu Beginn des jüdischen Aufstandes im Jahre 66 wurde Tiberias mit einem Mauerring umgeben (Bell II,573; III,453-461), der auch noch nach der Eroberung durch die Römer stehen blieb, da sich die Stadt freiwillig ergab. Deshalb entging sie auch einer Plünderung. Da im Bereich des Südtores eine entsprechende Mauer aus römischer Zeit nicht nachgewiesen werden konnte – der einzige Mauerring stammt aus dem 6. Jh. –, ist es auch möglich, dass Josephus hier bei den Bauaktivitäten der Tiberianer übertrieben hat, um sie so den Römern als besonders wehrhaft darzustellen. Wohl bis zum seinem Tode im Jahre 96 gehörte Tiberias zum Reich Agrippas II. und wurde dann direkt der römischen Oberherrschaft in Syrien unterstellt.

## Ausgrabungsbefunde aus frührömischer Zeit

In Tiberias wurden seit 1951 zahlreiche Ausgrabungen, verteilt über das ganze Stadtgebiet, durchgeführt, die die verschiedenen Epochen vom Chalkolithikum, als es dort erste Siedlungsspuren gab, bis zur jüngeren Vergangenheit besser verstehen lassen. Trotzdem sind es zumindest für die frührömische Zeit und damit für die Zeit Jesu nur wenige Schlaglichter, die nicht miteinander verbunden sind, denn die meisten Funde und Befunde stammen aus späteren Epochen. Die Stadt entwickelte sich fortwährend, ältere Bauten wurden durch neuere ersetzt, und das Stadtareal wurde ausgeweitet. Mitte des 6. Jh. umfasste das Stadtareal eine Fläche von rund 1 km² und gehörte mit rund 25.000 Einwohnern zu den größten Städten im Land. Das Tiberias im 1. Jh. nC war dagegen noch im Aufbau begriffen und sicherlich wesentlich kleiner.

Selbst wenn das byzantinische Tiberias größer war als das frührömische, zeigen die Mauern der Stadt jener Zeit doch in etwa an, wo sich die Ursprünge der Stadtanlage befanden. Das antike Tiberias **(Abb. 1)** lag weiter südlich als das heutige Stadtzentrum. Die Nordgrenze lag in byzantinischer Zeit etwa im Bereich der heutigen Fußgängerzone und Haupteinkaufsstraße, die Nordwestgrenze nahe der heutigen zentralen Busstation, die Südwestecke auf dem Mt. Berenike und die Südbegrenzung etwa auf halben Wege zwischen dem Sironit Beach und dem Gane Hammat Hotel. Der Bereich des heutigen nördlichen Stadtzentrums diente dagegen als Friedhof. Man wird annehmen dürfen, dass zunächst die Flächen entlang des Seeufers bebaut wurden, während die Einbeziehung des nach Westen hin stark ansteigenden Geländes auf die spätrömische oder byzantinische Zeit zurückgeht.

Die längliche, sich am Ufer des See entlangziehende Stadtstruktur machte zwei Toranlagen notwendig: eine im Süden und eine im Norden. Lediglich die südliche Toranlage wurde bisher ausgegraben **(Abb. 2)**. Es zeigte sich, dass es sich um ein ursprünglich frei stehendes Gebäude ohne angrenzende Mauern handelte; erst im 6. Jh. wurde hier eine Stadtmauer errichtet. Die beiden den Eingang flankierenden Tortürme waren als Rundtürme mit je 7 m Durchmesser gestaltet. Von der Toranlage ist heute nichts mehr sichtbar.

Im Stadtinneren schloss sich an die Toranlage der Cardo an, der parallel zum Seeufer nach Norden hin verlief. Auch Teile dieses Cardos mit Läden an beiden Seiten wurden freigelegt.

Im Bereich des Galei Kinneret Hotels unmittelbar am Seeufer und etwas südlich des heutigen Hafens gelegen, wurden bei einer von M. Hartal im Jahre 2002 geleiteten Grabung Reste eines öffentlichen Bauwerks mit gekrümmter Mauer gefunden – vielleicht das mehrfach bei Josephus erwähnte Stadium (Vita 90-92; Bell III,539). Das Stadium muss sich nach den Angaben des Josephus im Norden der Stadt befunden haben. Wenn man wirklich diese Anlage inzwischen entdeckt hat und sich die bisherige Vermutung durch weitere Grabungen bestätigen ließe, könnte die Ausdehnung von Tiberias im 1. Jh. nC definitiv bestimmt werden.

Der Hafen wird sich in frührömischer Zeit dort befunden haben, wo er auch in den nachfolgenden Jahrhunderten war: nämlich außerhalb der Stadtanlage unmittelbar an die Südmauer angrenzend. Reste der Hafenanlagen, die allerdings schwer zu datieren sind, sind dort heute noch zu sehen.

All dies sind die spärlichen Reste einer Hauptstadt, die zur Zeit Jesu gerade erst im Aufbau begriffen war und ihre Blütezeit noch vor sich hatte. Herodes Antipas hatte in dem Ort auch einen mit Tierbildern geschmückten Palast errichten lassen (Vita 65). Auch ein Archiv (Vita 38) und eine sehr geräumige Synagoge (Vita 277) muss es hier gegeben haben. Aber von diesen Bauten fehlen bislang ebenso alle archäologischen Hinterlassenschaften wie von den zahlreichen Wohnbauten, die es hier gegeben haben muss. ■

## Lesetipps


- Y. Hirschfeld
**A Guide to Antiquity Sites in Tiberias** (Jerusalem 1992).
- Y. Hirschfeld
**Roman, Byzantine, and Early Muslim Tiberias: A Handbook of Primary Sources** (Tiberias 2005).

# Magdala – Auferstehung aus Ruinen

Maria, eine der neutestamentlichen Auferstehungszeuginnen und engsten Begleiterinnen Jesu, stammte aus Magdala (Mk 15,40-41 par.; 16,1-8 par; Lk 8,2-3). Doch nicht einmal dieser Sachverhalt hat es verhindert, dass dieser Ort bis vor Kurzem etwas im Abseits der Reiserouten lag und vor sich hin schlummerte. Nach den ersten Grabungen des Studium Biblicum Franciscanum der Jahre 1971–1977 blieb das Gelände verschlossen und durch Vegetation und hoch stehendes Grundwasser unzugänglich. Doch der Dornröschenschlaf hat nun ein Ende.

**Blick von Norden** auf die Ebene von Magdala. Der historische Ort lag am Südrand dieser Ebene unmittelbar vor den hier stark aufsteigenden Felsen. Die fruchtbare Ebene ermöglichte den Bewohnern der Stadt landwirtschaftliche Tätigkeiten.

## Neue Ausgrabungen ergeben neue Erkenntnisse

Mit großem Aufwand haben franziskanische Archäologen unter der Leitung von Pater Stefano De Luca seit 2006 die Grabungen wieder aufgenommen. Die bisher noch sehr vorläufigen und summarisch veröffentlichten Ergebnisse sind nichts anderes als spektakulär und lassen die „Welt am See Gennesaret" in einem neuen Licht erscheinen. Dabei wird immer deutlicher, wie mondän der Ort seit der Gründung wohl bereits im 2. Jh. vC war, in Lebensstandard und Kultur durchaus vergleichbar mit den hellenistischen Städten Kleinasiens oder Griechenlands.

Das Stadtgebiet war nach dem schachbrettförmigen „hippodamischen Plan" ausgelegt und nutzte weit größere Teile der Magdala-Ebene als das alte franziskanische Grabungsgrundstück vermuten lässt. De Luca konnte weite Teile des gepflasterten *cardo maximus* (der in Nord-Süd-Richtung verlaufenden Hauptstraße) sowie des im rechten Winkel dazu verlaufenden *decumanus* freilegen. Unter diesem Prachtboulevard wie auch unter anderen Straßen verliefen Wasserleitungen, die die zahlreichen Brunnen versorgten. Ein ausgeklügeltes Frisch- und Abwassersystem versorgte die Stadt.

## Hafenanlagen und eine Latrine – Alltag in einer biblischen Stadt

An das urbane Wassersystem war auch ein riesiges öffentliches Bad angeschlossen, dessen Innenhof (*palaestra*) die ersten Ausgräber aufgrund der monumentalen Ausdehnung noch als Piazza der Stadt selbst interpretiert hatten. Eine Säulenhalle umgab den Hof. Von dort aus waren Baderäume und weitere Einrichtungen zu erreichen. Im wasser-

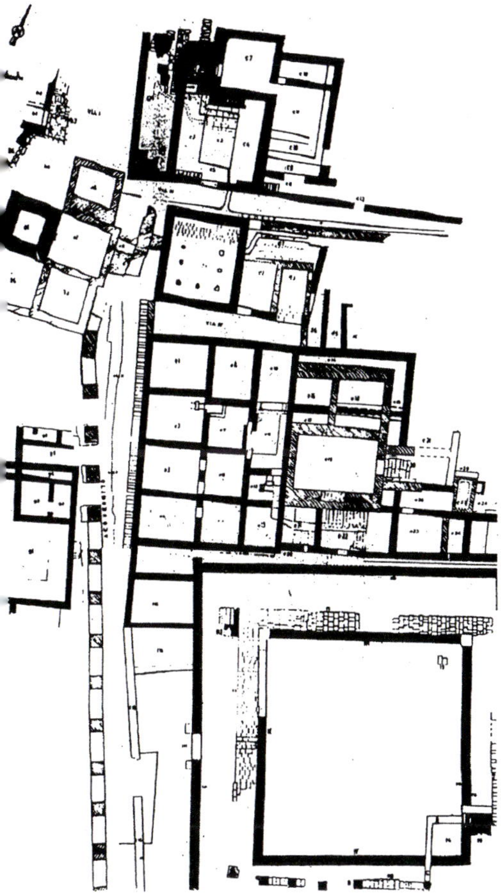

**Grundriss der Stadtanlage von Magdala in römischer Zeit nach den älteren Ausgrabungen (genauere Pläne der neueren Grabungen wurden noch nicht publiziert). Aus: V. C. Corbo, La cittá romana di Magdala. Studi Hierosolymitana 1 (Jerusalem 1976), (355–378) 356.**

gesättigten Schlamm der sechs bisher untersuchten Becken wurde eine große Anzahl Gegenstände gefunden, darunter ein komplettes Keramikgeschirr und Holzgefäße. Sogar eine öffentliche Latrine war Teil der Badeanlage. Sie wurde von den ersten Ausgräbern noch als Mini-Synagoge verstanden. Eine Untersuchung zeigte jedoch schon vor einigen Jahren, dass es sich dabei eher um eine öffentliche Bedürfnisanstalt handelt. Solche Räumlichkeiten wurden im ganzen Römischen Reich bei Ausgrabungen gefunden.
An der Ostseite der Thermen befand sich der Hafen der Stadt, ihr ökonomisches Herz, landeinwärts durch eine verputzte und bemalte Mauer abgetrennt. De Luca fand massive Fundamente eines Turmes mit Kasematten (der aramäische Name der Stadt lautet *migdal nunaya*: „Turm der Fischer"), Rampen zum Anlanden von Schiffen, ein großes L-förmiges Hafenbassin mit Wellenbrecher und sechs Pollern zum Vertäuen der Schiffe. Damit hat De Luca den größten und am besten erhaltenen Hafen am See Gennesaret entdeckt.

**Blick von Magdala in Richtung Heptapegon (Tabgha)**

## Magdala: Das Pökelzentrum am See Gennesaret

Woher aber kam all der Reichtum? Eine große Rolle hat vermutlich die Fischindustrie gespielt – wie schon der griechische Name der Stadt zeigt (Tarichäa bedeutet „*[Stadt des] gesalzenen Fisches*"). Auch Fischfang und Handel über den See hinweg, z. B. nach Gadara und Hippos, haben sicher eine bedeutende Rolle gespielt. Die zahlreichen Infrastrukturbauten, die De Luca gefunden hat, sind jedoch nicht denkbar ohne massive Investitionen der Obrigkeit. Haben die Hasmonäer nach der Eroberung Galiläas um 100 vC ihren Zugang zum See durch die Gründung Magdalas gegen die Konkurrenz der hellenistischen Städte Philoteria (auf Khirbet Bet Yerah nahe der Südspitze des Sees), et-Tell/Betsaida, Hippos und Gadara behaupten wollen? Oder reicht die Gründung der Stadt gar vor die Zeit der Hasmonäer zurück? Sollte dies der Fall sein, dann hätte Magdala bereits zu einem ganzen System urbaner Niederlassungen gehört, die sich wie ein Ring um den See hinziehen.

Überall im Grabungsgelände traf De Luca Spuren der Schäden an, die Magdala während des 1. Jüdischen Aufstand gegen Rom erlitt (66–70 nC), von dessen Verlauf der jüdische Historiker Josephus berichtet. Nach dem Krieg erholte sich die Stadt wieder, wurde aber 363 nC von einem verheerenden Erdbeben heimgesucht. Von dieser Verwüstung fand De Luca besonders beeindruckende Hinweise. In byzantinischer Zeit war Magdala christlich geprägt; ein Kloster und eine Kirche hielten die Erinnerung an Maria (Magdalena) wach, die einst aus Magdala kam und Jesus gefolgt war. ■

## Lesetipps


• A. Raban
**The Boat from Migdal Nunia and the Anchorages of the Sea of Galilee from the Time of Jesus,** International Journal of Nautical Archaeology and Underwater Exploration 17 (1988), 311–329.
• S.M. Ruf
**Maria aus Magdala.** Eine Studie der neutestamentlichen Zeugnisse und archäologischen Befunde (Biblische Notizen Beihefte 2; München 1995).
• J. Zangenberg
**Magdala am See Genezaret.** Überlegungen zur sog. „mini-sinagoga" und einige andere Beobachtungen zum kulturellen Profil des Ortes in „neutestamentlicher Zeit" (KAANT 2; Waltrop 2001).
• J. Zangenberg
**Magdala. Reich an Fisch und reich durch Fisch,** in: G. Faßbeck u.a. (Hrsgg.), Leben am See Gennesaret. Kulturgeschichtliche Entdeckungen in einer biblischen Region, (Sonderband Antike Welt; Mainz 2003), 93–98.
• S. De Luca
**Urban Development of the City of Magdala / Tarichaeae in the Light of the New Excavations. Remains, Problems and Perspectives,** Abstract of a Paper presented at the Colloquium „Greco-Roman Galilee" at Kinneret College on the Sea of Galilee and Tel Hai Academic College, 21.-23.06.2009.

# Ginosar und das Boot vom See Gennesaret

1) **Sturm auf dem See.** Museumspädagogische Aktivitäten im Bibelhaus Erlebnismuseum.

**Als 1986 bei einem historischen Niedrigwasser im Uferschlick Teile eines Bootes aus römischer Zeit entdeckt wurden, konnte die Erforschung der Schifffahrt auf dem See Gennesaret einen Meilenstein verzeichnen: Ein Boot aus der Zeit Jesu wurde gefunden! Heute kann der konservierte Fund im Museum des Yigal Allon Instituts im Kibbutz Ginosar am See Gennesaret besichtigt werden. Das Bibelhaus Erlebnismuseum Frankfurt bietet die Möglichkeit, einen originalgetreuen Nachbau des Bootes zu besteigen.**

## Die Entdeckung des Bootes

Bedingt durch mehrere Trockenperioden sank im Winter 1986 der Wasserstand des Sees Gennesaret auf einen historischen Tiefstand, sodass eine Vielzahl von Hobbyarchäologen den Uferbereich des Sees auf der Suche nach geeigneten Funden abging. Die entdeckten Holzreste in Bootsform im Uferschlick bei dem Kibbutz Ginosar durch die Brüder Moshe und Yuval Lufan können somit als Zufallsfund bezeichnet werden. Er erregte ein weltweit großes Interesse, denn dies ist der erste antike Bootsfund am See Gennesaret überhaupt.

Erste Untersuchungen ergaben, dass hier Reste eines sehr alten Bootes gefunden worden waren, sodass die Bergung vorbereitet wurde. Zunächst musste ein Damm um das Boot gebaut werden, um es bei dem zu erwartenden steigenden Wasserspiegel vor den Wellen des Sees zu schützen. Im nächsten Schritt wurde der Schlick aus dem Rumpf entfernt, dieser durch Fiberglas verstärkt und mithilfe von Polyurethan in eine Art Kokon gehüllt. Parallel zu diesen Arbeiten wurde ein Becken im Uferbereich vorbereitet, das den Kokon aufnehmen sollte, und ein Verbindungskanal dorthin geschaffen. Nach der Flutung des Außenbereichs um den Kokon konnte das eingehüllte Boot zu seinem Aufbewahrungsbecken gezogen werden. Dort wurde der Kokon entfernt und das Boot für fast zehn Jahre in Polyäthylenglykol, einem synthetischen Wachs, konserviert, das das Wasser in den Zellen der Bauhölzer ersetzte. So präpariert, bildet das Boot nun das Zentrum des Yigal Allon Museums, das neben dem Boot die Geschichte der Entdeckung und Restaurierung aufwendig medial präsentiert.

## Die Erforschung des Rumpfs

Die Funde ergeben eine Größe des Bootes von 8,2 m Länge und 2,5 m Breite. Die Tiefe kann aus dem Fund nicht abgelesen werden, lässt sich aber aufgrund der Bauweise und der durch den Fund belegten Länge und Breite auf 1,2 bis 1,25 m errechnen. Der Bug weist gegenüber dem schmal zulaufenden Heck eine größere Rundung auf. Das Boot wurde gebaut, indem zunächst an dem Kiel die quer stabilisierenden Spanten angebracht wurden und danach die Beplankung befestigt wurde, eine um die Zeitenwende übliche Bauweise, die den Phöniziern zugeschrieben wird. Die nur 2 cm starken Planken zeigen, dass dieses Boot ausschließlich für ein Binnengewässer und damit für die Nutzung auf dem See Gennesaret gebaut wurde. Eine Holzanalyse an der Hebrew University of Jerusalem konnte insgesamt 12 verschiedene Holzarten nachweisen **(Abb. 2).** Für die Beplankung wurde fast ausschließlich Zedernholz (*cedrus libani*) verwendet, ein außergewöhnlich hartes und widerstandsfähiges Holz, das schon Salomo für seine Bauten importierte. Die Spanten wurden aus lokaler Eiche (*quercus ithaburensis*) gebaut, deren Formung ein ausgeprägtes handwerkliches Geschick erforderte. Der Kiel besteht aus Christusdorn (*ziziphus spina-christi*) und Weide (*salix acmophylla*). Die weiteren gefundenen Holzarten weisen auf verschiedene Reparaturarbeiten am Rumpf im Laufe der Nutzungszeit des Bootes hin **(Abb. 3).** Die noch 1986 durchgeführte Radiocarbon-Analyse ($14_C$-Methode) der verschiedenen Hölzer ergab eine Datierung des Bootes in das erste vorchristliche und erste nachchristliche Jahrhundert.

## Die Rekonstruktion des Bootes

Da es sich bei dem Boot um den einzigen Fund eines antiken Bootes am See Gennesaret handelt und dieser nur aus Resten des Rumpfs besteht, muss zur Rekonstruktion die einzige ikonografische Darstellung aus dem Gebiet des Sees verwendet werden. Es handelt sich um ein römisches Fußbodenmosaik aus Migdal, dem antiken Magdala, das nur 2 km entfernt liegt. Demnach dürfte es mit je drei Rudern auf jeder Seite, einem Mast und analog zu den ägyptischen Nilschiffen mit einem großen Rahsegel ausgestattet gewesen sein. Das große rechteckige Segel wurde an einem quer aufgehängten Rundholz befestigt **(Abb. 4).** Die beiden am Heck positionierten Ruder werden zur Steuerung des Bootes verwendet worden sein. Damit handelt es sich um ein Lastschiff mit Segelunterstützung, das sowohl zum Transport von Personen (bis zu 15 Personen und 6 Personen Besatzung) und Lasten wie zum Fischfang geeignet gewesen ist **(Abb. 1).**

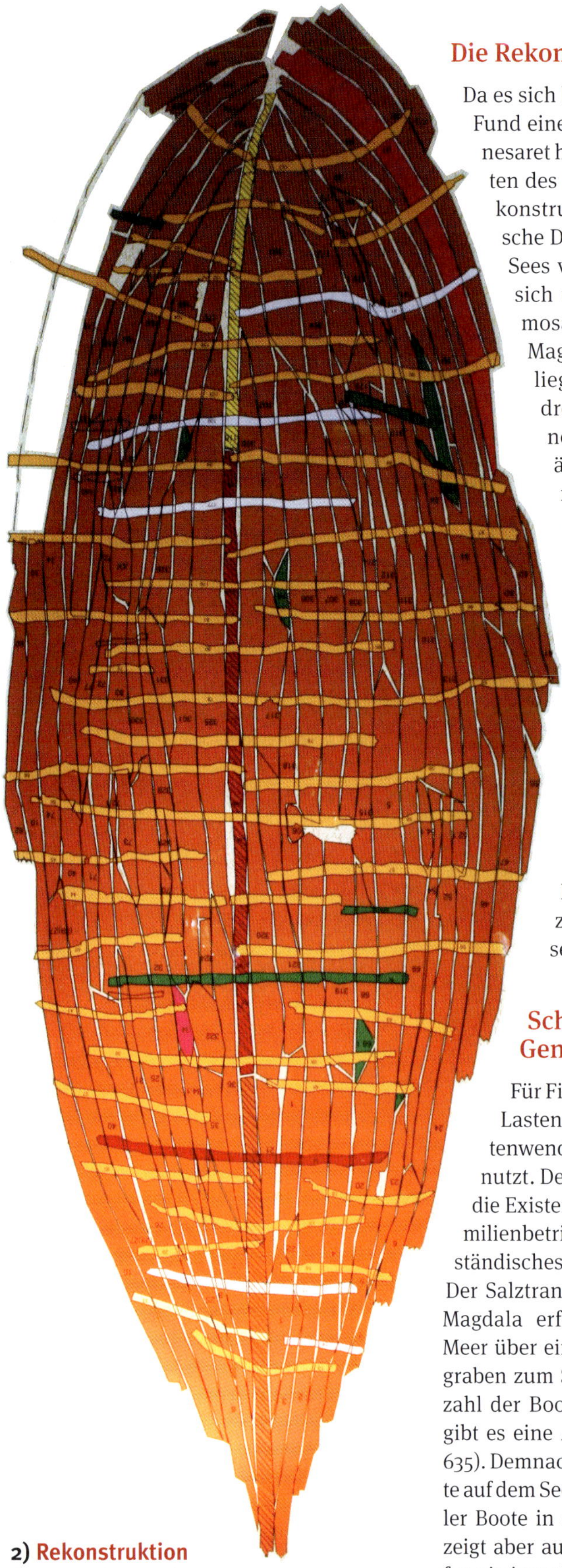

**2) Rekonstruktion**
**der verwendeten Hölzer.**

## Schifffahrt auf dem See Gennesaret

Für Fischfang, Personenverkehr und Lastentransport wurden um die Zeitenwende Boote am See Gennesaret genutzt. Der Fischreichtum im See bildete die Existenzgrundlage für zahlreiche Familienbetriebe, die hierdurch ein mittelständisches Einkommen erzielen konnten. Der Salztransport für die Pökelbetriebe in Magdala erfolgte ausgehend vom Toten Meer über eine Süd-Nord-Route im Jordangraben zum See Gennesaret. Über die Anzahl der Boote in neutestamentlicher Zeit gibt es eine Angabe bei Josephus (Bell. II, 635). Demnach gab es zu seiner Zeit 230 Boote auf dem See. Das dürfte die Gesamtzahl aller Boote in dem Dreiländereck umfassen, zeigt aber auch an, wie intensiv der Fischfang in jener Zeit praktiziert wurde. Größere Schiffe wurden sicherlich für den Personenverkehr über den See verwendet. Auch Jesus nutzte den Personenverkehr über den See (Mt 9,1;14,13;15,39; Mk 5,2). Sicherlich waren die meisten dieser Boote kleiner als das 1986 vor Ginosar entdeckte und konnten nur zwei oder drei Personen Besatzung tragen.

## Das Klima am See

Die Schifffahrt auf dem See Gennesaret war zu damaliger Zeit und ist auch heute noch mit Risiken behaftet. Ursache dafür ist die durch die besondere Lage im Jordangraben gegebene Klimasituation mit teils unberechenbaren Stürmen. Das Klima am See Gennesaret wird durch seine Höhenlage mit 210 m unter dem Meeresspiegel und seine geografische Lage im Jordangraben, umgeben von den Bergen Unter- und Obergaliläas sowie dem Hochplateau des Golan, bestimmt **(Abb. 5).** Die Tallage selbst besteht heute aus je nach Wasserstand ca. 170 km² Wasserfläche und – bedingt durch den schmalen Küstenstreifen bei einem Umfang von 53 km – aus ca. 40 km² Landfläche auf Seehöhe.

Der hohe Anteil der Wasserfläche an der Tallage bewirkt, dass die über den Tagesverlauf konstante Oberflächentemperatur des Wassers während der heißen Tageszeiten eine kühlende Funktion übernimmt, während in der kühleren Nacht das Wasser wie eine Bodenheizung die Lufttemperatur im Tal beeinflusst. Dadurch entstehen keine extremen Temperaturschwankungen zwischen Tag und Nacht, und auf einen heißen Sommertag folgt eine immer noch sehr warme Nacht.

Dem eher linearen Temperaturverlauf auf der Talsohle steht eine Temperaturkurve mit höheren Tag/Nacht-Unterschieden auf dem

**3) Boot im Museum**
**des Yigal Allon Centers.**

4) **Rekonstruktion des Bootes** nach den Plänen des Fundes von Nof Ginosar für das Bibelhaus Erlebnismuseum in der Werkstatt der Firma Schreiter in Großrückerswalde

Bergland sowie der Hochebene des Golans gegenüber. Die Temperaturdifferenzen zur Talsohle begünstigen die Entstehung von Fallwinden, die über 83 % aller am See Gennesaret beobachteten Stürme ausmachen. Sie haben ihren Ursprung in mediterranen Winden, die sich genau an den Taleinschnitten als Fallwinde verstärken. Diese Sommerstürme treten überwiegend in den Monaten Juni, Juli und August auf und ereignen sich zu dieser Zeit fast täglich mit Windgeschwindigkeiten von mehr als 10 m/s **(Abb. 6).** So wurden in der Zeit von 1970-1977 im Februar 33, im Juli dagegen 247 Stürme beobachtet.

Auch im Golan entwickeln sich nachts kalte Fallwinde, die durch die optimale Beschleunigungslinie des östlichen Talrandes in Form einer zunächst flachen und sich dann steil entwickelnden Kurve mit großer Geschwindigkeit in Ost-West-Richtung auf die Wasseroberfläche treffen und auf der gegenüberliegenden Seite durch den entgegengesetzten Verlauf der Höhenlinien keinen unmittelbaren Austritt aus dem Tal besitzen, was Verwirbelungen zur Folge haben kann. Beide Strömungen führen in kurzer Zeit zu einer Bewegung der Wasseroberfläche, die bei einem Lastschiff entsprechend des Fundes von Ginosar kurzfristig zum Wassereintritt und zum Kentern führen kann, und stellten für die Fischerei mit den Booten zur römischen Zeit eine Gefahr dar.

17 % der Stürme auf dem See haben andere Ursachen als Fallwinde. Dazu zählen die Wirbelstürme über der Wasseroberfläche. Sie entstehen tagsüber bei extremer Hitzebildung und Windstille. Hier kann sich eine starke vertikale Luftbewegung formieren, die sich beim Aufsteigen durch Rotation zu einem kurzzeitigen Wirbelsturm entwickelt, der sich – wie für lokale Wirbelstürme üblich – nach wenigen Minuten wieder legt. Trotzdem ist ein Wirbelsturm in der Lage, eine starke Wellenbewegung hervorzurufen, die eine Gefährdung für Boote bildet.

Die synoptischen Erzählungen der Stillung des Sturms verwenden weder eine einheitliche Bezeichnung für die Art der Stürme noch für die Tageszeit des Geschehens. Während Mk 4,35 den Abend angibt, nennt Lk 8,22 keine Tageszeit, und die Textkomposition von Mt 8 lässt ebenfalls keine schlüssige Zeitangabe zu. Mk 4,37 und Lk 8,23 nennen mit *lailaps (megal)* einen Wirbelsturm und Mt 8,24 mit *seismos megas* eine starke Wellenbewegung, die durch einen schweren Sturm hervorgerufen wird **(Abb. 7).** ■


### Lesetipps

- M. Nun
**Der See Genezareth und die Evangelien** (Gießen 2001).
- Sh. Wachsmann u.a.
**The Excavations of an Ancient Boat In the Sea of Galilee** ('Atiqot 19; Jerusalem 1990)
- L. L. Winkler und R. Frenkel
**The Boat and the Sea of Galilee. An Archaeological Glimpse into the World of Jesus** (Jerusalem/New York 2007)
- H. Volohonsky/A. Kaplunovsky/S. Serruya
**Storms on Lake Kinneret: observations and mathematical model,** Ecological Modelling, 18 (1983), 141-153


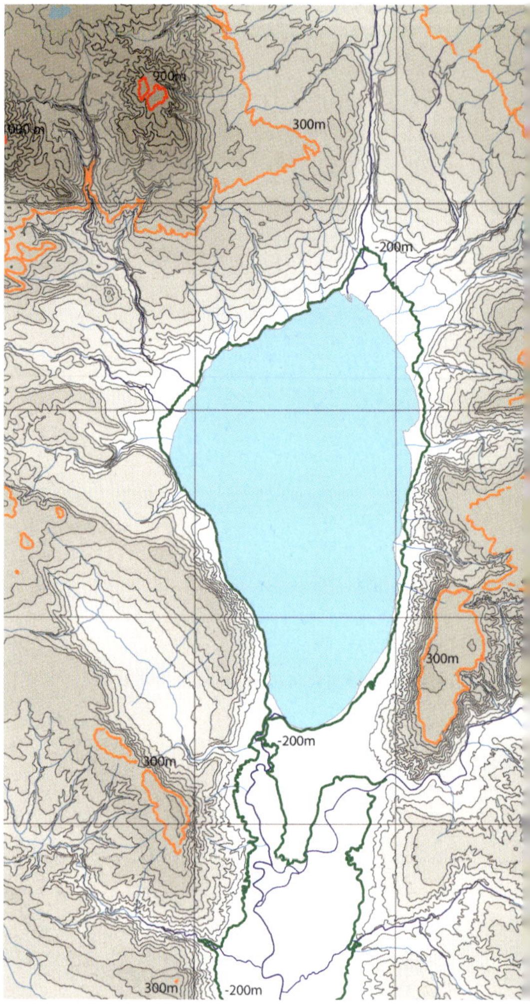


5) **Die Höhenunterschiede** im Umfeld des Sees Gennesaret

6) **Sommersturm** auf dem See Gennesaret 2008.

7) **Wellenbildung** auf dem See Gennesaret durch Fallwinde.

Wolfgang Zwickel

# Kafarnaum

Neben Jerusalem ist Kafarnaum die wichtigste Stadt im Neuen Testament. Hier wohnte Jesus (Mt 4,13; Joh 2,12), hier heilte er die Schwiegermutter des Petrus (Mk 1,29-31), den Knecht eines römischen Hauptmannes (Mt 8,5-13; Lk 7,1-10), Joh 4,46-53), einen Gelähmten (Mk 2,1-12) und einen Besessenen (Lk 4,33-37), hier diskutierte er mit Petrus (Mt 17,24-27) und seinen Jüngern (Mk 9,33-37), berief den Zöllner Levi (Mk 2,13f) und lehrte in der Synagoge (Mk 1,21; Lk 4,31; Joh 6,59). Was aber wissen wir über das Kafarnaum zur Zeit Jesu außerhalb der biblischen Texte?

Synagoge von Kafarnaum

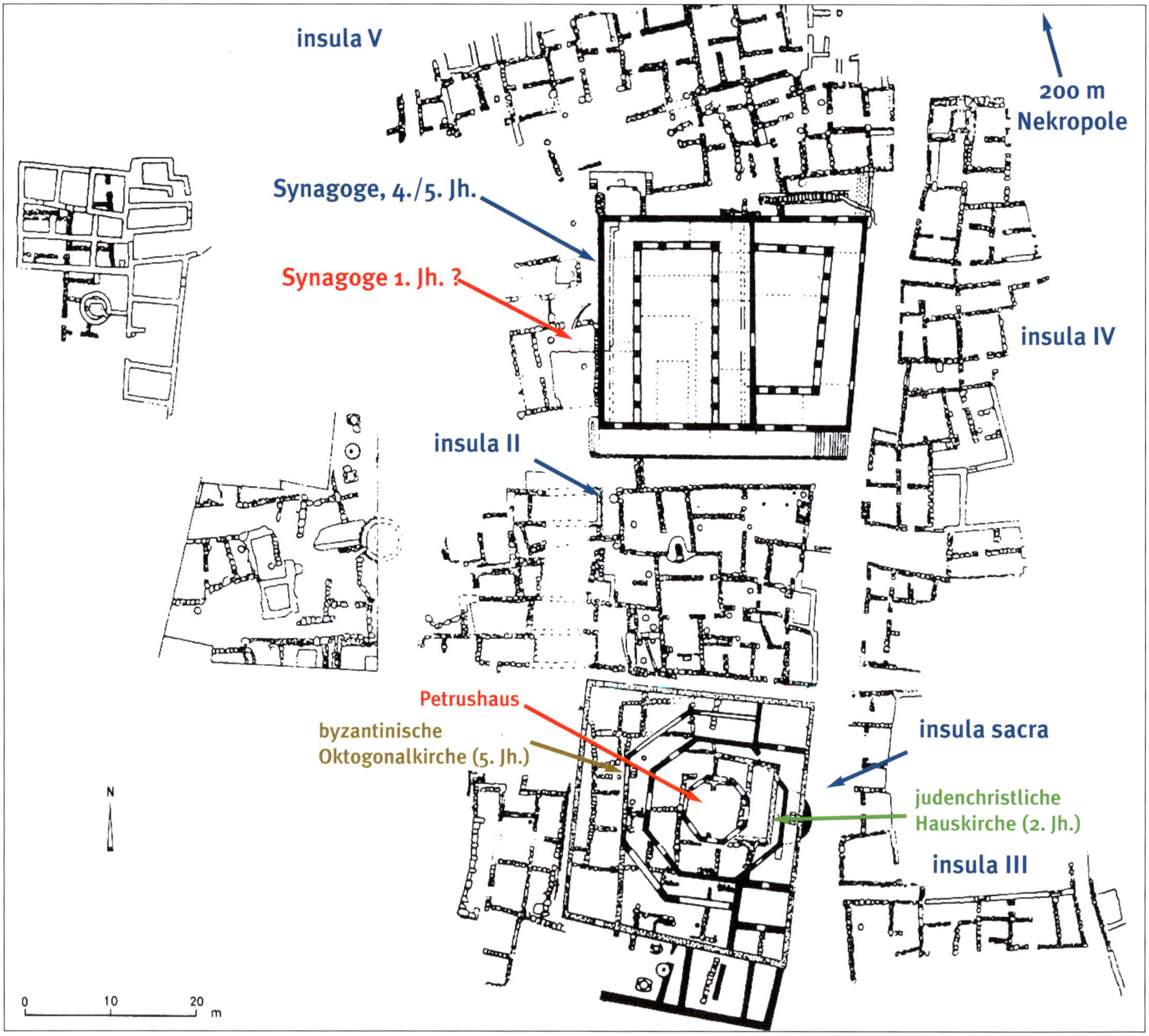


**1)** **Grundriss von Kafarnaum**

Die Lage von Kafarnaum ist in der heutigen Forschung unumstritten. Es befindet sich am Nordwestufer des See Gennesaret. Abgesehen von den neutestamentlichen Texten wissen wir über die Ortslage nur wenig aus der Zeit Jesu. Der jüdische Historiker Flavius Josephus (37/38–ca. 110 nC) berichtet in seiner Biografie lediglich, dass er bei der Durchquerung des Jordans mit seinem Pferd an einer sumpfigen Stelle gestürzt sei und sich dabei eine Quetschung der Handwurzel zugezogen habe. Er wurde in das nahe gelegene Dorf Kafarnaum gebracht (Vita, 403). Daneben erwähnt Josephus nur noch eine Quelle, „die von den Eingeborenen des Landes Kapharnaum genannt wird" (Bell III, 519). Bei dieser Quelle muss es sich um Ain et-Tine handeln, die wichtigste Quelle in Galiläa, die am Fuße der in alttestamentlicher Zeit besiedelten Ortslage Kinneret/Tell el-'Oreme ca. 3 km westlich von Kafarnaum entfernt liegt. Der literarischen Überlieferung nach war Kafarnaum also alles andere als ein bedeutender Ort. Ohne die Erwähnungen im Neuen Testament wäre es nur eines von vielen Dörfern, die es am See Gennesaret und in Galiläa gab.

## Die Ausgrabungen in Kafarnaum

Erste archäologische Untersuchungen in Kafarnaum wurden bereits in den Jahren 1856 und 1881 durchgeführt. Aber erst nach dem Erwerb eines Teils des Stadtareals durch die Franziskaner im Jahr 1894 wurden die an der Oberfläche sichtbaren Reste einer Synagoge aus dem 4. Jh. vollständig ausgegraben. Weitere Grabungen fanden von

2) **Grafische Rekonstruktion** einer Wohninsel von Kafarnaum im Bibelhaus Erlebnismuseum

**Kafarnaum – Alltag in einer Siedlung am See Gennesaret**

1) Fischernetze trocknen, knüpfen und reparieren
2) Getreide trocknen
3) Weben am Hochwebstuhl
4) Trauben trocknen (um Rosinen zu erhalten)
5) Schafe im Stall
6) Holzernte
7) Fladenbrot herstellen
8) Töpfern
9) Dach decken
10) Lehm für den Fußboden
11) Flachs trocknen
12) Getreide mahlen
13) Der Esel als Lasttier

1921–1926 im Stadtgebiet unter der Leitung von G. Orfali, dann ab 1968 unter der Leitung von V. Corbo und S. Loffreda und schließlich (im dem Bereich, der heute der griechisch-orthodoxen Kirche gehört) von 1978–1982 unter V. Tzaferis statt. Dank dieser intensiven Grabungstätigkeiten zählt Kafarnaum heute zu den am besten ausgegrabenen Ortslagen aus römischer Zeit in Palästina.

Die Grabungen erbrachten eine dünne Besiedlung des Ortes im 3. und 2. Jt. vC Hier dürften allenfalls einige kleine Häuser oder Hütten gestanden haben. In der Eisenzeit war die Ortslage unbesiedelt. Eine Neubesiedlung wurde vielleicht in persischer Zeit, auf jeden Fall in hellenistischer Zeit begonnen. Ihren Höhepunkt erlebte die Ortschaft in römischer und byzantinischer Zeit. Auf einen Rückgang im 7. Jh. erfolgte eine erneute Besiedlung in arabischer Zeit. Um 1300 wurde der Ort dann endgültig verlassen.

## Die Stadtanlage von Kafarnaum

Kafarnaum war in neutestamentlicher Zeit allenfalls 6 ha groß. Die Schätzungen der Einwohnerzahl schwanken. Sie dürften zwischen 600 und 1500 gelegen haben – für die damalige Zeit eine durchaus respektable Anlage **(Abb. 1)**.

Das Dorf erstreckte sich auf einer Länge von ca. 300 m am Ufer des Sees Gennesaret. Das Stadtareal war in kleine *insulae* eingeteilt – eigenständige Wohnbereiche für Großfamilien, die nach außen hin durch Mauern abgegrenzt waren. Die rechtwinklig angeordneten Straßen trennten diese Wohnbereiche voneinander ab. Solch eine insula bestand aus ca. zehn einfachen kleinen Wohnräumen und Ställen und hatte ein Außenmaß von etwa 25 x 25 m **(Abb. 2)**.

Eine der *insulae* wird mit dem Wohnhaus des Petrus (*insula sacra*) identifiziert. Die Baugeschichte des Areals weist als ältestes Gebäude eine typische Wohnanlage der späthellenistischen Epoche (1. Jh. vC) auf, wie sie auch in anderen *insulae* gefunden wurde **(Abb. 3)**. Die einzelnen Räume waren – typisch für diese Zeit an diesem Ort – allen-

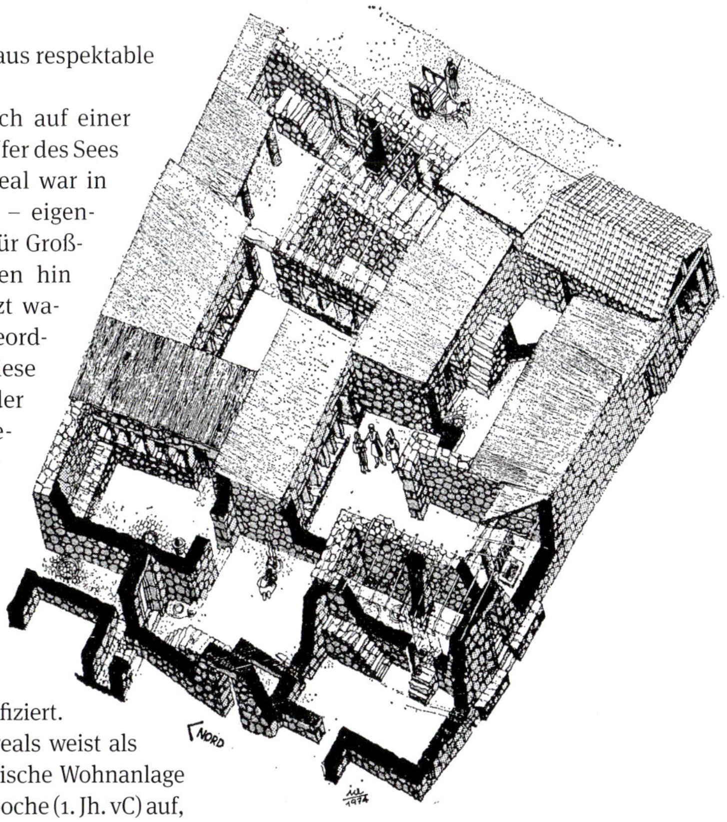


3) **Rekonstruktion der insula sacra** im 1. Jh. vC; aus: St. Loffreda, Kafarnaum (Jerusalem 1994), 53.

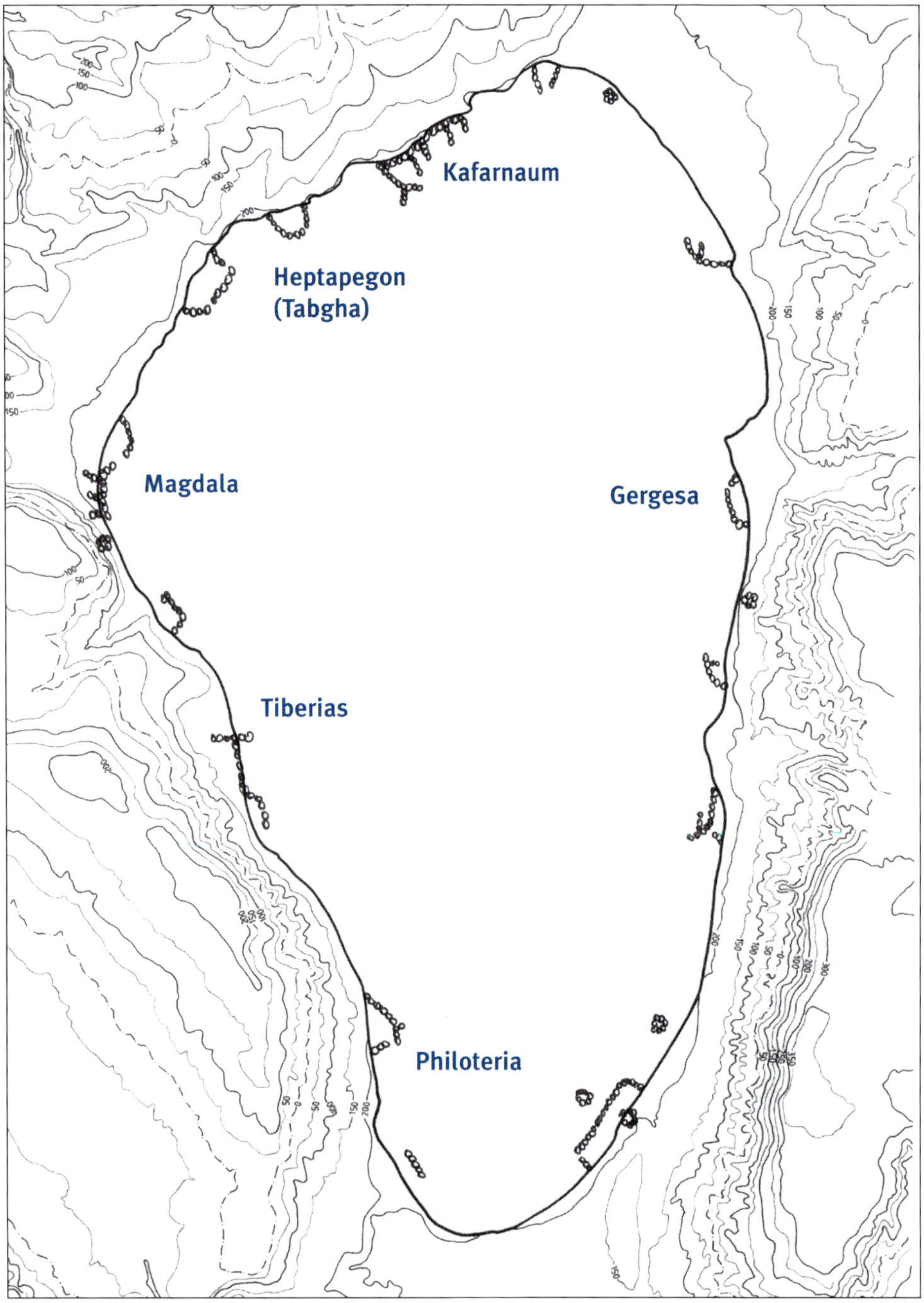


**4) Hafenanlagen am See Gennesaret**

falls 3 x 7 m groß. Wenn also im Neuen Testament berichtet wird, dass sich viele um Jesus herum versammelten, „*sodass sie nicht Raum hatten, auch nicht draußen vor der Tür*" (Mk 2,2), so dürften es maximal etwa 40 Personen gewesen sein, denn in den Räumen gab es ja auch noch Einrichtungsgegenstände und sonstiges Inventar. Im späten 4. Jh. wurde das Areal zu einer einfachen Hauskirche umgebaut. Inschriften aus dieser Zeit machen deutlich, dass das Gebäude nun eindeutig als christlicher Sakralraum genutzt wurde. Die Ausgräber nehmen aber mit guten Gründen an, dass schon im späten 1. Jh. nC der Gebäudekomplex für christliche Zusammenkünfte genutzt wurde, auch wenn sich das nicht zweifelsfrei beweisen lässt. Sollte dies zutreffen, liegt die Vermutung nahe, dass sich im ehemaligen Wohnhaus des Petrus schon im ausgehenden 1. Jh. die frühe Christengemeinde vor Ort getroffen hatte. In der zweiten Hälfte des 5. Jh. wurde dann schließlich eine oktogonale Kirche an dieser Stelle errichtet. 1990 weihte man neuerlich eine Kirche, die – auf Betonstelzen stehend – nun die Erinnerung an Petrus vor Ort wachhalten soll.

## Die Hafenanlage

Bei Niedrigstand des Wasserspiegels am See Gennesaret kann man deutlich erkennen, dass es vor Kafarnaum einen großen Hafen gab, der vermutlich in hellenistischer oder römischer Zeit angelegt wurde **(Abb. 4)**. Erst in dieser Zeit scheint der Fischfang eine über den Eigenbedarf der um den See wohnenden Menschen hinausgehende Bedeutung erlangt zu haben. Da Fisch schnell verdirbt, musste er für den Transport gepökelt werden. Das Salz hierfür stammte vom Toten Meer. Die nötige Infrastruktur für den Salz- und später den Fischtransport scheinen vielleicht die Hasmonäer, auf jeden Fall aber Herodes der Große geschaffen zu haben. Das Pökelzentrum in jener Zeit lag in Magdala am Westufer des Sees.

Der See Gennesaret war zur Zeit Jesu ein Dreiländereck. Das Westufer gehörte zum Reich des Herodes Antipas, das Nordostufer zum Reich des Philippus, das Südostufer schließlich zur Dekapolis. Daher ist es verständlich, dass in Kafarnaum ein Zöllner ansässig war (Mk 2,13f). Das Markusevangelium setzt voraus, dass der Zöllner Levi am See, wahrscheinlich am Hafen von Kafarnaum, seinen Sitz hatte. Wer aus den Nachbarländern mit dem Schiff in Kafarnaum anlandete, musste hier entsprechend Zoll entrichten.

## Die Straßenverbindung von Kafarnaum

Bei den Ausgrabungen in Kafarnaum entdeckte man etwa 100 m nordöstlich der Synagoge einen römischen Meilenstein aus der Zeit Hadrians. Die Existenz eines solchen Meilensteins macht es wahrscheinlich, dass schon vorher eine Straße Kafarnaum berührte, aber noch nicht von den Römern befestigt war. Wo aber verlief diese Straße genau?

In der Regel wird angenommen, dass es eine Straße entlang des Nordufers des See Gennesaret gab, die Kinneret mit et-Tell/Betsaida verband. Das ist aber höchst unwahrscheinlich. Eine solche Straße hätte den Jordan überqueren müssen, der sich hier in einem breiten Delta in den See Gennesaret ergießt. Eingangs wurde bereits erwähnt, dass Josephus beim Durchqueren des Jordans in dem sumpfartigen Delta mit seinem Pferd

5) **Wadi bei Chorazim**

gestürzt ist und sich verletzt hat. War schon die Passage mit einem Pferd schwierig, dann war sie mit beladenen Eseln kaum sinnvoll! Brückenbauten aus römischer Zeit hat man in dieser Gegend bislang nicht beobachtet. Folgt man dem Jordan vom sumpfigen Delta aus nach Norden, so findet man trotz des festeren Bodens kaum eine Stelle, an der man mit Lasttieren den Fluss bequem überqueren könnte. Der Jordan ist zwar nicht tief, aber das enge Jordantal besteht aus vielen großen Steinen, sodass der Fluss mit schwer beladenen Eseln oder Kamelen kaum zu passieren ist. Somit bleibt nur ein sinnvoller Weg für die damalige Zeit: Der Straßenverlauf führte von Magdala aus nach Kafarnaum entlang des Sees Gennesaret und bog dann steil nach Norden hin durch das Nahal Korazin/Wadi el-Webedani **(Abb. 5)**. Der Jordan konnte dann erst am Südrand des Hulebeckens bei Jisr Benat Jaakub überquert werden. Die einzige Verbindung von Kafarnaum mit dem Gebiet des Philippus einerseits und der Region der Dekapolisstädte andererseits bestand demnach auf dem Seeweg – und das macht die Existenz eines Zöllners am Hafen von Kafarnaum hinreichend verständlich.

## Die Synagoge

Die frei stehenden Reste der Synagoge von Kafarnaum faszinierten schon die ersten Forscher, die diese Ortschaft besuchten **(Abb. 6)**. Aber dieses Bauwerk stammt erst aus dem 4. Jh. und ist also keinesfalls mit der Synagoge gleichzusetzen, die im Neuen Testament erwähnt wird (Mk 1,21; Lk 4,31; Joh 6,59). Schon früh kam die Vermutung auf, dass sich unter dieser Synagoge eine ältere befindet, die schon zur Zeit Jesu bestand. Nun ist es aus Gründen des Denkmalschutzes unmöglich, ein historisch so bedeutendes Gebäude wie die Synagoge von Kafarnaum abzutragen, um darunterliegende Schichten freizulegen. Aus diesem Grund hat man sich dazu entschlossen, kleine Grabungsschnitte im Inneren des Synagogenbereiches zu öffnen, um die ältere Geschichte zumindest ansatzweise zu erheben. Die Ausgräber vermuten, dass ein Fußbodenpflaster, das man hier fand, Teil der Synagoge aus der Zeit Jesu war. Auch ist die Außenmauer der heute sichtbaren Synagoge auf einer Basaltsteinmauer errichtet, die von einer älteren Synagoge herrühren könnte. Es lässt sich jedoch nicht beweisen, dass man wirklich die Synagoge aus jesuanischer Zeit entdeckt hat. Immerhin besteht eine gewisse Wahrscheinlichkeit, dass die heutige Synagoge über einer älteren errichtet wurde.

Wenig lässt sich bisher über die Anwesenheit königlicher Beamter oder gar römischer Hauptmänner in Kafarnaum aussagen. Angesichts der strategischen Position des Ortes ist dies nicht ausgeschlossen, aber eben auch nicht beweisbar. Hier wird man wohl auf weitere Grabungen vor Ort warten müssen, die den Sachverhalt noch besser klären. ■

6) **Toraschrein auf Rädern, Skulptur aus der Synagoge von Kafarnaum**

### Lesetipps


- St. Loffreda
**Kafarnaum** (Jerusalem 2001).
- V. Tsaferis
**Excavations at Capernaum 1,** 1978–1982 (Winona Lake 1988).
- C.C. Corbo u. a.
**Cafarnao I–IV** (Jerusalem 1972-1975).

Heinz-Wolfgang Kuhn

# Betsaida – Die Heimat von Aposteln nördlich des Sees Gennesaret

Die Ausgrabung von et-Tell (Betsaida) am Nordende des Sees Gennesaret, nur einige Hundert Meter östlich des Jordans, begann im Jahr 1987 mit einer Probegrabung und wird seitdem fortgesetzt. Betsaida ist die Heimat von drei Jüngern Jesu und ein wichtiger Ort in den Evangelien. An wenigen anderen Orten ist man dem Neuen Testament so nahe wie hier.

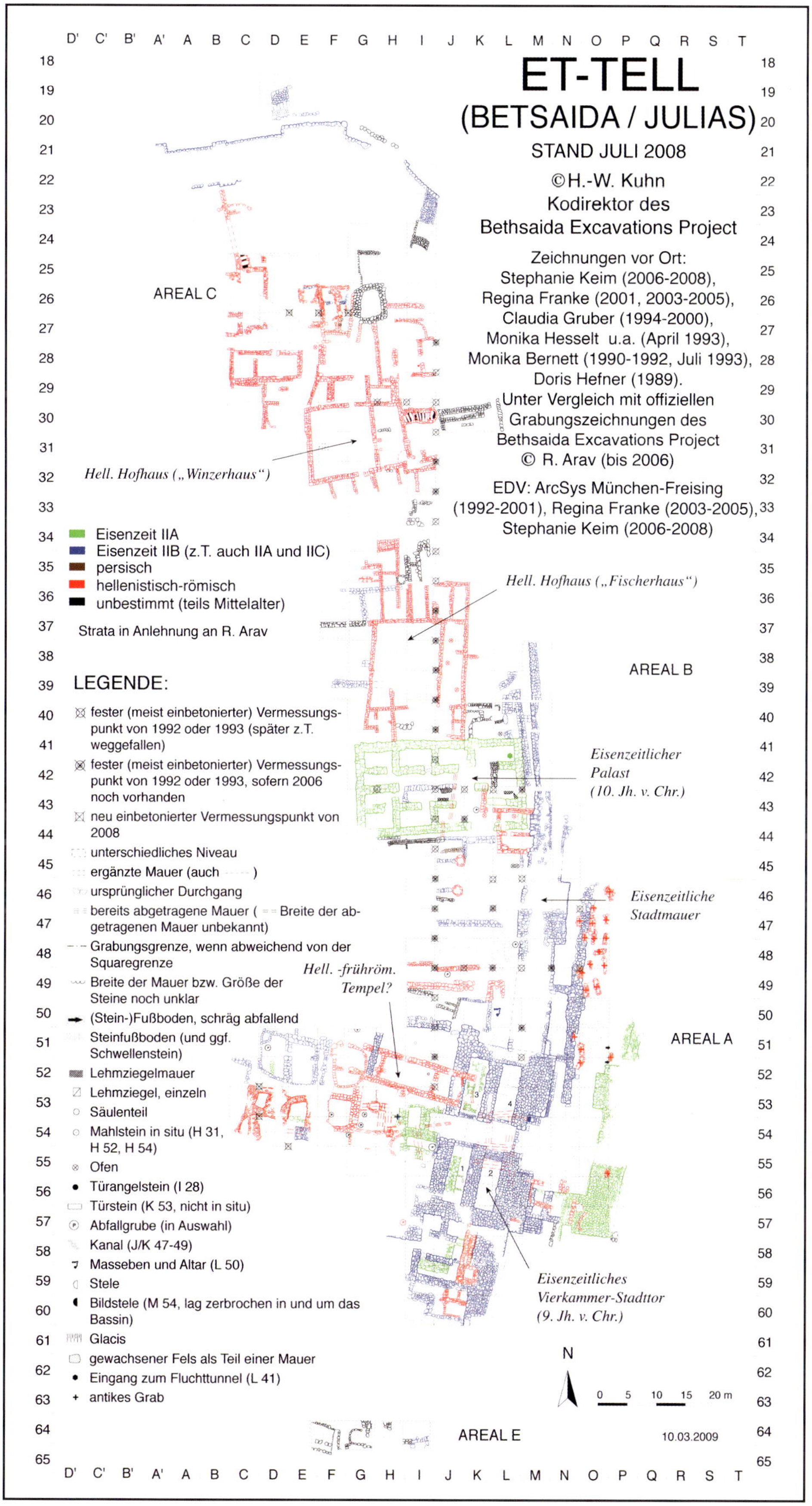


**1) Plan der Ausgrabung** von et-Tell (Betsaida) von 2008

## Überraschender Fund: Eine wichtige Ortschaft aus der Königszeit

Zunächst ging es bei der Ausgrabung darum, ob der im Arabischen et-Tell genannte Hügel, unmittelbar östlich des Jordans gelegen, gleichzusetzen ist mit dem in den Evangelien des Neuen Testaments siebenmal vorkommenden Betsaida, das als Wirkungsstätte Jesu und Herkunftsort dreier seiner Jünger genannt wird. Beeindruckende Befunde brachte dann aber die Eisenzeit II (ab 1000-900 vC) zutage, in der eine bedeutende und stark befestigte Stadt auf et-Tell existierte, die durch den assyrischen Herrscher Tiglat-Pileser III. im Jahr 733/732 vC zerstört wurde. Der Ort war vermutlich die Hauptstadt des auch im Alten Testament im Zusammenhang mit König David und seinem Sohn Absalom erwähnten Königreichs Geschur. Auf et-Tell, wo vor allem in den Arealen A–C **(Abb. 1)** gegraben wurde, legte man aus dieser Zeit neben einem Palast ein großes, ca. 30 m breites Stadttor mit vier Kammern frei, in dem sich noch Brandschutt und Pfeilspitzen vom Kampf mit den Assyrern fanden. Am Eingang zum Stadttor ist ein fast vollständig erhaltener Opferplatz mit einer Götterstele ausgegraben worden, die eine Gestalt mit einem Stierkopf und einem Schwert zeigt, offenbar einen aramäischen Mondgott.

## Eine Neubesiedelung in hellenistisch-römischer Zeit

Et-Tell, das von den Ausgräbern als Betsaida identifiziert wurde, war spätestens in der hellenistisch-römischen Zeit ab dem 3. Jh. vC wieder besiedelt. Aus den zahlreichen Funden von Keramikgefäßen und Öllampen (beides meistens nur in Fragmenten erhalten) und einer Vielzahl von Münzen geht hervor, dass die Einwohnerzahl von et-Tell um 200 vC unter seleukidischer Herrschaft besonders groß war. Aus der hellenistischen Zeit sind vor allem zwei große Hofhäuser in den Arealen B und C ausgegraben worden, von denen eines einen Keller besaß, in dem vier Vorratskrüge und eine Kasserolle gefunden wurden. Funde von Winzermessern, Webgewichten, Angelhaken, Netzgewichten und schweren Ankersteinen aus Basalt weisen unter anderem auf eine wirtschaftliche Grundlage aus Landwirtschaft und Fischerei hin. Es wurden aber auch Fragmente von importierter Keramik und von Gläsern gefunden, die auf Verbindungen zur phönizischen Küste schließen lassen. Unter den

2) **Figurine** „Lady of Bethsaida"

3) **Türsturz aus Basalt** von et-Tell (Betsaida) mit Mäanderband und Rosetten

Funden sind auch zwei goldene Ohrringe und das Fragment eines weiteren aus Silber, die einen gewissen Wohlstand belegen. Die Bevölkerung nahm während der Herrschaft der jüdischen Hasmonäer seit dem Anfang des 1. Jh. vC und der römischen Eroberung des Gebiets 63 vC stark ab, was sich auch nicht änderte, als Herodes der Große (37–4 vC) sein ausgedehntes Reich in Palästina von den Römern erhielt. Nach ihm bekam sein Sohn Philippus (4 vC–33/34 nC) einen Teil des Gebiets östlich des Jordans, wo auch et-Tell liegt. Vor allem nach dem 2. Jüdischen Aufstand gegen Rom (132–135 nC) ließen sich in dem nun an Syrien gegangenen Gebiet östlich des Jordans vermehrt Juden nieder.

## Betsaida zur Zeit Jesu

In der Zeit Jesu, um 30 nC, erhob Philippus das Dorf Betsaida zur Stadt Julias. Der jüdische Historiker Flavius Josephus erwähnt Betsaida/Julias in seinen Schriften neunmal. Die Namensgeberin „Julia" ist die Frau des Kaisers Augustus und Mutter des Kaisers Tiberius. Die etwa drei Jahre, in denen Philippus, der das ökonomisch schwächste Gebiet aus der Erbmasse des Herodes erhalten hatte, nach der Erhebung Betsaidas zur Stadt noch regierte, blieben offenbar ohne große Auswirkungen auf den Ort, wie aus den architektonischen Befunden und den Kleinfunden hervorgeht. Auch der alte Name blieb weiterhin bestehen, wie das Neue Testament und die rabbinische Literatur zeigen. Von Herodes dem Großen und Philippus wurden jeweils fünf Münzen gefunden. Die Siedlung bestand bis in spätrömische Zeit weiter und wurde offenbar 363 nC durch ein größeres Erdbeben endgültig zerstört. Dieses verursachte einige Erdrutsche im Jordantal, aus deren Material sich ein ausgedehntes Schwemmland zwischen dem Ort und dem See Gennesaret bildete, sodass durch den fehlenden Seezugang eine Besiedlung Betsaidas durch Fischer nicht mehr lohnend war.

## Ein Tempel in Betsaida?

Ein Rätsel stellt ein Gebäude in Areal A dar, das möglicherweise zuerst ein heidnisches Heiligtum aus der hellenistischen Zeit war und dann in einen kleinen Tempel des Kaiserkults zu Ehren der Julia umgebaut wurde. In der älteren Phase des vermuteten Heiligtums wurden eine hellenistische Figurine, die auf der Grabung den Namen „Lady of Bethsaida" erhalten hat **(Abb. 2)**, sowie im Umfeld einige weitere Figurinen und zwei Bronzeschalen gefunden. Aus der jüngeren Phase des vermuteten Heiligtums stammt ein verzierter Türsturz aus dem 1. Jh. nC **(Abb. 3)**, der wohl diesem Gebäude zuzuordnen ist und dessen Verzierungen enge Parallelen an Heiligtümern in der Provinz Auranitis im Hauran haben. Auch eine der fünf Philippusmünzen wurde beim angenommenen Heiligtum gefunden. Aus der näheren Umgebung des Gebäudes kommt ferner eine bronzene Weihrauchschaufel. Aber aufgrund einer Vielzahl von Fragmenten von Kalksteingefäßen, die nach jüdischen Vorschriften keine Unreinheit annehmen, und wegen der herodianischen Öllämpchen, beides aus der frührömischen Zeit, kann man auch auf eine jüdische Einwohnerschaft schließen.

Zu der jüdischen Bevölkerung gehörten auch die drei Jünger Jesu, die aus diesem Ort stammen: Petrus, sein Bruder Andreas und Philippus (Joh 1,44 und 12,21). Außerdem wird Betsaida in den Evangelien noch mit der Heilung eines Blinden (Mk 8,22-26), einer Bootsfahrt der Jünger (Mk 6,45-52), der Speisung der Fünftausend (Lk 9,10-17) und einem Wehewort Jesu gegen Chorazin, Betsaida und Kafarnaum (Mt 11,21; Lk 10,13) in Verbindung gebracht. Bei kritischer Analyse der Evangelien kann vor allem das Wehewort Jesu gegen Chorazin, Betsaida und Kafarnaum historisch mit seinem Wirken verbunden werden; auch die Erwähnung von Betsaida in der Bootsfahrt der Jünger gehört offenbar zur älteren Überlieferung. ■

## Lesetipps


• R. Arav

**Art. Bethsaida, in: The New Encyclopedia of Archaeological Excavations in the Holy Land V** (Jerusalem/Washington D.C. 2008), 1611-1616.

• H.-W. Kuhn

**Wo wirkte Jesus in der Gaulanitis?** Archäologische und historische Feststellungen zur Gleichsetzung von Betsaida/Julias mit et-Tell in frührömischer Zeit, in: Jesus und die Archäologie Galiläas, hg. v. C. Claußen/J. Frey (Biblisch-Theologische Studien 87; Neukirchen-Vluyn 2008), 149-183.

• H.-W. Kuhn

**Betsaida und das Neue Testament**, in: Leben am See Gennesaret, hg. v. G. Faßbeck u.a., (Mainz 2003), 164-167.

# Bildrechte

**Inhaltliche Beiträge**

**akg-images** 14, 53, 144 oben re

**akg Paris** 42

**Aus A. Pekridou-Gorecki, Mode im antiken Griechenland, München 1989, S.82-84** 138, 139 unten li

**W. Baur** 15, 26, 27 unten, 28 oben, 29 oben, 34 oben, 50, 51 oben, 66, 67 oben, 193 unten

**Bayerische Staatsbibliothek** 81 oben, 81 unten, 82 oben, 82 unten, 83 oben, 83 unten, 84 oben, 84 unten, 85, 202

**Bibelhaus Erlebnismuseum** 16, 19 oben, 19 unten, 20, 48, 54 oben re, 56, 64, 67, 74, 87, 88, 89, 91, 95 li, 95 re, 106, 109, unten, 110, 11, 112, 118, 120, 122, 124 oben li, 124 oben re,134, 139 oben re, 139 unten re, 140, 147, 168, 171 mitte re, 171 unten li, 171 unten re, 172 unten, 172 oben, 180, 186 li, 186 unten re, 184, 187, 188 unten li, 188 unten re, 191, 192, 207 unten re

**Bibliothèque nationale de France** 179 oben li

**H. Bloedhorn** 159 oben, 160 oben li, 160 oben re, 161 unten re, 162 oben re, 164

**Boaz Zissu** 98

**British Museum** 144 oben li

**Calwer Verlag/W. Zwickel** 46, 62, 63

**Carl Rasmussen/www.HolyLandPhotos.org** 61, 114, 115 oben, 115 unten, 116, 121, 144, 198, 204 unten li, 204 unten re, 205 unten li, 205 unten re

**Das Heilige Land, S. 60, Nr 128 Vs** 58 oben, 58 unten

**Deutsche Bibelgesellschaft** 51 unten, 113 oben

**Fotolia.com, Roman Dembitsky** 72, 73

**Fotolia.com, Dejan Gileski** 24, 25

**Fotolia.com, Cyril PAPOT** 154, 155

**Fotolia.com, Irena Kofman** 156

**Fotolia.com, Abba Richman**

**Gemini coin auctions** 99 oben re

**Geza Alföldy** 71

**A. Hecht** 183 oben re

**H.-P. Kuhnen** 103, 104, 105, 175 unten li, 175 unten re

**H.-W. Kuhn** 195, 196 oben li, 196 oben re

**Israelische Antikenverwaltung** 70, 75, 77, 107 oben li

**Joachim Lauer** 80

**Ministry of Tourism, Israel** 21, 52, 54 oben li, 65, 96, 99 oben li, 102, 109 oben, 125, 136, 161 unten li, 173 li, 173 re

**Nationalbibliothek Athen** 23

**K. Olschewski** 21, 86, 169, 189

**Seminar für Altes Testament und biblische Archäologie, Johannes Gutenberg-Universität Mainz** 48, 113 unten

**G. Schönfisch/Biblische Reisen** 100/101

**TAVO (Tübinger Atlas zum Vorderen Orient, H. Bloedhorn** 157

**Th. M. Weber** 199, 200 oben, 200 unten, 203 unten li

**Entwurf Th. M. Weber, Zeichnung C. D. Stauch** 203 oben li

**Theologischer Verlag Zürich** 23 unten li

**Welt und Umwelt der Bibel** 20, 43, 44, 92, 94, 170

**Y. Yadin, Bar Kochba. Archäologen auf den Spuren des letzten Fürsten von Israel, Hamburg 1971** 72, 77, 141

**J. Zangenberg** 57 unten re, 124 unten re, 166, 167, 176, 177 oben, 177 unten, 178 oben, 178 unten, 179 unten

**W. Zwickel** 49 oben, 55 alle 3, 57 unten li, 64, 68, 69, 93 li, 93 re, 97, 110 unten, 126, 127 oben li, 127 unten, 128, 130 mitte, 135, 142, 146, 175 oben, 182, 188 oben re, 190, 193 oben, 206, 207 oben, 207 unten li

**Beitrag Münzen S. 146-151**

**London, British Museum**, 1

**Classical Numismatic Group** Nr. 2, 14, 17, 19, 29, 31, 32, 35,36,37

**Archäologisches Museum Münster** 3, 6

**Gemini, LLC Auction V**, 4, 9

**Künker Auktion** 11

**Leu Numismatik AG Auction** 13

**nach: Meshorer**, 5, 7, 15, 22, 34

**Ira & Larry Goldberg Coins Auction** 8, 10, 12, 16, 20,21, 26,28, 33

**Stack's Coin Galleries**, 18, 30

**Triton XI** 24

**Staatliche Münzsammlung München** 23, 25, 27

**Katalogteil S. 208-252**

**Israelische Antikenverwaltung (IAA)** alle Objekte der IAA

**Staatliche Münzsammlung München, Nicolai Kästner** alle Objekte der Staatlichen Münzsammlung München

**Bibelhaus Erlebnismuseum** alle übrigen Objekte

# Stätten des Aufenthaltes Jesu im Gebiet der „zehn griechischen Städte“

Der Verfasser dieses Beitrages begibt sich mit Jesus auf eine imaginäre Wanderung durch das außerpalästinische Ausland. Die hierbei besuchten Städte sind durch die Evangelien als Aufenthaltsorte des Messias verbürgt, und an einigen von ihnen wirkte er Wunder.

1) **Basalttüre** auf der Akropolis von Gadara. Die Türe ist mit einer Metallbeschlag-Imitation verziert.

## „Über Tyrus mitten in das Gebiet der Dekapolis“

Dem Zeugnis der vier kanonischen Evangelien zufolge verließ Jesus nur sehr selten seine palästinische Heimat. Der Evangelist Matthäus lässt die Familie Jesu erst nach Ägypten fliehen, damit Jesus als Erfüllung von Hos 11,1 wieder aus Ägypten zurückkommen kann. Mk 7,24 und Mt 15,21 beschreiben eine Reise Jesu in die Gegend von Tyrus und Sidon. Der Aufbruch in heidnisches Gebiet ist Vorzeichen für die zur Zeit der Evangelisten bereits laufende Heidenmission. Wir folgen Jesus auf diesem fiktiven Weg. Jesus erreichte die Städte über die *via maris*. Beide Küstenstädte besaßen ein ausgedehntes Hinterland, von denen dasjenige der nördlich gelegenen Stadt Sidon die nordöstliche Grenze mit der syrischen Metropole Damaskus teilte. Von der römischen Straße nördlich von Tyrus, die entlang des Meeres führte, sind eindrucksvolle Reste, wie etwa eine Brücke über den Nahr al-Aswad **(Abb. 2)**, erhalten. Auf dieser Reise heilte Jesus die Tochter einer „griechischen“ bzw. „syrophönizischen“ Frau, also einer Nichtjüdin.

Die Rückreise nach Palästina führte Jesus nicht auf dem direkten Weg zurück, sondern südostwärts über den Golan „mitten“ durch das Gebiet der zehn griechischen Städte, der *Dekapolis*. Nach Markus (7,32-37) heilte er in einer von ihnen, die aber nicht namentlich genannt wird, einen Taubstummen. Jesus erreichte seine Heimat am Galiläischen Meer über Wege entlang des späteren römischen Straßennetzes dieses Gebietes (das allerdings erst nach Jesu Tod richtig ausgebaut worden ist), über Dion (heute Tell Aschari, Syrien), Abila (heute Quwelbe, Jordanien) und Gadara (heute Umm Qais, Jordanien). Gemessen an vergleichbaren Wegbedingungen im 19. Jh. dürfte so eine Reise Jesu zu Fuß etwas mehr als eine Woche gedauert haben, wenn man mögliche längere Aufenthalte in den Stadtgemeinden nicht in die zeitliche Berechnung einbezieht.

Versetzen wir uns also im Folgenden in der Fantasie in die Lebenszeit Jesu und nehmen zwei dieser „griechischen“ Städte im Ostjordanland, Gadara **(Abb. 1)** und Gerasa, etwas näher in den Blick. Es würde Bücher füllen, die Geschichte dieser beiden wichtigen und relativ gut erforschten Stadtgemeinden hier in allen Details aufzurollen. Der interessierte Leser sollte sich deshalb darauf einstellen, dass hier jeweils nur ein Ausschnitt ausgewählt wurde und dass ein vollständigerer Überblick nur durch die Fachliteratur gewonnen werden kann.

## Gadara, „Attika im Assyrerland“

Falls Jesus diese Stadt jemals tatsächlich in eigener Person durch ihre Tore betrat, so nahm er von Osten kommend zunächst zu seiner rechten Hand gleich hinter dem östlichen Stadttor, das große hellenistische Hauptheiligtum des Zeus wahr. Es lag auf einer künstlichen, länglich nach Norden über dem steilen Tal ausgezogenen Terrasse. Traf Jesus hier Gadarener, die Schweine opferten? Das könnte die polemische Geschichte in Mt 8,28-32 erklären. Oder gehört die Szene im Sinne von Mk 5,11-13 und Lk 8,26-39 nach Gergesa (s. u.) und meint mit den „Schweinen“ die legio X Fretensis, deren Wappentier der Eber war und die Jerusalem besetzt hielt (s. Stempel S. 108)? Wie auch immer: Hier begegnet Jesus wieder Nichtjuden. In der Tiefe ihrer Herzen lebte der Glaube der Väter an den alten aramäischen Wettergott Baal fort. Seinen und den Segen des ihm übergestülpten griechischen Göttervaters Zeus erflehten sie alljährlich: Reiche Winterregen benötigten sie alle, da sie vom fruchtbaren Ackerland ihrer Felder lebten, sowohl als Produzenten als auch als Konsumenten. Der hellenistische Tempel in altehrwürdiger dorischer Bauordnung war nach der Verwüstung durch die jüdischen Makkabäer nur notdürftig repariert worden. Es sollte noch gut ein Jahrhundert dauern, bis er unter Kaiser Hadrian in neuem Glanz, diesmal als Podientempel in korinthischer Ordnung, neu erstehen sollte. Beim Vorübergehen, sich nach links umwendend, erblickte Jesus das große, in den anstehenden Kalksteinfelsen gemeißelte Theater, bekrönt von der alten ägyptisch-ptolemäischen Festung **(Abb. 3)** auf der Spitze des Hügels. Der griechische Historiker Polybios bezeichnete sie als das stärkste Grenzbollwerk der ägyptischen Ptolemäer in der gesamten Gegend. Nach der zweifachen Einnahme durch die syrischen Könige der Seleukidendynastie wurde die strategisch so wichtige Burg weiter ausgebaut. Diese Verteidigungsanlage hielten dann die jüdischen Priesterkönige aus dem Geschlecht der Makkabäer mit eiserner Faust vom Beginn des 1. Jh. vC mit zeitweiligen Unterbrechungen bis zum Einmarsch des Pompejus (ca. 64/63 vC). Auf Bitte seines Freigelassenen Demetrios, der selbst aus Gadara stammte, ließ der römische Feldherr die von den makkabäischen Feinden offenbar verwüstet zurückgelassene „griechische“ Stadt wieder aufbauen. Das Mauerwerk der Festung muss auf Jesus und andere Fremde wie ein wahrer Flickenteppich gewirkt haben, denn nach mehrfachen anzunehmenden Schleifungen des hellenistischen Bollwerks hatten

2) **Römische Brücke** der via maritima zwischen Tyrus und Sidon über den Nahr al-Aswad

3) **Die hellenistische Burg** von Gadara und das Plateau des Zeusheiligtums von Osten

nicht nur die Bürger der Stadt, sondern auch der idumäisch-jüdische Dynastiegründer Herodes I. daran herumgewerkelt. Bis zu seinem Tod (4 vC) hatte Gadara entgegen des Wunsches der Einwohner zum Reich des Herodes gehört. Zum Zeitpunkt des imaginären Besuchs Jesu unterstand die Stadt wieder dem römischen Statthalter von Syrien.

Die vier kanonischen Evangelien und auch die apokryphen Schriften berichten nichts Gegenteiliges: Jesus war nur wenig am Kontakt mit griechischen Göttern und mit den Militärs gelegen. Bei der Heilung des Sohnes des römischen Hauptmanns von Kafarnaum geht es um den Glauben dieses Mannes an Jesus, nicht um seine berufliche Rolle. Jedenfalls wird Jesus am Fuß der Befestigungsanlage von Gadara in westlicher Richtung ohne größeres Aufheben vorbeigezogen sein. Sein Ziel waren die Privathäuser und Versammlungsstätten der bescheidenen jüdischen Handwerker und Bauern, die sich friedfertig zwischen den Villen und Gütern der syrischen „Griechen" über den halbkreisförmigen Westabhang des Burgberges auf Terrassen in die Höhe gruppierten.

Dort freundschaftlich aufgenommen, muss Jesu Blick beim Gastmahl in einem der kleinen Terrassenhäuser unweigerlich über das prächtige, auch heute noch den Besucher der Ruinen faszinierende Panorama geschweift sein: Im Westen der Kegel des Tabor, jenes Berges, auf dem er von den Propheten des Alten Bundes seliggepriesen werden sollte; im Nordwesten das Südufer des launischen Galiläischen Sees **(Abb. 4)**, an dem er seine Jünger unter den Fischern rekrutierte und dessen stürmische Wogen er bannte; im Norden der auch im Sommer mit Schnee bedeckte Gipfel des wuchtig jenseits der Hieromykes (heute Yarmukschlucht) und der hügeligen Golanhöhen aufragenden Hermongebirges, dessen schroffe Klippen er gewiss vor Augen hatte, als er Simon zum Petyrus, zum Felsen, seiner Kirche ernannte. Im südlichen, halbkreisförmig abgesenkten Talgrund (heute Khalled al-Dschindi) breitete sich vor seinen Augen in der Abendsonne der bunte Blütenteppich aus, der nach den erwähnten Winterregen in den Frühsommermonaten die große Vielfalt und unbeschreibliche Farbenpracht der Natur in sich aufnahm.

Unbeschreiblich? Keineswegs! Vielleicht kannte Jesus jenen unvergesslichen lyrischen Kranz, den der große Sohn der Stadt Gadara, Meleagros, aus den Blüten seiner Heimat mit den Werken der Dichter seines griechischen Exils (*Anthologia Palatina* IV, 1) zusammengeflochten hatte, gut anderthalb Jahrhunderte vor dem hier geschilderten imaginären Besuch Jesu in der Dekapolis. Wer jemals das heute in Ruinen stehende Gadara während des Frühjahrs besucht hat, wird leicht nachvollziehen können, weshalb der Dichter selbst im politisch (relativ) sicheren und sonnendurchfluteten Griechenland seine orientalische Geburtsstadt, die er in einem seiner autobiografischen Epigramme als „*Attika im Assyrerland*" pries, auch im hohen Alter nie vergessen hat. Und nicht nur das! Selbst den rund um den Galiläischen See so wohl genährten Schnaken, die nicht nur Jesus, sondern auch den heute noch am Ort tätigen Archäologen ab einbrechender Dunkelheit so schwer zusetzten, hat Meleagros schon im 2. Jh. vC ein unsterbliches lyrisches Denkmal gesetzt: „*Oh, ihr summenden, frechen, das Blut aussaugenden Schnaken, Ungeheuer der Nacht, doppelt beschwingtes Gezücht [...]. Nun Schluss, ihr dreistes Geziefer, oder ihr spürt meine Hand ...*" (*Anthologia Palatina* V, 151 [150]).

Bei Morgengrauen brach Jesus auf. Vom Haus seiner jüdischen Gastgeber folgte er einem verwinkelten, von Mauern aus groben Basaltsteinen gesäumten Pfad, bis er auf dem Plateau die nach Westen führende Straße erreichte. Mit neuen bequemem Basaltplatten wurde diese, unserer heutigen Erkenntnis zufolge, erst ungefähr 50 Jahre nach seinem Tod gepflastert. Nach einer Wegstrecke von ungefähr 500 m überschritt er die Grenze zwischen der Stadt der Lebenden und derjenigen der Toten. Auch in diesem Falle wissen wir heute noch nicht, wie diese „Demarkationslinie" zur Lebenszeit Jesu ausgesehen haben könnte. Fest steht jedoch, dass man in den Monaten des 1. Jüdischen Aufstandes gegen die Römer (68–72 nC) hier aus Furcht vor den Radikalen hastig eine an das ältere Verteidigungssystem der Akropolis anbindende Mauer errichtete.

Unweit dieser Stelle dürfte er an dem Schlagbaum und der Bretterbude der als Wegelagerer verschrienen Zöllner Halt gemacht haben. Wir sollten uns von dem Gedanken frei

4) **Blick von Gadara nach Nordwesten** über das Südufer des Galiläischen Sees, im Vordergrund das Nymphäum

machen, dass hier alles mit rechten Dingen vonstatten ging: Hier löhnte jeder gnadenlos, ob arm oder reich. Anders ist das negative Image jener Zöllner in der Gesellschaft des antiken (und modernen) Orients wohl kaum zu erklären. Für uns wäre es interessant zu wissen, wie es Jesus mit seiner von Gott gegebenen charismatischen Art zustande gebracht hat, mit diesen raubritterlich angehauchten Kleinbürokraten fertigzuwerden. Dass ihm dies sicherlich ohne Bakschisch zu zahlen gelang, vielleicht auch an der beschriebenen Stelle in Gadara, beweisen die verschiedenen Erwähnungen von bußfertigen Zöllnern im Neuen Testament.

Unmittelbar nach seiner Passage durch die Zollschranke, an deren Stelle wohl mehr als 30 Jahre nach seinem Tod eine gewaltige, von Rundtürmen flankierte Toranlage zur Verherrlichung der über die revoltierenden Juden siegreichen Feldherrn aus der römischen Familie der Flavier entstehen sollte, öffnete sich sein Blick auf die prunkvollen Gräber der reichen Gadarener entlang des Weges, der zum See Gennesaret hinabführte. Gleich linker Hand, unmittelbar nach der Zollschranke, nahm Jesus ein ungewöhnlich reiches, über zwei Treppen begehbares unterirdisches Prachtgrab wahr, welches einem jener Gadarener Milliardäre – etwa vom Schlage jenes Demetrios im Gefolge des römischen „Befreiers“ Pompeius – gehörte, die an ihrem Lebensabend aus Rom in ihre orientalische Geburtsstadt zurückgekehrt waren. Doch nicht die prachtvolle Ausstattung des Grabes, sondern das von der Tiefe hervordringende wirre Klagen, Röcheln, Stöhnen und Kettengerassel beeindruckten ihn. Seine innere Stimme sagte ihm, dass er noch einmal hierher zurückkehren müsste, um jenen von der städtischen Gemeinschaft Ausgestoßenen Aug in Aug gegenüberzutreten und Trost zu spenden. Der italienische Regisseur Pier Paolo Pasolini hat in seinem von Papst Johannes XXIII. ausgezeichneten Film „Vangelio secondo Matteo“ diesen Augenblick meisterhaft in Szene gesetzt.

## Der Weg in die galiläische Heimat

Der weitere (hypothetische) Reiseverlauf Jesu in seine galiläische Heimat ist nicht sonderlich schwer nachzuzeichnen: Vorbei an den unzähligen Schweinehirten, die das für die Griechen als Opfertier wichtige, aber von den Juden verabscheute Tier auf den Feldern von Gadara hüteten – es sei hier nur beiläufig an das jedem Christen bekannte Gleichnis vom verlorenen Sohn erinnert –, wanderte Jesus auf dem Feldweg über das fruchtbare Gadarener Hochplateau hinab in das Tal des Hieromykes, durch die Furten des Wildbaches wieder hinauf, um das Südufer des Sees und damit seine Heimat Galiläa zu erreichen. Dass man damals noch nicht auf den heute noch bewunderten römischen Straßen mit Pflastersteinen reiste, die erst sehr viel später verlegt wurden, verleiht den im Neuen Testament beschriebenen Fußwaschungen durch Maria Magdalena oder Petrus besondere Berechtigung. An den staubigen Sandalen Jesu klebten die wenig appetitlichen Hinterlassenschaften von Schafen und Hunden oder getrockneter Schlamm aus den Pfützen. Eine durchaus realistische, aber doch irgendwie abwegige Vorstellung, insbesondere wenn man den bizarren Reliquienkult im europäischen Mittelalter im Auge hat.

Noch heute ist dieser Weg vorhanden, doch vor seiner Abwanderung sei dringend gewarnt, denn sie wäre mit Gefahr für Leib und Leben des andächtigen Pilgers verbunden: Im Blitzkrieg von 1967 war diese Region nämlich zentrales Kampfgebiet, und die jordanische Armee verlegte gerade am westlichen und nordwestlichen Abbruch des Gadarener Hochplateaus in unkontrollierbarer Hast Tret- und Tellerminen, um eine eventuelle Invasion israelischer Bodentruppen zu erschweren. Nach Kriegsende und während des lang währenden Waffenstillstandes sah man, verständlicherweise, die Entschärfung des Minengürtels weder als notwendige noch als eilige Sache an. Da im jordanischen Generalstab nur eine unzureichende Dokumentation über die Verlegung der gefährlichen Bodengeschosse vorlag, rief König Hussein nach dem Friedensschluss von 1992 britische Räumkommandos zu Hilfe, die aber nur einen Teil dieser heute noch scharfen Minen aufspüren und entschärfen konnten.

## Jesus und die Schweine der Gadarener

Sein Erlebnis dieser Reise ließ ihm keine Ruhe: Jesus kehrte noch einmal in das Land der Gadarener zurück, zwar auf dem gleichen Weg, aber diesmal in umgekehrter Richtung, vom Südufer des Sees nach Osten wandernd. Der Evangelist Matthäus (8,28) überliefert diese Episode. Ob sie so, wie von ihm geschildert, tatsächlich stattgefunden hat, wurde in der modernen Theologie in Zweifel gezogen. Aber der metaphorische Gehalt und die für uns froh stimmende Botschaft dieser Geschichte überflügeln die Frage nach der Historizität des Ereignisses. Sie braucht deshalb an dieser Stelle weder erneut gestellt noch ausdiskutiert zu werden. Immerhin: Das hier von Jesus bewirkte Wunder gab seit dem frühen 19. Jh. den Anstoß für Europäer nach Gadara zu reisen, um durch das Verständnis der Topografie dieses Ortes den Glauben an die Wundertätigkeit Jesu zu vertiefen.

Die Episode sei noch einmal in gebotener Kürze resümiert: Jesus überquerte den See von Westen nach Osten auf einem Fischerboot. Am Südufer schlug er den besagten Weg ein, vorbei an jenen gelangweilten Zöllnern, die ihn schon vom letzten Mal kannten, und er erreichte die westliche Stadtgrenze von Gadara. Mit Geschrei warfen sich die beiden aus dem unterirdischen Grab vor der Zollstation aufgestiegenen, verwahrlosten, wahnsinnigen Außenseiter der Gesellschaft vor dem Ankömmling auf den staubigen Weg. Da sich die reichere, vornehme Bürgerschaft von Gadara durch die wirren Parolen dieser beiden Männer brüskiert fühlte, hatte man die Outlaws in das Gräberfeld vor der Stadt verbannt und vorsichtshalber in eiserne Fußfesseln gelegt. *„Was haben wir mit dir zu schaffen, Sohn Gottes? Bist du hierhergekommen, um uns schon vor der Zeit zu quälen?“*. So das Gebrüll der Dämonen aus den Mündern der beiden Besessenen in direkter, durch das Matthäusevangelium verbürgter Rede. Ihre übernatürlichen satanischen Kräfte machten es verständlich, dass gerade sie die göttliche Natur des Ankömmlings sofort erkannt hatten.

Diesen beiden armseligen Kreaturen wandte sich der Ankömmling mit einer inneren Zuneigung zu. Ein Fresko in der Georgkirche zu Oberzell auf der Reichenau-Insel oder ein Buchgemälde aus der Ottheinrich-Bibel **(Abb. 5)** zeigen diesen Augenblick in der Imagination mittelalterlicher Künstler, von denen vermutlich keiner das Ostjordanland aus eigener Anschauung kannte. Jesus hob die rechte Hand und sprach die beiden an. So erfüllte er ihren selbst geäußerten Wunsch: *„Wenn Du uns austreibst, dann schick uns in die Schweineherde.“* Die bösen Geister entwichen. Die Dämonen fuhren, Matthäus zufolge, in eine Schweineherde, die einer jener „verlorenen Söhne“ in der Nähe auf den Wiesen weidete, und dann geschah das eigentlich Unglaubliche: Die Schweine – im zoologischen Sinne eigentlich keine Herdentiere – rasten über das Gadarener Plateau, rutschten die steilen Abhänge zur Schlucht des Hieromykes hinab, durchschwammen den Wildbach, kletterten am jenseitigen Ufer die steil

5) **Die Dämonenaustreibung** bei Gadara, Illumination aus der Ottheinrich-Bibel, Bayerische Staatsbibliothek Cgm 8010 Folio 18v.

(ungefähr 10 m) aufragenden Felswände hinauf, um am 3 km weiter westlich beginnenden Südufer des Galiläischen Sees in ihr Verderbnis zu stürzen. Es ist für jeden, der mit der Topografie des Gadarener Landes vertraut ist, nicht recht einsichtig, wie dies realiter vonstatten gegangen sein soll, aber: Für Gott ist ja nichts unmöglich! Israelische Unterwasserarchäologen waren bislang bezüglich des Nachweises von Schweineknochen vor dem Südufer des Sees nur mäßig erfolgreich, sodass die Frage, ob die Gadarener Säue und Eber tatsächlich am südlichen Sandstrand des Sees Gennesaret ihr Leben ließen, offen bleiben muss. Die schroffe Reaktion der Gadarener Bürger hingegen, die Jesus – Matthäus zufolge – zum sofortigen Verlassen ihres Gebiets aufforderten, schien angesichts der ihnen zumindest an diesem Tage entgangenen Opfer für ihren Stadtgott, aber auch der vorläufig von den Speisekarten der Tavernen gestrichenen Schweinshaxen, nur allzu verständlich.

Drei Jahrhunderte später kannten die inzwischen zum Christentum bekehrten Gadarener den Wortlaut des in flavischer Zeit (d. h. in der zweiten Hälfte des 1. Jh. nC) niedergeschriebenen Matthäusevangeliums in- und auswendig. Sie empfanden es als eine besondere Auszeichnung, dass der Messias vor ihrer Stadt ein Wunder vollbracht hatte. Natürlich kannten sie den genauen Ort in der ehemaligen, inzwischen überbauten Westnekropole: Hier war das monumentale unterirdische Grab dem Schicksal anderer Mausoleen, der Zerstörung im Zuge der Stadterweiterung, entgangen. Vor seinem Eingang errichteten sie eine Krypta, in der die nobelsten Bürger zur letzten Ruhe in allernächster Nähe zu jenem heiligen Ort gebettet wurden, von dem sie glaubten, dass Jesus an ihm das geschilderte Wunder vollbracht hatte. Den älteren römischen Teil des Hypogäums, den sie als die Behausung der beiden Besessenen verehrten, hielten sie von Beisetzungen frei, damit von Ferne angereiste Pilger hier diese heilige Stätte verehren konnten. Römisches Grab und frühchristliche Krypta überbauten sie im späten 4. oder frühen 5. Jh. mit einer großen fünfschiffigen Basilika **(Abb. 6)**. Dieser Bau folgte in seiner architektonischen Ausformung den berühmten, von Kaiser Konstantin gestifteten Kirchenanlagen in Palästina, von welchen die Geburtskirche zu Betlehem und das Heilige Grab zu Jerusalem die zentralen Orte des Christentums für Pilgermassen aus aller Welt kennzeichneten.

Für diesen Deutungsvorschlag gibt es freilich keine schlagenden Beweise wie etwa eine auf das Wunder Bezug nehmende Inschrift oder bildliche Darstellung. Auf solche warten die Archäologen in Gadara noch heute. Meine induktive Gedankenführung zu dieser Interpretation ist in der Wissenschaft auf mancherlei Skepsis gestoßen, ohne dass jedoch überzeugende Gegenargumente vorgebracht worden wären.

## Wasser zu Wein in Gerasa

Die Geschichte der Wunderheilung der Besessenen wird außer von Matthäus auch von Markus (5,1-17) und Lukas (8,26-37) erzählt; im Johannes-Evangelium fehlt sie. Die Synopse der drei Texte weist deutliche Unterschiede auf. Die Differenzen bestehen vor allem im Ortsnamen, denn Markus verlegt das Geschehen nach der wahrscheinlichsten Lesart der Handschriften in die Stadt Gerasa, rund 50 km südlich von Gadara gelegen. Zudem schwankt die Handschriftenüberlieferung stark. Manche Handschriften lesen stattdessen auch den Namen Gadara bzw. Gergesa. Statt wie in der Parallelversion des Matthäus von zwei, ist bei Markus im Falle von Gerasa und Gergesa von nur einem Besessenen die Rede, der nicht nur zerlumpt, sondern gar nackt aus dem Grab kroch. Zudem bringt Markus durch die Charakterisierung der Schweineherde als „Legion" eine ironisch pointierte, antirömische Nuance in die Erzählung.

Ähnlich wie in Gadara, gab es auch in Gerasa in der früheren römischen Kaiserzeit zahlreiche Grabbauten vor der Stadt, vor allem auf dem Gelände, wo im Laufe des 2. Jh. nC das großzügige Heiligtum der Artemis entstehen sollte. Auch hier hätte Jesus gleich am Stadteingang – allerdings von Süden kommend – das alte Heiligtum des Zeus angetroffen, welches sich in hellenistischer Zeit aus einem noch älteren semitischen Höhenheiligtum entwickelt hatte. Den Gerasener Christen des 4. Jh. dürfte die von Markus überlieferte Episode aus topografischen Gründen noch wundersamer vorgekommen

**6) Der große Pilgerkomplex über dem römischen Grab und der Krypta in der Westnekropole von Gadara, hypothetische Rekonstruktion des Zustandes im 6. Jh.**

sein, liegen doch zwischen der nördlichen Stadtgrenze bis zum Südufer des Galiläischen Sees gut 60 km Luftlinie, welche die Schweineherde durch das dicht bewaldete Adschlungebirge hätte zurücklegen müssen.

Es hat den Anschein, dass sich Markus statt der Austreibungsgeschichte ein anderes Wunder Jesu zu eigen machte. Der aus Palästina stammende Epiphanios († 403), der in Salamis auf Zypern das Amt des Bischofs bekleidete, berichtet in seiner um 375 entstandenen antihäretischen Schrift „Panarion“ (= „Brotkorb“, *Panarion Haer.* 51, 30, 1-2) von der mysteriösen Umwandlung von Wasser zu Wein in der „Quelle“ von Gerasa am Gedenktag des Wunders von Kana. Diesen verehrungswürdigen Ort identifiziert man mit einer Brunnenanlage im Hof zwischen der Kathedrale und der Theodoros-Basilika **(Abb. 7–8)**, der in einigen architektonischen Planungsdetails auffällige Gemeinsamkeiten mit dem Pilgerkomplex zu Gadara aufweist. Ob das Gerasener Weinwunder auf den älteren Traditionen eines Dionysoskultes beruht, dessen Tempel als Vorgängerbau der Kathedrale vermutet wird, scheint im Zusammenhang mit der biblischen Tradition weniger signifikant zu sein als die offenkundige Tatsache, dass der christliche Kultbetrieb Bezug auf eine neutestamentliche Episode nimmt, die mit Gerasa selbst nichts zu tun hat. Man sollte stets im Blick behalten, dass der Besuch einer spätantiken Stadt durch christliche Pilgerströme einen nicht unbeträchtlichen wirtschaftlichen Faktor darstellte. Deshalb kann man davon ausgehen, dass wunderwirkende Örtlichkeiten auch aus Gründen des Prestiges und aus Konkurrenzdenken zu anderen Städten in der Region usurpiert wurden. Für die Leserschaft der kanonischen Evangelien waren Gadara und Gerasa zweifellos Inbegriffe einer urbanen, im Grunde heidnisch-hellenistischen Kultur des Ostjordanlandes.

## Der Steilhang von Gergesa

Eine weitere Variante der synoptischen Überlieferung verlegt die Dämonenaustreibung an einen dritten Ort namens Gergesa, den man mit der Gemarkung Kursi am steilen Westabhang des Golan zum Ufer des Sees Gennesaret identifiziert hat. Diese Lokalisierung stützt sich auf eine Notiz im Werk des Bibelkommentators Origenes. In Kursi legten Archäologen des griechisch-orthodoxen Patriarchats eine mit Mosaikböden ausgeschmückte Kirche frei. Vassilos Tzaferis identifizierte eine oberhalb der Basilika gelegene Kapelle als den Ort des Wunders. Auch dieser Interpretation fehlt der schlagende Beweis, sie stützt sich lediglich auf die topographische Steillage der Kapelle, von der aus sich die Schweine mit Schwung hätten in den See stürzen können. Ihr Schwachpunkt ist allerdings die Tatsache, dass Kursi in der Antike keine Stadt, sondern allenthalben ein Fischerdorf gewesen sein kann. Die nächstgelegene Griechenstadt der Dekapolis ist Hippos-Sussita, doch liegt sie auf einer Anhöhe gut 5 km südlich von Kursi. ■

### Lesetipps


• C. H. Kraeling
**Gerasa, City of the Decapolis** (New Haven 1938).
• R. Pesch
**Der Besessene von Gerasa: Entstehung und Überlieferung einer Wundergeschichte** (Stuttgart 1974).
• V. Tzaferis
**The Excavations of Kursi-Gergesa, Atiqot XVI** (Jerusalem 1983).
• Th. M. Weber
**Gadara Decapolitana.** Untersuchung zur Topographie, Geschichte, Architektur und der Bildenden Kunst einer „Polis Hellenis“ im Ostjordanland. Gadara – Umm Qês I. (Abhandlungen des Deutschen Palästinavereins 30, Wiesbaden 2002).

**7) Der Wunderbrunnen bei der Kathedrale von Gerasa**

**8) Vorhof der Kathedrale mit den Wunderbrunnen, Rekonstruktion von I. Browning (Jerash and the Decapolis [1982] 188 Abb. 116).**

# Hippos (Susita)

**Am See Gennesaret gab es zur Zeit Jesu drei Reiche, die aneinandergrenzten: Am Westufer das Reich des Herodes Antipas, am Nordostufer das Gebiet des Philippus, und am Südostufer das Gebiet der Dekapolis („10 Städte"). Die Dekapolis war ein Bündnis mehrerer Städte vorwiegend im Ostjordanland, das von den Römern eigene Rechte wie z. B. eine eigene Münzprägung zugesprochen bekommen hatte. Das Südostufer des Sees wurde von der Dekapolisstadt Hippos kontrolliert, die in den letzten Jahren ausgegraben wurde.**

Der Name Susita meint in aramäischer Sprache „Pferd". Im Griechischen wird der Stadtname als (Antiochia) Hippos, im Lateinischen als Antiochia ad Hippum wiedergegeben. Das Wort Hippos meint dabei ebenfalls „Pferd". Der Name rührt von der Gestalt des Bergrückens oberhalb des Sees Gennesaret her, der, wenn man vom Golan auf ihn zufährt, an einen Pferdekopf erinnert. Die ausgegrabenen Bauten und die Münzfunde vermitteln eine völlig andere Welt als die der Fischer am Nordufer des Sees. Hier wurden traditionelle kanaanäische Gottheiten in hellenisierter Form verehrt, und das Leben in der Stadt orientierte sich an den Maßstäben, die in den großen Städten der hellenistischen Welt entwickelt wurden.

## Die Geschichte der Stadt

Die Stadt wurde wahrscheinlich um 200 vC mit Beginn der seleukidischen Herrschaft, die 198 vC die Ptolemäer als Oberherrscher Palästinas besiegt hatten, gegründet. Susita, das in römischer Zeit zu den Dekapolisstädten gehörte (vgl. Plinius, Naturalis historia V,74), wird in historischen Quellen selten erwähnt. Alexander Jannäus (103–76 vC), ein hasmonäischer König und Hohepriester in Judäa, nahm die Stadt im Rahmen seiner Feldzüge ein (Syncellus, ed. Dindorf, I,559). Pompeius eroberte die Stadt dann von den Juden zurück (Flavius Josephus, Ant. XIV,75). Augustus überließ sie Herodes dem Großen. Nach dessen Tod wurde die Stadt Teil der römischen Provinz Syria. Im 1. Jüdischen Krieg griffen 67 nC. die Juden Hippos an. Obwohl der Ort unweit des Sees Gennesaret liegt, wird diese wichtige Stadt im Neuen Testament nicht erwähnt.

Münzen und einige Inschriften aus der Stadt und ihrer Umgebung vermitteln uns

**Die Stadt Hippos** liegt auf einem Bergrücken oberhalb des Sees Gennesaret. Vom Ufer aus ist sie nur über einen steilen Pfad zu erreichen.

**Fundstücke des Forums** vermitteln einen Eindruck der monumentalen Bauwerke. Die halbkreisförmige Säulenbasis in der Mitte hat einen Durchmesser von 1,8 m.

wichtige Erkenntnisse über ihre weitere Geschichte in der römischen und byzantinischen Zeit. Nach der Eroberung durch die Araber in der ersten Hälfte des 7. Jh. verfiel Susita mehr und mehr. Dennoch existierte die Stadt bis 794 nC, als sie durch ein Erdbeben vollständig zerstört und nicht mehr aufgebaut wurde.

## Ausgrabungen in Hippos

Obwohl die Stadt schon im 19. und zu Beginn des 20. Jh. mehrfach von Forschern aufgesucht worden war, begannen die Ausgrabungen erst in den Jahren 1950–1955 unter der Leitung von C. Epstein. Im Jahr 2000 nahm das Zinman Institute of Archaeology der University of Haifa unter der Leitung von A. Segal in Kooperation mit der Polish Academy of Science, dem Nationalmuseum Warschau und der Concordia University, St. Paul, Minnesota, USA die Grabungen wieder auf. Bislang wurden neun Ausgrabungskampagnen durchgeführt. Trotzdem befinden sich die Forschungsarbeiten noch im Anfangsstadium.

Hippos befindet sich auf einem Bergrücken ungefähr 2 km östlich vom See Gennesaret, ca. 350 m über dem Wasserspiegel des Sees. Der Berg, auf dem die Stadt errichtet wurde, ist an fast allen Seiten durch steil abfallende Flanken abgegrenzt. Lediglich nach Osten hin ist Hippos durch einen schmalen Bergrücken mit den Golanbergen verbunden. Das Gipfelplateau neigt sich leicht in Richtung Westen. Die Form der Stadt richtet sich nach den natürlichen Konturen des Berges und gibt ihr somit eine annähernd rechteckige Form. Die Länge des Gipfels beträgt von Westen nach Osten etwa 650 m und erreicht von Nord nach Süd eine maximale Breite von 200 m. Der Stadtplan von Hippos stimmt fast genau mit den Formen des Berges überein. So führt beispielsweise die Hauptstraße (*decumanus maximus*) über 650 m von West nach Ost. Des Weiteren wird die Hauptstraße von mehreren kleineren Straßen (*cardines*) im rechten Winkel geschnitten.

In der Mitte der Stadt befindet sich ein rechteckiger, mit Steinplatten aus Basalt gepflasterter Platz. Unterhalb davon befindet sich ein unterirdisches Wasserreservoir, das von einem eindrucksvollen Tonnengewölbe überdacht wird. An der westlichen Seite ist der Platz durch eine gewaltige Basaltstruktur mit einer halbkreisförmigen Nische im Zentrum der Fassade begrenzt. Diese Anlage diente dem Kaiserkult als Tempel und stammt aus dem 2. oder 3. Jh. nC. Auf der östlichen Seite des Platzes befindet sich ein Badehaus, das in den kommenden Jahren ausgegraben werden soll. Auf der nördlichen Seite wird der Platz wiederum von einem Kultgebäude aus späthellenistischer Zeit (1. Jh. vC) begrenzt. Bis jetzt ist erst ein Teil davon ausgegraben. Trotzdem zeichnet sich schon ab, dass es sich um ein rechteckiges, von starken Mauern umrandetes Gebäude im hellenistischen Stil handelt.

Während der hellenistischen und römischen Zeit wurde dieses Bauwerk beibehalten. In byzantinischer Zeit wurde dann eine Kirche auf den Ruinen dieser heidnischen Strukturen errichtet. Sie ist nur eine von sieben Kirchen in Hippos aus der byzantinischen Zeit.

Wie alle anderen Städte der Dekapolis war auch Hippos von einer Stadtmauer umgeben, deren Spuren noch deutlich sichtbar sind. Die Stadt verfügte über zwei Tore: eines am östlichen und eines am westlichen Rand der Stadtmauer, jeweils an der Hauptstraße (*decumanus maximus*) gelegen. Die Stadtmauer scheint aus der späten hellenistischen bzw. frühen römischen Zeit zu stammen.

Innerhalb der Stadtmauern gab es keine Wasserquelle, daher war man auf eine externe Wasserversorgung angewiesen. Die Wasserversorgung der Stadt erfolgte über ein in römischer Zeit entwickeltes Bewässerungssystem, bei dem das Wasser über weite Strecken in die Stadt befördert wurde. ■

### Lesetipps

- **http://hippos.haifa.ac.il/report.htm** (offizielle Internetseite zur Grabung; dort finden sich auch die Grabungsberichte als Download).

**Der Decumanus** zieht sich als längste Straße von Ost nach West durch die Stadt

**Die Basilika** kam bei einem Erdbeben im Jahr 749 nC zum Einsturz. Die Granitsäulen stammen größtenteils aus Assuan (Ägypten)

# Caesarea Philippi

**Im Schatten des Hermon, unweit der heutigen israelischen Nordgrenze, errichtete Philippus (4 vC – 34 nC.), Sohn des Herodes und Tetrarch über die Gaulanitis, die Trachonitis, die Auranitis, Batanäa und Panias, eine neue Hauptstadt für sein Reich, die dann auch – zur Unterscheidung des am Mittelmeer gelegenen Hafens Caesarea – seinen Namen trug: Caesarea Philippi. Ausgrabungen der letzten Jahre erlauben erstmals einen Einblick in die Bautätigkeit dieses Herrschers aus der Zeit Jesu.**

**1) Die Pan-Grotte von Banias mit dem dahinterliegenden Berg**

Caesarea Philippi wird mit dem arabischen Banias identifiziert, das nahe der heutigen israelischen Nordgrenze an einem der Quellflüsse des Jordans liegt. Der arabische Name verweist noch auf den ersten Namen des Ortes und dessen ursprüngliche Bedeutung: Es ist eine Wiedergabe des griechischen *paneion*, das sich wiederum auf eine dem griechischen Gott Pan geweihten Grotte bezieht. Diese Grotte wird auch im ältesten Beleg für diese Ortslage genannt (Polybius, Hist. XVI,18,2; XXVIII,1,3). Bei der Grotte und in der nach ihr benannten Region Panias besiegte 200 vC der Seleukidenkönig Antiochus III. den ptolemäischen General Scopas, was die Vorherrschaft der Seleukiden über Palästina ab diesem Zeitpunkt zur Folge hatte. Es muss also schon im 3. Jh. vC eine Verehrung des Gottes Pan in dieser Grotte **(Abb. 1 und 2)** gegeben haben, die vermutlich von Ptolemäus II. (285–246 vC) initiiert wurde, der mehrere Pan-Heiligtümer gründete. Der griechische Gott *Pan* wurde in ptolemäischer Zeit in Ägypten, der Heimat der Ptolemäer, mit dem Gott *Min* gleichgesetzt.

Im späten 2. und 1. Jh. vC gehörte das Heiligtum zum Ituräer-Königreich, dessen Zentrum im südlichen Libanon lag. Als Lysanias, der letzte Herrscher dieser Dynastie, 20 vC starb, wurde sein Gebiet, zu dem auch der Hermon, der nördliche Golan und das Hulebecken zählten, von den Römern Herodes dem Großen übertragen (Strabo, Geogr. XVI,2,10; Josephus, Ant. XIV, 330; XV, 344-

364). Josephus beschreibt die Ortslage recht anschaulich: „*Hier befindet sich im Berg eine prächtige Grotte, in der ein steiler und tiefer, mit stehendem Wasser angefüllter Erdschlund sichtbar ist, während darüber ein gewaltiger Berg aufragt. Unterhalb der Grotte entspringen die Quellen des Jordans. Diesen berühmten Ort schmückte Herodes mit einem Tempel, den er dem Augustus weihte*“ (Ant. XV,364). Nach dem Tod des Herodes wurde Panias Teil des Reiches des Herodessohnes Philippus. Dieser gründete hier im Jahr 2/1 vC eine eigene Stadt, die als Hauptstadt für sein Reich dienen sollte (Ant. XVII,189.319; XVIII,28; Bell. II,95.168). Er nannte den Ort in Caesarea um, zu Ehren des römischen Kaisers Augustus oder Tiberius. Nach dem Tod des Philippus gehörte der Ort kurzzeitig zum Römischen Reich und wurde vom römischen Stadthalter Syriens verwaltet, dann zwischen 37 und 44 gehörte es zum Reich Agrippas I. Im Jahre 53 fiel die Stadt an Agrippa II., der sie zu Ehren Kaiser Neros in Neronias umbenannte (Ant. XX,211). Caesarea Philippi wird im Neuen Testament nur in Mk 8,27 und Mt 16,13 erwähnt.

**2) Pan-Grotte in Banias**

Die Ausgrabungen in Banias konzentrierten sich auf zwei Gebiete: die Pan-Grotte mit den vorgelagerten Tempelbauten und das Stadtareal. Vor der Grotte **(Abb. 4)**, die schon im 3. Jh. vC kultische Verehrung genoss, wurden im Verlauf von 250 Jahren mehrere Tempel von West nach Ost errichtet. Zunächst errichtete Herodes hier ein Augusteum (Nr. 1). Im 1. Jh. nC. wurde dann eine Hofanlage für Pan und die Nymphen errichtet (Nr. 2). Es folgten im Jahre 98/99 ein Zeus- und Pan-Tempel (Nr. 3), dann im Jahr 178/9 eine Hofanlage für die Schicksalsgöttin Nemesis (Nr. 4) und schließlich zwei Tempelanlagen für Pan und die heiligen Ziegen (Nr. 5 und 6). Die Kultstätte wurde bis ins 5. oder sogar 6. Jh. hinein von Pilgern besucht.

In den Jahren 1988 bis 2000 wurde die Stadtanlage von Banias unter der Leitung von V. Tsaferis intensiv ausgegraben. Wie schon aufgrund der schriftlichen Überlieferung, wonach die Stadt an diesem Ort erst von Philippus gegründet wurde, zu erwarten war, stammen die ältesten Baureste aus der frührömischen Zeit. Eine monumentale römische Straße (*cardo*) aus dieser Zeit wurde entdeckt, ebenso ein großer Palastkomplex mit einer Grundfläche von ca. 10.000 $m^2$. Die Stadtanlage wurde mehrfach erweitert und umgebaut und bestand bis ins 15. Jh.

Wenn die Funde und Befunde dieser Grabungen in den nächsten Jahren vollständig veröffentlicht sein werden, wird Caesarea Philippi ein sprechender Beleg für die Bautätigkeit in Palästina im 1. Jh. nC sein. ■

## Lesetipps


• V. Tsaferis/S. Israeli
**Paneas I: The Roman to Early Islamic Periods** (IAA Reports 37; Jerusalem 2008).
• Diess.
**Paneas II: Small Finds and Other Studies** (IAA Reports 38; Jerusalem 2008).
• Z.U. Ma'oz
**Baniyas in the Greco-Roman Period. A History Based on the Excavations** (Qazrin 2007).

**3) Tempelbauten im Umfeld der Pan-Grotte**

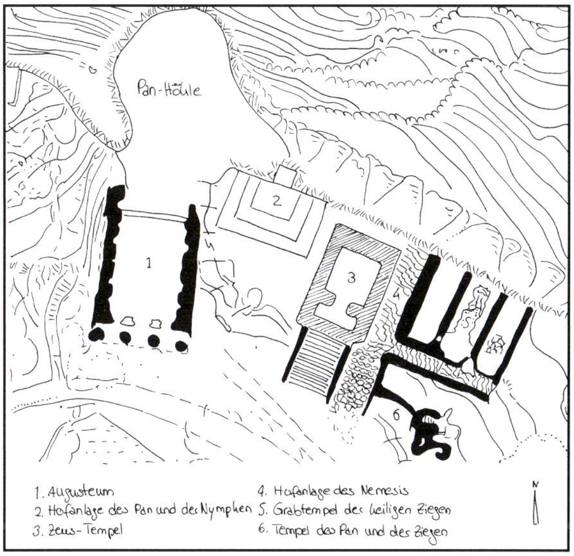


**4) Plan der verschiedenen Tempel von Banias**

# Katalog der

# Exponate

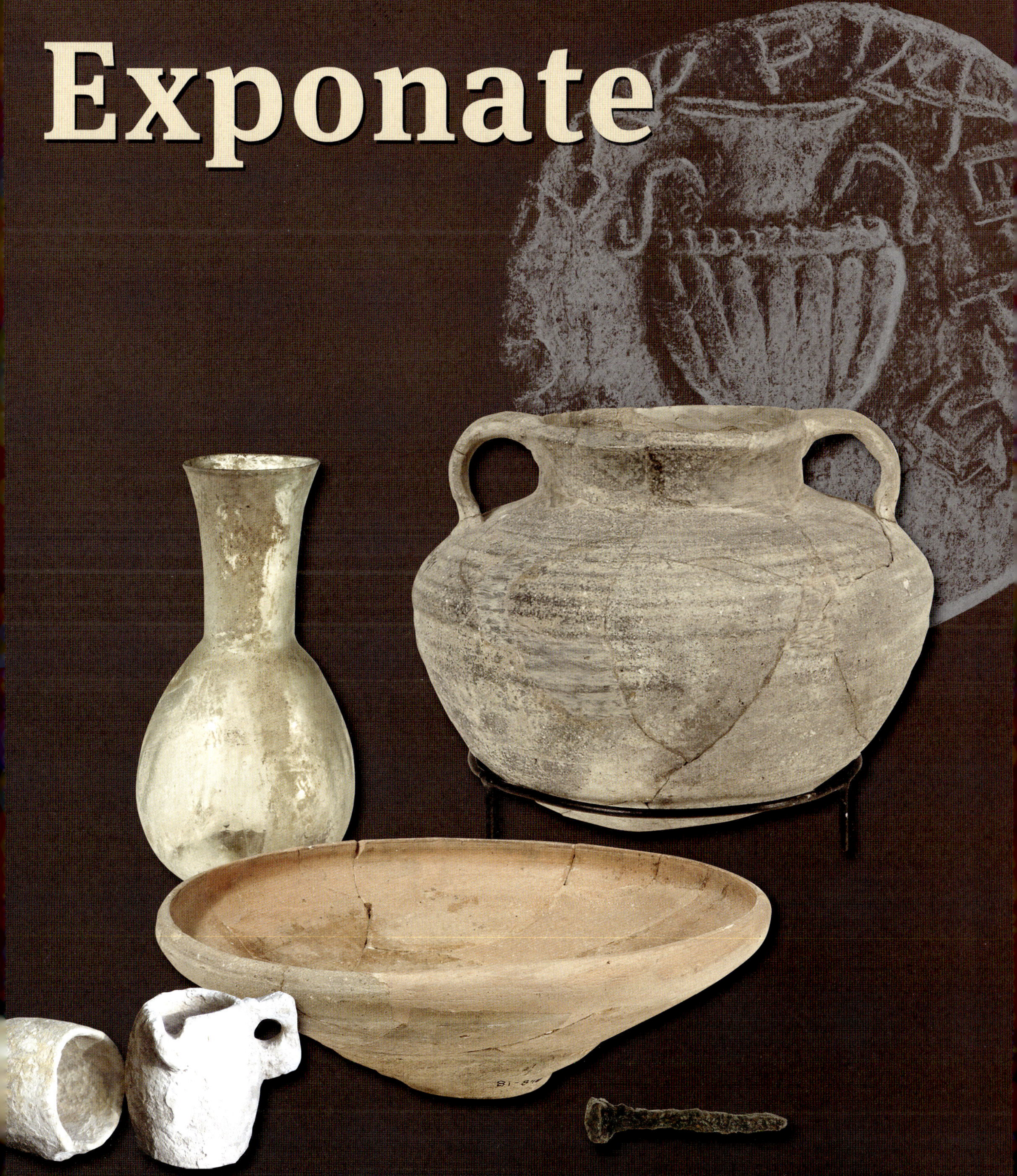

# Katalog der Exponate

Obwohl die Ausstellung „Judäa und Jerusalem – Leben in römischer Zeit“ keine archäologische Ausstellung ist, wird das Thema mit archäologischen Fundstücken illustriert. Die Mehrzahl der Funde kommt aus den Magazinen der Israelischen Antikenverwaltung (Israel Antiquities Authority IAA) und somit aus klar definierten Fundzusammenhängen archäologischer Ausgrabungen in Israel. Ein solcher **Fundzusammenhang** ist wichtig, um die Bedeutung und die Datierung zu erkennen. Daher ist der wissenschaftliche Wert der Funde weit höher als der von Objekten aus Sammlungen oder dem Antikenhandel, die leider allzu oft in Ausstellungen präsentiert werden. Die israelische Antikenverwaltung ist per Gesetz nicht nur für die Aufnahme, Aufbewahrung und Konservierung der Funde verantwortlich. Ein Teil der hier ausgestellten Stücke stammt aus den von der IAA selbst oder ihrer Vorgängerorganisation, dem Department of Antiquities and Museums (IDAM), durchgeführten archäologischen Grabungen. Einige dieser Grabungen waren Forschungsprojekte, wie etwa in Ramat HaNadiv, andere waren Not- oder Rettungsgrabungen, die heute den größten Teil der archäologischen Feldarbeit ausmachen und in ihrer Bedeutung nicht zu unterschätzen sind. Da noch immer der überwiegende Teil archäologischer Funde in den Magazinen für die Öffentlichkeit unzugänglich bleibt, ist es umso wichtiger, dass hier einige der Stücke zum ersten Mal ausgestellt werden konnten.

Um weitere Aspekte des Themas mit Exponaten zu illustrieren, wird außerdem auf Exponate aus der Sammlung des Bibelhaus Erlebnismuseums, des archäologischen Museums Frankfurt, der archäologischen Sammlung des Fachgebiets biblische Archäologie der Gutenberg Universität Mainz sowie der staatlichen Münzsammlung München zurückgegriffen.

Im Katalog wird jedes einzelne **Objekt beschrieben und erklärt.** Der archäologische Fund an sich ist stumm und so ist die Ausstellung eine Interpretation der Gegenstände – der Versuch, sie in einen Zusammenhang zurückzuführen, in dem sie einstmals gestanden haben. Es ist zu hoffen, dass dieses Unterfangen gelungen ist, obwohl eine andere Interpretation vieler Funde mit Sicherheit möglich gewesen wäre.

Da es Absicht der Ausstellung ist, Leben in einer Zeit darzustellen, die von einer kulturellen *Koine* geprägt war, werden hier auch Funde von Ausgrabungsstätten in der Mitte und im Norden Palästinas präsentiert, die aber ebenso einem Menschen in Jerusalem oder Judäa gehört haben könnten.

Hier im Katalogteil findet der interessierte Leser des Weiteren Verweise auf die genaue **Herkunft** der Funde und weiterführende **Literatur** mit den entsprechenden Grabungsberichten.

Die den Objekten vorangestellten **Katalognummern** sind mit der Nummerierung in der Ausstellung identisch. Bei jeder Nummer gibt die erste Zahl die Nummer der Vitrine an, die weiteren das Exponat darin, z. B. 104, ist Objekt Nummer 4 in Vitrine Nummer 1.

Unter der Rubrik **Fundumstand** ist die jeweilige Grabungslizenz, soweit diese Angabe vorlag, angegeben und unter der **Inventarnummer** die Registrierung des Objektes bei der Israelischen Antikenverwaltung. Sollte das Objekt nicht von der IAA stammen, ist dies ebenfalls hier angegeben. Des Weiteren folgen Angaben zum **Material** und den **Maßen** des Exponats. ■

**Judäa und seine Nachbarn** Die Fundorte zur Ausstellung

| Nr. | Objekt | Fundort | Fundumstand |
|---|---|---|---|
| **101** | Fibula | unbekannt | – |
| **Inventarnr.** | **Material** | **Maße 1 (in cm)** | **Maße 2 (in cm)** |
| 1969-243 | Bronze | Länge 5,5 | Breite 3 |

**Beschreibung der Grabung**

Unbekannt

**Objektbeschreibung**

Unter Fibeln versteht man eine frühe Nadelform, die Gewänder nach dem Prinzip einer Sicherheitsnadel zusammenhalten.
Sie wurden fast immer aus Bronze gefertigt und sind in einfachen, aber auch verzierten Varianten bekannt. Die hier gezeigte Fibel ist typisch für die römische Zeit, allerdings ist ihre Herkunft unklar.
Zu weiteren Fibeln siehe auch Objekte Nr. 408, 409 und 410.
Siehe auch Beitrag „Kleidung“von Sabine Kersken in diesem Band S. 138

**Bibliografie**

–

| Nr. | Objekt | Fundort | Fundumstand |
|---|---|---|---|
| **102** | Pilgerflasche | Masada | C-80-1963 |
| **Inventarnr.** | **Material** | **Maße 1 (in cm)** | **Maße 2 (in cm)** |
| 1993-333 | Keramik | Höhe 22 | Durchmesser 18 |

**Beschreibung der Grabung**

Das Objekt stammt aus den Ausgrabungen, die der israelische Archäologe Yigael Yadin von 1963–1965 auf Masada durchführte und in deren Verlauf die Geschichte der Siedlung bis zu ihrem tragischen Ende archäologisch untersucht wurde. Die Endpublikation der Grabungen, an denen viele der heute bekannten israelischen Archäologen zum Teil noch als Studenten teilgenommen haben, wurden posthum veröffentlicht.
Der vorerst letzte Band dieser Veröffentlichungen, Masada VII, erschien 2006 und beinhaltet auch die hier gezeigten Keramikobjekte, untersucht durch Rachel Bar Nathan. Die Grabungen auf Masada gelten, zusammen mit denen in Qumran und Jerusalem, als die wichtigsten für das Verständnis des ersten nachchristlichen Jahrhunderts. (Siehe Beitrag „Masada“, Achim Lichtenberger, dieser Band.)

**Objektbeschreibung**

Aus mehreren Teilen zusammengesetzte und restaurierte Pilgerflasche mit rundem Körper, schmalem Hals und zwei eingedrehten Henkeln, die das eigentliche Gefäß und den Hals verbinden und kurz unterhalb des Randes enden. Der asymmetrische Körper besteht aus einer runden und einer abgeflachten Seite, was zum besseren Tragen am Gürtel oder auf einem Reittier beitragen sollte. In Masada wurden 78 solcher Flaschen, meist in zelotischem Kontext, gefunden (Bar Nathan 2006, p. 116).

**Bibliografie**

Bar Nathan, R. 2006. Masada VII, The Yigael Yadin Excavations 1963–1965, Final Reports, The Pottery of Masada.

| Nr. | Objekt | Fundort | Fundumstand |
|---|---|---|---|
| **103** | Unguentarium | En Gedi | Grabung |
| **Inventarnr.** | **Material** | **Maße 1 (in cm)** | **Maße 2 (in cm)** |
| 1967-827 | Keramik | Höhe 3,5 | Durchmesser 1,8 |

| Beschreibung der Grabung | Objektbeschreibung |
|---|---|
| Die Oase von En Gedi am Toten Meer war schon in vorgeschichtlicher Zeit besiedelt. Archäologische Ausgrabungen, insbesondere die von Benjamin Mazar und später von Yizhar Hirschfeld brachten auch Siedlungsreste aus römischer Zeit zutage, die aufgrund der Funde auf eine jüdische Bevölkerung hinweisen. 2007 wurden dann alle bisherigen Grabungen durch Ephraim Stern und Yizhar Hirschfeld endpubliziert. | Unguentarium mit fehlendem Rand. Das Exponat gehört zur Gruppe der „Judean Unguentaria“ (Bar Nathan 2006, p. 205 [Typ M-Un4]), kleine zylindrische Flaschen zur Aufbewahrung von Kosmetika oder Salben. Diese waren mit einer Art Korken verschlossen und wurden oft auch aus anderen Materialien wie Knochen oder Glas hergestellt. |

**Bibliografie**

Hirschfeld, Y. 2007. En-Gedi Excavations II, Final Report (1996–2002), Jerusalem.
Stern, E. En-Gedi Excavation I Final Report (1961–1965), Jerusalem.

| Nr. | Objekt | Fundort | Fundumstand |
|---|---|---|---|
| **104** | Anker | Caesarea | Unterwassergrabung |
| **Inventarnr.** | **Material** | **Maße 1 (in cm)** | **Maße 2 (in cm)** |
| 1997-4086 | Stein | Höhe 38 | Breite 31, Dicke 6 |

| Beschreibung der Grabung | Objektbeschreibung |
|---|---|
| Das Objekt wurde bei einer Unterwasserausgrabung vor der Küste Caesarea maritimas geborgen und ist bisher nicht publiziert. | Typischer Steinanker mit Bohrungen zur Befestigung des Taus. Sollten diese Anker sich auf dem Meeresboden verfangen haben, so wurden die Taue gekappt, daher finden sich in Küsten- und Hafennähe häufig solche Anker bei archäologischen Unterwasser-Untersuchungen. |

**Bibliografie**

–

| Nr. | Objekt | Fundort | Fundumstand |
|---|---|---|---|
| 105 | Münze | unbekannt | Sammlung |
| **Inventarnr.** | **Material** | **Maße 1 (in cm)** | **Maße 2 (in cm)** |
| – | Bronze | – | – |

| Beschreibung der Grabung | Objektbeschreibung |
|---|---|
| – | Hadrian, Ephesos, Großbronze, 125/28–138 nC, Gewicht 24,63 g, Staatliche Münzsammlung München. Vs.: ΑΔΡΙΑΝΟϹ ΚΑΙϹΑΡ ΟΛΥΜΠΙΟϹ; drapierte Büste des Hadrian mit Lorbeerkranz nach rechts. Rs.: ΕΦΕϹΙΩΝ ΔΙϹ ΝΕΩΚΟΡΩΝ; Kultbild der Artemis von Ephesos von vorn in achtsäuligem Tempel, der auf einem mehrstufigen Unterbau steht; im Giebel vier Amazonenstatuen (?). |

**Bibliografie**

SNG München 127.

| Nr. | Objekt | Fundort | Fundumstand |
|---|---|---|---|
| 201 | Glasperlen | Horbat Serah 'Illit | &-5/1960 |
| **Inventarnr.** | **Material** | **Maße 1 (in cm)** | **Maße 2 (in cm)** |
| 1960-788 | Glas | 8 Einheiten | – |

| Beschreibung der Grabung | Objektbeschreibung |
|---|---|
| Notgrabung eines Grabes durch Adam Druks (IDAM) im Jahr 1960, die bis auf einen Vorbericht unveröffentlicht blieb. Das Grab lag auf dem Gelände des Moshav Even Menachem in Galiäa und gehörte wohl zu einem Gräberfeld der nahegelegenen Horvat Serah Illit. Weitere Gräber wurden in den vergangenen Jahren gefunden (Getzov 2006) und teilweise veröffentlicht. | Perlen, aus verschiedenen Materialien gefertigt, werden häufig in Gräbern gefunden. Die Perlen waren meist aus Stein, Knochen, Fayence oder, wie bei diesem Exponat aus Glas. Durch die Abgeschlossenheit von Grabkontexten werden in Gräbern oft ganze Halsketten gefunden, auch wenn sich der Faden, der sie zusammenhielt, in der Regel nicht erhalten hat. Zur Herstellung von Glasperlen wurde heisses Glas um einen Stab gewickelt und anschließend mit einem metallenen Werkzeug bearbeitet (Katsnelson 2002). Siehe den Beitrag „Schmuck" von Sabine Kersken in diesem Band. |

**Bibliografie**

Druks, A. 1961. Even Menachem, HA 1 p. 10.
Getzov, N. 2006. Even Menachem in: HA-ESI 111 (http://www.hadashot-esi.org.il/report_detail_eng.asp?id=394&mag_id=111) .
Katsnelson N. 2002. Glas Jewelery. Eretz Tsafon. p. 322–331 (hebräisch)

| Nr. | Objekt | Fundort | Fundumstand |
|---|---|---|---|
| **202** | Anhänger | Kh. esh-Shubeika (Tel el-Arais) | G-101/1993 |
| **Inventarnr.** | **Material** | **Maße 1 (in cm)** | **Maße 2 (in cm)** |
| 2007-1145 | Glas | Höhe 1,4 | Breite 0,9 |

**Beschreibung der Grabung**

1991 und 1993 führte Dina Avshalom-Gorni (IAA) Ausgrabungen in Chirbet esh-Shubeika an der Straße von Nahariya nach Ma'alot im westlichen Galiläa durch. Dabei wurden 1993 zwei in den Felsen gehauene Gräber untersucht, aus denen die hier gezeigten Funde stammen. Die Funde wurden von Natalia Katsnelson in der Publikation der Grabung (Tatcher and Avshalom-Gorni 2002) veröffentlicht.

**Objektbeschreibung**

Glasanhänger (L. 508, B. 5100/4, Tatcher and Avshalom-Gorni 2002, Abb. 1:27) aus Grab Nr. 1 mit kurzem zylindrischem Körper und rundem Aufhänger, der aus einem gedrehten Glasfaden hergestellt wurde, welcher dann zum Abschluss der Herstellung erneut erhitzt wurde.

**Bibliografie**

N. Katsnelson 2002. Glas Jewelry. Eretz Tsafon. p. 322–331 (hebräisch).
A. Tatcher and D. Syon (1996), Khirbet esh-Shubeika 1993, ESI 15, p. 21; A. Tatcher and D. Avshalom-Gorni. 2002. Excavations at Khirbet esh-Shubeika, Eretz Tsafon, p. 218–349

| Nr. | Objekt | Fundort | Fundumstand |
|---|---|---|---|
| **203** | Anhänger | Kh. esh-Shubeika | G-101/1993 |
| **Inventarnr.** | **Material** | **Maße 1 (in cm)** | **Maße 2 (in cm)** |
| 2007-1205 | Glas | Höhe 1,2 | Breite 0,6 |

**Beschreibung der Grabung**

Siehe Objekt Nr. 202

**Objektbeschreibung**

Siehe Objekt Nr. 202. Dieser Anhänger stammt allerdings aus Grab Nr. 2. (Tatcher and Avshalom-Gorni 2002, p. 326).

**Bibliografie**

Siehe Objekt Nr. 202

| Nr. | Objekt | Fundort | Fundumstand |
| --- | --- | --- | --- |
| **204** | Anhänger | Khirbat el-'Alya | A-758/1978 |
| **Inventarnr.** | **Material** | **Maße 1 (in cm)** | **Maße 2 (in cm)** |
| 1978-2773/1 | Glas | Höhe 1,6 | Breite 0,9 |

**Beschreibung der Grabung**

Fund einer bis auf einen Vorbericht (Braun 1978) unveröffentlichten Rettungsgrabung, die Eliot Braun dort im Auftrag der IDAM durchführte. Der Ort liegt in der Nähe von Ramat Bet Schemesch.

**Objektbeschreibung**

Ein weiterer Glasanhänger, ähnlich den schon vorgestellten Exponaten. Siehe Objekt Nr. 202.

**Bibliografie**

Eliot Braun 1979. Khirbat el-'Alya. HA 67, p. 74

| Nr. | Objekt | Fundort | Fundumstand |
| --- | --- | --- | --- |
| **205** | Anhänger | Kh. esh-Shubeika | G-101/1993 |
| **Inventarnr.** | **Material** | **Maße 1 (in cm)** | **Maße 2 (in cm)** |
| 2007-1143 | Glas | Höhe 1,7 | Breite 1,2 |

**Beschreibung der Grabung**

Siehe Objekt Nr. 202

**Objektbeschreibung**

Glasanhänger (L. 509, B. 5127, Tatcher and Avshalom-Gorni 2002, Abb. 1:23) aus Grab Nr. 1 mit zylindrischem Körper und weißem Faden verziert. Auch dieser Typus ist aus Grabanlagen römischer Zeit bekannt.

**Bibliografie**

Siehe Objekt Nr. 202

| Nr. | Objekt | Fundort | Fundumstand |
|---|---|---|---|
| **206** | Anhänger | Kh. esh-Shubeika | G-101/1993 |
| **Inventarnr.** | **Material** | **Maße 1 (in cm)** | **Maße 2 (in cm)** |
| 2007-1234 | Glas | Höhe 2,3 | Breite 1,5 |
| **Beschreibung der Grabung** | | **Objektbeschreibung** | |
| Siehe Objekt Nr. 202 | | Ähnlich Objekt Nr. 205, aber aus Grab Nr. 2 (L. 18, B. 381, Tatcher and Avshalom-Gorni Abb. 2:20) | |
| **Bibliografie** | | | |
| Siehe Objekt Nr. 202 | | | |

| Nr. | Objekt | Fundort | Fundumstand |
|---|---|---|---|
| **207** | Halskette | Horbat Serah ‘Illit | &-5/1960 |
| **Inventarnr.** | **Material** | **Maße 1 (in cm)** | **Maße 2 (in cm)** |
| 1960-786 | Stein | 20 Einheiten | – |
| **Beschreibung der Grabung** | | **Objektbeschreibung** | |
| Siehe Objekt Nr. 201 | | Allgemeines zu Glasperlen siehe Objekt Nr. 201. Die Elemente dieser Kette sind aus Stein gefertigt. | |
| **Bibliografie** | | | |
| siehe Objekt Nr. 201 | | | |

| Nr. | Objekt | Fundort | Fundumstand |
|---|---|---|---|
| **208** | Perlenkette | Horbat Serah 'Illit | &-5/1960 |
| **Inventarnr.** | **Material** | **Maße 1 (in cm)** | **Maße 2 (in cm)** |
| 1960-794 | Glas | 6 Einheiten | – |

| Beschreibung der Grabung | Objektbeschreibung |
|---|---|
| Siehe Objekt Nr. 201 | Siehe Nr. 201 |

| Bibliografie |
|---|
| Siehe Objekt Nr. 201 |

| Nr. | Objekt | Fundort | Fundumstand |
|---|---|---|---|
| **209** | Schale | Masada | Grabung |
| **Inventarnr.** | **Material** | **Maße 1 (in cm)** | **Maße 2 (in cm)** |
| 1992-1723 | Keramik | Höhe 4 | Durchmesser 13 |

| Beschreibung der Grabung | Objektbeschreibung |
|---|---|
| Siehe Objekt Nr. 102 | Vollständiges, restauriertes Exemplar der in hellenistischer Tradition stehenden Schalen mit eingezogenem Rand. Siehe auch Objekt Nr. 507. |

| Bibliografie |
|---|
| Siehe Objekt Nr. 102 |

| Nr. | Objekt | Fundort | Fundumstand |
|---|---|---|---|
| **210** | Schälchen | Masada | C-80/1965 |
| **Inventarnr.** | **Material** | **Maße 1 (in cm)** | **Maße 2 (in cm)** |
| 1993-243 | Keramik | Höhe 4,5 | Durchmesser 11 |

| Beschreibung der Grabung | Objektbeschreibung |
|---|---|
| Siehe Objekt Nr. 102 | Restaurierte, vollständige offene Schale mit eingezogenem Rand. Diese Schalen stehen in der Tradition der hellenistischen Schalen, sind aber lokal gefertigt und finden sich häufig in zelotischem Fundkontext (Typ M-BL1A-C, Bar Nathan 2006, p.129). |

| Bibliografie |
|---|
| Siehe Objekt Nr. 102 |

| Nr. | Objekt | Fundort | Fundumstand |
|---|---|---|---|
| **211** | Krug | Mesad Neqarot | A-1048-81 |
| **Inventarnr.** | **Material** | **Maße 1 (in cm)** | **Maße 2 (in cm)** |
| 2002-3571 | Keramik | Höhe 14 | Durchmesser 11 |

| Beschreibung der Grabung | Objektbeschreibung |
|---|---|
| Es handelt sich um ein Objekt, das bei einer Notgrabung von Rudolf Cohen (IDAM) im Rahmen des „Negev Emergency Survey“ durchgeführt wurde und für die keine Endpublikation vorliegt. Es wurden ein Turm und diverse dazugehörige Gebäude sowie eine Zisterne gefunden, die eine Besiedlung des Ortes von nabatäischer Zeit bis in das vierte nachchristliche Jahrhundert belegen. Bei der Ortslage handelt es sich um eine der Wegstationen an der Weihrauchstraße zwischen Petra und Gaza. | Kleiner, aus mehreren Teilen zusammengesetzter und restaurierter Krug mit einem Henkel von der Schulter zum Hals des Gefäßes. Dieser Krug gehört zur Gruppe der Langynoi, einem seit der hellenistischen Zeit im östlichen Mittelmeerraum gern imitierten bauchigen Gefäß. |

| Bibliografie |
|---|
| HA 80 (1982) p. 54–55, ESI 1 p. 86–87 |

| Nr. | Objekt | Fundort | Fundumstand |
|---|---|---|---|
| **212** | Krug | Mezad Neqarot | A-1048-81 |
| **Inventarnr.** | **Material** | **Maße 1 (in cm)** | **Maße 2 (in cm)** |
| 1981-1790 | Keramik | Höhe 12 | Durchmesser 15 |
| **Beschreibung der Grabung** | **Objektbeschreibung** | | |
| Siehe Objekt Nr. 211 | Ein kleiner, aus mehreren Teilen zusammengesetzter und restaurierter Krug mit einem Henkel von der Schulter zum Hals des Gefäßes. Dieses Gefäß, ebenfalls zur Gruppe der Langynoi gehörend, hat einen horizontalen, plastischen Wulst, wo der Henkel auf den Hals trifft, was möglicherweise metallene Vorbilder imitiert. Auch diese Gefäße sind aus Masada bekannt. (Bar Nathan 2006, p. 109–110). | | |
| **Bibliografie** | | | |
| HA 80 (1982) p. 54–55, ESI 1 p. 86–87 | | | |

| Nr. | Objekt | Fundort | Fundumstand |
|---|---|---|---|
| **213** | Nagel | Jerusalem | G-2/1971 |
| **Inventarnr.** | **Material** | **Maße 1 (in cm)** | **Maße 2 (in cm)** |
| 2009-79 | Eisen | – | Länge 5,5 |
| **Beschreibung der Grabung** | **Objektbeschreibung** | | |
| Siehe Objekt Nr. 214 | Siehe Objekt Nr. 214, dort Objekt M12. | | |
| **Bibliografie** | | | |
| Siehe Objekt Nr. 214 | | | |

| Nr. | Objekt | Fundort | Fundumstand |
|---|---|---|---|
| **214** | Nagel | Jerusalem | G-2/1971 |
| **Inventarnr.** | **Material** | **Maße 1 (in cm)** | **Maße 2 (in cm)** |
| 2009-80 | Eisen | – | Länge 5 |

**Beschreibung der Grabung**

Von 1969 bis 1982, in unmittelbarer Folge des israelisch-arabischen Krieges von 1967, führte Nahman Avigad, Professor an der Hebräischen Universität in Jerusalem, Ausgrabungen im „Jewish Quarter“ durch. Diese waren die ersten systematischen Untersuchungen dieses Teils der Jerusalemer Altstadt. Einige der Ruinen wurden im Anschluss an die Grabungen restauriert und sind heute der Öffentlichkeit zugänglich, wie z. B. das „Burnt House“ oder ein Teil des Cardos. Die Grabungen wurden durch Hillel Geva posthum publiziert (Geva 2000).

**Objektbeschreibung**

Nägel sind in den verschiedenen Epochen sehr ähnlich und können nur selten aufgrund ihrer Form datiert werden. Die hier vorgestellten Nägel können aber durch ihren Fundzusammenhang sicher in die römische Zeit datiert werden. Nägel wurden, wie heute auch, von Zimmermännern beim (Haus-)Bau verwendet, und tatsächlich wurde im „Burnt House“ eine große Zahl davon gefunden (Zitronblat and Geva 2003:355)

**Bibliografie**

Geva, H. (ed.) 2000. Jewish Quarter Excavations in the Old City of Jerusalem Vol I. Jerusalem.
Zitronblat, A. and Geva, H. 2003. Metal Artifacts, in: Hillel Geva, Jewish Quarter Excavations in the Old City of Jerusalem Vol II. Jerusalem, p. 353–363.

| Nr. | Objekt | Fundort | Fundumstand |
|---|---|---|---|
| **215** | Nagel | Jerusalem | G-2/1971 |
| **Inventarnr.** | **Material** | **Maße 1 (in cm)** | **Maße 2 (in cm)** |
| 2009-81 | Eisen | – | Länge 9 |

**Beschreibung der Grabung**

Siehe Objekt Nr. 214

**Objektbeschreibung**

Siehe Objekt Nr. 214, dort in der Veröffentlichung Objekt M 11.

**Bibliografie**

Siehe Objekt Nr. 214

| Nr. | Objekt | Fundort | Fundumstand |
|---|---|---|---|
| 216 | Nagel | Jerusalem | G-2/1971 |
| **Inventarnr.** | **Material** | **Maße 1 (in cm)** | **Maße 2 (in cm)** |
| 2009-82 | Eisen | – | Länge 5,5 |
| **Beschreibung der Grabung** | | **Objektbeschreibung** | |
| Siehe Objekt Nr. 214 | | Siehe Objekt Nr. 214, dort Nagel M 13. | |
| **Bibliografie** | | | |
| Siehe Objekt Nr. 214 | | | |

| Nr. | Objekt | Fundort | Fundumstand |
|---|---|---|---|
| 217 | Münze | Jerusalem | Grabung |
| **Inventarnr.** | **Material** | **Maße 1 (in cm)** | **Maße 2 (in cm)** |
| 104822 | Bronze | – | Durchmesser 2,5 |
| **Beschreibung der Grabung** | | **Objektbeschreibung** | |
| Die Münze stammt von Nahman Avigads Ausgrabungen im „Jewish Quarter“, Areal A, die von Hillel Geva publiziert wurden, allerdings wurde diese Münze nicht in den Katalog Gitlers dort aufgenommen. | | Gewicht 5,81 g. Prägung von Herodes I. dem Großen (37–4 vC). (Siehe Beitrag „Münzen“, Achim Lichtenberger, dieser Band.) | |
| **Bibliografie** | | | |
| Geva, H. (ed.) 2000 Jewish Quarter excavations in the Old City of Jerusalem: Conducted by Nahman Avigad, 1969–1982. Jerusalem. | | | |

| Nr. | Objekt | Fundort | Fundumstand |
| --- | --- | --- | --- |
| **218** | Münze | unbekannt | Sammlung |
| **Inventarnr.** | **Material** | **Maße 1 (in cm)** | **Maße 2 (in cm)** |
| – | Bronze | – | Durchmesser 1,6 |

| Beschreibung der Grabung | Objektbeschreibung |
| --- | --- |
| – | Alexander Iannaeus, Jerusalem,<br>Prutah, Bronze, 103–76 vC, Gewicht 4,04 g.<br>Staatliche Münzsammlung München.<br>Vs.: ΑΛΕΞΑ[ΝΔΡΟΥ]ΒΑΣΙΑΕΩΣ; Anker in Kreis.<br>Rs.: Althebräische Legende (wohl „Yehonatan der König“) nicht mehr sicher lesbar; mehrstrahliger Stern mit Diadem. |

**Bibliografie**

Y. Meshorer, A Treasury of Jewish Coins, Jerusalem 2001, p. 209 ff. Nr. K 1 ff.

| Nr. | Objekt | Fundort | Fundumstand |
| --- | --- | --- | --- |
| **301** | Replik einer Warntafel | Jerusalem | – |
| **Inventarnr.** | **Material** | **Maße 1 (in cm)** | **Maße 2 (in cm)** |
| – | Abguss | – | – |

| Beschreibung der Grabung | Objektbeschreibung |
| --- | --- |
| Das Verbot, unter Androhung der Todesstrafe sich dem Tempelgebäude weiter zu nähern, war auf Verbotstafeln angezeigt, von denen zwei bei archäologischen Untersuchungen in Jerusalem gefunden wurden. | Abguss eines Fragments einer Warntafel aus dem Tempel in Jerusalem aus herodianischer Zeit. Zwar war Nichtjuden der Zugang zum Tempelbezirk erlaubt, beschränkte sich jedoch lediglich auf den äußeren Vorhof. Im Original handelt es sich um Kalksteinplatten, die Inschrift ist auf Griechisch angefertigt (Omerzu 2002: S. 336–338): „Kein Fremder darf hinter die Schranke und die Einfriedung um das Heiligtum herum treten. Wer aber dabei ergriffen wird, nimmt die Schuld auf sich für den darauf folgenden Tod.“ |

**Bibliografie**

Omerzu, H. 2002. Der Prozess des Paulus: eine exegetische und rechtshistorische Untersuchung der Apostelgeschichte. Rom-New York

| Nr. | Objekt | Fundort | Fundumstand |
|---|---|---|---|
| **302** | Tempelhaus | Sammlung Bibelhaus Erlebnismuseum | – |
| **Inventarnr.** | **Material** | **Maße 1 (in cm)** | **Maße 2 (in cm)** |
| – | Gegossenes Modell | Höhe 20 | Länge 55,5 Breite 30 |

| Beschreibung der Grabung | Objektbeschreibung |
|---|---|
| – | Modell des herodianischen Tempels. Das Modell stammt aus der Sammlung des Bibelhauses Frankfurt, wurde von R. Masel angefertigt. Das Modell stellt nur den inneren Teil des Tempelbezirkes dar. Am Rande des Modells ist die Ballustrade rekonstruiert, an deren Durchgängen die Warntafeln (Objekt Nr. 301) angebracht gewesen sein könnten. |

| Bibliografie |
|---|
| Siehe Beitrag „Das Tempelgelände in nachexilischer Zeit“, Wolfgang Zwickel, dieser Band. |

| Nr. | Objekt | Fundort | Fundumstand | |
|---|---|---|---|---|
| 303 | Münzen | ʻIsfya | Zufallsfund | |
| **Inventarnr.** | **Material** | **Maße 1 (in cm)** | **Maße 2 (in cm)** | |
| 9306 | Silber | – | Durchmesser 2,5 |  |
| 9316 | Silber | – | Durchmesser 2,4 | |
| 9351 | Silber | – | Durchmesser 2,5 | |
| 9343 | Silber | – | Durchmesser 2,5 | |
| 9312 | Silber | – | Durchmesser 2,6 | |
| 9465 | Silber | – | Durchmesser 2,4 | |
| 9476 | Silber | – | Durchmesser 2,4 | |
| 9349 | Silber | – | Durchmesser 2,4 | |
| 9294 | Silber | – | Durchmesser 2,5 | |
| 9452 | Silber | – | Durchmesser 2,3 | |
| 9435 | Silber | – | Durchmesser 2,5 | |
| 9441 | Silber | – | Durchmesser 2,5 | |
| 9447 | Silber | – | Durchmesser 2,4 | |
| 9419 | Silber | – | Durchmesser 2,5 | |
| 9423 | Silber | – | Durchmesser 2,5 | |
| 9432 | Silber | – | Durchmesser 2,3 | |
| 9474 | Silber | – | Durchmesser 2,4 | |
| 9425 | Silber | – | Durchmesser 2,6 | |
| 9065 | Silber | – | Durchmesser 2,3 | |
| 9093 | Silber | – | Durchmesser 2,8 | |
| 9070 | Silber | – | Durchmesser 2,7 | |
| 9050 | Silber | – | Durchmesser 2,5 | |
| 9044 | Silber | – | Durchmesser 2,5 | |

| | | | | |
|---|---|---|---|---|
| 8959 | Silber | – | Durchmesser 2,3 | |
| 8940 | Silber | – | Durchmesser 2,7 | |
| 8918 | Silber | – | Durchmesser 2,4 | |
| 8913 | Silber | – | Durchmesser 2,5 | |
| 8932 | Silber | – | Durchmesser 2,6 | |
| 8941 | Silber | – | Durchmesser 2,6 | |
| 8967 | Silber | – | Durchmesser 2,6 | |

**Objektbeschreibung**

Die hier ausgestellten Silbermünzen stammen aus dem Isfya Hortfund, genannt nach dem Fundort in der Nähe eines Dorfes im Karmelgebirge, südöstlich von Haifa gelegen. Von den etwa 4500 Münzen waren etwa 3500 tyrische Schekel. Auch in anderen Hortfunden wurden immer wieder tyrische Silbermünzen gefunden, die in autonomer Münzprägung bis mindestens in das Jahr 65/66 nC belegt sind. Die Tetradrachme aus Tyros diente bis ins Jahr 66 als jährliche Tempelsteuer, die auf dem Tempelvorplatz bei Geldwechslern eingetauscht werden musste. Als hellenistische Münze hat sie auf der Vorderseite eine Abbildung des Gottes Herakles Melqart und auf der Rückseite das Wappentier des ägpytischen Herrscherhauses der Ptolomäer. - Nach Mt 26 wurde der „Judaslohn“ in 30 solcher „Silberlinge“ gezahlt. (Siehe Beitrag „Münzen“, Achim Lichtenberger, dieser Band.)

**Bibliografie**

Kadman L. 1965. Temples Dues and Currency in Ancient Palestine in the Light of Recent Discovered Coin-hoards. In TINC 2/2:69–76.
Levy B. 2006. Later Tyrian Sheqels: Dating the „Crude” Issues; Reading the Controls. *TINC*13: p. 885–889.

| Nr. | Objekt | Fundort | Fundumstand |
|---|---|---|---|
| **401** | Ohrring | Jerusalem | – |
| **Inventarnr.** | **Material** | **Maße 1 (in cm)** | **Maße 2 (in cm)** |
| 2007-2401 | Gold | Länge 3 | Durchmesser 2 |

**Beschreibung der Grabung**

Fundort unbekannt, stammt nach den Angaben der IAA aus der Gegend von Jerusalem.

**Objektbeschreibung**

Das Objekt ist unveröffentlicht, es entspricht typologisch den Ringen Nr. 402, die häufig als Grabbeigaben gefunden wurden.

**Bibliografie**

–

| Nr. | Objekt | Fundort | Fundumstand |
|---|---|---|---|
| **402** | ein Paar Ohrringe | Nahariya | Grabung |
| **Inventarnr.** | **Material** | **Maße 1 (in cm)** | **Maße 2 (in cm)** |
| 2008-826 | Gold | – | Durchmesser 1,1 |

**Beschreibung der Grabung**

Ausgrabung einer typisch römischen Grabanlage auf der Horbat 'Eitayim in der Nähe Nahariyas im westlichen Galiläa. Bei Fundamentarbeiten war eine Grabhöhle gefunden worden, die dann in einer Notgrabung durch Hana Abu Uqsa (IAA) untersucht wurde. Das Grab bestand aus einer zentralen Kammer, von der sieben Stollen (hebr. *Kochim*) abgingen. Die Ohrringe wurden in Kokh 6 gefunden, der mit einem Rollstein verschlossen war.

**Objektbeschreibung**

Ein Paar praktisch identischer Ohrringe mit einem einfachen Ringverschluss und einer konvexen Scheibe sowie einer Traube von Kügelchen verziert. Ähnliche Ohrringe sind aus Gräbern in der Umgebung bekannt, so z. B. aus Hanita.

**Bibliografie**

Hana Abu Uksa. 2007. A Burial Cave at Horbat 'Eitaym. Atiqot 56: p. 65–79 Abb 9.
Barag, D. 1978. Hanita, Tomb XV: A Tomb of the Third and Early Fourth Century CE. Atiqot 13.

| Nr. | Objekt | Fundort | Fundumstand |
|---|---|---|---|
| **403** | Halskette | Horbat Serah 'Illit | &-5/1960 |
| **Inventarnr.** | **Material** | **Maße 1 (in cm)** | **Maße 2 (in cm)** |
| 1960-791 | Glas | 20 Einheiten | – |

**Beschreibung der Grabung**

Siehe Objekt Nr. 201

**Objektbeschreibung**

Siehe Objekt Nr. 201.
Bei dieser Kette handelt es sich um trommelförmige Perlen aus grünem Glas.

**Bibliografie**

Siehe Objekt Nr. 201

| Nr. | Objekt | Fundort | Fundumstand |
|---|---|---|---|
| **404** | Perlenkette | Horbat Serah ‘Illit | &-5/1960 |
| **Inventarnr.** | **Material** | **Maße 1 (in cm)** | **Maße 2 (in cm)** |
| 1960-787 | Glas | 10 Einheiten | – |
| **Beschreibung der Grabung** | | **Objektbeschreibung** | |
| Siehe Objekt Nr. 201 | | Siehe Nr. 201 | |
| **Bibliografie** | | | |
| Siehe Objekt Nr. 201 | | | |

| Nr. | Objekt | Fundort | Fundumstand |
|---|---|---|---|
| **405** | Perlenkette | Horbat Serah ‘Illit | &-5/1960 |
| **Inventarnr.** | **Material** | **Maße 1 (in cm)** | **Maße 2 (in cm)** |
| 1960-790 | Glas | 13 Einheiten | – |
| **Beschreibung der Grabung** | | **Objektbeschreibung** | |
| Siehe Objekt Nr. 201 | | Siehe Nr. 201 | |
| **Bibliografie** | | | |
| Siehe Objekt Nr. 201 | | | |

| Nr. | Objekt | Fundort | Fundumstand |
|---|---|---|---|
| **406** | Anhänger | Khirbat el-‘Alya | A-758/1978 |
| **Inventarnr.** | **Material** | **Maße 1 (in cm)** | **Maße 2 (in cm)** |
| 1978-2773/2 | Glas | Höhe 1,5 | Breite 0,9 |
| **Beschreibung der Grabung** | | **Objektbeschreibung** | |
| siehe Objekt Nr. 204 | | siehe Nr. 204 | |
| **Bibliografie** | | | |
| Braun, E. 1978. Khirbat el-‘Alya HA 67, p. 74. | | | |

| Nr. | Objekt | Fundort | Fundumstand |
|---|---|---|---|
| **407** | Öllampe | ‘Ir David, Jerusalem | A-755/78 |
| **Inventarnr.** | **Material** | **Maße 1 (in cm)** | **Maße 2 (in cm)** |
| 1986-586 | Keramik | Höhe 1,5 | Länge 7,5 Breite 5,5 |

**Beschreibung der Grabung**

Das Objekt wurde bei den Grabungen in der Davidsstadt (Jerusalem) gefunden, die von Yigal Shilo (IDAM) durchgeführt wurden. Die Grabungen wurden teilweise vom Ausgräber (Shilo 1984) und dann, nach dessen Tod von A. deGroot und D. T. Ariel (1990, 1992, 1996) in vier Bänden veröffentlicht.
Es handelt sich um eine der bedeutendsten archäologischen Untersuchungen unter Anwendung moderner Grabungstechniken, die im 20. Jahrhundert in Jerusalem durchgeführt wurden.

**Objektbeschreibung**

Sogenannte „herodianische“ Lampe. Diese restaurierte Öllampe mit Schmauchspuren gehört zur Gruppe der „wheel-made, knife-pared lamps“.
Der Lampenkörper wurde auf der Töpferscheibe hergestellt und dann wurde die Lampenschnauze anmodelliert und die Verbindungsstelle mit einem Messer verstrichen.

**Bibliografie**

Y. Shilo 1984, Excavations in the City of David (Vol 1), D. T. Ariel 1990, Excavations in the City of David (Vol 2), A. deGroot and D. T. Ariel 1992, Excavations in the City of David (Vol 3), A. deGroot and D. T. Ariel 1996, Excavations in the City of David (Vol 4, QEDEM 35).

| Nr. | Objekt | Fundort | Fundumstand |
|---|---|---|---|
| **408** | Fibula | Mo'a | A 1016/1981 |
| **Inventarnr.** | **Material** | **Maße 1 ()** | **Maße 2 ()** |
| 1981–1361 | Bronze | Länge 4,5 | Breite 2,5 |

**Beschreibung der Grabung**

Das Objekt wurde bei einer unveröffentlichten Grabung von Rudolf Cohen (IDAM) in Moa an der Weihrauchstraße gefunden (Basket 706, Locus 3). Der Ort heißt heute Mawit Awad und wird von einigen Forschern mit dem nabatäischen Ort Mo'a, der auf der Madaba-Karte erscheint, identifiziert. Er liegt im Herzen der Arava, nach Osten begrenzt von den Bergen des Negev-Hochlands. Die archäologischen Grabungen brachten einige Strukturen einschließlich eines Turmes und eines größeren Gebäudes, das als Herberge gedient haben könnte, zutage. Dazu wurden große Mengen typischer nabatäischer Keramik und Münzen gefunden, die in das 3. Jh. vC vor bis in das 2. Jh. nC datieren.

**Objektbeschreibung**

Wie schon erwähnt, hielten Gewandfibeln in der Antike nach dem Prinzip der Sicherheitsnadel die Kleidung zusammen. Zusammen mit dieser Fibel wurden auch Stoffreste gefunden, deren gute Qualität auf die gute sozioökonomische Stellung der Bewohner der Siedlung hinweisen. Bei der Fibel handelt es sich um eine unvollständige sog. Aucissa-Fibel, eine römische Militärfibel mit gegossener Dekoration.

**Bibliografie**

Cohen, R. Excavation in Moa in the Years 1981–1985. Qadmuniot. Marović I. 2006. Aucissa Fibulae with Inscriptions Kept in the Archaeological Museums in Zagreb, Zadar and Split. *Journal of Dalmatian Archaeology and History*, Vol. 1, No. 99. p. 81–98 (Kroatisch mit englischem Abstract).

| Nr. | Objekt | Fundort | Fundumstand |
| --- | --- | --- | --- |
| **409** | Fibula | unbekannt | – |
| **Inventarnr.** | **Material** | **Maße 1 (in cm)** | **Maße 2 (in cm)** |
| 1989-2705 | Bronze | Länge 5,5 | Breite 2 |

| Beschreibung der Grabung | Objektbeschreibung |
| --- | --- |
| unbekannt | Es handelt sich um eine vollständige Bogenfibel mit verziertem Nadelhalter und Abschlusssegment. |

**Bibliografie**

–

| Nr. | Objekt | Fundort | Fundumstand |
| --- | --- | --- | --- |
| **410** | Fibula | Tel Anafa | G-12/72 |
| **Inventarnr.** | **Material** | **Maße 1 (in cm)** | **Maße 2 (in cm)** |
| 1979-1660 | Bronze | Länge 6 | Breite 3 |

| Beschreibung der Grabung | Objektbeschreibung |
| --- | --- |
| Tel Anafa liegt in Obergaliläa am Fuße der Golanhöhen und wurde in umfassenden archäologischen Ausgrabungen zwischen 1968 und 1981 untersucht. Der Ort lag an einer Hauptstraßenkreuzung, was seine Blüte erklärt. Die Endpublikation ist noch immer nicht abgeschlossen, z. B. ist das hier ausgestellte Objekt in den bisher publizierten Bänden noch nicht behandelt. | Fragment einer einfachen Gewandfibel von Tel Anafa (Locus 74M) mit Nadelspirale und Ritzverzierung. |

**Bibliografie**

Herbert, S. C. 1994. Tel Anafa I, Final Report on Ten Years of Excavation at a Hellenistic and Roman Settlement in Northern Israel. Ann Arbor.
Herbert, S. C. (ed.) 1997. Tel Anafa II, the Hellenistic and Roman Pottery. Ann Arbor.

| Nr. | Objekt | Fundort | Fundumstand |
| --- | --- | --- | --- |
| **411** | Flasche | Jerusalem | G-113/1991 |
| **Inventarnr.** | **Material** | **Maße 1 (cm)** | **Maße 2 (cm)** |
| 1998-682 | Glas | Höhe 21,5 | Durchmesser 11,5 |

**Beschreibung der Grabung**

Das Objekt kommt von einer Notgrabung in Jerusalem („3rd wall Area D"), die David Amit (IAA) 1992 durchführte, um den Ausbau der Hauptverbindungsstraße von Jerusalem nach Tel Aviv zu ermöglichen (Road No 1). Obwohl Funde eine erste Besiedlung des Ortes schon gegen Ende der Eisenzeit und dann wieder um die Zeitenwende nachweisen, war der Hauptfund eine Klosteranlage mit verschiedenen Gebäuden sowie einer Kirche und unterirdischen Gräbern.

**Objektbeschreibung**

Das Objekt stammt aus Grab I (L. 88, B. 1028) und gehört ebenfalls zu der Gruppe der kurzhalsigen Kerzenhalter Glasfläschchen (siehe Nr. 701). Eine Besonderheit ist die Ritzverzierung am oberen Gefäßhals.

**Bibliografie**

Amit, D., Wolff, S. and Gorzalezany, A. 1993. Jerusalem, the 3rd Wall (Area D), HA 100, p. 68-71
Amit D. and Wolff S. 1994. An Armenian Monastery in the Morasha Neighborhood, Jerusalem. In: Hillel Geva (ed.), Ancient Jerusalem Revealed, Jerusalem, p. 293–298.

| Nr. | Objekt | Fundort | Fundumstand |
| --- | --- | --- | --- |
| **412** | Fläschchen | Jerusalem | &-6/1959 |
| **Inventarnr.** | **Material** | **Maße 1 (in cm)** | **Maße 2 (in cm)** |
| 1959-542 | Glas | Höhe 9 | Durchmesser 3,4 |

**Beschreibung der Grabung**

Dieses Exponat wurde bei Ausgrabungen L. Y. Rahmanis in Jerusalem in der Benjamin Metudelda Straße gefunden.

**Objektbeschreibung**

Das zylindrische Fläschchen gehört zum Typ der tubenförmigen Glasfläschchen, die im 1. Jh. weit verbreitet waren und nicht nur aus Palästina sondern auch aus Griechenland und Italien bekannt sind.

**Bibliografie**

Rahmani, L. Y. 1961. The Tomb in Rehov Binyamin Metudelda. Atiqot (ES) 3:114-116. Winter, T. 1996. The Glas Vessels. In: G. Avni and Z. Greenhut. The Akeldama Tombs: Three Burial Caves in the Kidron Valley (IAA Reports 1). Jerusalem. p. 95–103

| Nr. | Objekt | Fundort | Fundumstand |
|---|---|---|---|
| **413** | Unguentarium | En Gedi | A-758/1978 |
| **Inventarnr.** | **Material** | **Maße 1 (in cm)** | **Maße 2 (in cm)** |
| 1967-828 | Keramik | Höhe 4 | Durchmesser 1,8 |
| **Beschreibung der Grabung** | **Objektbeschreibung** | | |
| Siehe Objekt Nr. 103 | Fragment eines weiteren kleinen sogenannten judäischen Unguentariums (Bar Nathan 2006, p. 205 [Typ M-Un4]). Es entspricht in seiner Funktion dem Objekt Nr. 103. | | |
| **Bibliografie** | | | |
| Siehe Objekt Nr. 103 | | | |

| Nr. | Objekt | Fundort | Fundumstand |
|---|---|---|---|
| **414** | Schälchen | Masada | C-80/1965 |
| **Inventarnr.** | **Material** | **Maße 1 (in cm)** | **Maße 2 (in cm)** |
| 1981-843 | Keramik | Höhe 4.5 | Durchmesser 11 |
| **Beschreibung der Grabung** | **Objektbeschreibung** | | |
| Siehe Objekt Nr. 102 | Siehe Objekt Nr. 210 | | |
| **Bibliografie** | | | |
| Siehe Objekt Nr. 102 | | | |

| Nr. | Objekt | Fundort | Fundumstand |
|---|---|---|---|
| **415** | Ungentarium | Masada | C-80/1965 |
| **Inventarnr.** | **Material** | **Maße 1 (in cm)** | **Maße 2 (in cm)** |
| 1992-1593 | Keramik | Höhe 26,5 | Durchmesser 15 |
| **Beschreibung der Grabung** | **Objektbeschreibung** | | |
| Siehe Objekt Nr. 102 | Dieses vollständige, restaurierte Exponat ist ein „Italian pyriform unguentarium“ aus Masada (Bar Nathan 2006, S. 202–203). Es ist aus einem feinen, nicht lokalen Ton hergestellt, dessen Herkunft in Italien vermutet wird. Die Unguentaria waren in der Regel kleine Gefäße zur Aufbewahrung von wertvollen Flüssigkeiten die später auch aus Glas hergestellt wurden. | | |
| **Bibliografie** | | | |
| Siehe Objekt Nr. 102 | | | |

| Nr. | Objekt | Fundort | Fundumstand |
|---|---|---|---|
| 416 | Kajalstift | Masada | Grabung |
| **Inventarnr.** | **Material** | **Maße 1 (in cm)** | **Maße 2 (in cm)** |
| 1981-884 | Bronze | – | Länge 16,5 |

| Beschreibung der Grabung | Objektbeschreibung |
|---|---|
| Zu den Ausgrabungen siehe Objekt Nr. 102, die Schminkgeräte aus Masada wurden bereits von Yadin selbst veröffentlicht (Yadin 1966:149). | Kajalstift mit typischer Dekoration in der Mitte des Gerätes, die Perlen imitiert. Das Ende, mit dem der Kajal aufgetragen wurde, ist oval und löffelförmig abgeflacht. Kajalstifte werden, wie Schminkspachtel (*Spatulae*), oft bei Ausgrabungen gefunden und weisen auf den weit verbreiteten Brauch des Schminkens hin, für den auch ein Teil der Glasgefäße benutzt wurde, wie der Fund von Spatulae in Glasfläschchen belegt. |

**Bibliografie**

Yadin, Y. 1966 Masada: Herod's Fortress and the Zealot's Last Stand. London

| Nr. | Objekt | Fundort | Fundumstand |
|---|---|---|---|
| 417 | Spatula | Masada | Grabung |
| **Inventarnr.** | **Material** | **Maße 1 (in cm)** | **Maße 2 (in cm)** |
| 1981-2093 | Bronze | – | Länge 14.5 |

| Beschreibung der Grabung | Objektbeschreibung |
|---|---|
| Siehe Objekt Nr. 416 | Vollständig erhaltene Schminkspatula mit zwei abgeflachten, ovalen Enden, das eine etwas grösser als das andere. Am Ansatz des einen Endes befindet sich eine Perlen imitierende Verzierung, was typisch für diese Geräte ist und sie von den Kajalstiften unterscheidet (siehe Objekt Nr. 416), bei denen sich die Verzierung in der Mitte des Gerätes befindet. |

**Bibliografie**

Siehe Objekt Nr. 416

| Nr. | Objekt | Fundort | Fundumstand |
| --- | --- | --- | --- |
| 418 | Münze | unbekannt | Sammlung |
| **Inventarnr.** | **Material** | **Maße 1 (in cm)** | **Maße 2 (in cm)** |
| – | Bronze | – | – |

| Beschreibung der Grabung | Objektbeschreibung |
| --- | --- |
| – | Herodes Antipas, Tiberias, Mittelbronze, wohl 33 oder 34 nC, Gewicht 6,83 g, Staatliche Münzsammlung München.<br>Vs.: ΗΡωΔΟΥ ΤΕΤΡΑΡΧΟΥ; Datum nicht sicher lesbar.<br>Rs.: ΤΙΒΕ /ΡΙΑC, das Ganze in Kranz. |

| Bibliografie |
| --- |
| Ähnlich wie Y. Meshorer, A Treasury of Jewish Coins, Jerusalem 2001, p. 226 Nr. 79 bzw. p. 227 Nr. 83. |

| Nr. | Objekt | Fundort | Fundumstand |
| --- | --- | --- | --- |
| 419 | Münze | unbekannt | Sammlung |
| **Inventarnr.** | **Material** | **Maße 1 (in cm)** | **Maße 2 (in cm)** |
| – | Bronze | – | – |

| Beschreibung der Grabung | Objektbeschreibung |
| --- | --- |
| – | Jerusalem, Kleinbronze (Prutah), 41/42 nC, Gewicht 2,11 g, Staatliche Münzsammlung München.<br>Vs.: ΒΑCΙΛΕωC ΑΓΡΙΠΑ; Schirm.<br>Rs.: Drei Getreideähren; Datum Lς (= Jahr 6 des Agrippa I). |

| Bibliografie |
| --- |
| Y. Meshorer, A Treasury of Jewish Coins, Jerusalem 2001, p. 231 Nr. 120. |

| Nr. | Objekt | Fundort | Fundumstand |
| --- | --- | --- | --- |
| 501 | Münze | unbekannt | Sammlung |
| **Inventarnr.** | **Material** | **Maße 1 (in mm)** | **Maße 2 (in cm)** |
| 50225 | Bronze | – | Durchmesser 2,2 |

| Beschreibung der Grabung | Objektbeschreibung |
| --- | --- |
| Unbekannt | Eine der größten Münzen des letzten hasmonäischen Königs Mattatias Antigonos (40–37 vC.), die im Bürgerkrieg mit Herodes I. geprägt wurden, nicht publiziert. Näheres im Beitrag „Münzen“, Achim Lichtenberger, dieser Band. |

| Bibliografie |
| --- |
| – |

| Nr. | Objekt | Fundort | Fundumstand |
|---|---|---|---|
| **502** | Münze | unbekannt | Sammlung Bibelhaus Erlebnismuseum |
| **Inventarnr.** | **Material** | **Maße 1 (in cm)** | **Maße 2 (in cm)** |
| – | Silber | – | – |
| **Beschreibung der Grabung** | **Objektbeschreibung** | | |
| – | Tyrischer Schekel, siehe auch Objekt Nr. 303. | | |
| **Bibliografie** | | | |
| – | | | |

| Nr. | Objekt | Fundort | Fundumstand |
|---|---|---|---|
| **503** | Münze | unbekannt | Sammlung Bibelhaus Erlebnismuseum |
| **Inventarnr.** | **Material** | **Maße 1 (in cm)** | **Maße 2 (in cm)** |
| FBG | Silber | – | – |
| **Beschreibung der Grabung** | **Objektbeschreibung** | | |
| – | Römischer Denar des Kaisers Tiberius, um 33–34 nC mit Abbild des Kaisers und Umschrift TIB(erius) CAE(sar) DIV(i Augusti) FIL(ii) auf der Vorderseite. Auf der Rückseite: Kaisermutter Livia als Siegesgöttin mit Umschrift: PONT(ifex) MAX(imus). | | |
| **Bibliografie** | | | |
| – | | | |

| Nr. | Objekt | Fundort | Fundumstand |
|---|---|---|---|
| **504** | Spinnwirtel | Jerusalem | Grabung |
| **Inventarnr.** | **Material** | **Maße 1 (in cm)** | **Maße 2 (in cm)** |
| 1948-2768 | Keramik | Durchmesser 2,5 | – |

**Beschreibung der Grabung**

Der genaue Fundumstand ist unklar, das Objekt stammt nach Angaben der Antikenverwaltung aus der Gegend von Jerusalem und ist bisher nicht publiziert.

**Objektbeschreibung**

Kleine, aus Ton gearbeitete flache und runde Scheiben werden in fast allen Ausgrabungen klassischer Ortslagen in großen Mengen gefunden. Sie sind meist aus lokalem Ton hergestellt und, bis auf Einritzungen, nicht verziert. Allgemein wird angenommen, dass sie als Handspindeln genutzt wurden, vereinzelt wird das bezweifelt (Peleg and Reich 1992), ohne dass eine überzeugende alternative Nutzung vorgeschlagen werden kann.

**Bibliografie**

Peleg, M. and Reich, R. 1992. Excavations of a Segment of a Byzantine City Wall of Caesarea Maritima. Atiqot 21, pp. 137–170.

| Nr. | Objekt | Fundort | Fundumstand |
|---|---|---|---|
| **505** | Spinnwirtel | Caesarea | G-8/1972 |
| **Inventarnr.** | **Material** | **Maße 1 (in cm)** | **Maße 2 (in cm)** |
| 1972-243/1 | Keramik | Durchmesser 2,8 | – |

**Beschreibung der Grabung**

Neben vielen kleineren Ausgrabungen wurde das antike Caesarea Maritima in drei großen Projekten teilweise ausgegraben. Neben der Israelischen Antikenverwaltung und der Universität Haifa arbeitete auch ein amerikanisches Team am Ort. Das hier präsentierte Objekt stammt von der amerikanischen Ausgrabung (The Joint Expedition to Caesarea Maritima) in Caesarea maritima, geleitet von R. J. Bull, G. K. Holum et alii.

**Objektbeschreibung**

Siehe Objekt Nr. 504

**Bibliografie**

Porath, Y. 2008. Caesarea: The Israel Antiquities Authority Excavations. NEAEHL 5 (Supplementary Volume), p. 1657 – 1665.
Raban, A. 2008. Caesarea: The combined Caesarea Expeditions Excavations. NEAEHL 5 (Supplementary Volume), p. 1665–1684

| Nr. | Objekt | Fundort | Fundumstand |
|---|---|---|---|
| **506** | Öllampe | Masada | Grabung |
| **Inventarnr.** | **Material** | **Maße 1 (in cm)** | **Maße 2 (in cm)** |
| 1992-1636 | Keramik | Höhe 2.5 | Länge 10 Breite 6.5 |

| Beschreibung der Grabung | Objektbeschreibung |
|---|---|
| Siehe Objekt Nr. 102 | Vollständige „Judaean radial lamp" (wie Objekt Nr. 605). Diese vollständig erhaltene Lampe steht mit ihrer radialen Verzierung in hellenistischer Tradition, ist aber aus Masada auch noch aus zelotischem Kontext bekannt. Diese Lampen wurden in einer Form hergestellt. Das Exponat ist vollständig bis auf ein kleines Loch im Lampenboden und stammt aus Locus 94 (Barag and Herschkovitz, 1994, p. 15). |

**Bibliografie**

Barag, D. Und Hershkovitz M. 1994. Lamps. In J. Aviram, G. Foerster, E. Netzer (eds). Masada IV, Jerusalem. Pp 7-152.

| Nr. | Objekt | Fundort | Fundumstand |
|---|---|---|---|
| **507** | Schale | Masada | C-80/1965 |
| **Inventarnr.** | **Material** | **Maße 1 (in cm)** | **Maße 2 (in cm)** |
| 1981-846 | Keramik | Höhe 4,5 | Durchmesser 15 |

| Beschreibung der Grabung | Objektbeschreibung |
|---|---|
| Siehe Objekt Nr. 102 | Siehe Objekt Nr. 210 |

**Bibliografie**

Siehe Objekt Nr. 102

| Nr. | Objekt | Fundort | Fundumstand |
|---|---|---|---|
| **508** | Mörser | En Gedi | Grabung |
| **Inventarnr.** | **Material** | **Maße 1 (in cm)** | **Maße 2 (in cm)** |
| 2002-2302 | Basalt | Höhe 11 | Durchmesser 31 |

| Beschreibung der Grabung | Objektbeschreibung |
|---|---|
| Zu den Grabungen an der Oase von En Gedi siehe Objekt Nr. 103. | Kompletter Mörser aus Basaltstein, wie sie schon aus weit früheren Epochen bekannt sind. In diesen Mörsern oder Schalen wurden mit Hilfe von Reibsteinen (siehe z. B. Objekt Nr. 509) u. a. Körner zu Mehl zerrieben. |

| Bibliografie |
|---|
| Siehe Objekt Nr. 103 |

| Nr. | Objekt | Fundort | Fundumstand |
|---|---|---|---|
| **509** | Mahlstein | En Gedi | Grabung |
| **Inventarnr.** | **Material** | **Maße 1 (in cm)** | **Maße 2 (in cm)** |
| 2002-2352 | Basalt | Länge 9,5 | Breite 5,5 |

| Beschreibung der Grabung | Objektbeschreibung |
|---|---|
| Siehe Objekt Nr. 103 | Mahlstein aus Basalt. Diese Werkzeuge wurden mit den auf drei Beinen stehenden (siehe Objekt Nr. 508) oder flachen Mahlschalen verwendet, u. a. um Getreide zu Mehl zu verarbeiten. |

| Bibliografie |
|---|
| Siehe Objekt Nr. 103 |

| Nr. | Objekt | Fundort | Fundumstand |
|---|---|---|---|
| **510** | Kochtopf | Masada | C-80-1965 |
| **Inventarnr.** | **Material** | **Maße 1 (in cm)** | **Maße 2 (in cm)** |
| 1993-336 | Keramik | Höhe 11 | Durchmesser 18 |

**Beschreibung der Grabung**

Siehe Objekt Nr. 102

**Objektbeschreibung**

Vollständig erhaltener offener Kochtopf mit zwei sich gegenüberliegenden Henkeln, die Schulter und Rand verbinden. Brauner Ton, typisches Material für Kochgeschirr. Er gehört zur Gruppe der tiefen Kasserolen (Typ M-CS1-3 nach Bar Nathan 2006, p. 163-169, Untergruppe M-CS1A) mit geknickter Wand (Bar Nathan 2006, fig. 51:54).

**Bibliografie**

Siehe Objekt Nr. 102

| Nr. | Objekt | Fundort | Fundumstand |
|---|---|---|---|
| **511** | Aryballos | 'Ir David, Jerusalem | A-755/78 |
| **Inventarnr.** | **Material** | **Maße 1 (in cm)** | **Maße 2 (in cm)** |
| 1086-1669 | Keramik | Höhe 13 | Durchmesser 10 |

**Beschreibung der Grabung**

Das Objekt wurde bei den Grabungen in der Davidsstadt (Jerusalem) gefunden, die von Yigal Shilo (IDAM) durchgeführt wurden. Die Grabungen wurden teilweise vom Ausgräber (Shilo 1984) und dann, nach dessen Tod, von A. deGroot und D. T. Ariel (1990, 1992, 1996) in vier Bänden veröffentlicht. Es handelt sich um eine der bedeutendsten archäologischen Untersuchungen unter Anwendung moderner Grabungstechniken, die im 20. Jahrhundert in Jerusalem durchgeführt wurden.

**Objektbeschreibung**

Dieser Aryballos, so die Bezeichnung für ein kleines Gefäß mit kugeligem Bauch, eng eingezogenem Hals und breitem, flachem Mündungsteller, wurde vollständig gefunden und restauriert. Aryballoi besitzen in der Regel breite, bandförmige Henkel und wurden zur Aufbewahrung von aromatischen Flüssigkeiten, insbesondere Salbölen, genutzt. Der griechische Name Aryballos bezeichnet eigentlich den Lederbeutel, in dem das Fläschchen normalerweise steckte.Die meisten erhaltenen Aryballoi sind aus Ton gefertigt, doch sind auch solche aus Bronze und Fayence bekannt.

**Bibliografie**


Y. Shilo. 1984. Excavations in the City of David (Vol 1). Jerusalem
D. T. Ariel. 1990. Excavations in the City of David (Vol 2). Jerusalem
A. deGroot and D. T. Ariel. 1992. Excavations in the City of David (Vol 3). Jerusalem.
A. deGroot and D. T. Ariel. 1996. Excavations in the City of David (Vol 4). Jerusalem.

| Nr. | Objekt | Fundort | Fundumstand |
|---|---|---|---|
| **512** | Krug | Masada | C-80/1963 |
| **Inventarnr.** | **Material** | **Maße 1 (in cm)** | **Maße 2 (in cm)** |
| 1993-331 | Keramik | Höhe 29 | Durchmesser 19 |

| Beschreibung der Grabung | Objektbeschreibung |
|---|---|
| Siehe Objekt Nr. 102 | Fragmentarisch erhaltener und restaurierter Krug mit Henkel von der Schulter zum Rand. Unterhalb des leicht nach außen gebogenen Randes befindet sich eine Einkerbung („ridged neck jar"). Die Gefäßwände sind leicht gerippt und die Basis ist flach. Der Ton ist hart und braun bis tiefgrau gebrannt. Das Gefäß wurde als Typ M-JG9B veröffentlicht (Bar Nathan 2006, fig. 31:25), ein Typ der sich oft in zelotischem Zusammenhang in Masada findet. |

**Bibliografie**

Bar Nathan, R. 2006. Masada VII, The Yigael Yadin Excavations 1963–1965, Final Reports, The Pottery of Masada.

| Nr. | Objekt | Fundort | Fundumstand |
|---|---|---|---|
| **513** | Krug | Masada | C-80/1964 |
| **Inventarnr.** | **Material** | **Maße 1 (in cm)** | **Maße 2 (in cm)** |
| 1993-291 | Keramik | Höhe 25 | Durchmesser 21 |

| Beschreibung der Grabung | Objektbeschreibung |
|---|---|
| Siehe Objekt Nr. 102 | Restaurierter und komplettierter Krug mit gedrungenem Körper mit einfachem Henkel vom Körper zum Gefäßhals und flacher Basis. Dunkelbrauner, gut gebrannter Ton. Das Gefäß gehört ebenfalls zu der Gruppe der „ridged neck jugs" die unter Nr. 512 schon besprochen wurde. |

**Bibliografie**

Siehe Objekt Nr. 102

| Nr. | Objekt | Fundort | Fundumstand |
| --- | --- | --- | --- |
| **601-603** | Steinbecher | unbekannt | Sammlung |
| **Inventarnr.** | **Material** | **Maße 1 (in cm)** | **Maße 2 (in cm)** |
| – | Kalkstein | – | – |
| **Beschreibung der Grabung** | | **Objektbeschreibung** | |
| – | | Die Steingefäße und ihre Bedeutung sind ausführlich im Beitrag „Jüdische Steingefäße aus der Zeit von Herodes bis Bar Kochba" besprochen (Roland Deines, dieser Band). | |
| **Bibliografie** | | | |
| Siehe Objekt Nr. 102 | | | |

| Nr. | Objekt | Fundort | Fundumstand |
| --- | --- | --- | --- |
| **604** | Torarolle | – | – |
| **Inventarnr.** | **Material** | **Maße 1 (in cm)** | **Maße 2 (in cm)** |
| – | – | – | – |
| **Beschreibung der Grabung** | | **Objektbeschreibung** | |
| – | | Diese ausgesegnete Torarolle aus Deutschland wurde dem Bibelhaus freundlicherweise zu Ausstellungszwecken überlassen. | |
| **Bibliografie** | | | |
| – | | | |

| Nr. | Objekt | Fundort | Fundumstand |
|---|---|---|---|
| **605** | Öllampe | ‘Ir David, Jerusalem | A-755/78 |
| **Inventarnr.** | **Material** | **Maße 1 (in cm)** | **Maße 2 (in cm)** |
| 1992-1638 | Keramik | Höhe 2 | Länge 9 Breite 6,5 |

| Beschreibung der Grabung | Objektbeschreibung |
|---|---|
| Siehe Objekt Nr. 511 | Siehe Objekt Nr. 506 |

**Bibliografie**

Y. Shilo 1984, Excavations in the City of David (Vol 1), D. T. Ariel 1990, Excavations in the City of David (Vol 2), A. deGroot and D. T. Ariel 1992, Excavations in the City of David (Vol 3), A. deGroot and D. T. Ariel 1996, Excavations in the City of David (Vol 4, QEDEM 35).

| Nr. | Objekt | Fundort | Fundumstand |
|---|---|---|---|
| **701** | Fläschchen | Jerusalem | A-1669/89 |
| **Inventarnr.** | **Material** | **Maße 1 (in cm)** | **Maße 2 (in cm)** |
| 1995-462 | Glas | Höhe 5 | Durchmesser 3,6 |

| Beschreibung der Grabung | Objektbeschreibung |
|---|---|
| In der Gegend, in der südlich der Jerusalemer Altstadt das Kidron- und das Hinnomtal zusammentreffen, befinden sich zahllose, in den Fels gehauene Gräber. Frühchristliche Traditionen bringen das Gebiet mit dem in Matthäus 27,3-10 beschriebenen Blutacker in Zusammenhang, der von den Hohenpriestern mit den dreißig Silbermünzen des Judas gekauft worden sein soll. Im Auftrag der IAA führten hier Gideon Avni und Zvi Greenhut Rettungsgrabungen durch und untersuchten drei Grabhöhlen. | Das Exponat gehört zur Gruppe der sog. Candlestick-Type-Bottles (Kerzenhalter-Flaschen), die den überwiegenden Teil der Glasfunde bei den Grabungen ausmachte. Diese Fläschchen wurden frei geblasen und sind vom. 1. bis 6. Jh. stark verbreitet als Grabbeigaben. Dieses Exponat, veröffentlicht von Tamar Winter (Winter 1996, Abb. 5.33), gehört zu einer Gruppe mit kurzem Hals und gedrungenem Körper. |

**Bibliografie**

G. Avni and Z. Greenhut, The Akeldama Tombs: Three Burial Caves in the Kidron Valley (IAA Reports 1). Jerusalem 1996.
Winter, T. 1996. The Glas Vessels. In: G. Avni and Z. Greenhut. The Akeldama Tombs: Three Burial Caves in the Kidron Valley (IAA Reports 1). Jerusalem. p. 95–103

| Nr. | Objekt | Fundort | Fundumstand |
|---|---|---|---|
| **702** | Flasche | Jerusalem | A-1669/89 |
| **Inventarnr.** | **Material** | **Maße 1 (in cm)** | **Maße 2 (in cm)** |
| 1995-478 | Glas | Höhe 20 | Durchmesser 5 |

| Beschreibung der Grabung | Objektbeschreibung |
|---|---|
| Siehe Objekt Nr. 701 | Diese Kerzenhalter-Typ-Flasche (siehe auch Objekt Nr. 701) gehört zur Gruppe der schlanken, hohen Fläschchen, die die Mehrzahl der Funde bei dieser Grabung ausmachten. Diese Gefäße bestehen aus einem kleinen bauchigen Gefäß mit überproportional langem und schmalem Hals. |

| Bibliografie |
|---|
| G. Avni and Z. Greenhut, The Akeldama Tombs: Three Burial Caves in the Kidron Valley (IAA Reports 1). Jerusalem 1996. fig.5.5:3 |

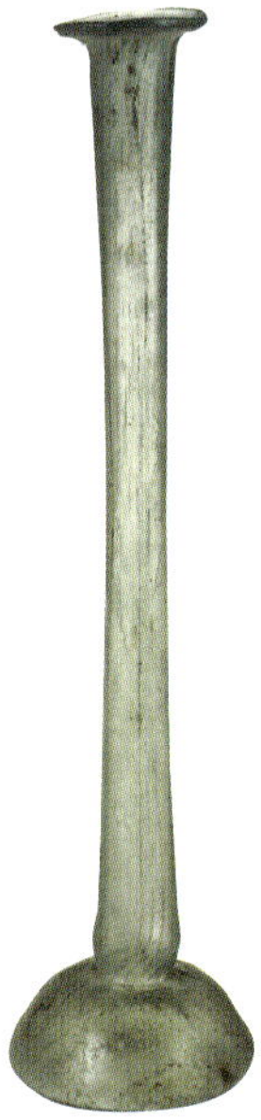

| Nr. | Objekt | Fundort | Fundumstand |
|---|---|---|---|
| **703** | Flasche | Jerusalem | G-113/1991 |
| **Inventarnr.** | **Material** | **Maße 1 (in cm)** | **Maße 2 (in cm)** |
| 1998-685 | Glas | Höhe 13,5 | Durchmesser 8 |

| Beschreibung der Grabung | Objektbeschreibung |
|---|---|
| Siehe Objekt Nr. 411, das Exponat stammt ebenfalls aus Grab I (L. 88, B. 1028/3) dieser Jerusalemer Grabung. | Wie auch Nr. 701, gehört dieses Glasfläschchen zum Kerzenhalter-Typ und zwar zur Variante mit kurzem Hals und gedrungenem Körper. |

| Bibliografie |
|---|
| Amit, D., Wolff, S. and Gorzalezany, A. 1993, Jerusalem, the 3rd Wall (Area D), HA 100, p. 68–71.<br>Amit D. and Wolff S. 1994, „An Armenian Monastery in the Morasha Neighborhood, Jerusalem“, in: Hillel Geva (ed.), Ancient Jerusalem Revealed, Jerusalem, p. 293–298. |

| Nr. | Objekt | Fundort | Fundumstand |
|---|---|---|---|
| **704** | Ossuar | unbekannt | Sammlung Universität Mainz |
| **Inventarnr.** | **Material** | **Maße 1 (in cm)** | **Maße 2 (in cm)** |
| – | Kalkstein | – | – |

| Beschreibung der Grabung | Objektbeschreibung |
|---|---|
| – | Eine Erläuterung zum Thema Ossuare findet sich im Aufsatz „Ossuare – Zweitbestattung im Judentum in frührömischer Zeit“ (Wolfgang Zwickel, dieser Band) |

| Bibliografie |
|---|
| – |

| Nr. | Objekt | Fundort | Fundumstand |
|---|---|---|---|
| 705 | Schmuckreif | Kh. esh-Shubeika | G-101/1993 |
| **Inventarnr.** | **Material** | **Maße 1 (in cm)** | **Maße 2 (in cm)** |
| 2007-1039 | Glas | – | Durchmesser 3,8 |

**Beschreibung der Grabung**

Siehe Objekt 202

**Objektbeschreibung**

Einfaches kleines Armband aus grünlich-blauem glattem Glas aus Grab Nr. 1 (Tatcher and Avshalom-Gorni 2002, p. 321). Diese Armbänder sind als Grabbeigaben weit verbreitet. In einigen Fällen sind sie eingedreht, geritzt oder verziert, wohl um metallene Vorbilder zu imitieren. Der kleine Durchmesser der Objekte lässt vermuten, dass sie als symbolische Grabbeigaben und nicht zum tatsächlichen Gebrauch produziert wurden.

**Bibliografie**

Siehe Objekt 202

| Nr. | Objekt | Fundort | Fundumstand |
|---|---|---|---|
| 706 | Schmuckreif | Netanya | A-659/1976 |
| **Inventarnr.** | **Material** | **Maße 1 (in cm)** | **Maße 2 (in cm)** |
| 1976-1545 | Glas | – | Durchmesser 5,3 |

**Beschreibung der Grabung**

Unveröffentlichte Grabung von Gershon Edelstein (IDAM) in Netanya.

**Objektbeschreibung**

Siehe Objekt Nr. 705, weiteres Exponat ähnlichen Typs.

**Bibliografie**

–

| Nr. | Objekt | Fundort | Fundumstand |
|---|---|---|---|
| 707 | Schmuckreif | Horbat Serah ‘Illit | &-5/1960 |
| **Inventarnr.** | **Material** | **Maße 1 (in cm)** | **Maße 2 (in cm)** |
| 1960-776 | Glas | – | Durchmesser 5,2 |

**Beschreibung der Grabung**

Das Exponat kommt aus einer unveröffentlichten Rettungsgrabung von Gräbern in Galiläa, es wird jedoch in einem Ausstellungskatalog aufgeführt (Nagy 1996).

**Objektbeschreibung**

Siehe Objekt Nr. 705.

**Bibliografie**

M. Nagy 1996. Sepphoris in Galilee: Crosscurrents of Culture. North Caroline Museum of Art.

| Nr. | Objekt | Fundort | Fundumstand |
|---|---|---|---|
| **708** | Schmuckreif | Kh. esh-Shubeika | G-101/1993 |
| **Inventarnr.** | **Material** | **Maße 1 (in cm)** | **Maße 2 (in cm)** |
| 2007-1203 | Glas | – | Durchmesser 5,7 |

| Beschreibung der Grabung | Objektbeschreibung |
|---|---|
| Siehe Objekt Nr. 202 | Eines von drei gezackten Armbändern, die in Grab Nr. 2 gefunden wurden (Tatcher and Avshalom-Gorni 2002, p. 327). Auch dieser Typus ist aus der römischen und byzantinischen Zeit wohl bekannt (Spaer 1988, p. 55–56). |

**Bibliografie**

Siehe Objekt 202 sowie Spaer, M. 1988. The Pre-Islamic Bracelets of Palestine. JGS 30, p. 51–61.

| Nr. | Objekt | Fundort | Fundumstand |
|---|---|---|---|
| **709** | Schmuckreif | unbekannt | – |
| **Inventarnr.** | **Material** | **Maße 1 (in cm)** | **Maße 2 (in cm)** |
| 2005-1875 | Glas | – | Durchmesser 5,7 |

| Beschreibung der Grabung | Objektbeschreibung |
|---|---|
| Unbekannte Herkunft. | siehe Objekt Nr. 705 |

**Bibliografie**

–

| Nr. | Objekt | Fundort | Fundumstand |
|---|---|---|---|
| **801** | Münzen | Masada | – |
| **Inventarnr.** | **Material** | **Maße 1 (in cm)** | **Maße 2 (in cm)** |
| 69919–69970 | Bronze | – | Durchmesser 1,6 |

| Beschreibung der Grabung | Objektbeschreibung |
|---|---|
| Ausgrabung Yigael Yadins auf Masada in den Jahren 1963–1965. Dort wurden zum ersten Mal in größerer Zahl Münzen aus der Zeit des 1. Jüdischen Krieges gegen die Römer gefunden, die sich sicher datieren und zuordnen ließen. In der Ausstellung entsprechen die Münzen mit der Objektnummer 801 den Funden dieser Grabungen, dort mit den Registrierungsnummer 1424–1475, die auch in der Originalpublikation der Ausgrabungen verwendet wurden. | Abgebildete Münze: Gewicht 1,47 g. Vorderseite: Amphore, darum Inschrift שנת שתים = zweites Jahr. Rückseite: Weinblatt mit Zweig und Inschrift חרת ציון = Freiheit Zions. Auch die anderen Münzen der Masada-Grabungen in der Ausstellung gehören zum selben Typus von Bronzemünzen (Nr. 1358 bei Meshorer, A. s. u.). |

**Bibliografie**

A. Meshorer, The coins of Masada, Masada I.

| Nr. | Objekt | Fundort | Fundumstand |
|---|---|---|---|
| **802** | Becher | Masada | C-80/1963 |
| **Inventarnr.** | **Material** | **Maße 1 (in cm)** | **Maße 2 (in cm)** |
| 1992-1590 | Keramik | Höhe 9,5 | Durchmesser 11 |

| Beschreibung der Grabung | Objektbeschreibung |
|---|---|
| Siehe Objekt Nr. 102 | Das vollständig erhaltene, restaurierte Gefäß gehört zur Gruppe der Becher mit einem Henkel (Bar Nathan 2006, p. 144–146, Abb. 26, 67–74). In Masada war dieses Gefäß nicht sehr verbreitet, findet sich jedoch sowohl in herodianischem als auch in zelotischem Zusammenhang. |

| Bibliografie |
|---|
| Siehe Objekt Nr. 102 |

| Nr. | Objekt | Fundort | Fundumstand |
|---|---|---|---|
| **803** | Kochtopf | Masada | C-80/1964 |
| **Inventarnr.** | **Material** | **Maße 1 (in cm)** | **Maße 2 (in cm)** |
| 1981-824 | Keramik | Höhe 15 | Durchmesser 18 |

| Beschreibung der Grabung | Objektbeschreibung |
|---|---|
| Siehe Objekt Nr. 102 | Restaurierter Kochtopf mit zwei sich gegenüberliegenden Henkeln von der Schulter zum Rand des Gefäßes. Flacher Boden, hergestellt aus grauschwarzem, gut gebrannten Ton. Die Gefäßform ist oval und die Wände sind leicht gerippt. Geschlossene Kochtöpfe machen den überwiegenden Teil des auf Masada gefundenen Kochgeschirrs aus (74 %, Bar Nathan 2006, p. 153), dieses Exponat gehört zum Typ M-CP1. |

| Bibliografie |
|---|
| Siehe Objekt Nr. 102 |

| Nr. | Objekt | Fundort | Fundumstand |
|---|---|---|---|
| **804** | Kochtopf | Masada | C-80/1964 |
| **Inventarnr.** | **Material** | **Maße 1 (in cm)** | **Maße 2 (in cm)** |
| 1981-827 | Keramik | Höhe 11,5 | Durchmesser 16 |

| Beschreibung der Grabung | Objektbeschreibung |
|---|---|
| Siehe Objekt Nr. 102 | Ein weiterer, vollständig restaurierter geschlossener Kochtopf aus der Masada Assemblage (Bar Nathan 2006, p. 153–163). Das zweihenkelige Gefäß hat einen abgeflachten Rand, auf dem wohl ein Deckel aufsaß. |

**Bibliografie**

Siehe Objekt Nr. 102

| Nr. | Objekt | Fundort | Fundumstand |
|---|---|---|---|
| **805** | kleiner Krug | Masada | C-80/1964 |
| **Inventarnr.** | **Material** | **Maße 1 (in cm)** | **Maße 2 (in cm)** |
| 1993-350 | Keramik | Höhe 12 | Durchmesser 8 |

| Beschreibung der Grabung | Objektbeschreibung |
|---|---|
| Siehe Objekt Nr. 102 | Das Exponat gehört zu einer Gruppe kleiner Krüge (Bar Nathan 2006, Typ M-JT3, p. 194-195), die wohl zur Aufbewahrung und den Transport von Parfüm, Öl oder Pharmaka benutzt wurden. Das Gefäß ist restauriert und gehört zur Gruppe der Gefäße mit länglichem Körper und einfachem dünnen Henkel vom Bauch zum zylindrischen Rand. In Masada sind laut Ausgräber diese Gefäße häufig in zelotischem Kontext belegt. |

**Bibliografie**

Siehe Objekt Nr. 102

| Nr. | Objekt | Fundort | Fundumstand |
|---|---|---|---|
| **806** | Öllampe | Masada | – |
| **Inventarnr.** | **Material** | **Maße 1 (in cm)** | **Maße 2 (in cm)** |
| 1992-1637 | Keramik | Höhe 2 | Länge 8,5 Breite 6,5 |

| Beschreibung der Grabung | Objektbeschreibung |
|---|---|
| Siehe Objekt Nr. 102 | Diese restaurierte Öllampe mit Schmauchspuren gehört zu der in Masada dominanten Gruppe der „wheel-made, knife-pared lamps“. Etwa 80 % der Öllampen, die in Masada gefunden wurden, gehören zu diesem Typ, der auch „herodianische Öllampe“ genannt wird (Barag and Hershkovitz 1994, p. 43). Das hier gezeigte Exponat ist unverziert, obwohl sonst Einritzungen weitverbreitet sind. |

**Bibliografie**

Barag, D. and Hershkovitz M. 1994. Lamps. In: J. Aviram, G. Foerster, E. Netzer (ed.) Masada IV, Jerusalem. p. 7–152.

| Nr. | Objekt | Fundort | Fundumstand |
|---|---|---|---|
| **807** | Münze | unbekannt | Münzsammlung |
| **Inventarnr.** | **Material** | **Maße 1 (in cm)** | **Maße 2 (in cm)** |
| – | Silber | – | Durchmesser 2,5 |

| Beschreibung der Grabung | Objektbeschreibung |
|---|---|
| – | 1. Jüdischer Krieg, Jerusalem,<br>Schekel, 67 nC, Silber,<br>Gewicht 14,18 g,<br>Staatliche Münzsammlung München.<br>Vs.: „Schekel Israel“; Kelch, darüber „Jahr 2“.<br>Rs.: „Jerusalem ist heilig“; Granatapfelzweig mit drei Früchten. |

**Bibliografie**

Y. Meshorer, A Treasury of Jewish Coins, Jerusalem 2001, p. 241, Nr. 193.

| Nr. | Objekt | Fundort | Fundumstand |
| --- | --- | --- | --- |
| **808** | Münze | unbekannt | Münzsammlung |
| **Inventarnr.** | **Material** | **Maße 1 (in cm)** | **Maße 2 (in cm)** |
| – | Bronze | – | – |

| Beschreibung der Grabung | Objektbeschreibung |
| --- | --- |
| – | Vespasian, Rom, Sesterz, 71 nC,<br>Gewicht 23,81 g,<br>Staatliche Münzsammlung München.<br>Vs.: IMP CAES VESPASIAN AVG P M TR P P P COS III; Kopf des Vespasian mit Lorbeerkranz nach rechts.<br>Rs.: IVDAEA CAPTA; in der Mitte Palmbaum, links Vespasian im Militärgewand mit Lanze und Parazonium nach rechts stehend, den Fuß auf Helm gesetzt; rechts trauernde Personifikation der Judäa auf Waffenhaufen nach rechts sitzend, im Abschnitt S C. |

**Bibliografie**

RIC II 1, S. 71 Nr. 167.

| Nr. | Objekt | Fundort | Fundumstand |
| --- | --- | --- | --- |
| **809** | Münze | unbekannt | Münzsammlung |
| **Inventarnr.** | **Material** | **Maße 1 (in cm)** | **Maße 2 (in cm)** |
| – | Bronze | – | – |

| Beschreibung der Grabung | Objektbeschreibung |
| --- | --- |
| – | Bar-Kochba-Aufstand,<br>Großbronze, 132 nC,<br>Gewicht 19,46 g,<br>Staatliche Münzsammlung München.<br>Vs.: „Simon, Fürst von Israel“, das Ganze in Kranz.<br>Rs.: „Jahr 1 der Freiheit Israels“; Amphora. |

**Bibliografie**

L. Mildenberg, The Coinage of the Bar Kokhba War (Typos VI), Aarau/Frankfurt a. Main/Salzburg 1984, S. 294 ff. Nr. 1 ff.
Y. Meshorer, A Treasury of Jewish Coins, Jerusalem 2001, S. 245, Nr. 220.

| Nr. | Objekt | Fundort | Fundumstand |
|---|---|---|---|
| **810** | Münze | unbekannt | Münzsammlung |
| **Inventarnr.** | **Material** | **Maße 1 (in cm)** | **Maße 2 (in cm)** |
| – | Bronze | – | – |

| Beschreibung der Grabung | Objektbeschreibung |
|---|---|
| – | Bar-Kochba-Aufstand,<br>Mittelbronze, 132 nC, Gewicht 14,85 g,<br>Staatliche Münzsammlung München.<br>Vs.: „Simon, Fürst von Israel“; Kranz, darin Palmzweig.<br>Rs.: „Jahr 1 der Freiheit Israels“; Lyra. |

**Bibliografie**


L. Mildenberg, The Coinage of the Bar Kokhba War (Typos VI), Aarau/Frankfurt a. Main/Salzburg 1984, S. 301 ff. Nr. 20 ff.

Y. Meshorer, A Treasury of Jewish Coins, Jerusalem 2001, p. 246, Nr. 223.

| Nr. | Objekt | Fundort | Fundumstand |
|---|---|---|---|
| **811** | Münze | unbekannt | Sammlung |
| **Inventarnr.** | **Material** | **Maße 1 (in cm)** | **Maße 2 (in cm)** |
| – | Bronze | – | – |

| Beschreibung der Grabung | Objektbeschreibung |
|---|---|
| – | Bar-Kochba-Aufstand,<br>Mittelbronze, 134/35 nC,<br>Gewicht 10,42 g,<br>Staatliche Münzsammlung München.<br>Vs.: „Simon“; Palmbaum.<br>Rs.: „Freiheit für Jerusalem“; Weinblatt. |

**Bibliografie**


L. Mildenberg, The Coinage of the Bar Kokhba War (Typos VI), Aarau/Frankfurt a. Main/Salzburg 1984, S. 306 ff. Nr. 34 ff.

Y. Meshorer, A Treasury of Jewish Coins, Jerusalem 2001, S. 254, Nr. 290.

| Nr. | Objekt | Fundort | Fundumstand |
|---|---|---|---|
| **812** | Münze | unbekannt | Sammlung |
| **Inventarnr.** | **Material** | **Maße 1 (in cm)** | **Maße 2 (in mm)** |
| 50593 | Bronze | – | Durchmesser 26 |
| **Beschreibung der Grabung** | | **Objektbeschreibung** | |
| Die Münze stammt aus der Sammlung des Department of Antiquities der britischen Mandatsregierung in Palästina. Sie gehört zum Nachlass des Samuel Rafaeli (1867–1927), der aus Bogopol (Ukraine) 1882 nach Palästina einwanderte und das erste Buch über antike Münzen auf neuhebräisch veröffentlichte. | | Bar-Kochba-Münze, 133-134 nC, Gewicht 13.65 g. Vs: SH(ant bet le Herut Jisrael) mit Weinblatt. Rs: SM'WN (Simon) mit Palmbaum. | |
| **Bibliografie** | | | |
| – | | | |

| Nr. | Objekt | Fundort | Fundumstand |
|---|---|---|---|
| **901** | Dachziegel | Jerusalem | Grabung |
| **Inventarnr.** | **Material** | **Maße 1 (in cm)** | **Maße 2 (in cm)** |
| 2007-3374 | Keramik | Höhe 12,5 | Breite 11,5, Dicke 2 |
| **Beschreibung der Grabung** | | **Objektbeschreibung** | |
| Ausgrabung in der Jerusalemer Altstadt, es liegt keine Angabe zur genauen Grabungsherkunft vor. | | Fragment eines Dachziegels mit dem Stempel der zehnten Legion „Fretensis“, die ab 70 nC in Jerusalem stationiert war: LEG X FRE.. Zur Bedeutung der Dachziegel, siehe auch den Beitrag „Römische Dachziegel“ (Wolfgang Zwickel, dieser Band). | |
| **Bibliografie** | | | |
| Landgraf, J. 1980. La Ceramique Byzantine. In: J. Briend et J.-B. Humbert. Tell Keisan. Fribourg, Göttingen, Paris, p. 51–100. | | | |

| Nr. | Objekt | Fundort | Fundumstand |
|---|---|---|---|
| **902** | Vorratsgefäß | Masada | – |
| **Inventarnr.** | **Material** | **Maße 1 (in cm)** | **Maße 2 (in cm)** |
| 1992-1630 | Keramik | Höhe 53 | Durchmesser 36 |
| **Beschreibung der Grabung** | | **Objektbeschreibung** | |
| Siehe Objekt Nr. 102 | | Das Exponat ist ein sackförmiges Vorratsgefäß, das restauriert und vervollständigt wurde. Insgesammt lassen sich die Vorratsgefäße aus Masada in 27 Typen einteilen, das hier gezeigte Exponat gehört zur Gruppe der „ridged neck storage jars“ (Bar Nathan 2006, p. 42) mit einer Einkerbung am unteren Halsende und zwei sich gegenüberliegenden Henkeln. | |
| **Bibliografie** | | | |
| Siehe Objelt Nr. 102 | | | |

| Nr. | Objekt | Fundort | Fundumstand |
|---|---|---|---|
| **903** | Amphore | Masada | Grabung |
| **Inventarnr.** | **Material** | **Maße 1 (in cm)** | **Maße 2 (in cm)** |
| 1991-3325 | Keramik | Höhe 76 | Durchmesser 31 |

| Beschreibung der Grabung | Objektbeschreibung |
|---|---|
| Siehe Objekt Nr. 102 | Große Vorratsamphore mit einer sog. lateinischen „Tituli-Picti"-Inschrift auf der Schulter: A.SO und LEG(Cotton and Geiger 1989, 167, No. 827). Wegen der lateinischen Inschrift, die entweder mit dem Besitzer oder dem Inhalt in Zusammenhang stand, stammt die Amphore wahrscheinlich aus Italien (Bar Nathan 2006, p. 339). |

**Bibliografie**

M. Cotton and J. Geiger. 1989, Masada II. Final Reports. The Yigael Yadin Excavations 1963–1965. Final Reports. The Latin and Greek Documents, Jerusalem. Siehe auch Nr. 102

| Nr. | Objekt | Fundort | Fundumstand |
|---|---|---|---|
| **904** | Münze | unbekannt | Sammlung |
| **Inventarnr.** | **Material** | **Maße 1 (in cm)** | **Maße 2 (in cm)** |
| – | Bronze | – | – |

| Beschreibung der Grabung | Objektbeschreibung |
|---|---|
| – | Pontius Pilatus, Jerusalem, Lepton (Prutah), Bronze, 29 nC, Gewicht 2,23 g, Staatliche Münzsammlung München.<br>Vs.: ΙΟΥΛΙΑ ΚΑΙϹΑΡΟϹ; drei Getreideähren.<br>Rs.: ΤΙΒΕΡΙΟΥ ΚΑΙϹΑΡΟϹ; Simpulum (Schöpfkelle);<br>Datum: L Ι ς (= Jahr 16 des Kaiser Tiberius). |

**Bibliografie**

Y. Meshorer, A Treasury of Jewish Coins, Jerusalem 2001, p. 258, Nr. 331.

| Nr. | Objekt | Fundort | Fundumstand |
|---|---|---|---|
| 905 | Münze | unbekannt | Sammmlung |
| **Inventarnr.** | **Material** | **Maße 1 (in cm)** | **Maße 2 (in cm)** |
| – | – | – | – |

| Beschreibung der Grabung | Objektbeschreibung |
|---|---|
| – | Pontius Pilatus, Jerusalem,<br>Lepton (Prutah), 30 nC,<br>Gewicht 1,49 g,<br>Staatliche Münzsammlung München.<br>Vs.: TIBEP[IOY KAICA]POC; Lituus (Herrschaftsinsignie des römischen Princeps und kultischer Stab der Auguren).<br>Rs.: Kranz, darin Datum: L IZ (= Jahr 17 des Kaisers Tiberius). |

**Bibliografie**

Lit.: Y. Meshorer, A Treasury of Jewish Coins, Jerusalem 2001, S. 258, Nr. 333.

| Nr. | Objekt | Fundort | Fundumstand |
|---|---|---|---|
| 906 | Münze | unbekannt | Sammlung |
| **Inventarnr.** | **Material** | **Maße 1 (in cm)** | **Maße 2 (in cm)** |
| – | Bronze | – | – |

| Beschreibung der Grabung | Objektbeschreibung |
|---|---|
| – | Antonius Felix, Jerusalem,<br>Lepton (Prutah), 54 nC,<br>Gewicht 3,08 g,<br>Staatliche Münzsammlung München.<br>Vs.: [NEPω] KΛAY KAICAP; zwei gekreuzte Langschilde mit Lanzen.<br>Rs.: BPIT; Palmbaum; Datum: L IΔ KAI (= Jahr 14 des Kaisers Claudius). |

**Bibliografie**

Y. Meshorer, A Treasury of Jewish Coins, Jerusalem 2001, S. 259, Nr. 340 f.

| Nr. | Objekt | Fundort | Fundumstand |
|---|---|---|---|
| **908** | Schlüssel | Ramat HaNadiv | Grabung |
| **Inventarnr.** | **Material** | **Maße 1 (in cm)** | **Maße 2 (in cm)** |
| 1998-2471 | Bronze | Länge 4 | Breite 2 |

| Beschreibung der Grabung | Objektbeschreibung |
|---|---|
| Das Objekt wurde bei den Grabungen Yizhar Hirschfelds an der Horvat Eleq gefunden. Horvat Eleq ist eine der Ortslagen, die beim Ausgrabungsprojekt von Ramat HaNadiv, in der Nähe des modernen Ortes Zikhron Yaakov gelegen, zwischen 1984 und 1998 ausgegraben wurden. Der ausgestellte Schlüssel wurde in einer Badeanlage gefunden und verschloss möglicherweise deren Eingangstür. | Der bronzene Schlüssel wurde in Areal C (L. 624) gefunden. Der Schlüssel hat einen Ring, an dem er wahrscheinlich aufgehängt wurde, und gehört zu dem am weitesten verbreiteten Typus von Ellbogen-Schlüsseln in der hellenistisch-römischen Zeit, mit deren Hilfe Schlösser aufgehebelt wurden. In derselben Zeit kamen allerdings auch Drehschlösser auf (siehe Objekt Nr. 910). |

**Bibliografie**

Kol-Yaakov, S. Various Objects from the Hellenistic, Roman and Yzantine Periods. In: Yizhar Hirschfeld, Ramat HaNadiv Excavations: Final Report of the 1984-1998 Seasons. Jerusalem 2000, Pp. 473-503.

| Nr. | Objekt | Fundort | Fundumstand |
|---|---|---|---|
| **909** | Schloss | – | – |
| **Inventarnr.** | **Material** | **Maße 1 (in cm)** | **Maße 2 (in cm)** |
| – | Eisen | – | – |

| Beschreibung der Grabung | Objektbeschreibung |
|---|---|
| Replik eines römischen Schlosses, angefertigt in der Zeit der Anfänge der deutschen Museumsdidaktik zur Zeit der Rekonstruktion der Saalburg/Taunus (1897–1907). | Replik eines Schiebeschlosses, wie es mit Schlüsseln aus Ramat HaNadiv (siehe Objekt Nr. 908) in Verwendung war. |

**Bibliografie**

–

Ohne Abbildung

| Nr. | Objekt | Fundort | Fundumstand |
|---|---|---|---|
| 910 | Schloss | bei Frankfurt | unbekannt |
| **Inventarnr.** | **Material** | **Maße 1 (in cm)** | **Maße 2 (in cm)** |
| – | Eisen | – | – |

| Beschreibung der Grabung | Objektbeschreibung |
|---|---|
| Fund aus der Gegend von Frankfurt. | Römisches Drehschloss, nicht publiziert. Der Mechanismus stellt eine Innovation dar und löst langsam den der Schiebeschlösser (siehe Objekt Nr. 908–909) ab. Die Technologie der Schlösser ist in allen Teilen des Römischen Reiches zu beobachten, in Mitteleuropa ebenso wie im östlichen Mittelmeerraum. |

| Bibliografie |
|---|
| – |

Ohne Abbildung

| Nr. | Objekt | Fundort | Fundumstand |
|---|---|---|---|
| 911 | Pilatusinschrift (Kopie) | Caesarea | – |
| **Inventarnr.** | **Material** | **Maße 1 (in cm)** | **Maße 2 (in cm)** |
| – | Abguss | – | – |

| Beschreibung der Grabung | Objektbeschreibung |
|---|---|
| Zu den Grabungen in Caesarea Maritima siehe auch Objekt Nr. 104. | Kopie einer in Caesarea maritima gefundenen Inschrift, die Pontius Pilatus nennt und somit einen Beweis für dessen historische Existenz darstellt. Siehe zu diesem Thema auch den Artikel „Pilatusinschrift“ (Hans-Peter Kuhnen, dieser Band). |

| Bibliografie |
|---|
| – |